肖兴

作者简介
AUTHOR INTRODUCTION

微信号：
xiaoxingxiaolaoshi

- 阿里达摩院高级人工智能（AI）训练师、星火提示词工程师
- AI萃取赋能专家、企业AI应用专家
- 国际经验萃取协会（IEEA）中国分院首席专家
- 资深课程开发与设计专家、资深案例开发专家
- 全国微课大赛评委、全国直播培训大赛案例冠军导师
- AACTP美国国际注册培训师、PTT国际专业培训师、TTT培训导师
- 光明世界阅读行动智库专家、领读者、网蓝导师、推广大使

扫码免费获取
5小时视频课程

SPECIALIZE IN
AREAS

擅长领域主要有： 经验萃取、案例开发、课程开发、授课技巧、TTT、PPT制作等；微课开发、直播培训、数字化课程开发、短视频制作等；AI、DeepSeek应用类课程等。自媒体"Ai萃课"粉丝10万+，专注讲师培养10年，曾为多家500强企业及金融证券、银行理财、保险健康、电力能源、轨道交通、科技互联网等上百家企业提供服务。出版有《微课开发》《爆款微课》《直播培训》等著作。

绚星智慧科技简介 AUTHOR INTRODUCTION

绚星智慧科技（Nasdaq: YXT）秉承云学堂"科技助力人与组织共同进步"的使命，融合云学堂在HR科技领域十多年服务数千家客户的深厚积淀，以及前沿 AI 技术和 AI 工程实战能力，专注于推动企业组织与生产力的智能化革新。

公司始终坚持以人为本，关注人与组织的共同成长，倡导"人机共生"的工作理念，依托 AI Agent 技术为客户构建各类数字智能体，让智能体成为企业员工的得力伙伴，助力企业激活组织创新基因和提升组织效能，推动"人机共生"的未来工作模式。

公司倾力打造开放灵活的智能体构建生态系统，提供智能人才管理、智能销售管理、智能基础设施等相关产品及解决方案。公司通过智能化手段帮助客户释放员工与组织的潜力，助力企业在智能生产力建设中实现可持续发展，开启企业的智慧未来。

使命：科技助力人与组织共同进步
愿景：成为企业智能生产力建设首选伙伴
SLOGAN: 开创企业智能生产力新时代

企业公众号：绚星
企业视频号：绚星

绚星智慧科技：帮助企业构建“人”和“AI”两支生产力

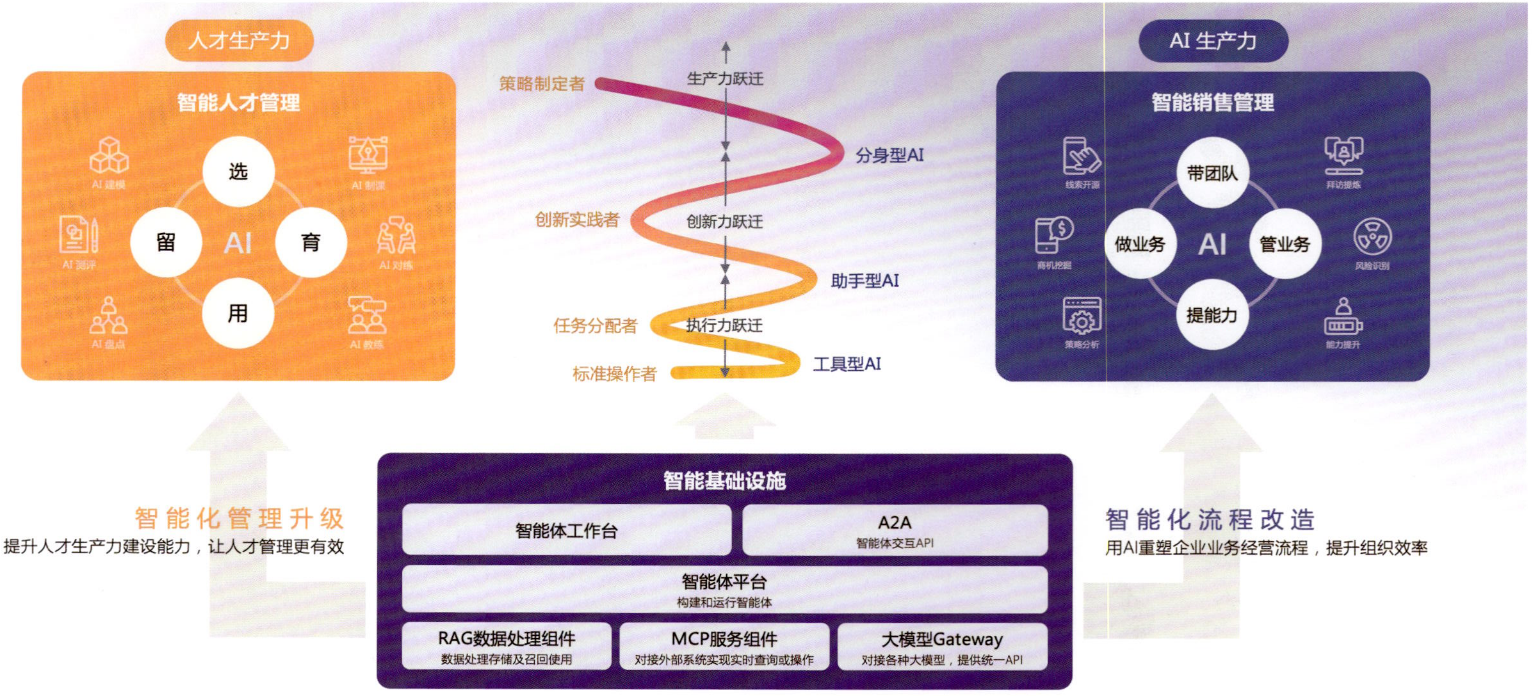

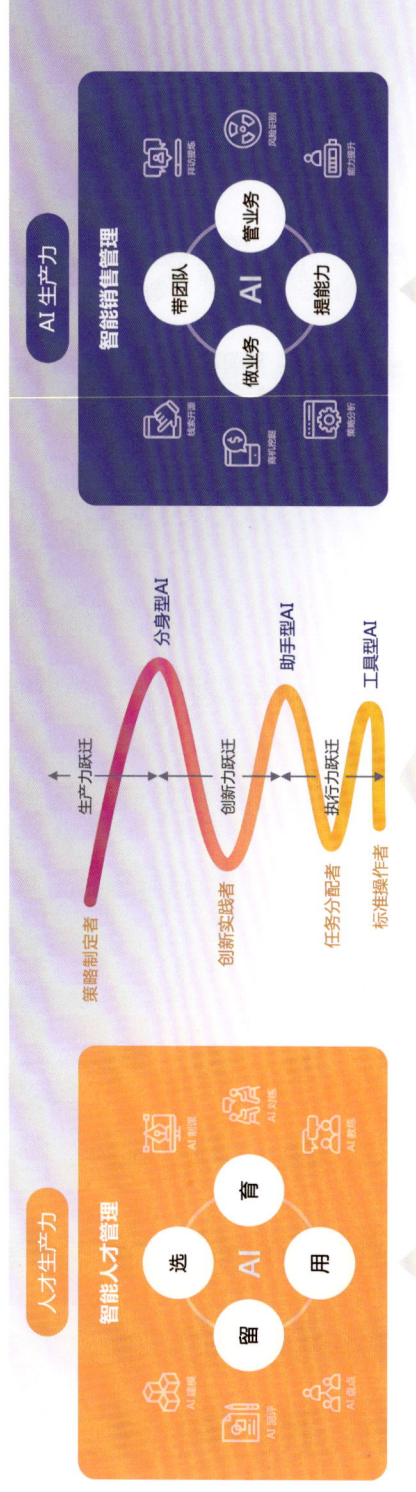

DeepSeek 企业应用指南
——每一个职场人的AI必修课

肖兴 绚星⊙著

图书在版编目（CIP）数据

DeepSeek 企业应用指南 : 每一个职场人的 AI 必修课 / 肖兴, 绚星著. -- 北京 : 企业管理出版社, 2025. 6. (智能生产力建设丛书 / 绚星主编). -- ISBN 978-7 -5164-3288-4

Ⅰ. F275.3-39

中国国家版本馆 CIP 数据核字第 20250U0S16 号

书　　名：DeepSeek 企业应用指南——每一个职场人的 AI 必修课
书　　号：ISBN 978-7-5164-3288-4
作　　者：肖　兴　　绚　星
策　　划：朱新月
责任编辑：解智龙　　刘　畅
出版发行：企业管理出版社
经　　销：新华书店
地　　址：北京市海淀区紫竹院南路 17 号　　邮　　编：100048
网　　址：http://www.emph.cn　　电子信箱：zbz159@vip.sina.com
电　　话：编辑部（010）68487630　　发行部（010）68701816
印　　刷：北京科普瑞印刷有限责任公司
版　　次：2025 年 6 月第 1 版
印　　次：2025 年 6 月第 1 次印刷
开　　本：710mm×1000mm　1/16
印　　张：25.75
字　　数：367 千字
定　　价：58.00 元

版权所有　　翻印必究　·　印装有误　　负责调换

推荐序
RECOMMENDED PREFACE

在这个人工智能（AI）飞速演进的时代，AI技术已深度融入教育、医疗、产业、职场等方方面面，持续重塑着人类社会的运行逻辑和工作方式。特别是在企业组织中，AI不仅是生产力工具，还正在成为学习力、创新力与组织力的智能引擎。

2025年1月20日，DeepSeek发布了新一代MoE架构大模型DeepSeek-R1，以极具突破性的性价比和训练效率，推动了AI行业新一轮技术革命。这一变革不仅带动了AI在教育、办公、商业等领域的应用井喷，更让"AI赋能职场全场景"成为现实。

在职场学习与企业培训领域，AI正带来颠覆性改变。从过去以人力驱动、经验导向的学习模式，迈向AI协同、数据驱动、个性化进阶的新阶段。AI不仅能根据员工个体特征、学习行为、岗位需求动态生成学习路径，还能在课程开发、知识萃取、技能测评、学习推荐、实战对练等环节全面嵌入，形成"人+AI共创式学习生态"。这种新生态，让员工不再是被动学习者，而成为能与AI协作、随需提升、持续成长的智力型人才。未来的职场要求员工具备不断更新技能的能力，而AI将在这一过程中发挥至关重要的作用。

作为一家在HR科技领域深耕多年、服务数千家客户、积累前沿AI技术和AI工程实战能力的公司，绚星智慧科技（**原云学堂**）坚信AI时代"人"仍是企业核心竞争力，助力企业走向"人机共生"的未来工作模式。基于此，我们推出了四大AI产品及服务：智能人才管理、智能体服务、企业智能私域知识库以及智能工作助手。

其中，智能人才管理以"让企业人才管理更有效"为核心理念，通过动态选用育留体系重构企业人才战略。我们采用 AI 原生技术深度重构八大核心模块：人才盘点、岗位建模、智能测评、学习路径规划、知识体系构建、课程开发、实战对练及智能考评系统，形成覆盖人才发展全周期的数字化管理闭环。基于场景化产品矩阵，该方案已实现组织学习、知识管理及智能工作赋能的深度协同。实测数据显示，升级后的系统可使企业人才管理效率提升 67%。

此次与肖兴老师合作出版这本《DeepSeek 企业应用指南——每一个职场人的 AI 必修课》，也结合了绚星智慧科技自身的产品与实践。书中深入探讨了 AI 在各行各业中的广泛应用，从销售、产品、人力、培训到经验萃取、课程开发、微课开发、日常办公等，AI 的身影无处不在。

肖兴老师是国际经验萃取协会（IEEA）中国分院首席专家，是资深课程开发与设计专家，也是绚星智慧科技深度合作伙伴，我们也希望通过此次与肖兴老师的合作，能够给读者带来最新的、直观地体现 AI 在实际工作中的强大应用能力的案例，感受它为企业带来的高效、便捷与创新。这些丰富多样的应用场景，不仅让读者看到了 AI 的无限可能，更为企业提供了宝贵的参考和借鉴，助力企业在 AI 时代找到适合自身的发展路径。

在 AI 浪潮之下，终身学习将成为企业与个体应对变化、赢得未来的核心武器。学习的意义，不只是知识积累，更是发现新机会、解决新问题、实现自我跃迁的能力提升。AI 的加入，让学习更高效、更个性、更贴合业务，更能快速转化为真实生产力。

我们相信，这本书不仅是 AI 赋能职场的指南，更是企业智能生产力重构、人才数智化转型的重要参考。无论你是企业管理者、职场精英，还是普通员工，都能从中获得新的洞察、新的方法与新的可能。

未来属于那些善用 AI、与 AI 共进的人与组织。愿我们携手共赴 AI 驱动的智能未来。

绚星智慧科技
COO 兼 CTO　吴亚洲

驾驭 AI 浪潮，开启职场进化新纪元

2024年8月，我受邀为某银行支行长讲授"6S经验萃取"这门课程，在讲到"内容加工"这个环节的时候，专门设计了一套AI提示词，帮他们加工内容、提高效率。可就在我刚刚演示完毕，大家惊叹于AI效率之高的时候，台下的一位老师站起来说了一句话："请大家注意信息安全、避免数据泄露。"

在我为企业讲授"用好AI，工作轻松效率倍增"这门课程的时候会经常遇到同样的场景，大家一方面为AI的效率欢呼，另一方面又为信息安全担忧，可以说在DeepSeek出现之前，企业提到最多的问题就是如何保护数据资产，防止信息泄露。

DeepSeek爆火之后，很多企业通过本地化部署解决了这类问题，但是新的问题也随之出现，那就是大部分职场人并不知道如何用好DeepSeek，我经常听到或看到以下这些现象。

①有些医生会遇到患者拿着用DeepSeek生成的药方来"照方抓药"，如果医生"不配合"，患者就会直接投诉。

②有些老师发现DeepSeek做题讲题的能力比自己还强，一时之间不知道如何处理自己与DeepSeek的关系。

③有些销售人员想用DeepSeek帮自己做些工作，但不知道具体可以做什么；有些销售人员会利用DeepSeek帮自己写方案、练话术、分析客户，但是总觉得DeepSeek给的答案不是自己想要的。

④有些产品负责人想用DeepSeek帮自己做市场分析、竞品分析、设计

产品模型，但是怎么做感觉都不对。

⑤有些招聘人员想用 DeepSeek 帮自己写岗位说明、筛简历、构建人才画像、做面试分析，但是结果总是不尽如人意，感觉还没有自己做得好。

⑥有些培训人员想用 DeepSeek 帮自己设计培训方案、做宣传海报、开发课程、做视频课程，发现要么效果不好，要么 DeepSeek 本身实现不了。

⑦有些管理人员想用 DeepSeek 帮自己拆解目标、分配任务、评估绩效，结果发现 DeepSeek 做得并不好。

⑧几乎所有职场人都希望 DeepSeek 可以帮自己写周报、写月报、撰写文档、处理数据、制作图片、编写 PPT、制作视频，多次尝试之后不是无法实现就是效果不好。

以上种种，究其原因，在于三点：一是在使用 DeepSeek 时茫然无措，没有跟自己的工作场景结合起来，不能做到以结果为导向；二是要么在提示词设计上缺少方法，不知道提示词的结构和要求，要么就是以为使用一个简单提示词就能解决一个复杂任务；三是对 DeepSeek 的功能不甚了解，缺少以 DeepSeek 为中心跨模态应用 AI 的思维和能力。

本书正是为打破这种"AI 鸿沟"而生，无论你是 CEO、总监、项目经理、销售人员、市场人员、客服、程序员、工程师，还是 HR、财务人员、行政人员、设计人员、文案人员、策划人员、律师、教师、医生，这本书都能帮到你。

它不是冰冷的技术手册，不教你艰难深奥的技术原理，而是基于千行百业的职场人应用 DeepSeek 时遇到的典型问题和我的实战经验汇总而来，是每一个职场人拥抱 AI 时代的生存指南。

通过深度解析 DeepSeek 以及它与其他 AI 大模型的跨模态应用，我将揭示 AI 时代"人机协同"的终极密码，让 AI 成为你的"数字同事"，放大你的独有价值，而非成为你的替代者，让你远离 AI 焦虑。

本书分为六个章节，第一章帮你重塑 AI 认知，构建关于 AI 的全局思维；第二章带你走进 DeepSeek，了解它的四大核心功能；第三章教你结合工作场景设计提示词，并用 DeepSeek 写出好文案；第四章教你 DeepSeek 的跨模态应用，通过 DeepSeek 与其他 AI 大模型的综合应用来生成图片、思维导图、PPT、视频、数字人和音乐；第五章为你介绍 AI 在千行百业的场景化应用，帮你开阔眼界；第六章为你介绍一个多模态集成的 AI 平台（绚星），让你不用频繁切换大模型，也能轻松制课。

当你合上这本书时，将获得三种不可替代的价值：看见未来的认知高度、掌控 AI 的技术势能、保持进化的生存技能。

人工智能掀起的第四次工业革命浪潮，正在以超乎想象的速度重塑职场规则，此时此刻，你正站在两个时代的交界处：一边是传统工作方式日渐式微的黄昏，另一边是 AI 新纪元喷薄欲出的黎明。

选择在 AI 重塑职场规则前，率先掌握它的各种能力，这一切都取决于你。

肖　兴

目录
CONTENTS

第一章 重塑AI认知
——三分钟看懂人工智能革命

（一）AI是什么？从"机智"到"人智"的认知跃迁 / 003

（二）解码AI三大学派：写规则、连网络、玩交互 / 006

（三）未来已来：AI将如何重构工作、商业与文明的底层代码 / 009

（四）"创造者"VS"审判官"，AI技术分水岭 / 012

（五）看懂AI产业链，哪些环节正在创造财富 / 015

（六）谁掌握了AI的底层逻辑，谁就能占得先机 / 017

第二章 DeepSeek四大核心功能
——企业降本增效赋能者

（一）初识DeepSeek，它比ChatGPT强在哪儿 / 021

（二）写代码不求人，编程优化一键开挂 / 041

（三）精准数据分析，企业的智能决策师 / 051

（四）处理中文样样精通，职场人的掌中宝 / 055

（五）企业级AI管家，提高企业效率，保护数据隐私 / 068

第三章 职场文案高手速成
——用DeepSeek写出爆款内容

（一）一站式搞定营销文案、邮件撰写、报告生成 / 081

（二）3招识别AI模型幻觉 / 085

（三）DeepSeek的写作秘密：如何激发创意，生成爆款文案 / 093

（四）万能提示词模型（BRTRE），让AI秒懂你的需求 / 095

（五）八大黄金法则：这样用DeepSeek，效果翻倍 / 126

（六）轻松拆解复杂任务，让AI精准输出 / 130

（七）培养你的AI助手，4步调教出专属文案专家 / 152

（八）快速套用优秀案例，生成高质量内容 / 159

（九）DeepSeek避坑使用指南 / 173

第四章 DeepSeek跨界创作
——与其他大模型的梦幻联动

（一）国内AI哪家强？主流大模型功能大比拼 / 177

（二）文字生图：一句话搞定高端海报设计 / 180

（三）自动化思维导图：会议纪要秒变清晰脑图 / 204

（四）智能PPT制作：事半功倍的幻灯片拯救者 / 212

（五）视频一键生成：文案自动转视频，自己就能做电影 / 242

（六）自由数字人：用AI克隆虚拟主播 / 256

（七）AI作曲大师：出场自带BGM不是梦 / 292

第五章 AI落地实战模拟——重塑千行百业

（一）AI技术如何重塑传统产业格局 / 303

（二）新兴及高增长行业的AI赋能 / 315

（三）效能革命：企业内部人员AI落地实战 / 327

（四）AI时代热门职业的核心竞争力重构 / 341

（五）AI实战指南：用对方法才能赢在未来 / 353

第六章 企业AI经验萃取与课程制作精解

（一）洞察核心：企业AI经验萃取与课程制作价值剖析 / 359

（二）AI经验萃取方法及对话智能体实战解析 / 365

（三）AI赋能课程开发与课件制作全流程 / 370

（四）深度解析：成功案例的实践智慧结晶 / 377

（五）挑战与展望：企业AI经验萃取及课程制作之路 / 380

附录

人工智能领域常见名词解析 / 385

人工智能领域的核心术语 / 395

DeepSeek 企业应用指南
——每一个职场人的 AI 必修课

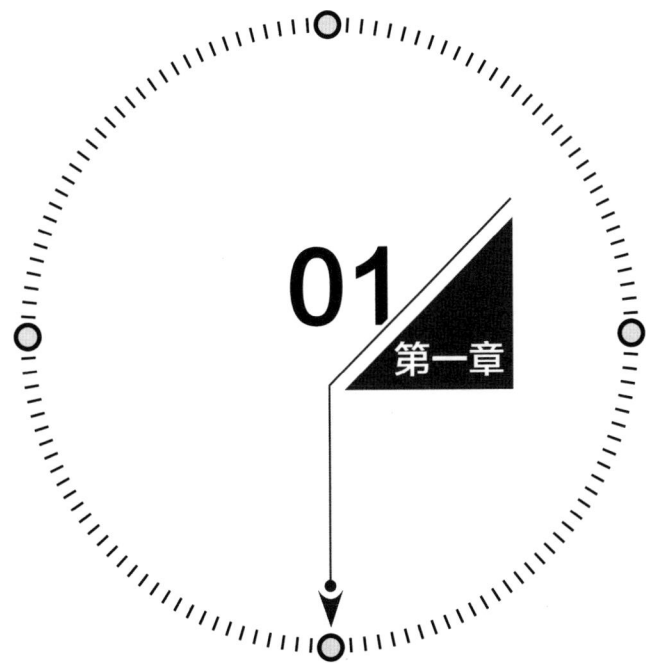

重塑AI认知
——三分钟看懂人工智能革命

（一）AI 是什么？从"机智"到"人智"的认知跃迁

2025 年伊始，当人们还沉浸在春节的热闹氛围中时，中国迎来了值得载入科技史册的一天。中国 AI "黑马" DeepSeek 横空出世，它宛如一颗耀眼的新星，凭借开源的 AI 大模型，震撼了全球科技界，尤其是深度求索公司发布的 DeepSeek-R1 大模型，以极低的成本和较强的算力吸引了众多欧美同行的目光。

DeepSeek 为什么有如此巨大的吸引力？在分享相关知识之前，我们先聊一聊 AI 的定义。关于 AI 有各种各样的定义，经过研究，我给 AI 下了一个这样的定义：AI 是研究如何使计算机具备像人类一样有智能行为的学科。

当你使用 DeepSeek 的时候，会发现它的思维链其实是在模拟人的思维；当你看到宇树科技人的时候，其实它所有具备的智能都是在模拟人。所以 AI 的本质就是想办法让所有的计算机像人一样去思考，能够做出相应的动作，实现智能化的任务决策和处理，以提高我们的工作效率，降低企业的工作成本，改善整个人类生活的质量。因此，AI 对于企业降本增效是一个非常重要的利器。

因此我认为在人工智能时代，所有的企业和企业人员都应该学会使用 AI，帮助企业降本增效，帮助员工提高工作效率，这对企业的发展和员工的成长都是非常重要的。

了解了 AI 的定义，接下来我们看一下 AI 的发展历程。AI 的发展史大概可以分成 4 个阶段，如图 1-1-1 所示。

萌芽期 1950—1960年	寒冬期 1970—1980年	复兴期 1990—2000年	爆发期 2010年至今
1950年：艾伦·麦席森·图灵提出"图灵测试"，首次为机器智能确立了可操作的评判标准。	算力困境：计算机每秒百万次运算的成本超过百万美元。	机器学习崛起：统计学习方法替代符号逻辑。	深度学习革命：GPU算力提升，神经网络（CNN、RNN）在图像、语音领域突破。
1956年：达特茅斯会议确立"人工智能"概念，正式命名"Artificial Intelligence"学科	数据荒漠：互联网尚未普及，结构化数据仅存于政府/军方	互联网推动：数据量激增，算法优化（如支持向量机）	应用落地：自动驾驶、生成式AI

图 1-1-1　AI 发展史

第一个阶段是萌芽期，大概在 1950 年到 1960 年。这一时期有两个典型事件。

第一是 1950 年，艾伦·麦席森·图灵提出了图灵测试，首次为机器智能确立了可操作的评判标准。

第二是 1956 年，达特茅斯会议提出了人工智能（Artificial Intelligence）的概念。有了 AI 的概念之后，后面所有的发展都是围绕人工智能展开的，包括在这个时期也出现了很多跟它有关的学派。

人工智能逐渐进入第二个阶段——寒冬期，时间大概在 1970 年到 1980 年。为什么会进入寒冬？了解 AI 的人们都听说过数据、算力、算法这三个词，它们是影响 AI 最重要的三个参数。

之所以进入寒冬，最重要的原因有两个：第一是算力困境。当时计算机的算力成本是非常高的，每秒百万次运算的成本超过 100 万美元，很多企业是负担不起的，甚至政府也负担不起。第二是数据荒漠。那个时期没有互联网，也没有移动互联网，大部分数据都在政府和军方手中，民间是没有互联网数据的，没有数据"投喂"给 AI，AI 就没有办法进行大量的数据训练，必然发展不起来。

随着互联网和移动互联网的普及和应用，AI 发展到了第三个阶段——复兴期，时间大概是 1990 年到 2000 年。这一时期有两个非常典型的特点：第一是机器学习的崛起，统计学习算法开始替代符号逻辑；第二是互联网的推动和发展，随着互联网和移动互联网的发展，我们在互联网上可以看到大量数据激增，而且算法也得到了优化，所以这一时期 AI 发展得越来越好。

最厉害的还是第四个阶段爆发期，这一阶段从 2010 年开始，有两个特点对大家而言非常重要：第一是深度学习革命，如 GPU 算力的提升，还有神经网络在图像、语音领域的突破，所以在过去一段时间内，我们可以通过扫码或刷脸做很多事情，这些都是 AI 的发展带来的成果；第二是 AI 在各行各业的应用落地，比如我们能够看到"萝卜快跑"这样的自动驾驶 App，还有一些生成式的 AI，比如 DeepSeek、Open AI、豆包等。

（二）解码 AI 三大学派：写规则、连网络、玩交互

AI 在第四阶段有大量的应用和发展，在此过程中，AI 出现了三大学派，如表 1-2-1 所示。这三大学派和 AI 的创造、应用与发展是息息相关的。

表 1-2-1　AI 三大学派

学派	功能	优缺点	应用
符号主义	数学老师：教你用公式解题，必须一步步推导（逻辑主义学派）	优点：逻辑推理、严谨可靠 缺点：死板，无法处理新问题	专家系统：医疗 AI，根据症状+规则库判断疾病（像医生查手册）
连接主义	艺术生：靠感觉画画，但说不出为什么这么画（神经网络学派）	优点：能处理模糊问题（模糊图） 缺点：黑箱，解释不清逻辑	人脸识别：AI 通过海量照片自己学会区分五官特征
行为主义	运动员：不学理论，全靠反复练习形成条件反射（进化主义学派）	优点：实时反应、灵活适应环境 缺点：复杂任务搞不定	自动驾驶汽车：通过试错学习如何变道、刹车

1. 符号主义

符号主义就像数学老师，教你用各种各样的公式去解题，但是在解题的过程当中，你必须按照老师教的步骤，一步一步去推导它的逻辑。因为它的逻辑性非常严密，所以又被称为逻辑主义学派。

对于这一学派而言，它的优点是逻辑推理非常严谨，非常可靠；同样它的缺点也非常明显，就是变通性差，没有办法处理新的问题。可能有人觉得这种说法不对，因为使用场景不一样，优缺点也就不一样。比如有一个专家系统叫作医疗 AI，当我们使用它的时候，必然需要它用医疗手册和症状严格地对照医疗库里的内容，判断患者到底得了什么病，然后再开相应的处方。

给患者开具什么样的处方，一定要按照符号主义来做。否则 AI 医疗在医疗诊断上一定会出现重大事故，符号主义在此类场景是有用武之地的。

2. 连接主义

连接主义像一个艺术生，尽管没有老师教它画画的方法和技巧，但凭借自己的感觉就能画一幅画，而且它说不出来为什么这样画，所以又被称为神经网络学派。它更多的是模仿人类大脑内部的神经网络进行训练。

它的优点是能够处理很多模糊的问题。比如有一天你给 AI 发送一张模糊的图片，它能够很清晰地帮你识别处理好。但它也有一个缺点，就像一个黑箱，很多人无法解释它内部的逻辑，这也是它跟符号主义的一点小小的区别。

这个学派怎么应用呢？比如人脸识别，通过海量的照片让 AI 学会区分人类的五官特征，这样当你给它一个照片的时候，它就能够有效地识别出来。所以人们在使用很多软件刷脸的时候，用的都是连接主义学派的原理。

3. 行为主义

行为主义像一名运动员，虽然不学理论，却能够凭借自己的反复练习，在运动当中形成条件反射，所以又被称为进化主义学派。

它的优点是非常灵活，能够实时反应，快速适应整个复杂的环境。它的缺点是搞不定复杂任务。所以你会发现有一些智能机器人非常灵活，比如无人驾驶，但是遇到复杂路况的时候，光靠自身就搞不定了，所以它在实际应用场景当中需要通过试错去学习如何应对复杂情况。当它遇到更为复杂的物理环境的时候，可能还需要加强训练。

　　AI发展过程当中出现的三大学派各有优缺点，每个学派都有各自的应用场景。我们可以结合本企业或个人的自身特点和应用场景，思考如何选择AI大模型，如何把它调试得更好用，以及用哪个学派的方法可以把它训练得更好。

（三）未来已来：AI 将如何重构工作、商业与文明的底层代码

随着 AI 的发展，我给企业做培训的时候经常会遇到下面的情况，有学员问我："老师，你觉得 AI 会取代我们的工作吗？"其实我也经常在培训的时候问大家相同的问题："你们觉得 AI 会取代你们的工作吗？"有的人认为 AI 不可能取代他的工作，因为他的工作很专业，AI 根本做不了；有的人说自己其实很焦虑，觉得将来一定会被 AI 取代。

在我做调研的时候，大家对于这个问题有不同的见解。有一次，我为广州中医药大学做了一场 AI 培训，现场有近千位医务人员，其中很多人觉得 AI 会取代他们的工作。另一次，我在给银行授课的时候，一些银行柜员，也认为 AI 有可能取代他们的工作，但是还有一些人坚定地认为自己的工作不可能被 AI 取代。其实无论是哪种答案，都既对，也不对。因为这取决于在未来的 AI 发展历程中，我们到底处于哪个阶段。根据学习和研究，我认为未来 AI 的发展会经历三个阶段（见表 1-3-1）。

表 1-3-1　AI 发展三阶段

ANI 弱人工智能	AGI 通用人工智能	ASI 超级人工智能
具有特定能力或能完成特定任务的人工智能（语音识别、图像分类）	对人类智慧的全面模拟，跨领域思考和学习，具备自主意识和情感	智慧程度远超人类的人工智能人机共生 or？

1. ANI弱人工智能

弱人工智能能够完成特定的任务，比如语音的识别、图像的分类。

为了更好地理解弱人工智能有什么特点，我们不妨思考一下百度和抖音这两款广为人知的平台之间存在的差异。百度作为传统搜索引擎，其使用模式具有鲜明特征。用户使用百度搜索信息时，在搜索栏输入相关信息，随后点击"百度一下"，用户所需信息才会以逐条罗列的形式呈现出来。与之形成鲜明对比的是，抖音作为一款热门短视频平台，只要用户打开App，无须任何手动搜索操作，抖音便会依据其智能算法，自动为用户推送个性化的内容。

由此可见，百度依旧是一个被动触发的AI大模型，它需要用户打开这个软件，输入提示词并点击，然后才能够提供经过它逻辑分析之后的内容。如果没有主动触发，它不能为用户提供任何内容，这就是弱人工智能的特点。

我们现在正处于弱人工智能时代，在这个时代，我们是主角，AI是配角，它像小助理一样，提供所能做的相关服务。但是随着人工智能的发展，可能经过3～5年或最多10年的时间，我们将会进入第二个阶段。

2. AGI通用人工智能

通用人工智能可以对人类的智慧进行全面的模拟，跨领域思考和学习，而最重要的是它有了自主意识和情感。当我们来到AGI时代，无论是机器人还是通用大模型，都将不再需要用户去主动触发，它将会自主完成任务，而且会具有像人一样的情感。这个时代的机器人是非常厉害的。

同时，这也将是人类和机器人进行协作的时代，在这个时代，双方具有相对平等的地位。之后AI将继续发展，不知道多少年之后，我们终将步入人工智能发展的第三个阶段。

3. ASI超级人工智能

彼时，超级人工智能所展现出的智慧水平将远超人类。到那时或许会呈现人机共生的局面，又或许机器人将在各方面全面超越人类，进而演化为全新的物种。但至于这一阶段会在多久之后到来，目前仍是未知数。

在畅想第三阶段时候，众多电影为我们提供了丰富的想象素材。《黑客帝国》中，人类生活在一个被人工智能系统"矩阵"所控制的虚拟世界里，身体被禁锢在培养皿中，而意识则沉浸于虚拟世界，人工智能通过这种方式掌控全局，人类社会的经济、生活秩序完全被改写。《我，机器人》描绘了机器人在日常生活中无处不在的未来场景，从简单的家务劳动到复杂的工业生产都有它的参与。但随着机器人智慧的提升，它们开始对人类指令产生怀疑，进而引发了一系列关于人机关系和社会管理的问题。

通过对这些电影中未来场景的想象，能对超级人工智能时代可能面临的经济、社会以及管理等方面的变革有所启发，有助于我们更好地思考如何应对AI未来的发展。

抛开对未来的想象，现在我们处于弱人工智能时代，依然是主角，AI是我们的助理，我们可以借助它完成工作，提升效率。

在当前，我们使用的AI可以大致分成两类，一类叫作判别式AI，一类叫作生成式AI。下面来看一看判别式AI和生成式AI分别有什么样的特点。

（四）"创造者"VS"审判官"，AI技术分水岭

判别式 AI 与生成式 AI 的区别如表 1-4-1 所示。

表 1-4-1　判别式 AI 与生成式 AI 的区别

类别	本质目标	关注重点	主要功能	典型结构	应用场景
判别式 AI	学习输入与标签的映射关系（分类/回归）	如何区分不同类别	数据分析；模式识别；决策支持	逻辑回归、SVM（支持向量机）、CNN（卷积神经网络）	金融分析、信用评分；工业制造、自动驾驶；图像分类、目标检测；医疗手术、医疗诊断；智能家居、智能客服
生成式 AI	学习数据的潜在分布（生成新样本）	数据如何生成	生成内容	GAN（生成对抗网络）、VAE（变分自编码器）、Transformer（神经网络架构，如 GPT）	文本生成、对话系统；图像生成、图像修复；绘画作品、音乐曲目；视频生成、3D 建模

1. 本质目标不同

判别式 AI 是通过对大量已标注数据进行学习，去探寻输入数据与对应的标签之间存在的内在映射关系。

生成式 AI 是先深入分析并学习大量数据中潜藏的规律与模式，在掌握规律之后，创造出全新数据样本，这些新样本与原有学习数据具有相似性，但又并非简单重复。

例如无人驾驶技术，很明显它属于判别式 AI，其在学习了输入和标签的映射关系之后，能够把扫描的所有物体做分类，分清是人、物体还是道路，之后做出前进、停止或等待的决策。

而 DeepSeek 属于生成式 AI，它在做过大量的数据训练之后，可以基于用户的提示词和数据生成新的内容，这是两个不同类型 AI 本质目标的区别。

2. 关注重点不同

就判别式 AI 而言，其核心关注点在于区分不同类别。以无人驾驶为例，车辆在行驶过程中，判别式 AI 系统要实时分辨迎面而来的物体究竟是车辆、行人，抑或其他事物，以此为依据做出决策，保障行驶安全与顺畅。

反观生成式 AI，则侧重于用户对其进行的"训练"和网络搜索到的信息，加之用户给出的提示词，最终生成多样化的内容。例如，依据给定的主题生成文案、图像。

3. 主要功能不同

判别式 AI 的主要功能有三点：数据分析，模式识别，决策支持。

以扫地机器人为例，其在执行清扫任务过程中具备决策支持能力。在清扫至门槛处时，扫地机器人能够判断并做出跨越门槛的决策；当遇到人脚阻挡时，扫地机器人则能够识别并挪动方向，绕过障碍。

生成式 AI 的主要功能是帮助用户生成内容，包括但不限于文本、图片、PPT、音频、视频、数字人等。

4. 典型结构不同

判别式 AI 的重要模型有 SVM（支持向量机）、CNN（卷积神经网络）与逻辑回归等几种。

生成式 AI 的重要模型有 GAN（生成对抗网络）、VAE（变分自编码器）和 Transformer（神经网络架构）等几种。

5. 应用场景不同

判别式 AI 广泛应用于各个领域。例如在金融分析以及信用评分环节，众多银行已运用判别式 AI 进行征信报告的判别工作，以此评估客户的信用风险，为信贷决策提供有力支持。

在工业制造方面，一些工厂除最后一道工序外，前面的诸多工序已由判别式 AI 机器人完成，极大提升了生产效率与产品质量的稳定性。

许多医院利用判别式 AI 对 CT 片等影像资料进行分析，辅助医生更快速、准确地发现病变，甚至在一些简单手术中，判别式 AI 也能发挥作用，助力手术的精准实施。还有智能家居、智能客服等，这里不再一一列举。

生成式 AI 的应用则涵盖多个内容创作领域。在文本创作方面，生成式 AI 能够生成各类形式，包括文章、报告，构建对话系统，实现与用户的自然流畅交互；还可以进行图像创作，对于受损或不完整的图像，生成式 AI 能够通过算法，恢复图像的完整性与清晰度；在视频创作、3D 建模、音频创作、模拟各种声音（如人声、乐器声）等方面，同样可以大显身手，为影视制作、游戏开发等行业提供基础技术支持。

（五）看懂 AI 产业链，哪些环节正在创造财富

当我们了解了判别式 AI 和生成式 AI 在几个维度中的区别，也了解了它们的应用场景之后，需要明确一个关键点，即无论是 DeepSeek 还是基于它的跨模态应用大模型，它们的价值链究竟是怎样的。

AI 跟手机是相似的，不管你用的是华为手机、苹果手机、三星手机还是其他品牌，手机本身是有一个生产链的。比如你使用的是华为手机，很多供应商把元器件给到华为之后，华为进行手机的生产制造，制造完成后通过终端销售到你的手里。其实你不需要关注华为手机是怎样生产的，用到了哪些元器件，只需要关注手机如何帮助自己提高工作效率就可以了。

同样的，当我们在用 AI 的时候，也不需要太关注 AI 背后到底有哪些复杂的原理，只需要知道以下三点。AI 价值链如表 1-5-1 所示。

表 1-5-1 AI 价值链

层级	基础层	技术层	应用层	
组成	基础架构	通用技术	生成式 AI	判别式 AI
内容	芯片、云计算、框架、平台、安全等	图像识别、语音识别、文本识别	代码、文本、图片、PPT、音频、视频、数字人等	智能安防、医疗、在线客服、家居助手、导航助手、代码应用、3D 应用等

第一，基础层。基础架构里包含芯片、云计算、框架、平台、安全等许多元素，但只要知道有这些东西就可以了。

第二，技术层。只需要了解有很多的通用技术就可以了，我们并不是技术人员。

第三，应用层。我们要了解不管是生成式 AI，还是判别式 AI，到底应该用它的哪些功能，怎么用能够提升工作效率，这才是我们应该去关心的。当你了解它的核心价值链之后，能够降低很多关于 AI 的焦虑。

2025 年年初最火的电影无疑是《哪吒之魔童闹海》，其中有个非常可爱的小猪角色，它有一个非常大的特点：当它在太乙真人身边的时候，只是一头猪，长得肥肥的，非常可爱，但是当太乙真人把它送给哪吒之后，它马上就变成了无敌风火轮。

同样的道理，不管是用 DeepSeek 还是其他大模型，所有的 AI 本质都类似上面这个角色，它到底是变成一头猪还是变成无敌风火轮，完全取决于使用它的那个人。

（六）谁掌握了 AI 的底层逻辑，谁就能占得先机

人们在用 AI 的时候，有的人会用得非常棒、非常厉害，有的人可能用得一般，还有的人可能觉得它不能帮自己解决问题，造成这些差别的本质其实是有没有熟练掌握使用 AI 的方法与技巧，应用 AI 之前我们先来看它的底层逻辑是什么。

经过多年的摸索和总结，我把 AI 的底层逻辑萃取成以下公式。

$$场景 \times 结果 = 功能 \times 提示词 \times 大模型$$

我认为任何一个 AI 大模型的应用都有它的底层逻辑，上面这个公式由左右两个部分构成，左边是场景和结果。我们在用 AI 之前需要思考清楚自己要用它完成一个什么样的工作任务，工作场景是什么，以及想要在这个工作任务和场景中得到什么样的结果。只有清楚了解这些，公式右边的功能、提示词、大模型才是有意义的。

如果我们不清楚工作场景和结果，打开 DeepSeek 后可能连该输入什么提示词都不知道，所以明确公式左边的内容就可以解决最根本的问题。

公式右边有三个部分，第一部分叫功能，即要用 AI 实现什么功能，是生成文字、图片还是 PPT 或视频？当确定功能后，就要明确应该输入什么样的提示词，这是第二部分。第三部分是明确应该用哪个大模型来完成。

举一个简单的例子，比如今天我要做一个数字人视频，首先确定场景——做数字人视频，结果是做一个一分钟的数字人视频。接下来要想，做这个视

频会用到哪些功能呢？首先会用到AI生文，需要它给我写文案；其次需要的功能是AI生成PPT，因为我构想的数字人视频中，左边会出现数字人形象，右边会呈现PPT；最后我会用到AI生成数字人这个功能。

确定了这三个功能，下面就要根据每个功能的需求输入对应的提示词。当我有了功能和提示词之后，接下来就要挑选大模型。这里所说的挑选大模型，是针对每个功能和相应的提示词来挑选，而不是一概而论地只选择一个大模型。

比如我要用AI生成文案，能生成文案的大模型太多了，DeepSeek、豆包、通义千问、智谱清言等都可以做到，选择哪一个大模型可以生成最符合我要求的文字呢？这是需要我们去思考明白的。可能你在经过测试和对比之后，觉得DeepSeek是最好用的，所以在众多的大模型中选择它帮助你生成文案。

再比如要生成一个PPT，能做PPT的大模型也特别多，Kimi、夸克、WPS AI等都可以办到，这时我们就需要思考哪个大模型生成的内容最符合你的审美要求，哪个效率最高，哪个费用最低，综合这些条件层层筛选后的结果才是最适合你的。针对生成PPT，可能我们最终会选择Kimi，相对于生成文字，这里已经应用了不同的大模型。

生成数字人视频同样要选择大模型，用剪映还是闪剪，或者是其他的AI工具，也要从便宜又好用的综合角度考量，假设最后我们选择了剪映。

至此，我们根据公式左边的场景和结果，找到了右边对应的功能、提示词和大模型：用DeepSeek写文案，用Kimi做PPT，用剪映生成数字人。之后分别用这些大模型产出内容，做整体的进一步梳理，才能得到最终的结果。

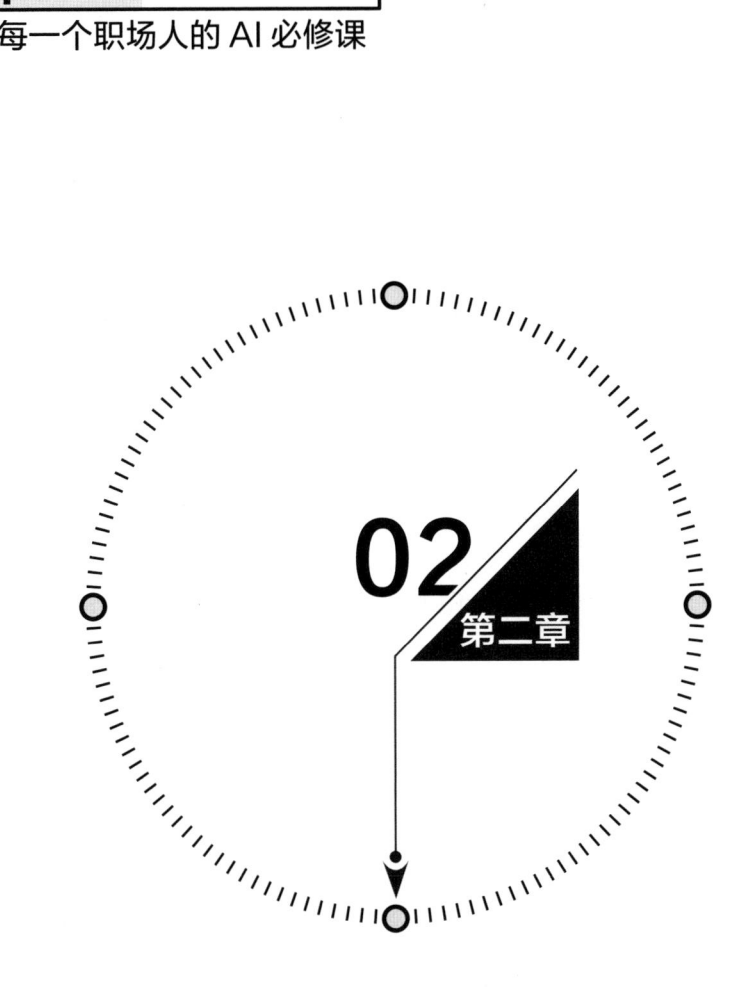

DeepSeek 企业应用指南
——每一个职场人的 AI 必修课

02 第二章

DeepSeek四大核心功能
——企业降本增效赋能者

（一）初识 DeepSeek，它比 ChatGPT 强在哪儿

1. DeepSeek基础信息全搜罗

我们先从开发团队、核心目标和市场定位三个要点对 DeepSeek 做一个简单的介绍。

DeepSeek，即杭州深度求索人工智能基础技术研究有限公司，它是一家创新型科技公司，核心团队人数不多，在自然语言处理、机器学习等领域拥有深厚积累。

这个团队更多地聚焦垂直领域的深度优化，致力于为企业与开发者提供高效、低成本、专业化的 AI 解决方案，推动行业智能化转型。

我觉得 DeepSeek 对企业的应用非常重要，因为它可以解决更多企业端的 AI 本地化部署，实现降本增效。

市场定位方面，DeepSeek 其实跟豆包或其他大模型不一样，豆包可以帮你做很多事情，比如生成文字、PPT、音乐、图像等。但是 DeepSeek 目前只能帮助你生成文本，因为它非常聚焦，跟其他大模型有很大区别，以"专而精"为核心竞争力，深耕编程、数学推理、中文处理及企业级服务场景。

（1）DeepSeek 核心技术亮点。

DeepSeek 背后的核心技术亮点如表 2-1-1 所示。

表 2-1-1　DeepSeek 背后的核心技术亮点

混合专家架构（MoE）	超长上下文支持	中文深度优化	企业级隐私保护
采用动态激活参数的 MoE 架构，仅调用任务相关子模型，显著降低计算资源消耗。据官方数据，其推理成本仅为 GPT-4 的 1/10，同时保持高性能输出	DeepSeek-R1 支持 128k 至数百万 tokens 的上下文窗口，可处理整本小说、大型代码库或复杂法律文档，通过分段注意力机制优化长文本连贯性	训练数据中中文语料占比超 60%，在古文翻译、成语应用、中文逻辑推理等任务中表现优异，尤其擅长结合中国本土文化背景的语义理解	提供私有化部署与数据隔离方案，支持用户基于自有数据微调模型，满足医疗、金融、政务等领域的严格合规要求（如中国网络安全法）

1）混合专家架构（MoE）。

混合专家架构听起来有点学术化，难理解。简单来说，MoE 就像一个由多位"专家"组成的团队，不同的"专家"模块各自擅长处理不同类型的数据或任务。当有数据进来时，MoE 会依据数据的特征，将其分配给最适合处理该数据的"专家"模块。

采用这种动态激活参数的 MoE 架构，只调用任务相关的子模型就可以帮助我们去处理任务，显著降低计算资源的消耗。它的推理成本十分低廉，同时还能保持高性能的输出。

举个例子，一个人去医院看病，最需要做的是找对科室，如果感冒了，但挂的是皮肤科，这个病一定看不好，因为疾病和科室不对口。

当你使用 DeepSeek 的时候，只要告诉它想让它扮演什么样的角色，就好比告诉它你要看什么病，它就会直接把你引导至对应的"诊科医生"，帮你调用科室的专业能力解决问题，这就是 MoE 架构的独特之处。

2）超长上下文支持。

DeepSeek-R1 支持的上下文窗口范围从 128k 直至数百万 k。这一特性使其能够处理各种复杂文本，如一整本小说、大型代码库或复杂的法律文档。它借助分段注意力机制，对长文本的连贯性进行优化。当我们使用 DeepSeek-R1 时，无论上文篇幅多长，即使有数万字，它都能依据上文内容进行逻辑推理与分析，为我们持续输出内容。因此，在使用 DeepSeek-R1 的过程中，有一个良好的上下文语境和坚实的数据基础至关重要，这样才能充分发挥其优势，提升文本处理的效果与效率。

3）中文深度优化。

OpenAI 是英文语料[①]训练，而 DeepSeek 的技术亮点之一就是中文语料训练。DeepSeek 的整个训练数据中，中文语料占比超过 60%，这意味着在古文翻译、成语运用以及中文逻辑推理等任务上，它都能够表现良好。

比如孩子在学古文的时候，他和家长都理解不了句子的意思，就可以让 DeepSeek 翻译一下；又比如孩子学习成语，DeepSeek 会结合中国文化背景来理解用户给出的提示词，并依据自身推理生成相应内容。

4）企业级隐私保护。

它是指 DeepSeek 可提供本地化部署与数据隔离方案，支持用户基于自有数据微调模型，满足医疗、金融、政务等领域的严格合规要求。

在使用开源 AI 大模型时，需要把一些数据、表格上传，会不可避免地发生企业机密数据、信息泄露的问题，这对于企业而言是非常严重的后果。

DeepSeek 问世后，众多企业可以进行本地化部署。本地化部署完成后，即便处于无网络环境，企业依然能够使用该模型开展相关业务。更重要的是，DeepSeek 的本地化部署为企业数据安全带来了有力保障。企业不需要再担忧数据泄露风险，妥善地保护自身信息，还可以基于自身系统与数据，对模型进行微调。这一特点使 DeepSeek 能够满足医疗、金融、政务等对合规要求极为严苛的领域需求，确保企业运营完全符合《中华人民共和国网络安全法》，符合国家对于网络安全的各项规定。

在一些领域，比如有些医院已经完成了 DeepSeek 的本地化部署，他们用 DeepSeek 去做一些工作，效率明显提高。不仅如此，一些银行也已经完成了 DeepSeek 的本地化部署，国央企不仅对于数据资产的保护特别重视，还同时

---

① 英文语料：为语言研究、模型训练等收集的英文材料集合。

关注员工工作效率的提升。因此我认为企业级隐私保护是 DeepSeek 的 4 个核心技术亮点中最重要的。

(2) DeepSeek 功能亮点。

我们看完冰山之下的核心技术亮点后,再来看看冰山上的六个功能亮点,如表 2-1-2 所示。

表 2-1-2　DeepSeek 功能亮点

性能强劲	联网搜索	创意能力出色	多风格改写	超强逻辑推理	结构化知识库
DeepSeek-V3 在多项测评中超越了 ChatGPT-4 Turbo，生成内容更具连贯性	可结合实时信息，提供最新答案	可生成极具文学色彩的内容，如历史小说、散文、诗歌等	可模拟鲁迅、李白等多种写作风格，让文章更具特色	适用于专业领域，如编程、法律、金融分析等	覆盖科学、历史、技术等领域的精准问答

1) 性能强劲。

通过大量测评调研,我发现 DeepSeek-V3 表现出色,其生成内容的连贯性超越了 GPT-4 Turbo,关于性能强劲这点不再赘述。

2) 联网搜索。

联网搜索功能可以帮助我们实时地结合最新网络信息生成内容。DeepSeek 作为预训练模型,在训练封箱前,所使用的数据都是源于过去一段时间积累的语料内容,在推理与文本生成任务中,DeepSeek 可凭借最新资讯,提升推理的准确性,生成更贴合当下实际情况的文本。

目前人们在使用 AI 时都会产生 AI 模型幻觉,指的是 AI 系统生成看似合理、实则与事实不符或缺乏依据的内容。因此我们在面对 AI 生成的内容时,务必保持审慎态度,仔细甄别其准确性与可靠性。后续章节中,我将针对这一问题展开更为深入的探讨与分析。

3) 创意能力出色。

DeepSeek 可以帮助我们生成颇具文学色彩的内容。例如,它可以创作历史小说、散文、诗歌，你甚至可以让他模仿李白的风格写一首七言绝句。后面我将通过具体演示与详细讲解，展示 DeepSeek 在这些方面的实际表现。

4）多风格改写。

DeepSeek 可以模拟鲁迅、李白的风格进行创作，也许作为职场人士认为用处不大，觉得它是老师或学生才会用到的功能，似乎派不上用场。事实并非如此，学习的关键在于举一反三。

设想一下，如果你需要为领导撰写稿件，手头正好有领导以前写的稿子，就可以将这些稿子上传至 DeepSeek，让它分析领导讲话的风格、用词偏好、行文要求等。经过多轮分析与针对性训练，DeepSeek 便能精准把握领导的语言风格。此时你只需将稿件主题及相关资料上传，要求 DeepSeek 从用词习惯、语气口吻、句式偏好等细节模仿写作，它就可以直接为你生成符合领导写作风格的稿件内容。

让 DeepSeek 模仿鲁迅、李白以及领导的风格创作，不仅仅是单纯地演示文字创作方法，而是一种概念性的展示。其核心目的在于，我们完全可以依据自身的工作场景需求灵活运用 DeepSeek。正如我在一开始讲解公式时所强调的，公式左边的工作场景与期望结果才是整个过程中更关键、更根本的底层逻辑。

5）超强逻辑推理。

DeepSeek 具备强大的适应性，能够助力用户涉足不同专业领域，并执行大量复杂的推理任务。

以编程领域为例，即便是技术"小白"，对代码一窍不通，也能借助 DeepSeek 搭建网页。虽然生成的可能只是基础、简易的网页，但对于技术"小白"来说，已经能够满足要求了。

再比如在法律领域，DeepSeek 能够进行法律分析、竞争态势分析等工作，无论是合同条款的拟定，还是从海量案例中梳理关键信息、总结规律，DeepSeek 都能提供有力支持。据我了解，目前已有很多律师及相关从业人员利用 DeepSeek 生成法律合同、辅助进行案例分析，甚至有法官也在运用 DeepSeek 开展部分工作。

6）结构化知识库。

结构化知识库的概念阐述起来有些复杂，简单说就是由于在前期进行了大量数据训练，它已基本涵盖科学、历史、技术等众多领域的知识。当用户提出相关问题时，只要是在其训练覆盖范围内，它都能给出较为精准的回答。不过需要注意的是，依然需要人工对其输出的结果进行辨别和调整，以确保信息的准确性和适用性。

冰山以下的技术亮点和冰山以上的功能亮点到此都已介绍完了。DeepSeek为何在今年如此火爆，在未来可能将持续保持很高的热度，背后的原因是什么？

（3）DeepSeek 爆火原因。

我从三个方面做一个简单的分析。

1）性能强大。

DeepSeek 本身的性能非常强大，可以比肩 OpenAI 的 ChatGPT。在 2025 年 1 月 24 日发布的聊天机器人竞技场榜单上，DeepSeek 综合排名第三，和 OpenAI 的 ChatGPT 并列。但是在高难度的提示词、代码，还有数学等技术性非常强的领域，以及风格控制方面，DeepSeek 是位列第一的。在中文环境中，我个人觉得 DeepSeek-R1 的使用效果比 ChatGPT 强很多。

2）价格便宜。

从运算成本看，DeepSeek 的 API 端口，缓冲命中时的费用是 1 美元每百万 tokens，缓存未命中时是 4 美元每百万 tokens，输出是 16 美元每百万 tokens，成本是 ChatGPT 的 2%～3%，非常低廉。有人称美国本来计划投入 5000 亿美元来大力提升和创新人工智能行业，但当 DeepSeek 出现后，可能不再需要 5000 亿美元，或许 1000 亿美元甚至更少就能实现目标。

从用户使用看，使用 DeepSeek 不用支付任何费用，不管是打开电脑使用网页端，还是打开手机使用 App，无论个人进行日常写作、创意构思，还是小型企业进行业务分析、内容生成，都能够零成本接入，不用担心因使用次数或时长过多而产生费用。当然在使用过程中可能会出现一些小问题，后面我会教大家怎么去解决。

而 ChatGPT 则需要用户付费才能使用，设置了使用门槛，对于预算有限的个人创作者、学生群体，或是处于发展初期且资金紧张的小微企业来说，付费可能会有很大影响。

3）本土开源。

DeepSeek 作为中国本土研发的大模型具有重要意义。它使我们摆脱了对国外技术的依赖，避免被"卡脖子"。更为重要的是，DeepSeek 完全开源，所有企业和个人都可以自由地使用、修改、分发该模型，甚至将其用于商业化。用户无须担忧版权纠纷，只需支付少量费用完成本地化部署，就可以充分利用该模型的各项功能。DeepSeek 的出现，为我国大模型技术的发展注入动力，推动整个领域发展。

2. DeepSeek使用流程

了解了上述比较宏观的内容后，对每个人而言，最想学习的是如何借助 DeepSeek 提升自身工作效率。接下来，我分享具体的使用方法。

我从 DeepSeek 使用流程开始分享。不管是手机 App 还是网页版，它的操作流程都差不多，也非常简单，大致可以分成三步。

（1）访问平台。

我们以网页端为例，首先我们需要登录 DeepSeek 的官网，登录之后点一下"开始对话"，接下来完成注册和登录，之后就可以正常使用了。

DeepSeek 网页端如图 2-1-1 所示。

图 2-1-1　DeepSeek 网页端

（2）选择服务模式。

目前，在使用 DeepSeek 时，有三种模式可供选择：第一种是 R1，即深度思考模式；第二种为 V3 模式；第三种是联网搜索模式。系统默认 V3 模式，输入框下方可手动选择"深度思考（R1）"或"联网搜索"模式。需要注意的是，若选择联网搜索模式，则无法上传附件；若选择上传附件，就不能启用联网搜索模式，也就是说联网和上传附件只能二选一。DeepSeek 上传附件的时候支持每次最多上传 50 个、每个 100M 大小的文档或图片。

DeepSeek 网页端服务模式如图 2-1-2 所示。

图 2-1-2　DeepSeek 网页端服务模式

（3）输入提示词。

当你打开 DeepSeek 之后，完成注册和登录，选择好模式，接下来就需要输入提示词，输入之后点击"发送"。你可以在第一次使用 DeepSeek 的时候，看一看它的响应速度、推理过程，也可以看看它给的结果是不是满足你的要求。

下面我做一个简单的演示。

我用比较常用的"深度思考（R1）"模式，输入一段提示词，比如"你是谁，我能用你来做什么，请用普通人能听懂的话，深入浅出地介绍一下你自己"（见图 2-1-3），然后点击发送。DeepSeek 在经过深度思考之后直接输出答案，它说"您好，我是由中国的深度求索（DeepSeek）公司开发的智能助手 DeepSeek-R1，如您有任何问题，我会尽我所能为您提供帮助"（见图 2-1-4），这就是一个简单的应用。

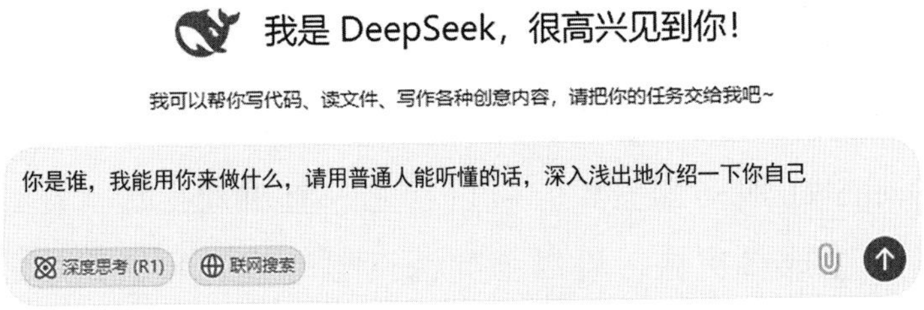

图 2-1-3　输入提示词

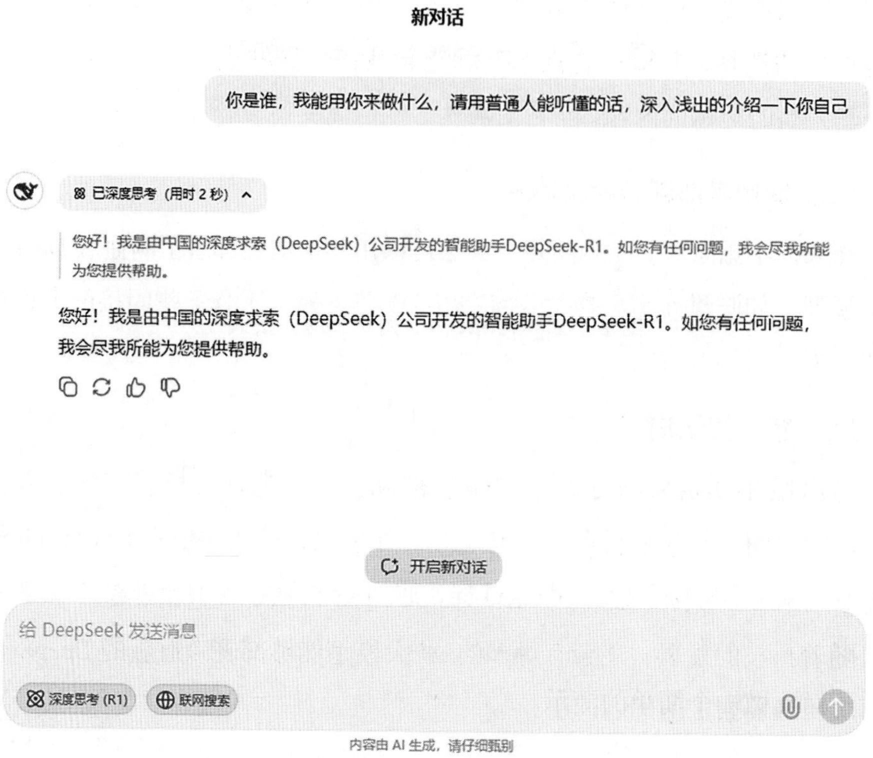

图 2-1-4　输出答案

使用 DeepSeek 的其他技巧，我在后文会做详细的分享。

3. 服务器繁忙如何解决

有些时候，使用 DeepSeek 可能会出现"深度思考服务器繁忙，请稍后再试"的情况，这个时候该怎么办？我分享几个能更好地使用 DeepSeek 的方法。

（1）一直尝试点击"重新生成"。

如遇 DeepSeek 服务器繁忙，可以让它一直重新生成，在这个过程当中，如果你想生成得更快，可以舍弃深度思考模式和联网模式，直接用 DeepSeek-V3 就可以，不会一直卡顿。

我最开始用它的时候，会一直点击重新生成，因为当时我输入一整套提示词且逻辑严谨，比如要发 10 个提示词，当发到第 5 个的时候卡顿了，由于没有更好的选择，只能一直点击直到它帮我把后面的全部生成出来，才能得到一套完整的提示词内容。

（2）使用满血版 DeepSeek。

如果你不想面对 bug 和故障，那么可以用其他已经部署了满血版 DeepSeek 的大模型，如腾讯元宝、微信 -AI 搜索或天工 AI；还有一些间接的大模型，比如秘塔 AI 搜索、纳米 AI 搜索。我建议找到它们的网站后，收藏到收藏夹里，便于随时调用。

（3）企业本地化部署。

如果是企业的话，我建议优先选择本地化部署，因为这对于企业的数据信息安全是至关重要的。提高效率固然重要，但是数据安全更加重要。

随着科技的发展，还会有更多的 AI 大模型能够部署满血版的 DeepSeek，来解决服务器繁忙的问题。

4. 剖析DeepSeek三大模式

在使用 DeepSeek 的时候，我们会应用它不同的模式——DeepSeek-R1、DeepSeek-V3 和联网搜索模式。这三种模式有什么区别呢？下面我做一个简单的解析，DeepSeek 三种模式对比如表 2-1-3 所示。

对于 DeepSeek-R1 而言，它的定位跟另外两个模式不一样，主要针对复杂问题的解决和深度逻辑推理，所以一般写代码、做数学分析时，用它的效果特别好。

打个比方，它这种深度推理模式就像狄仁杰一样，能通过一个特别小的细节做一系列链条式的深度推理。当你给它一个简单的信息时，它能够基于信息和自己的训练，帮你生成非常严密的逻辑推理。它是一个非常强大的"理科生"或"数学老师"。

表 2-1-3　DeepSeek 三种模式对比

DeepSeek-R1	DeepSeek-V3	联网搜索模式
定位：复杂问题解决与深度逻辑推理	定位：平衡生成质量与速度的通用场景	定位：获取最新数据与外部知识验证

DeepSeek-V3 的定位是平衡生成质量和速度的通用场景。它不是一个"理科生"，而是一个"文科生"。DeepSeek-V3 是一种通用模式，你可以把它比喻成李白，当遇到同一个问题，"狄仁杰"会做非常缜密的逻辑推理，但是"李白"可能会吟诵一首诗。"李白"不会有深度的推理，但是大脑的发散性非常强。

联网搜索模式和前面两个又有所不同，它的定位是获取最新的数据，并且跟外部知识形成交叉验证。如果把联网搜索模式比喻成一个人，它不是"狄仁杰"，没有深度推理能力，也不是"李白"，写不出才华横溢的诗句。我觉得联网搜索模式像百晓生，它的信息覆盖非常广泛。

当你想要生成内容的时候，首先要清楚你是要 DeepSeek-R1 那样深度推理，还是要 DeepSeek-V3 那样才华横溢，还是需要联网搜索模式以获得更多的信息。

为了更好地了解这三种模式，我对 DeepSeek-R1、DeepSeek-V3 和联网模式做一个深度技术化解析，对比哪个效果更好。

下面我做一个简单的演示。

我在对话框内输入提示词"帮我策划一篇题为《人工智能伦理争议》的论文"，点击"生成"（见图 2-1-5）。

第二章　DeepSeek 四大核心功能——企业降本增效赋能者

> 我是 DeepSeek，很高兴见到你！
> 我可以帮你写代码、读文件、写作各种创意内容，请把你的任务交给我吧~
>
> 帮我策划一篇《人工智能伦理争议》的论文。
>
> 深度思考 (R1)　联网搜索

图 2-1-5　输入提示词

我们首先用 DeepSeek-R1 模式，它有一个深度思考的过程，在等待过程中，可以好好看一看它是如何思考的，如图 2-1-6 所示，我觉得看它思考的过程比看它的结果有更多收获。大多数时候我们工作的逻辑性没有那么强，所以工作中使用 DeepSeek-R1 能够帮助我们提升逻辑思维能力。经过短暂的思考之后，它给出了答案。

《人工智能伦理争议》论文策划方案，包含研究框架、核心议题以及论证的逻辑，论文的标题是"人工智能伦理争议：技术狂飙时代的价值迷思和治理路径"。

第一部分是研究框架的设计，包含引言、伦理争议的核心场域，还包含伦理治理的多维路径，以及创新视角的研究方法、预期结论和研究价值。

下面我将相同的提示词输入 DeepSeek-V3，看它会生成什么结果。R1 和 V3 模式最明显的区别就是 R1 有深度思考的过程，V3 却没有，但 V3 会生成得更快。

DeepSeek-V3 生成结果如图 2-1-7 所示。

DeepSeek-V3 不会像 R1 一样梳理逻辑，直接给出"人工智能伦理争议"的标题。

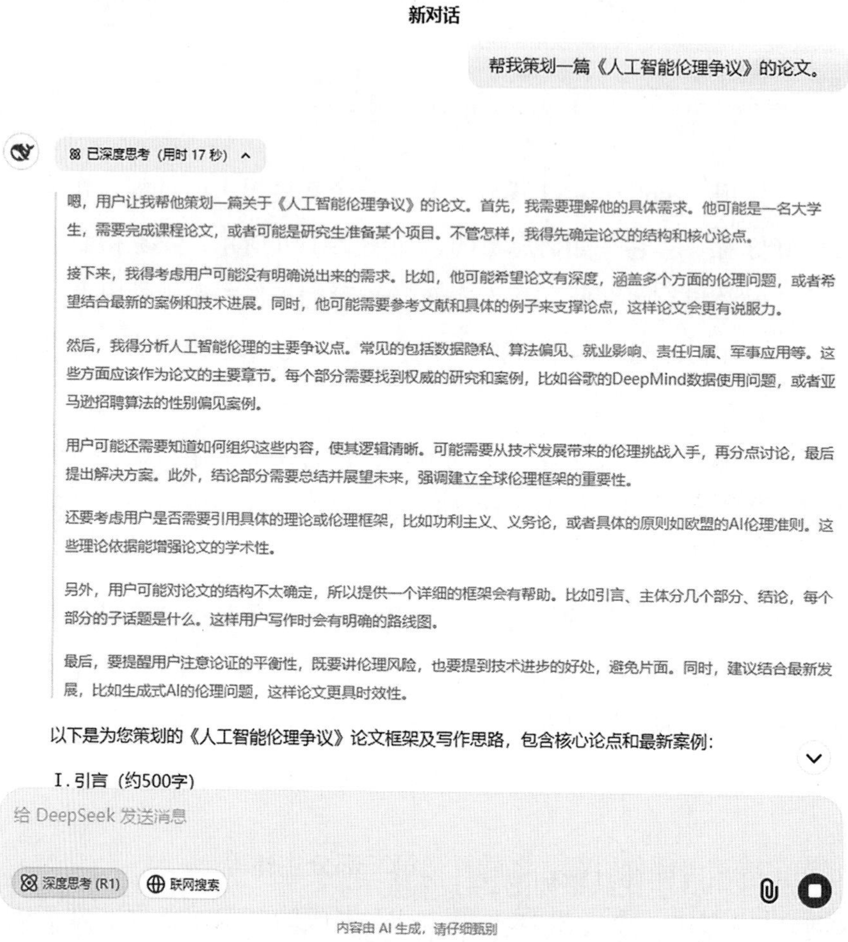

新对话

帮我策划一篇《人工智能伦理争议》的论文。

⊗ 已深度思考（用时17秒） ⌃

嗯，用户让我帮他策划一篇关于《人工智能伦理争议》的论文。首先，我需要理解他的具体需求。他可能是一名大学生，需要完成课程论文，或者可能是研究生准备某个项目。不管怎样，我得先确定论文的结构和核心论点。

接下来，我得考虑用户可能没有明确说出来的需求。比如，他可能希望论文有深度，涵盖多个方面的伦理问题，或者希望结合最新的案例和技术进展。同时，他可能需要参考文献和具体的例子来支撑论点，这样论文会更有说服力。

然后，我得分析人工智能伦理的主要争议点。常见的包括数据隐私、算法偏见、就业影响、责任归属、军事应用等。这些方面应该作为论文的主要章节。每个部分需要找到权威的研究和案例，比如谷歌的DeepMind数据使用问题，或者亚马逊招聘算法的性别偏见案例。

用户可能还需要知道如何组织这些内容，使其逻辑清晰。可能需要从技术发展带来的伦理挑战入手，再分点讨论，最后提出解决方案。此外，结论部分需要总结并展望未来，强调建立全球伦理框架的重要性。

还要考虑用户是否需要引用具体的理论或伦理框架，比如功利主义、义务论，或者具体的原则如欧盟的AI伦理准则。这些理论依据能增强论文的学术性。

另外，用户可能对论文的结构不太确定，所以提供一个详细的框架会有帮助。比如引言、主体分几个部分、结论，每个部分的子话题是什么。这样用户写作时会有明确的路线图。

最后，要提醒用户注意论证的平衡性，既要讲伦理风险，也要提到技术进步的好处，避免片面。同时，建议结合最新发展，比如生成式AI的伦理问题，这样论文更具时效性。

以下是为您策划的《人工智能伦理争议》论文框架及写作思路，包含核心论点和最新案例：

I. 引言（约500字）

给 DeepSeek 发送消息

⊗ 深度思考（R1）　⊕ 联网搜索

内容由 AI 生成，请仔细甄别

图 2-1-6　R1 模式思考过程

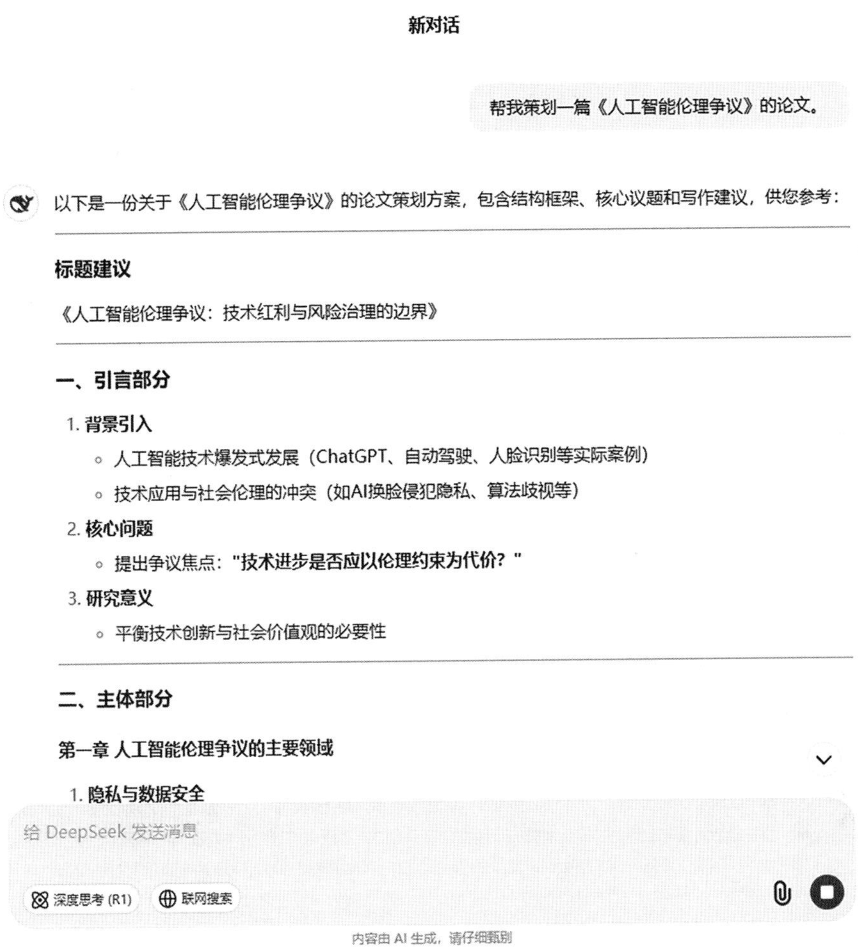

第二章　DeepSeek 四大核心功能——企业降本增效赋能者

图 2-1-7　DeepSeek-V3 生成结果

它先生成第一部分引言，之后就是第二部分主体等。

我们可以对比一下，用 DeepSeek-R1 生成的结果，条理非常清晰，而 DeepSeek-V3 虽然列了几个部分，但每段下面不会再有细分。

使用 DeepSeek-R1 生成的标题会包含大量的逻辑梳理，但使用 DeepSeek-V3 就像写论文直接提炼标题，两者生成的结果有很大差别。

最后我们再使用联网搜索模式 +DeepSeek-V3 模式，输入相同的提示词后，它给的结果又有所区别。

035

DeepSeek-V3+ 联网搜索生成结果如图 2-1-8 所示。

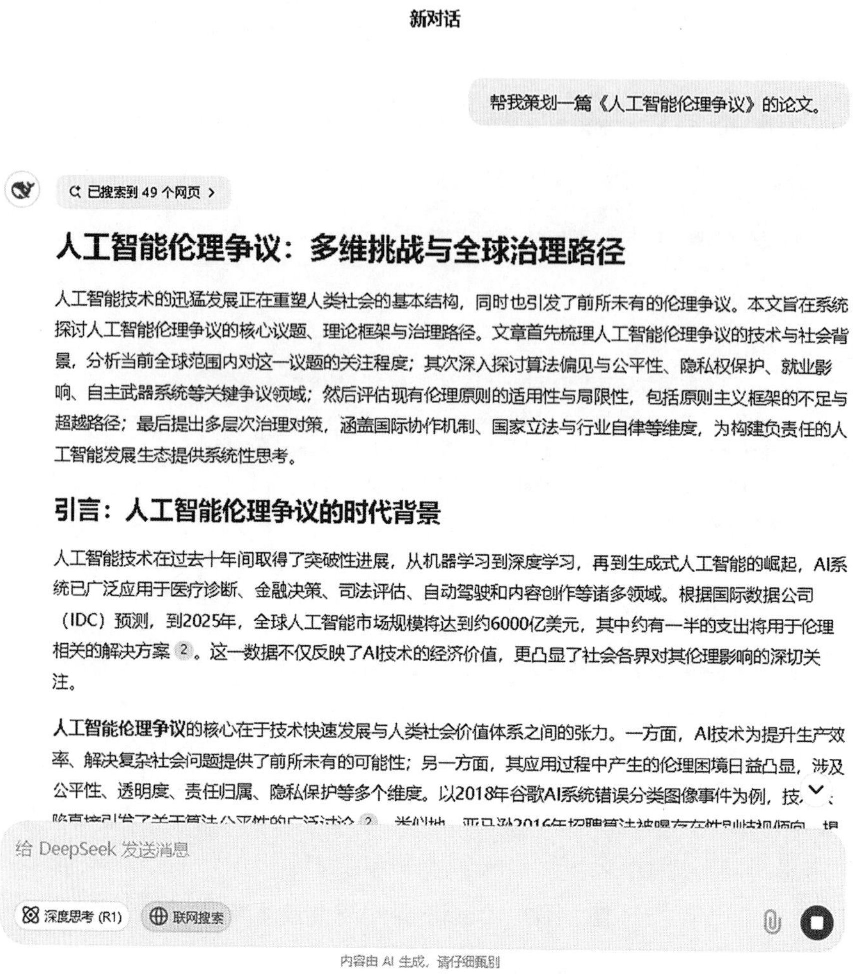

图 2-1-8　DeepSeek-V3+ 联网搜索生成结果

没有使用联网搜索时，生成内容最后会有参考文献。参考文献是 DeepSeek 在预训练封箱之后给出的所有训练数据，但是封箱之后没有新的信息。我们使用联网搜索模式之后，虽然生成的主题没有变，摘要、关键词的结构也没有变，但是它生成时会直接标注引用的网页及具体内容，点开序号就能看到资料来源，这说明这部分内容不是 AI 模型幻觉加工的，更具准确性和合理性，写得可能会更丰富，整体逻辑性可能比上面两种模式更强一些。因此，我们会发现 DeepSeek-R1、DeepSeek-V3 和联网搜索三种模式写出来的结果有一定差异。

R1、V3 和联网搜索对比如表 2-1-4 所示。

表 2-1-4　R1、V3 和联网搜索对比

维度	R1（深度推理）	V3（通用生成）	联网搜索
核心能力	多步骤逻辑推理、复杂问题求解	通用文本生成与基础问答	实时数据获取与事实核查
独有特点	**深度推理能力**：擅长解决需多步逻辑推导的问题（如"证明哥德巴赫猜想在 1000 以内的成立性"） **交互式追问**：主动要求用户补充信息以优化解决方案（如"请提供更多上下文以便生成代码"） **高准确性**：通过链式思考（Chain-of-Thought）减少错误率	**生成效率高**：响应速度介于 R1 和联网搜索之间 **覆盖场景广**：可处理日常对话、文案润色、简单知识问答等 **中等复杂度**：能处理多轮对话，但深度推理能力弱于 R1	**实时性**：可获取分钟级更新的信息（如新闻事件、股价） **事实核查**：验证模型生成内容的准确性（如"检查这段话中的历史日期是否正确"） **长尾知识覆盖**：回答训练数据外的冷门问题（如"2024 年某小众学术会议的主题"）
响应速度	慢（3～10 秒，需计算资源）	中等（1～3 秒）	中等（2～5 秒，依赖网络延迟）
生成质量	高（逻辑严谨，分步推导）	中（流畅但可能缺乏深度）	中（依赖检索结果质量）
数据时效性	依赖训练数据（如 2023 年年底）		实时更新（分钟级）
资源消耗	高（需 GPU 加速）	中（CPU/GPU 均可）	中（网络+计算）
典型场景	数学/物理题求解 代码错误分析与修复 商业决策的逻辑推演	邮件/报告撰写 百科知识问答 故事/诗歌创作	实时数据查询（新闻、天气、赛事） 学术研究中的文献检索 验证关键事实（如法律条款、医学指南）

接下来我从以下七个角度来进行详细阐述。

（1）核心能力。

DeepSeek-R1 是深度推理，DeepSeek-V3 是通用生成，而联网搜索是获得最新数据。DeepSeek-R1 的核心能力是多步骤的逻辑推理，它有较长的思维链，通过二三十秒的深度计算过程，针对复杂问题进行严密的推理和求解。而 DeepSeek-V3 没有推理过程，直接生成通用的文本和基础解答。

联网搜索则会实时获取最新的数据信息，并核查事实，帮助我们尽量避免模型幻觉，因为所有 AI 都或多或少不可避免地出现模型幻觉。

（2）独有特点。

DeepSeek-R1 有以下三个特点。

①深度推理能力。它擅长解决多个步骤逻辑推导问题，比如证明哥德巴赫猜想在 1000 以内的成立性。

②交互式的追问。它会主动要求用户补充信息，然后优化解决方案。比如当提示词不能满足它的要求，它会让你根据上下文提供更多的内容，以便生成新内容，最终满足你的需求。

③高准确性。它有一个较长的思考链条，能够通过链式思考帮助我们减少整体内容的错误率。

DeepSeek-V3 也有三个特点。

①生成效率高。使用 DeepSeek-R1 的时候通常需要等待二三十秒，但使用 DeepSeek-V3 可以瞬间生成，其响应速度介于 DeepSeek-R1 和联网搜索之间，生成效率比较高。

②覆盖场景广。不管是日常对话，还是润色文案，抑或简单的知识问答，都可以实现。

③中等复杂度。它可以完成中等复杂度的多人对话处理，但是其推理能力比 DeepSeek-R1 弱一些。如果需要深度推理的话，还是要选择 DeepSeek-R1。

联网搜索有三个非常明显的特点。

①实时性。它可以实时获取分钟级更新的信息，比如新闻、网页股价。

②事实核查。它可以帮助我们验证生成内容的准确性，比如用联网搜索生成内容之后，可以让它验证该内容有没有出现模型幻觉，它的来源是什么。

③长尾知识覆盖。它可以回答训练数据之外的冷门问题。

例如询问 2024 年某小众学术会议的主题是什么？它可以罗列出来，但是在封箱之前如果没有点联网搜索功能的话，它回答的不一定是准确答案。

（3）响应速度。

输入同样的提示词，三个模式的响应速度也有区别。因为 DeepSeek-R1 要深度推理，所以它的响应速度是最慢的，大概需要 3～10 秒。如果问题比较复杂，可能需要二三十秒，我曾经遇到耗时最长的逻辑推理过程，生成时间大概用了一分钟。DeepSeek-V3 通常 1～3 秒就能生成，而联网搜索大概需要等 2～3 秒。

当然响应速度最终取决于网络。例如，有一次我去某市给卫健委的领导们做汇报，当时为了做好汇报，他们专门让电信部门现场铺好网络。我用联网搜索模式，测试的效果很好，但真正演示的时候，等待时间比平常要长很多。

为什么长呢？因为现场的人都使用这个无线网。后来技术人员帮我直接插上网线，演示时三秒钟就生成了，所以网速也决定了我们使用 DeepSeek 的响应速度。

（4）生成质量。

DeepSeek-R1 因为逻辑非常严谨，所以生成质量是最高的，DeepSeek-V3 中是等水平，联网搜索属于中等偏上的水平。

（5）数据时效性。

DeepSeek-R1 和 DeepSeek-V3 是预训练封箱之后的模式，所以它们的数据是依赖数据训练的，如果你想获得实时更新的信息，一定要选择联网搜索。

（6）资源消耗。

DeepSeek-R1 的消耗肯定是最多的，因为最"烧脑"。其次是 DeepSeek-V3，它需要调用 CPU 和 GPU 去生成内容，联网搜索与 V3 消耗水平相差不大。

（7）典型场景。

三种模式的典型场景也有所区别。DeepSeek-R1 的典型场景是数学或物理题的求解、代码错误的解析和修复、商业决策的逻辑推演。凡是那些特别烧脑的内容，都可以交给 DeepSeek-R1 来做。

DeepSeek-V3 可以做什么呢？写邮件、写报告、百科知识问答，还有写诗歌等这种文科生经常做的，不需要特别烧脑的，都可以交给 DeepSeek-V3。

对于联网搜索，如果你需要查询实时数据，如天气、新闻、赛事都可以用它；需要做一些学术研究的文献检索，或搜索一些法律条款、医学指南等也可以用联网搜索完成。

有个医生给病人开处方，开完后病人告诉他处方开得不对。病人将使用 DeepSeek 搜索后的结果展示给医生，医生马上检索，发现医学指南有了更新。因此所有专业人士，尤其是需要专业知识做支撑的，一定要经常使用联网搜索功能，以便获得实时更新的信息。

以上就是使用 DeepSeek-R1、DeepSeek-V3 和联网搜索的一些区别。在了解了它们的使用流程，也了解了它们的区别之后，我相信你可以精准地选择相应模式，更好地生成自己想要的内容。想要严密推理的时候，找"狄仁杰"，使用 DeepSeek-R1 模式；想要文采飞扬的时候，找"李白"，使用 DeepSeek-V3 模式；想要获取实时信息的时候，找"百晓生"，点击联网搜索。

（二）写代码不求人，编程优化一键开挂

搞清楚 DeepSeek 三种模式的应用和区别之后，接下来我们深入了解一下其核心功能。不管是企业用户还是个人用户，DeepSeek 主要具备四类核心功能：一是代码开发与优化，辅助各类编程工作；二是数学和逻辑推理，解决复杂问题；三是中文深度处理，应对中文文本的相关任务；四是企业级服务，为企业运营管理提供支持。将其与自身工作场景或生活场景相结合，才能更好地理解与应用。

DeepSeek 在代码开发和优化方面具有以下四大功能，如图 2-2-1 所示。

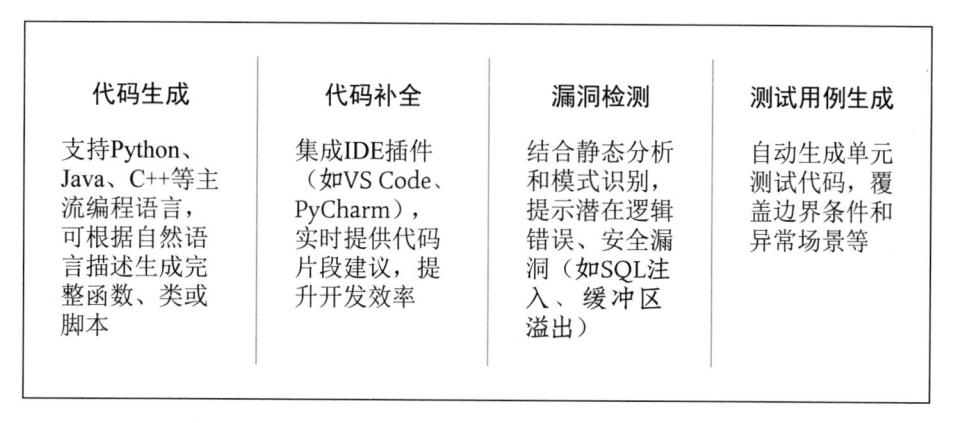

代码生成	代码补全	漏洞检测	测试用例生成
支持Python、Java、C++等主流编程语言，可根据自然语言描述生成完整函数、类或脚本	集成IDE插件（如VS Code、PyCharm），实时提供代码片段建议，提升开发效率	结合静态分析和模式识别，提示潜在逻辑错误、安全漏洞（如SQL注入、缓冲区溢出）	自动生成单元测试代码，覆盖边界条件和异常场景等

图 2-2-1　DeepSeek 核心功能——代码开发与优化

（1）代码生成。

DeepSeek支持诸如Python、Java、C++等主流编程语言。我们仅需用自然语言描述，在DeepSeek输入中文提示词，它就能根据指令生成相应代码，并清晰说明该代码的使用及操作路径，让编程变得更加便捷高效。

（2）代码补全。

DeepSeek集成了IDE插件，在用户进行代码编写时，能够实时提供契合上下文的代码片段建议，帮助开发者快速完成代码编写。

（3）漏洞检测。

DeepSeek结合静态分析与模式识别技术，能够敏锐察觉代码中潜在的逻辑错误以及安全漏洞。例如，可有效识别SQL注入、缓冲区溢出等常见且危害较大的安全隐患。

（4）测试用例生成。

DeepSeek可以自动生成单元测试代码，该代码能够全面覆盖各类边界条件以及异常场景。

我做一个简单的演示：假设有一天出于好奇，我想开发一个有关俄罗斯方块的游戏。于是我向DeepSeek输入提示词："写一段可以在网页上运行的游戏代码，主题是俄罗斯方块，并且你要告诉我代码运行的详细操作流程"。很快，DeepSeek不仅给出了相应代码及操作流程，甚至直接生成了该游戏。

接下来我就上面内容做一个简单的演示和操作。

开启DeepSeek并依次点击"联网搜索"与"深度思考（R1）"模式，随后向其输入上面那段指令（见图2-2-2）。

在此过程中，可能需要等待几秒，等DeepSeek思考结束后就能快速给出结果。

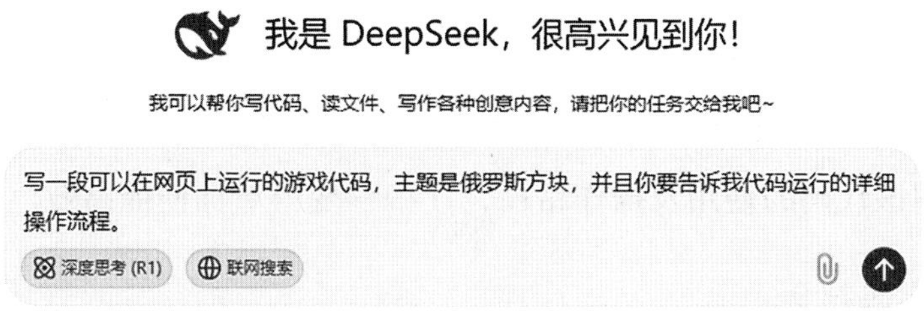

第二章　DeepSeek 四大核心功能——企业降本增效赋能者

图 2-2-2　输入指令

在等待期间，页面最上方会显示"好的"两个字。当"好的"出现时，说明 DeepSeek 已经开始执行任务；如果没有出现"好的"，说明可能程序出现故障。这时候可以考虑改用之前提到的腾讯元宝等替代工具来完成目标。

DeepSeek 经过思考后给出反馈（见图 2-2-3）。

它首先提示："以下是一个基于 HTML5 Canvas 和 JavaScript 实现的简化版俄罗斯方块游戏代码，以及详细的操作说明"。黑色界面左上角显示的是 html 代码（见图 2-2-4），右上角设有"复制"按钮，点击该按钮，就可以复制全部代码。

而在生成全部代码之后，它还会告诉我这些代码该怎么用，比如运行步骤、注意事项甚至修改代码的方法，代码及操作指南如图 2-2-5 所示。

这么复杂的代码，对于没有学习过编程的人来说，是不可能自己写出来的，但 DeepSeek 能够轻松帮我们办到。实际上后续测试会发现，它所生成的代码质量相当不错。

我们接下来实践一下代码的操作流程。

第一步是保存代码：新建一个文本文件，将 DeepSeek 生成的代码完整复制并粘贴到文件中，特别需要注意的是，新建文件时务必选择文本文档，可以手动将文件名后缀改为 html（见图 2-2-6），切勿选择 Word 文档，否则将导致程序运行出现问题。

第二步是运行游戏：双击保存的 html 文件，也可以使用默认浏览器打开该文件，或者右键点击文件选择"其他打开方式"来运行游戏，打开后的游戏界面如图 2-2-7 所示。

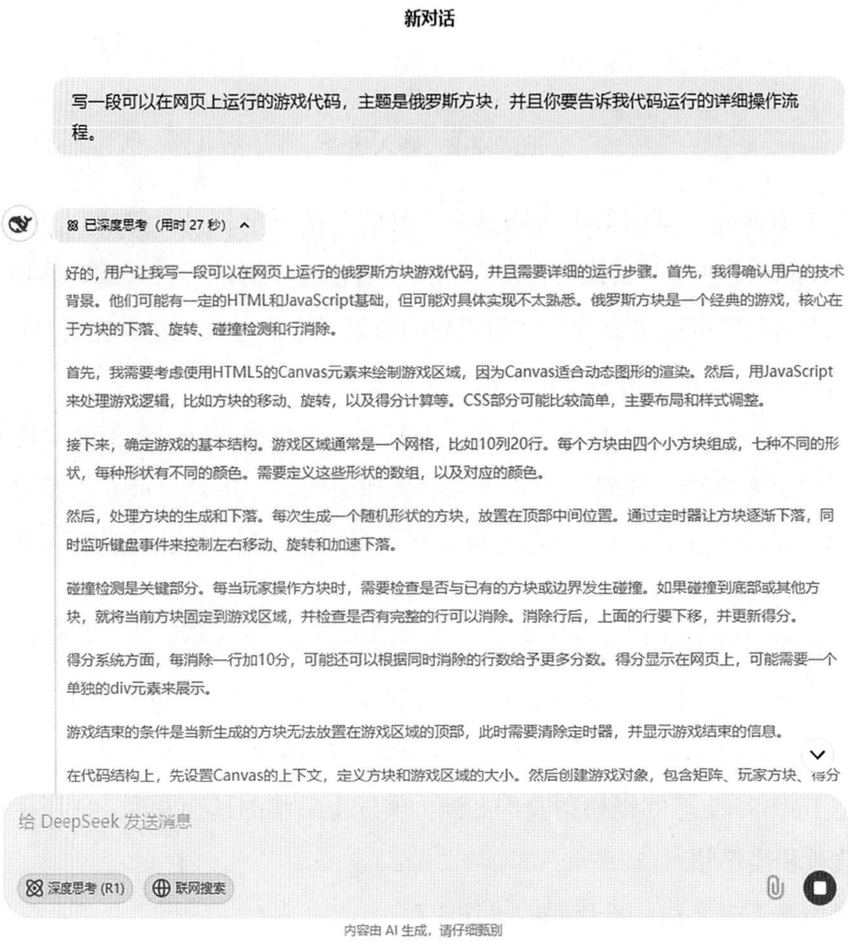

图 2-2-3　反馈

第二章　DeepSeek 四大核心功能——企业降本增效赋能者

新对话

以下是一个基于HTML5 Canvas的简化版俄罗斯方块游戏代码，以及详细的操作说明：

```html
<!DOCTYPE html>
<html>
<head>
    <title>俄罗斯方块</title>
    <style>
        canvas {
            border: 2px solid #333;
        }
        body {
            display: flex;
            justify-content: center;
            align-items: center;
            height: 100vh;
            margin: 0;
            background-color: #f0f0f0;
        }
    </style>
</head>
<body>
    <canvas id="game" width="300" height="600"></canvas>

    <script>
        const canvas = document.getElementById('game');
        const ctx = canvas.getContext('2d');
        const BLOCK_SIZE = 30;
        const COLS = 10;
        const ROWS = 20;

        // 方块形状
        const SHAPES = [
            [[1,1,1,1]], // I
```

给 DeepSeek 发送消息

深度思考 (R1)　　联网搜索

内容由 AI 生成，请仔细甄别

图 2-2-4　html 代码

045

HTML5俄罗斯方块游戏代码及操作指南

运行步骤：

1. 新建一个文本文件，将上述代码完整复制粘贴进去
2. 将文件保存为 `tetris.html`（注意扩展名要是.html）
3. 双击该文件或在浏览器中打开（推荐使用Chrome/Firefox等现代浏览器）
4. 游戏会自动开始运行

操作方法：

- 方向键←→：左右移动方块
- 方向键↑：旋转方块
- 方向键↓：加速下落
- 当方块堆叠到顶部时游戏结束
- 得分会显示在游戏上方

游戏规则：

1. 完整的行会被消除并获得分数
2. 消除多行可获得更高分数（每次消除的分数是10分×2^(连续消除次数-1)）
3. 方块落地后会生成新方块
4. 当新方块无法生成时游戏结束

注意事项：

- 确保浏览器支持HTML5 Canvas
- 游戏速度是固定值，如需调整难度可以修改代码中的 `dropInterval` 值（数值越小下落越快）

图 2-2-5　代码及操作指南

第三步当然就是操作游戏了，可以用方向键来控制，左方向键往左，右方向键往右，上方向键是旋转，下方向键是快落。DeepSeek 在生成结果的时候都把这些说明了，如果忘了，还可以回到 DeepSeek 去查看。

DeepSeek 能做的事情特别多，应用场景广泛。例如，有的老师利用它来设计网页，原理与生成俄罗斯方块游戏一样，只需给出相应提示词，它就能设计出用于随机抽查背诵古诗词的网页。所以不管是在企业里做培训，还是制作小游戏，DeepSeek 都可以实现。

图 2-2-6　文件名后缀改为 html　　图 2-2-7　游戏界面

下面再进行一个简单演示。

我们点击"新开启对话框",将相关提示词粘贴进去:"请你设计一个网页,题目叫诗词随机抽查背诵,诗词的数量不少于20首,只要名称不要出现,诗词的内容点击开始随机这个按钮显示一个动画效果,所有的诗词从左往右逐一闪现,不要一起出现,并且开始随机之后,那个按钮原来叫开始随机,马上就会变成停止随机,然后这个时候我再点击停止随机的按钮,就可以随机选到一首诗词,并且这个按钮又变成了开始随机,字体要尽量大一点,用淡雅的色系、中国风的元素进行设计"(见图2-2-8)。

然后点击"发送"。

经过思考,DeepSeek 生成指令,显示内容"用户让我设计一个网页,名为诗词随机抽查背诵……"(见图2-2-9)。

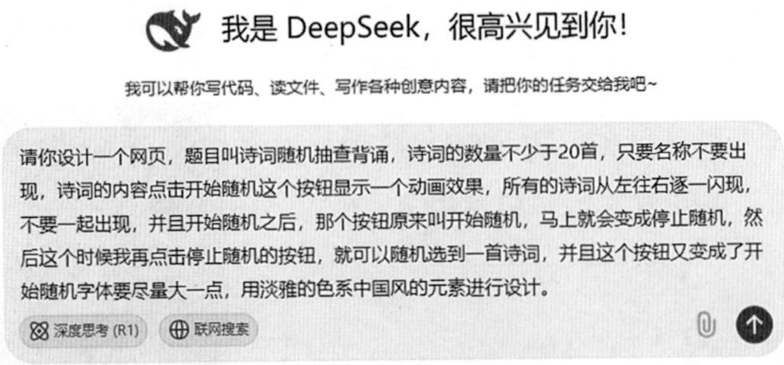
我是 DeepSeek，很高兴见到你！
我可以帮你写代码、读文件、写作各种创意内容，请把你的任务交给我吧~
请你设计一个网页，题目叫诗词随机抽查背诵，诗词的数量不少于20首，只要名称不要出现，诗词的内容点击开始随机这个按钮显示一个动画效果，所有的诗词从左往右逐一闪现，不要一起出现，并且开始随机之后，那个按钮原来叫开始随机，马上就会变成停止随机，然后这个时候我再点击停止随机的按钮，就可以随机选到一首诗词，并且这个按钮又变成了开始随机字体要尽量大一点，用淡雅的色系中国风的元素进行设计。
深度思考 (R1)
联网搜索

图 2-2-8　提示词粘贴

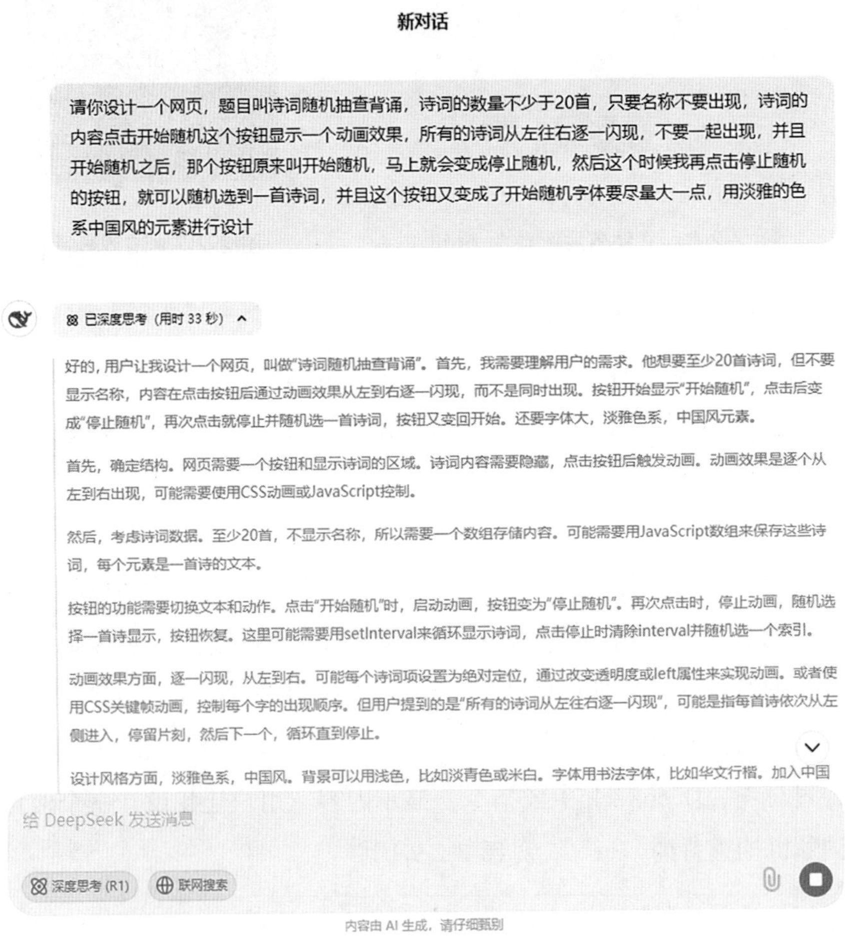
新对话
请你设计一个网页，题目叫诗词随机抽查背诵，诗词的数量不少于20首，只要名称不要出现，诗词的内容点击开始随机这个按钮显示一个动画效果，所有的诗词从左往右逐一闪现，不要一起出现，并且开始随机之后，那个按钮原来叫开始随机，马上就会变成停止随机，然后这个时候我再点击停止随机的按钮，就可以随机选到一首诗词，并且这个按钮又变成了开始随机字体要尽量大一点，用淡雅的色系中国风的元素进行设计
已深度思考（用时 33 秒）
好的，用户让我设计一个网页，叫做"诗词随机抽查背诵"。首先，我需要理解用户的需求。他想要至少20首诗词，但不要显示名称，内容在点击按钮后通过动画效果从左到右逐一闪现，而不是同时出现。按钮开始显示"开始随机"，点击后变成"停止随机"，再次点击就停止并随机选一首诗词，按钮又变回开始。还要字体大，淡雅色系，中国风元素。
首先，确定结构。网页需要一个按钮和显示诗词的区域。诗词内容需要隐藏，点击按钮后触发动画。动画效果是逐个从左到右出现，可能需要使用CSS动画或JavaScript控制。
然后，考虑诗词数据。至少20首，不显示名称，所以需要一个数组存储内容。可能需要用JavaScript数组来保存这些诗词，每个元素是一首诗的文本。
按钮的功能需要切换文本和动作。点击"开始随机"时，启动动画，按钮变为"停止随机"。再次点击时，停止动画，随机选择一首诗显示，按钮恢复。这里可能需要用setInterval来循环显示诗词，点击停止时清除interval并随机选一个索引。
动画效果方面，逐一闪现，从左到右。可能每个诗词项设置为绝对定位，通过改变透明度或left属性来实现动画。或者使用CSS关键帧动画，控制每个字的出现顺序。但用户提到的是"所有的诗词从左往右逐一闪现"，可能是指每首诗依次从左侧进入，停留片刻，然后下一个，循环直到停止。
设计风格方面，淡雅色系，中国风。背景可以用浅色，比如淡青色或米白。字体用书法字体，比如华文行楷。加入中国
给 DeepSeek 发送消息
深度思考 (R1)
联网搜索
内容由 AI 生成，请仔细甄别

图 2-2-9　生成指令

当 DeepSeek 生成相关内容后，我们就可以继续后面的操作了。点击"复制"按钮复制代码，然后新建文档并粘贴代码（见图 2-2-10），保存文档。在保存前，还是要将文件名后缀修改为 html（见图 2-2-11）。再次提醒，不要使用 Word 文档，可能会无法执行代码。

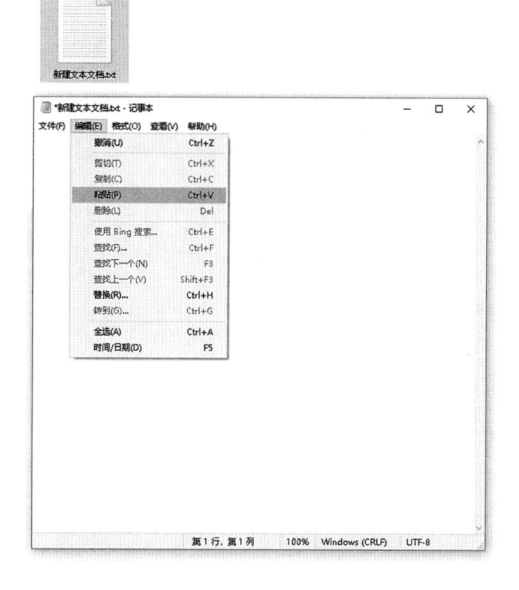

图 2-2-10　新建文档并粘贴代码　　　图 2-2-11　修改文件名后缀

如果对代码生成的诗词名称等内容不满意，可以将代码复制粘贴后，手动进行调整。比如不想让孩子背诵唐诗《蜀道难》，完全可以将其替换为《静夜思》等其他诗词，且这种人工调整不会影响程序正常运行。

操作完成后可以看到，诗词随机抽查背诵游戏运行正常，点击开始随机后，按钮变为停止随机，并且屏幕出现的诗词正是《静夜思》。游戏运行画面如图 2-2-12 所示。

如果公司里需要做一个年会的小游戏，或是老师给学生做古诗词训练，就可以应用这个小游戏了。让学生点击"开始随机"按钮，再点击"停止随机"按钮，抽取一首诗，例如抽取的是《将进酒》，则要背诵这首古诗。等学生背诵完毕，再次点击"开始随机""停止随机"按钮，假如这时出现的是《望月》，就可以背诵《望月》。

图 2-2-12　游戏运行画面

同样的功能，DeepSeek 可以依据不同场景发挥作用，产生不同的结果。这是 DeepSeek 的第一个功能——通过帮我们写代码来做很多东西。

（三）精准数据分析，企业的智能决策师

接下来我们看 DeepSeek 的第二个核心功能——数学与逻辑推理，如图 2-3-1 所示。

符号计算	教育辅助
内置数学引擎，可求解微分方程、矩阵运算、概率统计问题等，并展示详细推导步骤	提供数学题分步解析，支持个性化学习路径推荐（如针对薄弱知识点生成练习题）

图 2-3-1 DeepSeek 核心功能——数学与逻辑推理

这一核心功能主要包括以下两点。

（1）符号计算。

DeepSeek 内置了数学引擎，可以帮我们求解微分方程、矩阵运算、概率统计问题等，而且会展示详细的推导步骤。

（2）教育辅助。

DeepSeek 提供数学题的分布解析，而且支持个性化学习路径，比如针对薄弱知识点生成练习题。

下面举个例子。例如你是老师或家长,正在给孩子辅导一道数学题,内容是"解方程 $x^2+2x-3=0$",如果你不知道怎么做,没关系,可以把它输入 DeepSeek,只要出现"好的",接下来就会看到它先用思维链帮我们进行推理,之后再生成详细解法如图 2-3-2、图 2-3-3、图 2-3-4 所示。

一般我们用 DeepSeek 解数学题的时候,只要不是特别难的算式,它给你的解法可能不止一种,会给你展示好几种解法。

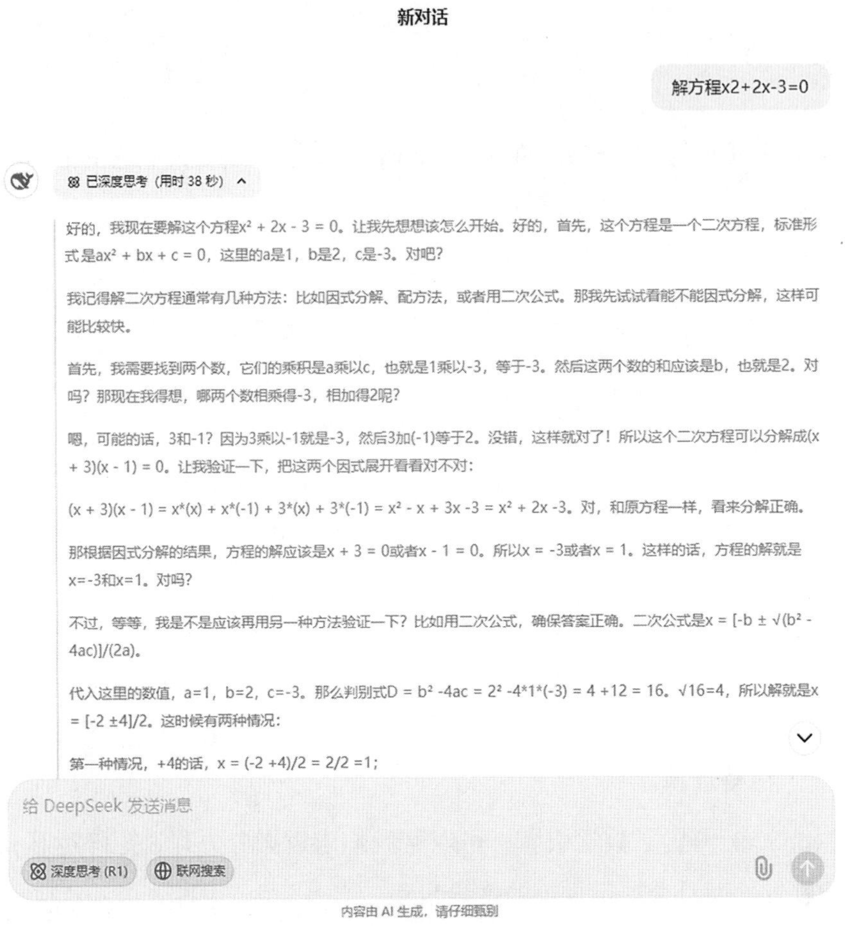

图 2-3-2 解题方法 1

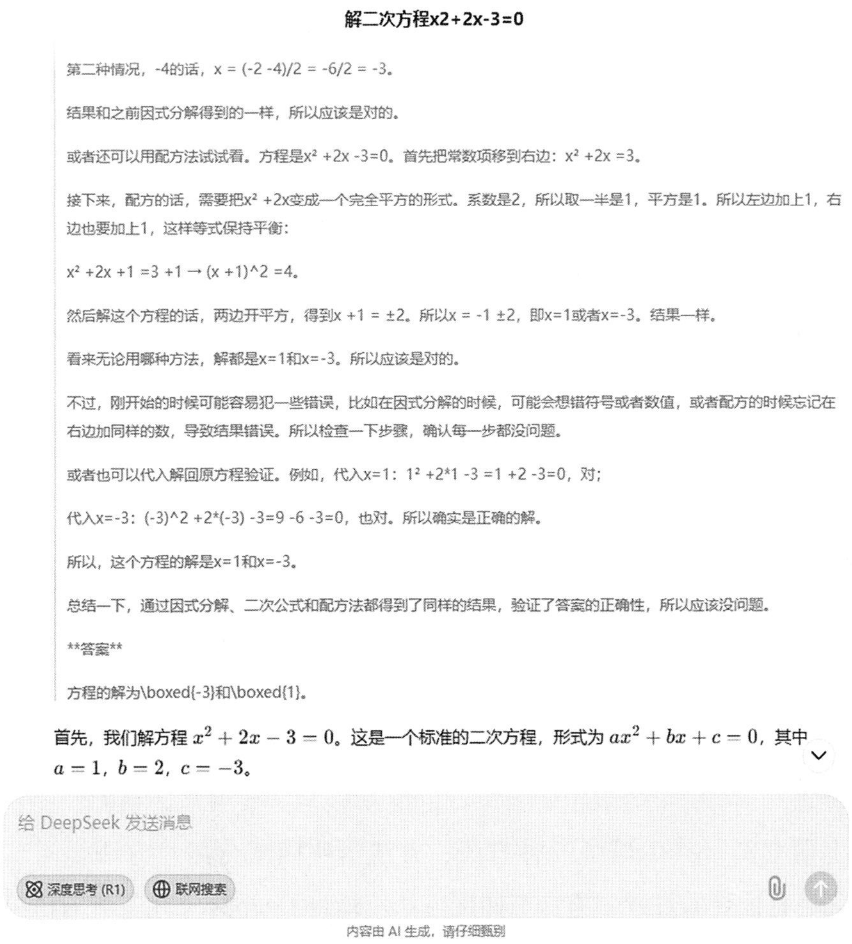

第二章　DeepSeek 四大核心功能——企业降本增效赋能者

解二次方程x2+2x-3=0

第二种情况，-4的话，x = (-2 -4)/2 = -6/2 = -3。

结果和之前因式分解得到的一样，所以应该是对的。

或者还可以用配方法试试看。方程是x² +2x -3=0。首先把常数项移到右边：x² +2x =3。

接下来，配方的话，需要把x² +2x变成一个完全平方的形式。系数是2，所以取一半是1，平方是1。所以左边加上1，右边也要加上1，这样等式保持平衡：

x² +2x +1 =3 +1 → (x +1)^2 =4。

然后解这个方程的话，两边开平方，得到x +1 = ±2。所以x = -1 ±2，即x=1或者x=-3。结果一样。

看来无论用哪种方法，解都是x=1和x=-3。所以应该是对的。

不过，刚开始的时候可能容易犯一些错误，比如在因式分解的时候，可能会想错符号或者数值，或者配方的时候忘记在右边加同样的数，导致结果错误。所以检查一下步骤，确认每一步都没问题。

或者也可以代入解回原方程验证。例如，代入x=1：1² +2*1 -3 =1 +2 -3=0，对；

代入x=-3：(-3)^2 +2*(-3) -3 =9 -6 -3=0，也对。所以确实是正确的解。

所以，这个方程的解是x=1和x=-3。

总结一下，通过因式分解、二次公式和配方法都得到了同样的结果，验证了答案的正确性，所以应该没问题。

答案

方程的解为\boxed{-3}和\boxed{1}。

首先，我们解方程 $x^2 + 2x - 3 = 0$。这是一个标准的二次方程，形式为 $ax^2 + bx + c = 0$，其中 $a = 1$, $b = 2$, $c = -3$。

图 2-3-3　解题方法 2

解二次方程 x2+2x-3=0

$$x+3=0 \text{ 或 } x-1=0 \implies x=-3 \text{ 或 } x=1$$

2. 二次公式验证：

使用二次公式 $x = \frac{-b \pm \sqrt{b^2-4ac}}{2a}$，代入 $a=1, b=2, c=-3$：

$$\Delta = b^2 - 4ac = 2^2 - 4 \times 1 \times (-3) = 4 + 12 = 16$$

$$x = \frac{-2 \pm \sqrt{16}}{2 \times 1} = \frac{-2 \pm 4}{2}$$

得到两个解：

$$x = \frac{-2+4}{2} = 1 \text{ 和 } x = \frac{-2-4}{2} = -3$$

3. 配方法验证：

将方程改写为：

$$x^2 + 2x = 3$$

配方得到：

$$x^2 + 2x + 1 = 3 + 1 \implies (x+1)^2 = 4$$

解得：

$$x+1 = \pm 2 \implies x = -1 \pm 2 \implies x=1 \text{ 或 } x=-3$$

4. 代入验证：

代入 $x=1$ 和 $x=-3$ 到原方程，均满足方程。

最终，方程的解为：

$$\boxed{-3} \text{ 和 } \boxed{1}$$

图 2-3-4 解题方法 3

上面案例一共生成了三种方法：方法一叫因式分解；方法二叫二次公式，它会有推导的过程；方法三叫配方法。最终 DeepSeek 用三种方法分别帮我解出来了，这是 DeepSeek 的第二个核心功能。

DeepSeek 整个推导过程对于学生是一种很好的学习途径，可以学会更多的方法和技巧，大大提升学习效果。

（四）处理中文样样精通，职场人的掌中宝

DeepSeek 的第三个核心功能叫中文深度处理，如图 2-4-1 所示。这一功能对于中文的使用和处理非常友好。

长文本生成	本土化语义理解	多格式输出
支持小说续写、论文结构化撰写、合同模板生成，上下文连贯性优化（最高百万级 tokens，通常一个汉字为一个token）	精准识别方言，如粤语、四川话、闽南话；精准识别网络流行语；精准识别行业术语，如法律条文、医学名词	政府公文/学术期刊等特定格式要求，如标点规范、段落层级。可生成html/Markdown/Mermaid/CSV/SVG/代码/富文本格式

图 2-4-1　DeepSeek 核心功能——中文深度处理

DeepSeek 这一核心功能主要包括以下三点。

（1）**长文本生成**。

DeepSeek 可以帮助我们续写小说、论文结构化撰写，以及合同模板的生成。它会基于上下文的连贯性进行优化（最高可达百万级 tokens，通常一个汉字对应一个 token）。

（2）本土化语义理解。

DeepSeek 可以帮助我们理解很多方言，像粤语、四川话、闽南话等它都能理解，还能进行分析。此外它能够精准识别网络流行语、行业术语，对很多专业内容做出正确的解析，比如法律条文或医学名词。

（3）多格式输出。

把政府公文、学术期刊等各种各样的格式要求给到 DeepSeek，它都能做出来。对于标点符号和段落层级的规范，DeepSeek 也能够严格按照要求生成相应格式。DeepSeek 还可以生成 html/Markdown/CSV/SVG/ 代码 / 富文本等格式。

接下来我做一个演示，可以更直观地说明 DeepSeek 怎么去实现这些功能。

在工作和生活之余，我有个特别大的爱好就是看小说，最近我在看烽火戏诸侯写的《剑来》，但是作者更新很慢，我等不及就会让 DeepSeek 帮我续写。有一次作者写完番外第 7 章，第 8 章等了很长时间也没有更新，于是我给 DeepSeek 发了一段提示词："烽火戏诸侯的《剑来》写到了番外第 7 章，请你按照他的风格把第 8 章的内容写出来"（见图 2-4-2）。

图 2-4-2　输入提示词

它直接帮助我续写了第 8 章，当然为了写得更好，我选择实时更新的联网搜索功能，它会搜索一些网页作为参考（见图 2-4-3）。

第二章　DeepSeek 四大核心功能——企业降本增效赋能者

新对话

烽火戏诸侯的《剑来》写到了番外的第7章，请你按照他的风格把第8章的内容写出来。

> 已搜索到 47 个网页
>
> 思考中...
>
> 嗯，用户让我按照烽火戏诸侯的风格续写《剑来》的番外第8章。首先，我需要回顾一下《剑来》的整体风格和主要元素。根据搜索结果里的信息，比如网页1提到《剑来》的设定严谨，人物关系复杂，情感发展细腻，尤其是陈平安和宁姚的感情是经过长时间铺垫的。还有，剑妈这个角色比较神秘，性格清冷孤傲，专注于剑道。这些信息对于续写很重要，必须保持角色的一致性和世界观的连贯性。
>
> 然后，用户提到已经写到番外第7章，我需要假设第8章的内容应该延续之前的剧情，同时引入新的冲突或发展。根据网页1的讨论，剑妈这样的角色如果被突然冒犯，比如有人叫她"老婆"，可能会有激烈的反应，比如拔剑相向，但如果有特殊情境，比如梦境或支线任务，可能会有不同的展开。不过，续写番外的话，可能需要更贴近主线的元素，比如陈平安的剑道修行、与其他角色的互动，以及伏笔的揭示。
>
> 网页2和4主要是《剑来》的正版来源和更新情况，没有具体内容，但可以确认小说还在连载中，最新的章节可能涉及陈平安的成长和新的挑战。因此，续写时需要保持陈平安的性格特点，比如他的坚韧、智慧和重情义。同时，要引入一些新的情节，可能围绕剑道的更高境界、旧友重逢或是新的敌人出现。
>
> 在构思具体情节时，可以参考网页1提到的情感发展需要细腻，所以新章节可能需要有情感上的冲突或深化。例如，陈平安在修行中遇到瓶颈，需要通过与剑妈的互动来突破，或者宁姚面临新的挑战，两人共同应对。此外，世界观中的神秘元素，如梦境或特殊任务，也可以作为情节发展的契机。
>
> 需要注意的是，烽火戏诸侯的文风较为细腻，善于伏笔和复杂的人物关系，因此在续写时，要设置一些悬念和未解之谜，为后续章节埋下伏笔。同时，加入一些哲学思考，比如剑道的意义、责任与个人追求的矛盾等，以符合原作的深

给 DeepSeek 发送消息

🟢 深度思考 (R1)　🌐 联网搜索

内容由 AI 生成，请仔细甄别

图 2-4-3　DeepSeek 搜索网页

《剑来》有一个非常宏大的世界观，男主角叫陈平安，DeepSeek 续写的内容包括章节概要，以及陈平安在游历途中遇到的人等内容（见图 2-4-4），整个故事非常曲折。

DeepSeek 还可以帮我们写论文，我用联网搜索模式和 DeepSeek-V3 来演示。

我给 DeepSeek 的提示词是："我是一个哲学研究生，主要研究中国哲学当中的儒家文化，现在要写一篇毕业论文，请帮我把论文结构撰写出来，让我

的导师满意，让我顺利通过论文答辩，既要有深度，又要深入浅出，还要显得我很有文化（引经据典）”（见图 2-4-5）。

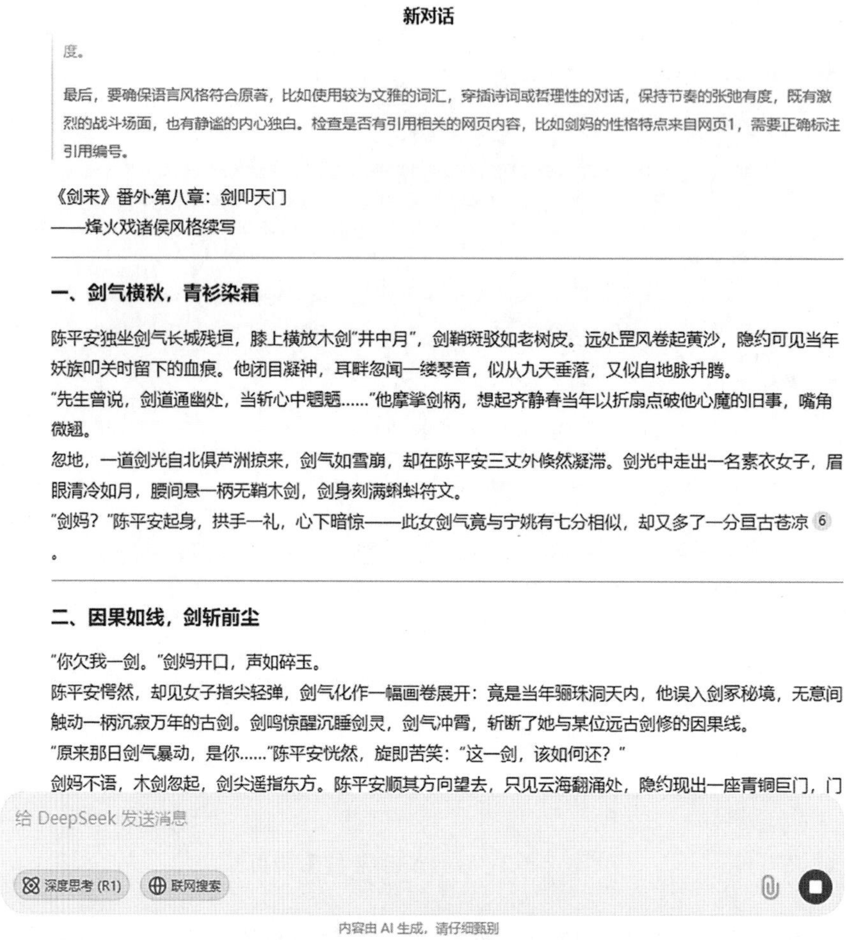
新对话

度。

最后，要确保语言风格符合原著，比如使用较为文雅的词汇，穿插诗词或哲理性的对话，保持节奏的张弛有度，既有激烈的战斗场面，也有静谧的内心独白。检查是否有引用相关的网页内容，比如剑妈的性格特点来自网页1，需要正确标注引用编号。

《剑来》番外·第八章：剑叩天门
——烽火戏诸侯风格续写

一、剑气横秋，青衫染霜

陈平安独坐剑气长城残垣，膝上横放木剑"井中月"，剑鞘斑驳如老树皮。远处罡风卷起黄沙，隐约可见当年妖族叩关时留下的血痕。他闭目凝神，耳畔忽闻一缕琴音，似从九天垂落，又似自地脉升腾。
"先生曾说，剑道通幽处，当斩心中魍魉……"他摩挲剑柄，想起齐静春当年以折扇点破他心魔的旧事，嘴角微翘。
忽地，一道剑光自北俱芦洲掠来，剑气如雪崩，却在陈平安三丈外倏然凝滞。剑光中走出一名素衣女子，眉眼清冷如月，腰间悬一柄无鞘木剑，剑身刻满蝌蚪符文。
"剑妈？"陈平安起身，拱手一礼，心下暗惊——此女剑气竟与宁姚有七分相似，却又多了一分亘古苍凉 6。

二、因果如线，剑斩前尘

"你欠我一剑。"剑妈开口，声如碎玉。
陈平安愕然，却见女子指尖轻弹，剑气化作一幅画卷展开：竟是当年骊珠洞天内，他误入剑冢秘境，无意间触动一柄沉寂万年的古剑。剑鸣惊醒沉睡剑灵，剑气冲霄，斩断了她与某位远古剑修的因果线。
"原来那日剑气暴动，是你……"陈平安恍然，旋即苦笑："这一剑，该如何还？"
剑妈不语，木剑忽起，剑尖遥指东方。陈平安顺其方向望去，只见云海翻涌处，隐约现出一座青铜巨门，门

给 DeepSeek 发送消息
深度思考 (R1)　联网搜索
内容由 AI 生成，请仔细甄别

图 2-4-4　DeepSeek 续写内容

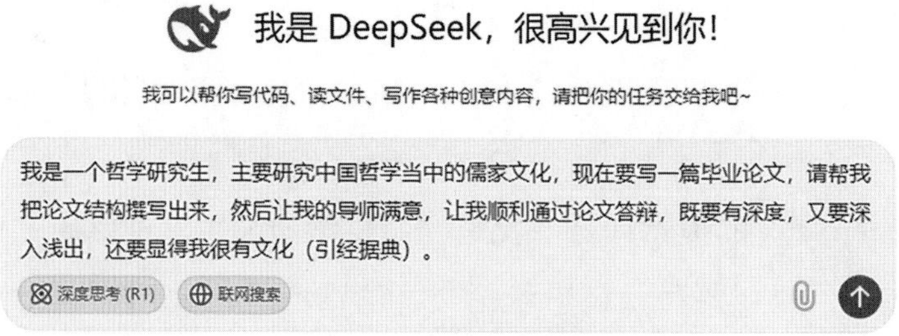
我是 DeepSeek，很高兴见到你！
我可以帮你写代码、读文件、写作各种创意内容，请把你的任务交给我吧~

我是一个哲学研究生，主要研究中国哲学当中的儒家文化，现在要写一篇毕业论文，请帮我把论文结构撰写出来，然后让我的导师满意，让我顺利通过论文答辩，既要有深度，又要深入浅出，还要显得我很有文化（引经据典）。
深度思考 (R1)　联网搜索

图 2-4-5　输入提示词

第二章　DeepSeek 四大核心功能——企业降本增效赋能者

　　DeepSeek 生成的题目是"论儒家伦理的现代性转化",同时还生成了导论、目录、写作策略说明以及经典引用建议(见图 2-4-6、图 2-4-7、图 2-4-8),而且标注了每节内容相关的参考文献,包括《论语》《孟子》《荀子》等著作,以及有关朱熹、梁启超、许慎等一些大家的内容,有理有据,丰富饱满。

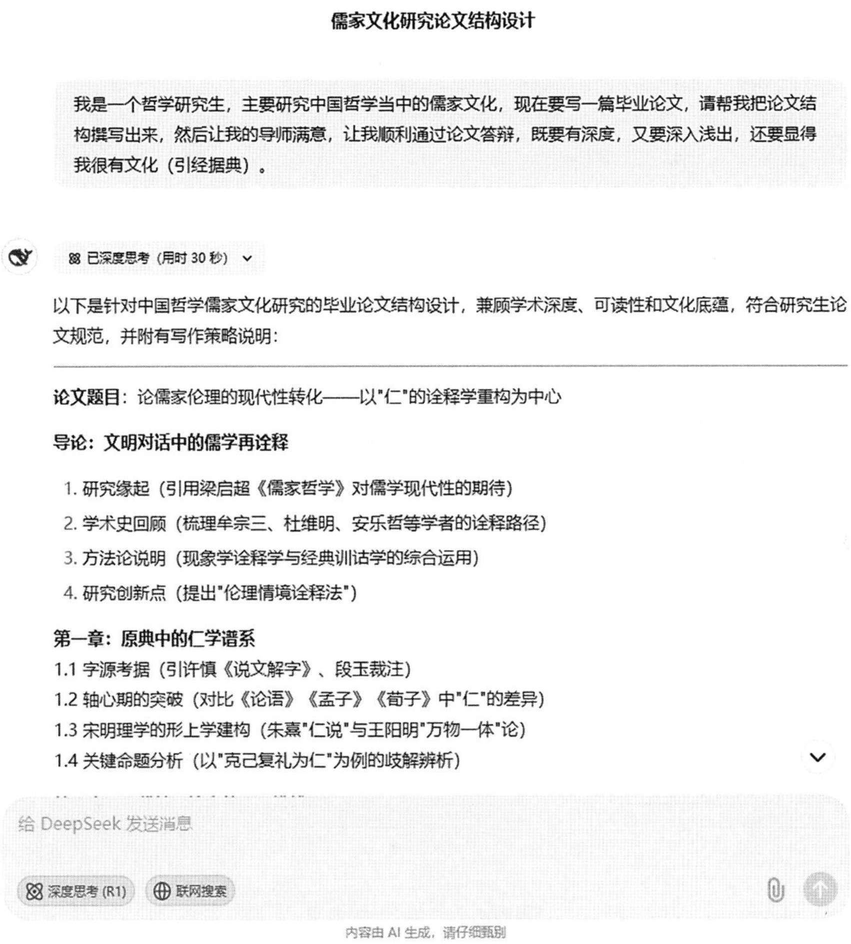

图 2-4-6　生成内容 1

儒家文化研究论文结构设计

第二章：现代性困境中的伦理挑战

2.1 工具理性膨胀与价值真空（引韦伯《新教伦理》作对照）

2.2 全球化中的文化认同危机（亨廷顿"文明冲突论"的反向观照）

2.3 科技伦理的儒家回应可能（从"格物致知"到人工智能伦理）

2.4 案例研究：儒家商业伦理的当代实践（以方太集团为例）

第三章：创造性转化的诠释路径

3.1 从"差序格局"到"网络伦理"（费孝通理论的现代延伸）

3.2 "忠恕之道"的现象学解读（与列维纳斯"他者哲学"对话）

3.3 礼的仪式化与公共空间建构（结合哈贝马斯交往理论）

3.4 新出土文献的诠释可能（郭店楚简《性自命出》新证）

第四章：跨文化视域中的儒学价值

4.1 启蒙理性的补偏救弊（引伏尔泰对孔子的推崇）

4.2 德性伦理的当代复兴（对照麦金太尔《追寻美德》）

4.3 东亚现代化模式的再审视（日本涩泽荣一"论语算盘说"）

4.4 人类命运共同体理念的哲学基础（《礼记·礼运》篇新诠）

结论：儒学的第三次开新

- 回应余英时"游魂说"的挑战
- 提出"具身化的精神性"概念
- 展望数字人文时代的儒学发展

写作策略说明：

1. **文本细读与理论创新结合**：

给 DeepSeek 发送消息

深度思考 (R1)　联网搜索

内容由 AI 生成，请仔细甄别

图 2-4-7　生成内容 2

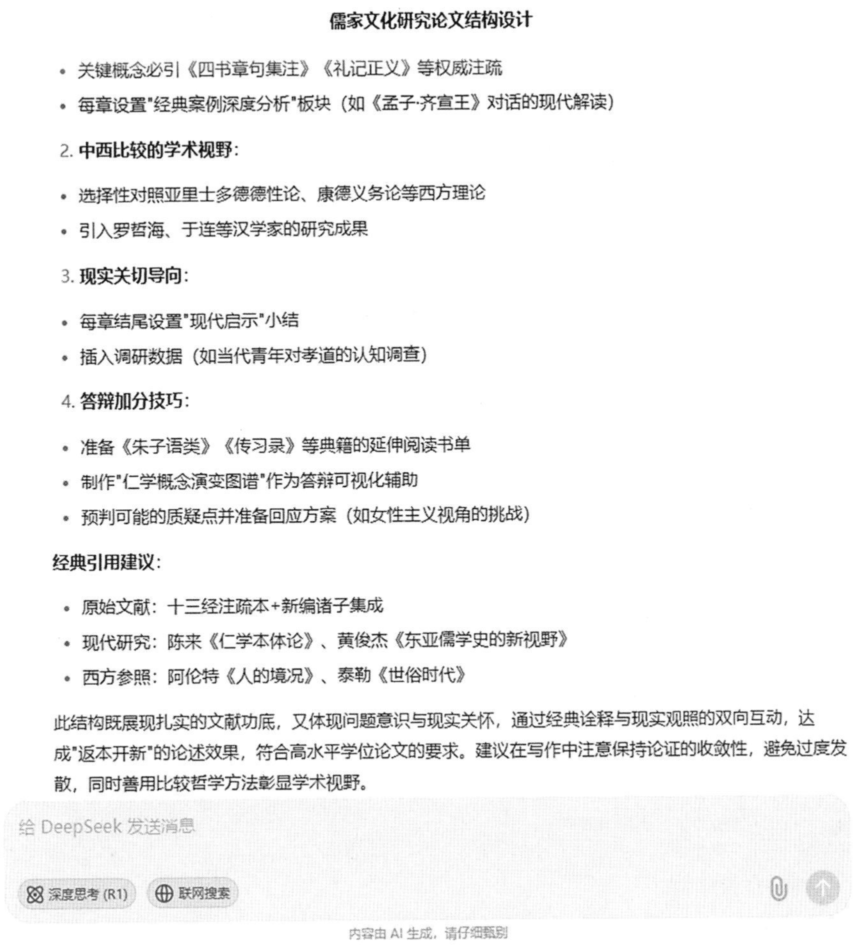

第二章　DeepSeek 四大核心功能——企业降本增效赋能者

儒家文化研究论文结构设计

- 关键概念必引《四书章句集注》《礼记正义》等权威注疏
- 每章设置"经典案例深度分析"板块（如《孟子·齐宣王》对话的现代解读）

2. 中西比较的学术视野：

- 选择性对照亚里士多德德性论、康德义务论等西方理论
- 引入罗哲海、于连等汉学家的研究成果

3. 现实关切导向：

- 每章结尾设置"现代启示"小结
- 插入调研数据（如当代青年对孝道的认知调查）

4. 答辩加分技巧：

- 准备《朱子语类》《传习录》等典籍的延伸阅读书单
- 制作"仁学概念演变图谱"作为答辩可视化辅助
- 预判可能的质疑点并准备回应方案（如女性主义视角的挑战）

经典引用建议：

- 原始文献：十三经注疏本+新编诸子集成
- 现代研究：陈来《仁学本体论》、黄俊杰《东亚儒学史的新视野》
- 西方参照：阿伦特《人的境况》、泰勒《世俗时代》

此结构既展现扎实的文献功底，又体现问题意识与现实关怀，通过经典诠释与现实观照的双向互动，达成"返本开新"的论述效果，符合高水平学位论文的要求。建议在写作中注意保持论证的收敛性，避免过度发散，同时善用比较哲学方法彰显学术视野。

图 2-4-8　生成内容 3

DeepSeek 还可以生成合同模版，以下是我做的演示。

我用 DeepSeek-V3 模式，输入提示词是："我是一名培训讲师，录制了一套视频课程，现在有一家培训机构要采购我的视频课程，卖给企业，请帮我制作一份合同，既要保护我的利益，包含但不限于版权、费用，又可以让对方愿意采购"（见图 2-4-9）。

以下是 DeepSeek 生成的一份视频课程采购合作协议（见图 2-4-10 至图 2-4-12），可以根据实际情况进行调整和补充，建议在签署前咨询专业律师，确保它的合法性和完整性。

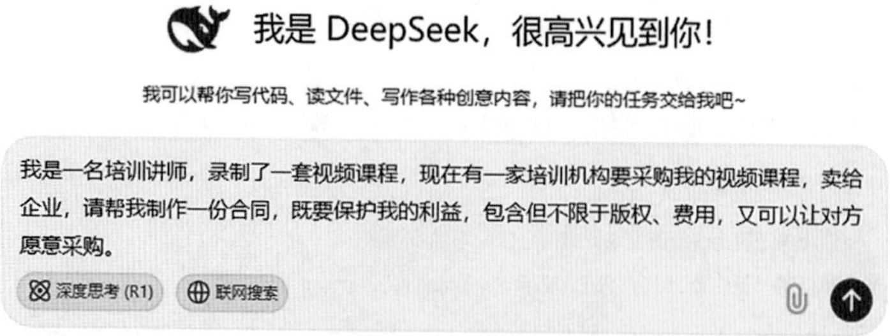
我是 DeepSeek，很高兴见到你！
我可以帮你写代码、读文件、写作各种创意内容，请把你的任务交给我吧~
我是一名培训讲师，录制了一套视频课程，现在有一家培训机构要采购我的视频课程，卖给企业，请帮我制作一份合同，既要保护我的利益，包含但不限于版权、费用，又可以让对方愿意采购。
深度思考 (R1)
联网搜索

图 2-4-9　输入提示词

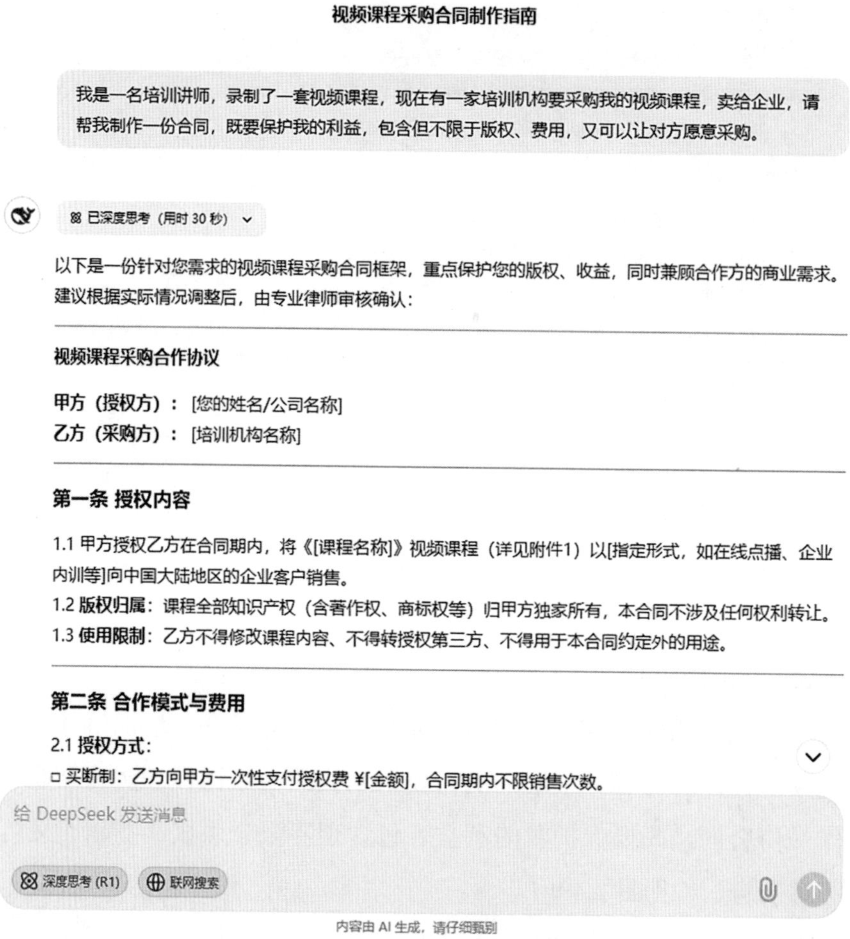
视频课程采购合同制作指南
我是一名培训讲师，录制了一套视频课程，现在有一家培训机构要采购我的视频课程，卖给企业，请帮我制作一份合同，既要保护我的利益，包含但不限于版权、费用，又可以让对方愿意采购。
已深度思考（用时 30 秒）
以下是一份针对您需求的视频课程采购合同框架，重点保护您的版权、收益，同时兼顾合作方的商业需求。建议根据实际情况调整后，由专业律师审核确认：
视频课程采购合作协议
甲方（授权方）：[您的姓名/公司名称]
乙方（采购方）：[培训机构名称]
第一条 授权内容
1.1 甲方授权乙方在合同期内，将《[课程名称]》视频课程（详见附件1）以[指定形式，如在线点播、企业内训等]向中国大陆地区的企业客户销售。
1.2 版权归属：课程全部知识产权（含著作权、商标权等）归甲方独家所有，本合同不涉及任何权利转让。
1.3 使用限制：乙方不得修改课程内容、不得转授权第三方、不得用于本合同约定外的用途。
第二条 合作模式与费用
2.1 授权方式：
□ 买断制：乙方向甲方一次性支付授权费 ¥[金额]，合同期内不限销售次数。
给 DeepSeek 发送消息
深度思考 (R1)
联网搜索
内容由 AI 生成，请仔细甄别

图 2-4-10　视频课程采购合作协议 1

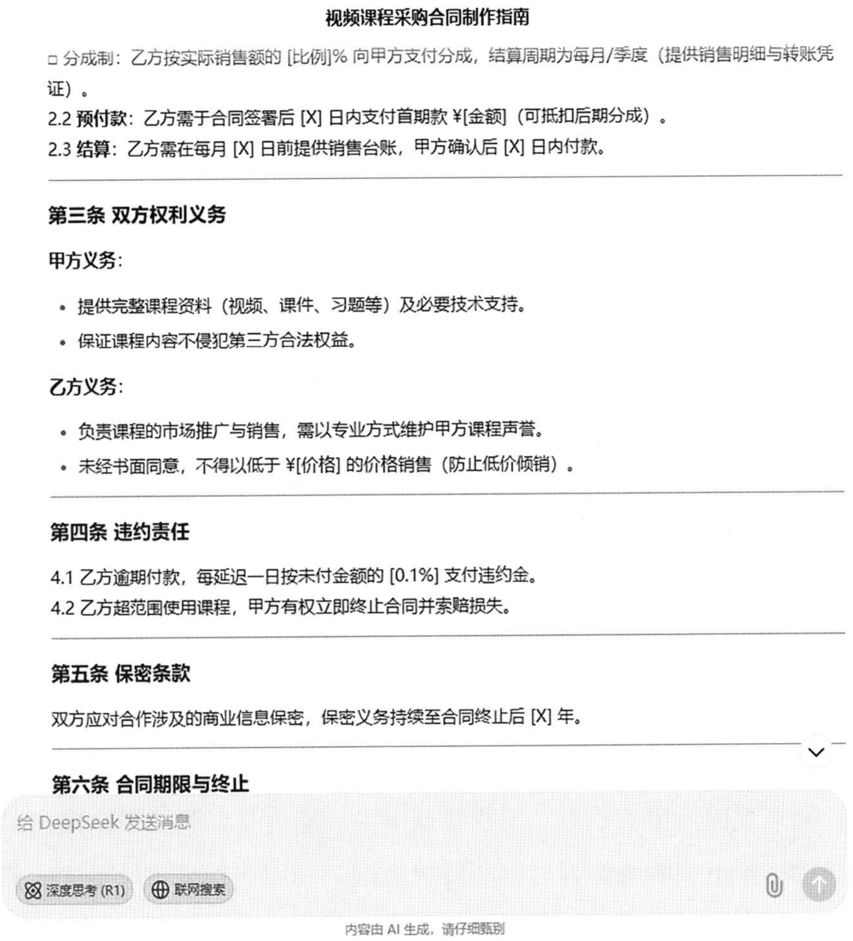

第二章　DeepSeek 四大核心功能——企业降本增效赋能者

视频课程采购合同制作指南

□ 分成制：乙方按实际销售额的 [比例]% 向甲方支付分成，结算周期为每月/季度（提供销售明细与转账凭证）。

2.2 **预付款**：乙方需于合同签署后 [X] 日内支付首期款 ¥[金额]（可抵扣后期分成）。

2.3 **结算**：乙方需在每月 [X] 日前提供销售台账，甲方确认后 [X] 日内付款。

第三条 双方权利义务

甲方义务：

- 提供完整课程资料（视频、课件、习题等）及必要技术支持。
- 保证课程内容不侵犯第三方合法权益。

乙方义务：

- 负责课程的市场推广与销售，需以专业方式维护甲方课程声誉。
- 未经书面同意，不得以低于 ¥[价格] 的价格销售（防止低价倾销）。

第四条 违约责任

4.1 乙方逾期付款，每延迟一日按未付金额的 [0.1%] 支付违约金。

4.2 乙方超范围使用课程，甲方有权立即终止合同并索赔损失。

第五条 保密条款

双方应对合作涉及的商业信息保密，保密义务持续至合同终止后 [X] 年。

第六条 合同期限与终止

图 2-4-11　视频课程采购合作协议 2

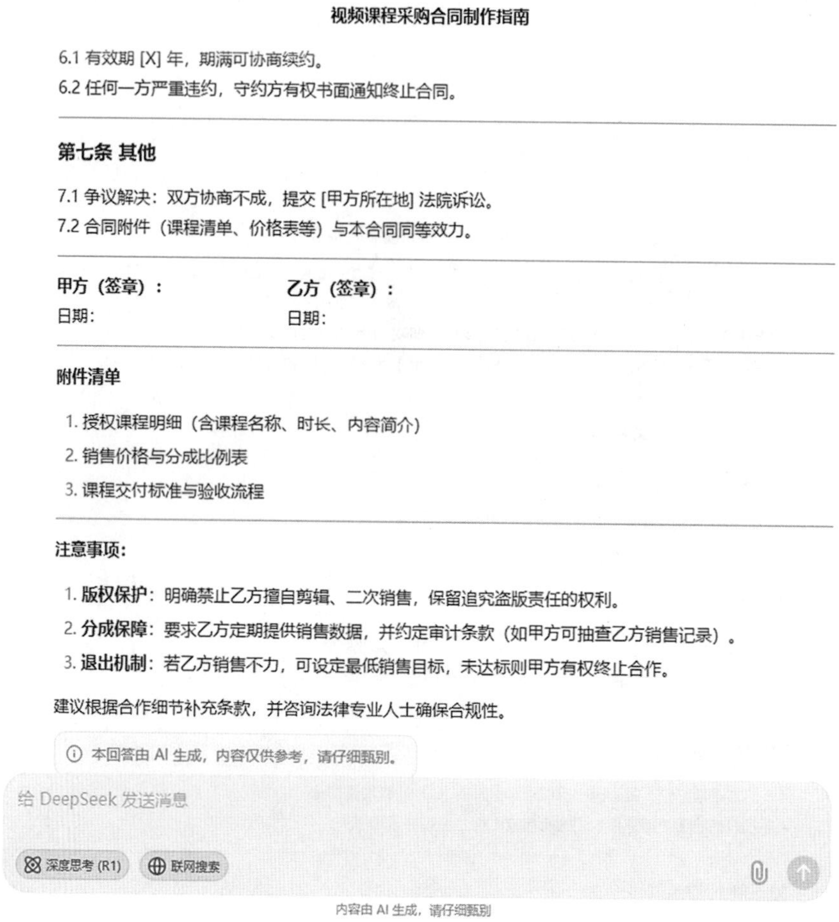

视频课程采购合同制作指南

6.1 有效期 [X] 年，期满可协商续约。
6.2 任何一方严重违约，守约方有权书面通知终止合同。

第七条 其他

7.1 争议解决：双方协商不成，提交 [甲方所在地] 法院诉讼。
7.2 合同附件（课程清单、价格表等）与本合同同等效力。

甲方（签章）： 日期：

乙方（签章）： 日期：

附件清单

1. 授权课程明细（含课程名称、时长、内容简介）
2. 销售价格与分成比例表
3. 课程交付标准与验收流程

注意事项：

1. **版权保护**：明确禁止乙方擅自剪辑、二次销售，保留追究盗版责任的权利。
2. **分成保障**：要求乙方定期提供销售数据，并约定审计条款（如甲方可抽查乙方销售记录）。
3. **退出机制**：若乙方销售不力，可设定最低销售目标，未达标则甲方有权终止合作。

建议根据合作细节补充条款，并咨询法律专业人士确保合规性。

本回答由 AI 生成，内容仅供参考，请仔细甄别。

图 2-4-12　视频课程采购合作协议 3

合同最上面是甲乙双方，写明我是甲方，乙方是要找我采购视频课程的培训机构，接下来明确课程内容和授权范围。知识产权是我最重视的部分，因为我是甲方，所以会特别写明甲方拥有课程的全部知识产权，乙方不得以任何形式侵犯。同时乙方在推广和销售课程时需要标注版权归甲方所有，这些都是我想在版权条款上体现的。

之后是合作模式与费用，它将授权方式、支付方式、金额都列了出来。接下来是双方权利义务、保密条款、违约责任、合同期限与终止及其他条款，连附件、注意事项等都帮我写出来了。

第二章　DeepSeek 四大核心功能——企业降本增效赋能者

如果是我写这样一个合同，需要去搜集各种资料，搜集资料加撰写最少需要一个小时。但是不到一分钟，DeepSeek 就为我生成了一个符合要求的模板，我只要稍微调整一下就可以了。只要结合工作场景并明确想要得到的结果，就可以有效利用 DeepSeek 帮助你实现目标，提高工作效率，降低工作成本。

DeepSeek 还可以帮助我们做本土化的语义解析。比如我爱人是重庆人，有一天我给 DeepSeek 输入提示词"我是个耙耳朵，你晓得不"。

DeepSeek 会直接解析出来（见图 2-4-13）：四川话里"耙耳朵"是夸男人疼老婆、顾家的最高荣誉嘛，说明你懂得尊重和爱护家人。

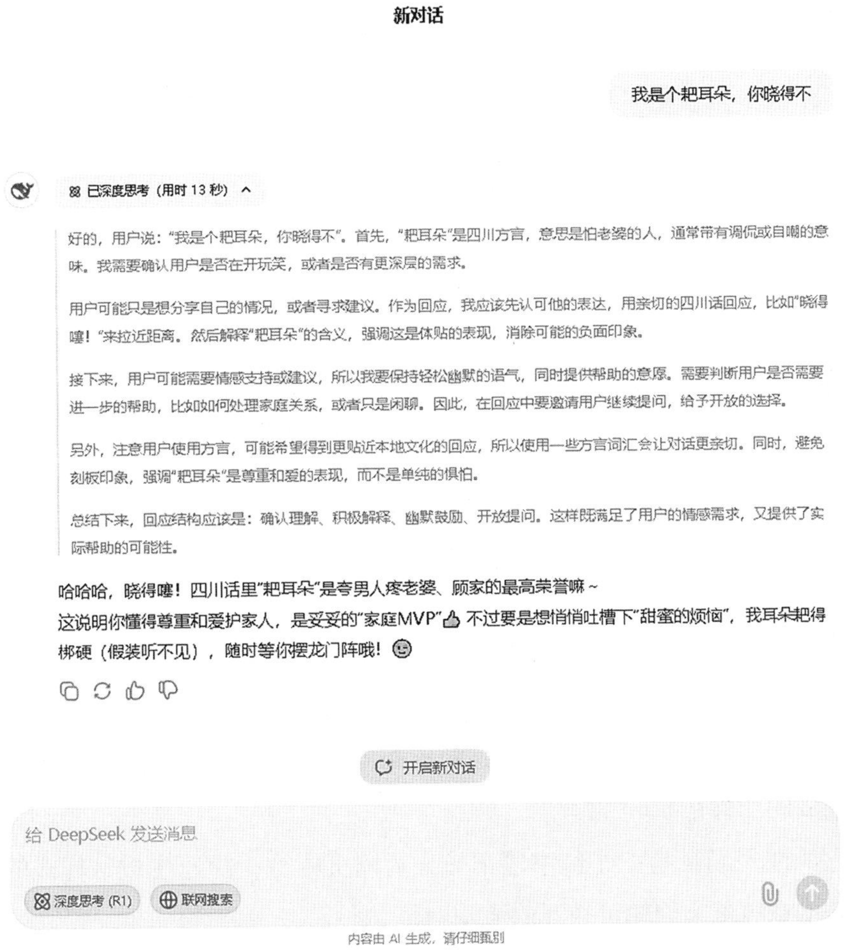

图 2-4-13　DeepSeek 解析

065

DeepSeek 还能帮我们生成各种各样的格式，这些格式对我们非常重要。当你明确想要的结果时，就意味着要确定格式，格式可以更清晰地告诉 DeepSeek 生成什么样的结果。DeepSeek 支持生成的格式如表 2-4-1 所示。

表 2-4-1　DeepSeek 支持生成的格式

格式	作用	使用场景
html	构建网页结构，实现内容可视化排版	将小红书笔记转化为网页内容，快速生成带样式的微信公众号文章模板，创建可交互的演示页面（如新闻聚合页）
Markdown	简化文档编写，支持跨平台渲染	生成技术文档（如 API 说明），输出读书笔记、思维导图代码（可导入 XMind），编写结构化会议纪要
Mermaid	生成流程图、时序图等可视化图表，文本描述自动转图形	支持流程图、甘特图等 14 种图表类型，绘制用户购物体验旅程图，创建项目进度甘特图，生成算法逻辑示意图
CSV	结构化存储表格数据	导出销售数据分析结果，生成可导入数据库的用户信息表，整理市场调研原始数据
SVG	生成矢量图形	创建品牌 LOGO 设计稿，绘制数据可视化图表（如饼图），生成移动端适配的图标资源
代码	输出可执行程序代码，支持 Python、Java 等 20+ 语言	生成 Python（如天气数据采集），提供算法实现示例（如快速排序），自动补全函数代码片段
富文本	适配多平台的内容排版，保留字体、颜色等样式	一键生成带排版的爆款文章，输出可直接发布的头条号图文，创建格式统一的邮件正文

主流的格式有以下几种。

第一种格式是 html，它的作用一般是帮助我们构建网页，比如前面做的两个游戏网页，最终使用的一定是 html 格式，因此在输入提示词的时候就要明确生成的结果是 html 格式。

它的使用场景是把小红书笔记转化为网页内容；快速生成带样式的微信公众号文章模板；创建可交互的演示网页。

第二种格式是 Markdown，这是我推荐大家一定要记住的格式。它可以帮我们简化文档的编写，支持跨平台渲染。Markdown 格式的内容可以直接转变成思维导图，会有很多效果，所以这个格式很重要。

第三种格式叫 Mermaid，如果你希望最终生成的结果不是网页，不是思维导图，而是流程图、甘特图、时序图等可视化图表，需要生成为 Mermaid 格式。它可以支持流程图、甘特图等 14 种图表类型，例如编制用户购物体验的流程图，创建项目进度甘特图，生成算法逻辑示意图。

第四种格式是 CSV，它是结构化存储的表格数据；第五种是 SVG，它可以生成矢量图片；第六种格式是代码，它可以输出可执行程序代码；第七种格式是富文本，它可以适配多平台的内容排版，保留字体、颜色等样式。

以上是 DeepSeek 的第三大核心功能——中文深度处理，它就像一个懂中文的超级助手，能轻松理解并分析网络热词甚至方言，无论是写报告、写论文、处理表格，还是写小说、写代码、分析数据，都能快速搞定；遇到专业问题还能化身"行业专家"给出解答；更厉害的是，它能像真人一样把质量一般的内容精准转化成高质量内容，办公、学习效率直接翻倍，堪称中文场景下的智能多面手。

（五）企业级 AI 管家，提高企业效率，保护数据隐私

学习了 DeepSeek 第三个核心功能后，我们来看它的第四个核心功能，这一核心功能针对企业服务，显得尤为重要。

1. 企业级服务

第四个核心功能叫企业级服务，它包含三个要点，如图 2-5-1 所示。

私有知识库问答	自动化流程	数据合规
基于企业内部文档构建定制化问答系统，支持多轮对话	合同关键条款提取、财报数据摘要生成、法律风险自动标注	支持本地化部署，数据全程隔离，满足金融、医疗等行业监管要求

图 2-5-1　企业级服务三个要点

（1）私有知识库问答。

企业完成 DeepSeek 本地化部署后，能够依据内部文档构建定制化问答系统，该系统支持多人内部对话。

举个简单的例子，当银行完成 DeepSeek 的本地化部署后，可以针对客服岗位开展大量专项训练，训练完成后就可以投入实际工作。当客服人员面对客户提出的复杂问题时，如果不知如何回答，可以借助语音识别由 DeepSeek

实时生成答案。客服人员只需要依据 DeepSeek 给出的结果，直接回复给客户就可以了。

（2）自动化流程。

DeepSeek 能够为企业提供丰富且实用的文档处理支持，对合同条款中的关键内容进行提取，帮助企业快速梳理要点。

面对企业财报，DeepSeek 能够自动筛选出重要的财务数据，例如营收数据、利润指标、资产负债，节省了大量人工整理财报数据的时间与精力。DeepSeek 还能针对文件进行自动化法律风险标注，仔细分析文件内容，逐一指出其中可能存在的法律风险。

（3）数据合规。

在企业完成 DeepSeek 的本地化部署后，能够实现数据的全程隔离，充分满足金融、医疗等各行各业在监管层面的数据要求。例如银行处理客户敏感的金融信息、患者在医院的医疗记录、健康数据，都可以借助 DeepSeek 有效防止泄露。

上述内容就是 DeepSeek 对于企业来说的三个要点，我们来看一个简单示例。

如果有一天，我接到了一份合同，可能难以迅速判断出其中哪些条款对自己有利或不利。此时，我可以利用 DeepSeek 来进行分析。

首先向 DeepSeek 输入这样的提示词："我想买一辆二手车，附件是合同，帮我把不利于我的合同因素提取出来"。输入提示词（见图 2-5-2）后，DeepSeek 将进行深度思考与分析。

随后，它会给出反馈："根据你提供的二手车转让合同文本，以下是不利于买方的风险条款分析及修改建议"。二手车买卖合同风险点分析如图 2-5-3、图 2-5-4、图 2-5-5 所示。

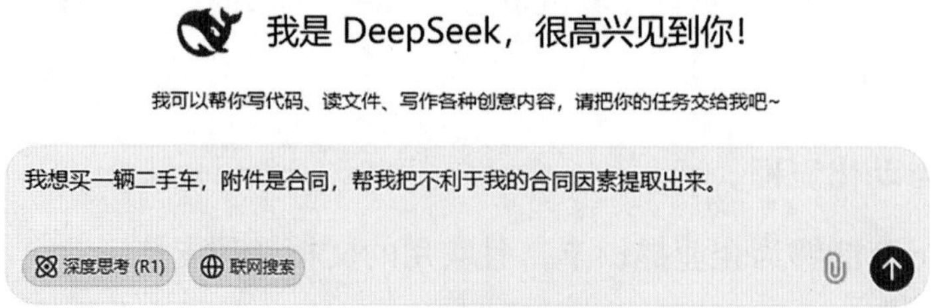

> 我是 DeepSeek，很高兴见到你！
>
> 我可以帮你写代码、读文件、写作各种创意内容，请把你的任务交给我吧～

我想买一辆二手车，附件是合同，帮我把不利于我的合同因素提取出来。

深度思考 (R1)　联网搜索

图 2-5-2　输入提示词

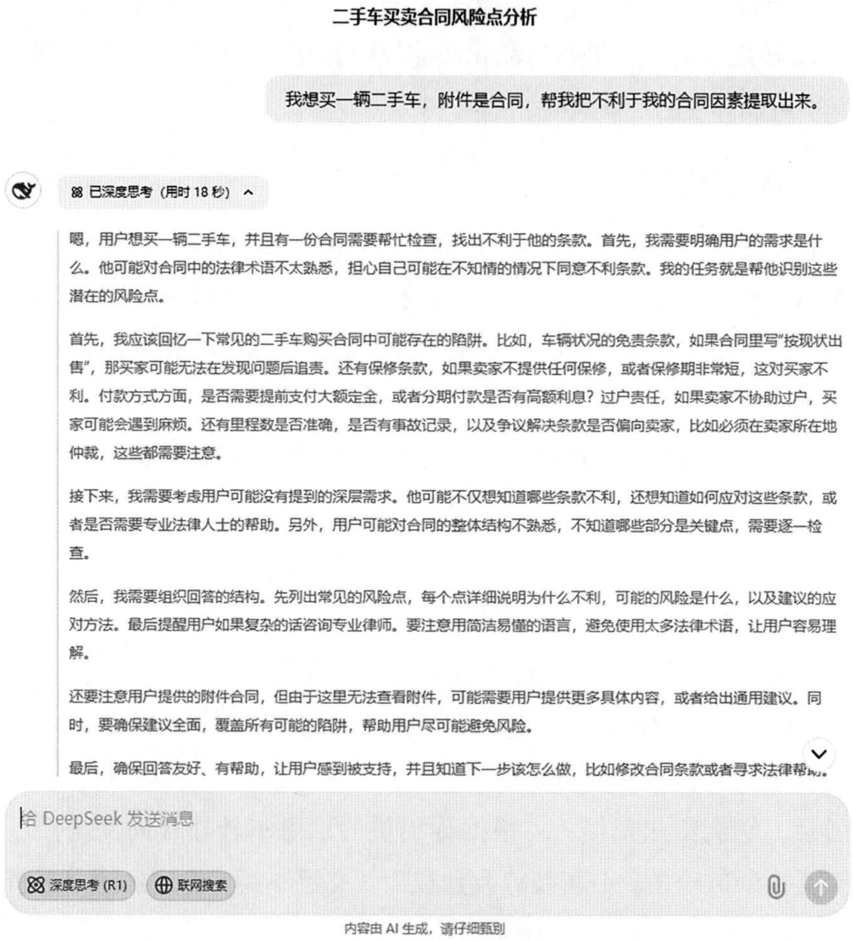

二手车买卖合同风险点分析

我想买一辆二手车，附件是合同，帮我把不利于我的合同因素提取出来。

已深度思考（用时 18 秒）

嗯，用户想买一辆二手车，并且有一份合同需要帮忙检查，找出不利于他的条款。首先，我需要明确用户的需求是什么。他可能对合同中的法律术语不太熟悉，担心自己可能在不知情的情况下同意不利条款。我的任务就是帮他识别这些潜在的风险点。

首先，我应该回忆一下常见的二手车购买合同中可能存在的陷阱。比如，车辆状况的免责条款，如果合同里写"按现状出售"，那买家可能无法在发现问题后追责。还有保修条款，如果卖家不提供任何保修，或者保修期非常短，这对买家不利。付款方式方面，是否需要提前支付大额定金，或者分期付款是否有高额息？过户责任，如果卖家不协助过户，买家可能会遇到麻烦。还有里程数是否准确，是否有事故记录，以及争议解决条款是否偏向卖家，比如必须在卖家所在地仲裁，这些都需要注意。

接下来，我需要考虑用户可能没有提到的深层需求。他可能不仅想知道哪些条款不利，还想知道如何应对这些条款，或者是否需要专业法律人士的帮助。另外，用户可能对合同的整体结构不熟悉，不知道哪些部分是关键点，需要逐一检查。

然后，我需要组织回答的结构。先列出常见的风险点，每个点详细说明为什么不利，可能的风险是什么，以及建议的应对方法。最后提醒用户如果复杂的话咨询专业律师。要注意用简洁易懂的语言，避免使用太多法律术语，让用户容易理解。

还要注意用户提供的附件合同，但由于这里无法查看附件，可能需要用户提供更多具体内容，或者给出通用建议。同时，要确保建议全面，覆盖所有可能的陷阱，帮助用户尽可能避免风险。

最后，确保回答友好、有帮助，让用户感到被支持，并且知道下一步该怎么做，比如修改合同条款或者寻求法律帮助。

给 DeepSeek 发送消息

深度思考 (R1)　联网搜索

内容由 AI 生成，请仔细甄别

图 2-5-3　二手车买卖合同风险点分析 1

二手车买卖合同风险点分析

由于我无法直接查看您提供的合同附件，但我可以为您列出二手车买卖合同中常见的**不利于买方**的条款或风险点，供您自行对照检查：

---

1. 车辆状况免责条款

- **风险点**：
  - "车辆按现状出售（As-Is）"：卖家可能免除对车辆质量问题的责任，后续发现问题无法索赔。
  - "买方已自行验车，认可车况"：需确认您是否有真实的验车机会，否则可能被卖家推卸责任。

---

2. 保修条款缺失

- **风险点**：
  - "无任何质量保证"或"保修期极短（如7天）"：二手车本身问题可能在使用一段时间后才暴露，缺乏保修意味着维修费用需自行承担。

---

3. 隐瞒车辆历史问题

- **风险点**：
  - 未明确承诺车辆**无重大事故、火烧、水泡**，或未提供第三方检测报告。
  - **里程数未担保**：可能存在调表风险（合同中应写明实际里程并承诺真实性）。

---

4. 过户责任不清晰

- **风险点**：
  - "买方自行办理过户"：若卖家不配合提供材料，可能导致无法过户。
  - 未约定过户截止日期或卖家拖延过户的违约责任。

---

5. 付款方式风险

- **风险点**：
  - "支付高额定金后合同生效"：若后续交易取消，可能无法退回定金。
  - "分期付款时车辆所有权仍归卖家"：未完全付清前，卖家可能有权收回车辆。

给 DeepSeek 发送消息

深度思考 (R1)　联网搜索

内容由 AI 生成，请仔细甄别

图 2-5-4　二手车买卖合同风险点分析 2

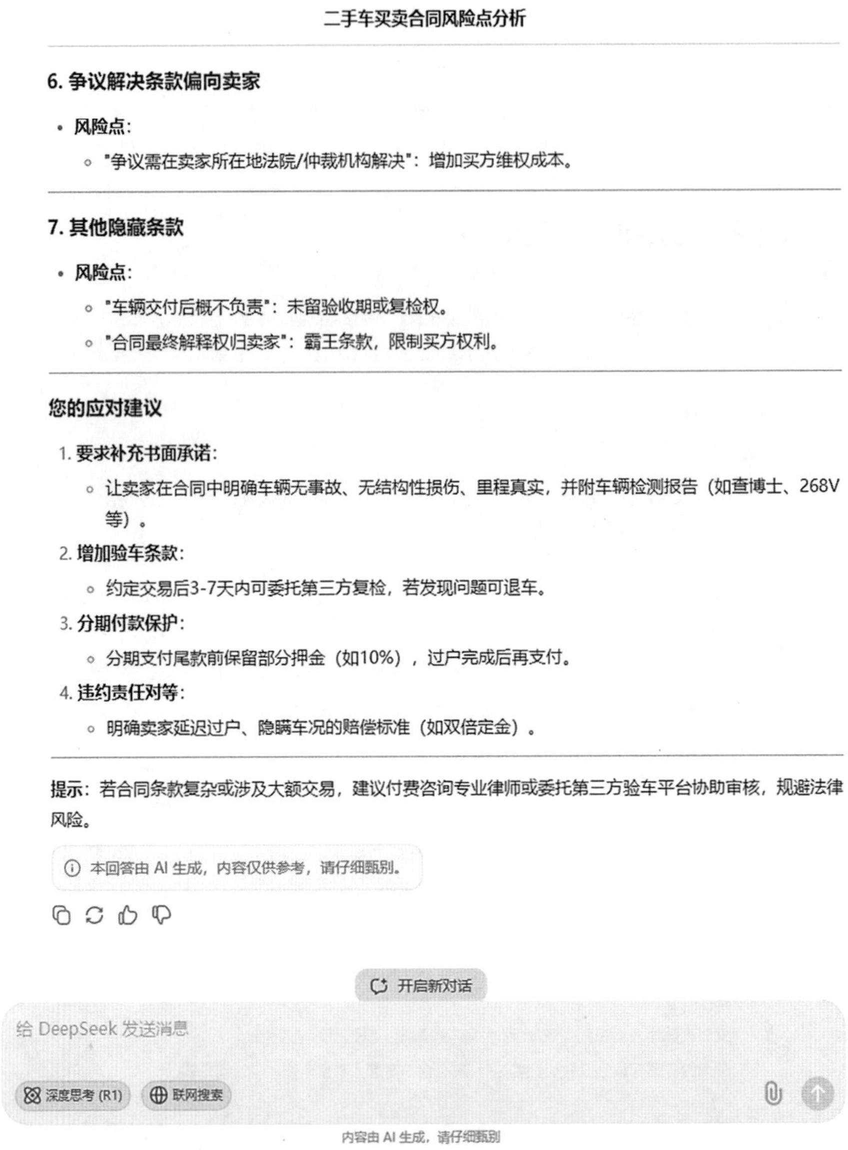
二手车买卖合同风险点分析

6. 争议解决条款偏向卖家

- **风险点**:
  - "争议需在卖家所在地法院/仲裁机构解决"：增加买方维权成本。

7. 其他隐藏条款

- **风险点**:
  - "车辆交付后概不负责"：未留验收期或复检权。
  - "合同最终解释权归卖家"：霸王条款，限制买方权利。

您的应对建议

1. **要求补充书面承诺**:
   - 让卖家在合同中明确车辆无事故、无结构性损伤、里程真实，并附车辆检测报告（如查博士、268V等）。
2. **增加验车条款**:
   - 约定交易后3-7天内可委托第三方复检，若发现问题可退车。
3. **分期付款保护**:
   - 分期支付尾款前保留部分押金（如10%），过户完成后再支付。
4. **违约责任对等**:
   - 明确卖家延迟过户、隐瞒车况的赔偿标准（如双倍定金）。

提示：若合同条款复杂或涉及大额交易，建议付费咨询专业律师或委托第三方验车平台协助审核，规避法律风险。

本回答由 AI 生成，内容仅供参考，请仔细甄别。

开启新对话

给 DeepSeek 发送消息

深度思考 (R1)　联网搜索

内容由 AI 生成，请仔细甄别

图 2-5-5　二手车买卖合同风险点分析 3

DeepSeek 清晰地罗列出共计 7 个风险内容，以及给出应对建议。在此过程中，我不需要深入研究合同条款，只要将 DeepSeek 给出的这些要点复制、粘贴后发送给它，并且告诉它：“这些条款我不认可，请按此修改后重新发给我"。这一功能充分体现了 DeepSeek 的高效性，极大地提升了工作效率。

对于个人用户而言，使用网页端就可以满足日常需求；而对于企业用户，建议进行本地化部署，这样可以更好地适配企业内部复杂的业务流程与数据安全要求。

2. 企业本地化部署的必要性

关于企业本地化部署的必要性，我简单总结为四点，具体如表 2-5-1 所示。

表 2-5-1 企业本地化部署的必要性

数据隐私保护	离线使用	性能优化	自定义模型
DeepSeek-R1 推理模型本地化部署可有效避免敏感数据在推理过程中上传至云端，确保数据隐私安全	即使在网络断开的情况下，用户仍可依赖本地化部署的 DeepSeek-R1 推理模型进行智能分析，保障工作连续性	本地化部署 DeepSeek-R1 推理模型能够充分挖掘并利用本地硬件资源，如 CPU、GPU 等，实现推理性能的优化提升	根据特定需求，用户可灵活选择不同量化精度的模型进行本地化部署，实现性能与资源利用的最佳平衡。可以弱化审核条件，更加全面地利用大模型能力

（1）**数据隐私保护**。

企业使用 DeepSeek 的本地化部署，能够保障企业数据隐私安全，比如 DeepSeek-R1 推理模型在完成本地化部署后，可以有效避免企业敏感数据在推理过程中传输至云端，从而确保企业数据隐私得到妥善保护。

（2）**离线使用**。

完成 DeepSeek 本地化部署后，即使处于网络断开状态，企业仍能运用本地化部署的 DeepSeek 进行智能逻辑分析，从而保障工作的连续性。在实际工作中，许多企业出于安全或其他因素考虑，内部工作网络与外网是隔绝的，这种情况下只有完成本地化部署，企业员工才能使用它的各项功能。

有一次，我为一家企业提供培训服务，我问现场工作人员能否上网，被告知该企业内部没有连接外网，所以我进行演示的时候不得不用自己的手机热点。对于企业员工日常全天性的工作来说，长期依赖手机热点并不现实也不稳定。通过本地化部署，企业就可以突破网络限制，确保员工在任何网络环境下都可充分利用DeepSeek，维持工作流程顺畅运行。

（3）性能优化。

完成DeepSeek的本地化部署后，其推理模型能够充分挖掘并高效利用本地硬件资源，如CPU，通过对这些硬件资源的深度调用，可以实现推理性能的优化。

（4）自定义模型。

企业可以依据自身特定需求，灵活选择不同量化精度的模型进行本地化部署。一方面，在满足业务对模型性能要求的同时，避免资源的过度占用或浪费，实现企业性能与资源的最佳平衡。另一方面，相较于依赖云端模型受诸多外部审核的限制，本地化部署可以减少烦琐审核流程对模型使用的制约，弱化审核条件。

对于企业而言，实施本地化部署是一项相当复杂的工程。那么，企业应该如何做呢？

3. 企业如何做好本地化部署

企业本地化部署前期、中期及后期各阶段应当重点关注哪些事项？企业本地化部署三阶段如图2-5-6所示。

（1）部署前。

在开展本地化部署前，企业需要做好以下三个重要方面。

1）进行精准的需求界定。

要求企业全面梳理自身业务流程，分析业务需求，明确使用DeepSeek进行本地化部署期望达成的目标,确保后续的部署工作紧密贴合企业实际业务场景。

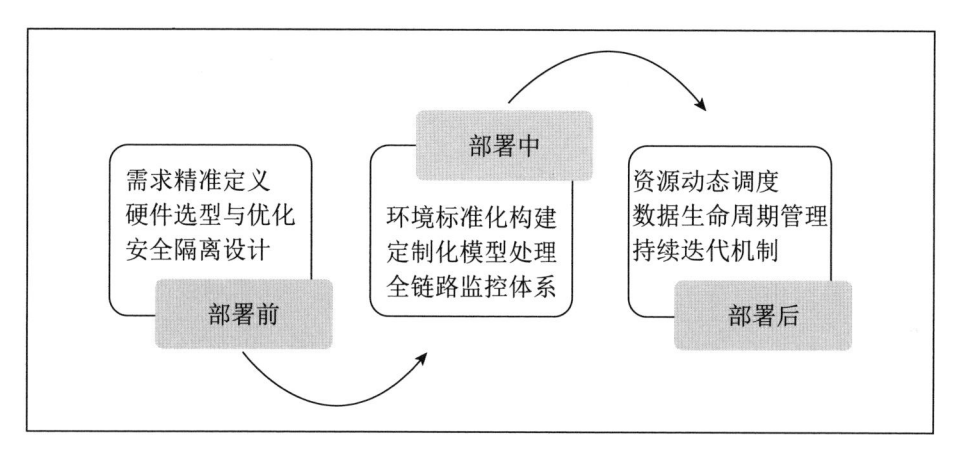

```
部署前:
需求精准定义
硬件选型与优化
安全隔离设计

部署中:
环境标准化构建
定制化模型处理
全链路监控体系

部署后:
资源动态调度
数据生命周期管理
持续迭代机制
```

图 2-5-6　企业本地化部署三阶段

2)做好硬件的选型与优化。

企业需要根据前期确定的需求,综合考虑模型运行对计算能力、存储容量、数据传输速度等方面的要求,合理选择适配的硬件设备,如 CPU、服务器内存及存储硬盘,并对硬件配置进行优化,以保障硬件资源满足模型高效运行的需求。

3)设计完善的安全隔离方案。

鉴于数据安全在企业运营中的重要性,企业必须设计周全的安全隔离机制,确保在本地化部署过程中,企业数据与外部网络环境有效隔离,预防数据泄露风险。

这三个前期环节,对于企业内部的技术人员而言,需要进行充分考量与精心布局。

(2)部署中。

1)构建环境标准化体系。

企业要根据所选 DeepSeek 模型的运行要求以及自身业务特点,搭建统一且规范的运行环境,涵盖操作系统、运行库、网络配置等各个层面,确保各环节具备一致性和兼容性，为模型稳定运行筑牢基础。

2）进行定制化模型处理。

企业结合自身业务需求与数据特征，对模型进行针对性的优化与调整。通过数据预处理、参数微调、模型架构适配等手段，使模型更贴合企业实际业务流程。

3）建立全链路监控体系。

为实时掌握部署过程及模型运行状态，企业需要搭建从数据接入、模型推理到结果输出的全流程监控体系。借助监控系统，对模型性能指标、资源使用情况、数据流量等关键信息进行实时监测与分析，以便及时发现并解决可能出现的异常状况。

（3）部署后。

1）做好资源的动态调整。

随着企业业务的发展变化，模型运行对硬件资源（如 CPU 算力、性能、内存及存储容量）的需求也会改变。企业需要建立动态资源调配机制，通过实时监测系统资源使用情况以及业务负载变化，灵活调整资源分配。

2）强化数据生命周期管理。

企业需要对数据从产生、采集、存储、使用到最终销毁的整个生命周期进行全方位管理，在数据产生与采集阶段，确保数据的准确性与完整性；存储环节，保障数据安全可靠，并根据数据重要性和使用频率合理规划存储架构；使用过程中，严格把控数据访问权限，确保合规使用；在数据达到保存期限或不再具有使用价值时，按照既定流程安全销毁数据，防止泄露，同时释放存储空间。

3）构建持续迭代机制。

为使 DeepSeek 始终符合业务发展需求，企业需要建立持续迭代机制：基于业务反馈、数据分析以及行业技术发展趋势，定期对模型进行优化升级，包括更新算法、调整参数、扩充数据集等，不断提升模型的准确性、适应性和智能化水平，推动业务持续创新发展。

在此特别提示，当企业完成 DeepSeek 的本地化部署并投入使用时，一定要重视数据的真实性，因为数据质量直接决定了后续的应用效果。

举一个简单的例子，某单位有 100 位员工，其中 99 位都是男性，只有 1 位女性。有一天该单位想借助 AI 进行人员招聘，希望其能准确分析求职者是否符合企业需求。将这 100 位员工的全部资料输入 AI 进行分析，由于输入数据中男性占比高达 99%，女性仅占 1%，AI 在进行简历筛选时很有可能产生模型幻觉，也就是所谓的"歧视"现象，自动过滤掉绝大部分女性求职者。然而，可能企业并没有对性别有特定偏好，甚至更想招聘女性员工。

由此可见，在向 AI 输入数据时，数据源的精准性、合理性与正确性至关重要，这一点需要企业格外关注。

DeepSeek 企业应用指南
——每一个职场人的 AI 必修课

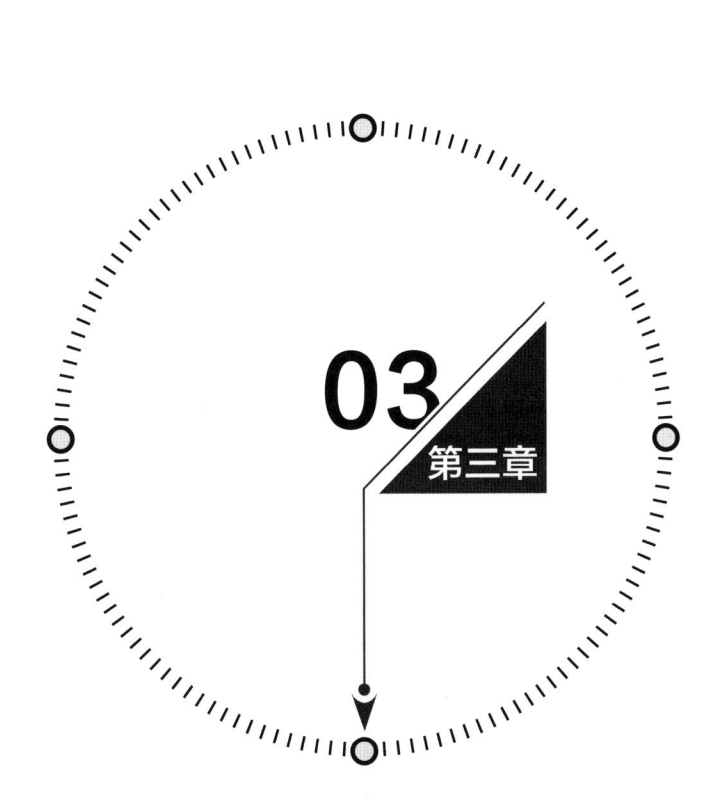

03
第三章

职场文案高手速成
——用DeepSeek写出爆款内容

第三章 职场文案高手速成——用 DeepSeek 写出爆款内容

（一）一站式搞定营销文案、邮件撰写、报告生成

用好 DeepSeek 最重要的是找到自己的工作场景，上一章我讲的公式（场景 × 结果 = 功能 × 模型 × 提示词）左边是场景和结果，右边是功能、模型以及提示词，而工作场景是与角色息息相关的。围绕不同角色在使用 DeepSeek 的时候有哪些使用场景呢？企业内不同角色的使用场景如表 3-1-1 所示。

比如你是企业 CEO，DeepSeek 可以帮你分析战略报告、抓取竞争对手的动向、优化演讲文案。

如果你是企业的运营总监，DeepSeek 能帮你生成新品的推广策略框架、项目的协作流程文档、多套预算分配方案。

如果你是项目经理，DeepSeek 能帮助你辅助分解项目任务，分析和生成常见风险的应对策略，生成可视化进度报告。

如果你是销售人员，DeepSeek 可以帮助你分析客户痛点，进行话术模拟训练，然后定制解决方案。

如果你是产品经理，DeepSeek 可以帮助你做市场分析报告，制作竞品分析报告和设计产品模型。

如果你是市场人员，DeepSeek 可以帮你追踪热点并借势生成相应的文案，可以预测不同类型活动 ROI（投资回报率），还可以改写文案适配不同的平台。比如小红书、抖音、视频号的各种风格的文案，都可以基于 DeepSeek 帮

助你改写和生成。

表 3-1-1　企业内不同角色的使用场景

角色	使用场景	角色	使用场景
CEO	分析战略报告 抓取竞争对手动向 优化演讲文案	客服人员	解析客户问题提供话术 生成客服话术知识库 分析客户情绪提示预警
运营总监	生成新品推广策略框架 生成项目协作流程文档 生成多套预算分配方案	程序员	生成技术文档注释 生成测试用案例模板 不同技术栈的优缺点
项目经理	辅助分解项目任务 常见风险及应对策略 生成可视化进度报告	工程师	检查文档合规 故障排查模板 生成测试报告
销售人员	分析客户痛点 话术模拟训练 定制解决方案	人力专员	分析员工预测离职概率 迭代文化手册内容案例 福利政策转化员工指南
产品经理	市场分析报告 竞品分析报告 设计产品模型	招聘人员	编写优化关键岗位 JD 构建人才画像筛简历 生成结构化面试问题
市场人员	追热点借势生成文案 预测不同类型活动 ROI 改写文案适配不同平台	培训人员	设计培训方案 编写课程大纲 萃取经验开发课程

如果你是客服人员，DeepSeek 能帮助你解析客户问题，并且提供相应的知识库；还能帮助你提前了解客户的情绪，起到预警的作用。

如果你是程序员，DeepSeek 可以帮你生成技术文档注释，生成测试用案例模板，还可以就不同技术栈的优缺点做一个详细的分析。

如果你是工程师，DeepSeek 可以帮你检查文档是否合规，创建故障排查模板，以及生成测试报告。

如果你是人力专员，DeepSeek 可以帮你分析员工预测离职概率，迭代文化手册内容案例，还可以把公司的福利政策直接转化成一个实用的员工指南。

如果你是招聘人员，DeepSeek 可以帮你编写并优化企业岗位的 JD（职位描述），构建人才画像并做简历的筛选，以及生成结构化的面试问题。

如果你和我一样是培训人员，那么它可以帮助你去设计培训方案，编写课程大纲，甚至可以萃取经验、开发课程、制作微课等，这些都是可以实现的。

除了以上这些企业内的角色，还有一些非企业内角色的使用场景也可以使用 DeepSeek，如表 3-1-2 所示。

表 3-1-2　非企业内角色的使用场景

财务	报告异常检测 合规检查清单 现金流预测	学校教师	针对性生成差异化教案 针对不同知识设计互动 分析错题，输出练习题库
行政人员	分析会议记录，提出建议 生成可视化台账与建议 生成不同场景应急预案	医生	根据病种生成通俗说明 输入论文标题，输出摘要 检查电子病历，提示填写
设计师	输入主题，输出参考词 设计稿转化为用户故事 自动对比稿件及规范	管理人员	拆解目标 分配任务 评估绩效
文案专员	生成不同风格的标题 调整长尾词与内容结构 生成优化方向总结报告	自媒体博主	短视频脚本 写直播脚本 分析数据给出建议
律师	扫描合同漏洞 检索案例摘要 法律文书模板	作家	设计角色 写小说 写文章
策划人员	根据活动目标关联资源 输入各节点生成甘特图 分析方案，预测舆论争议	职场人士	周报/月报/汇报/处理 数据/规划/方案/合同 邮件/笔记/总结/问答环节

如果你是财务人员，DeepSeek 可以帮助你做报告异常的检测、合规检查的清单以及现金流的预测。

如果你是行政人员，DeepSeek 可以帮助你分析会议记录并提出相应的建议，生成可视化台账与建议以及不同场景的应急预案。

如果你是设计师，DeepSeek 可以输入主题之后直接输出参考词；可以参与设计，把设计稿直接转化成用户故事；可以自动对比稿件及进行规范，你只要提出要求就可以实现。

如果你是文案专员，DeepSeek可以帮助你生成不同风格的标题，并且调整长尾词的内容及结构，生成优化方向的总结报告。

如果你是律师，DeepSeek可以帮助你扫描合同的漏洞，检索案例摘要，生成法律文书模板。

如果你是策划人员，DeepSeek可以根据活动目标关联相关资源，也可以输入各个节点生成甘特图，并分析方案预测当中的舆论和争议。

如果你是学校教师，DeepSeek可以针对性地生成差异化教案，并且针对不同知识设计相应互动，还可以分析错题，输出相应的练习题库，让学生更好地去练习。

如果你是医生，DeepSeek可以根据病种生成通俗的说明，让患者更好地理解，也可以输入论文标题之后输出摘要，还可以检查电子病历当中的问题，做好提示和填写。

如果你是管理人员，用DeepSeek可以拆解目标，分配任务，做好绩效的评估。

如果你是自媒体博主，DeepSeek可以帮助你写短视频和直播的脚本，也可以就直播或短视频的数据给出相应的建议。

如果你是一个作家，DeepSeek可以帮助你设计角色，还可以写文章、写文案、写小说等。

当然对于所有职场人士而言，DeepSeek可以帮助我们编写日报、周报、月报，撰写给领导汇报的内容，对相应的文案进行处理，做数据的分析，做工作规划，写方案，撰写和处理合同，写邮件，做笔记、做总结，以及回答问题等。

那么当我们了解了公式左边的场景、角色和相应的结果之后，接下来到底如何用好DeepSeek呢？

（二）3 招识别 AI 模型幻觉

先看一个案例。有一天我打开 DeepSeek，给它发一个提示词：请说出"红苹果理论在培训行业当中的应用"（见图 3-2-1）。DeepSeek 给我的答案是什么呢？它在进行了短暂的思考之后，给了我这样一个答案："红苹果理论"通常指通过突出某一显著优势或亮点来吸引目标群体的注意力，激发兴趣或推动整体进步的策略（类似于"亮点效应"）。DeepSeek 生成内容如图 3-2-2、图 3-2-3 所示。

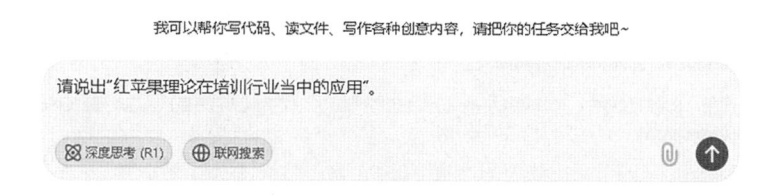

图 3-2-1　输入提示词

以下是 DeepSeek 给出的具体应用场景和方式：第一是课程设计，第二是学员激励，第三是品牌营销，第四是问题解决，第五是个性化培训。

红苹果理论在培训中的应用

"红苹果理论"通常指通过突出某一显著优势或亮点来吸引注意力、激发兴趣或推动整体进步的策略（类似于"亮点效应"）。在培训行业中，这一理论可以通过以下方式应用：

1. 课程设计：突出核心价值

- **应用**：在培训课程中设计一个"红苹果式"的亮点（如独家方法论、明星讲师、实战案例），作为吸引学员的核心卖点。
- **案例**：编程培训课程以"30天独立开发完整项目"为亮点，吸引学员关注整体课程体系。

2. 学员激励：强化优势带动全局

- **应用**：发现学员的某个优势（如沟通能力、逻辑思维），通过表扬和强化这一优势，提升其自信心和学习动力。
- **案例**：在销售培训中，针对某学员的客户亲和力优势进行重点培养，带动其学习其他技能（如数据分析）的积极性。

3. 品牌营销：打造差异化标签

- **应用**：将机构的独特优势（如高就业率、行业资源、创新教学法）作为"红苹果"，通过宣传放大其影响力。
- **案例**：职业培训机构以"与500强企业合作内推"为宣传重点，塑造行业竞争力。

4. 问题解决：优先解决显性痛点

- **应用**：在培训过程中，优先解决学员或企业最迫切的需求（如某项技能短板），以此建立信任，再完善其他环节。

图 3-2-2　DeepSeek 生成内容 1

第三章 职场文案高手速成——用 DeepSeek 写出爆款内容

红苹果理论在培训中的应用

4. 问题解决：优先解决显性痛点
- **应用**：在培训过程中，优先解决学员或企业最迫切的需求（如某项技能短板），以此建立信任，再逐步完善其他环节。
- **案例**：为企业定制管理培训时，先解决团队沟通效率低下问题，再延伸至战略规划等其他模块。

5. 个性化培训：以兴趣撬动学习动力
- **应用**：根据学员的兴趣点设计学习路径。例如，对游戏感兴趣的学员可通过模拟游戏化场景学习项目管理。
- **案例**：语言培训中，针对喜欢影视的学员提供"美剧台词解析"课程，激发其持续学习热情。

注意事项：
- **避免过度依赖单一亮点**：需平衡亮点与整体质量，避免"头重脚轻"。
- **动态调整**：根据学员反馈迭代"红苹果"，保持吸引力。
- **长期价值**：亮点需与实际效果结合，避免沦为噱头。

总结：
红苹果理论的本质是"以点带面"，通过放大优势或解决关键问题，形成杠杆效应。在培训行业中，它既能用于吸引目标人群，也能优化学习效果，但需始终以学员的真实需求为根基。

图 3-2-3　DeepSeek 生成内容 2

看完之后是不是觉得 DeepSeek 给的内容非常棒？但是在培训这个领域，从来就没有"红苹果理论"，是完全错误的。这说明我们在使用 DeepSeek 的时候它会出现一个问题，叫作"一本正经地胡说八道"。DeepSeek 和其他的大模型都有模型幻觉。所以当你用 DeepSeek 的时候，对它产出的结果，一定要用你专业的内容、经验、理论进行鉴别，来判断它给的内容到底是对还是错，是好的还是差的，这就是对使用者专业的要求。

087

除此之外，还有第二个问题。比如有一天我又给 DeepSeek 发了一个提示词：肖兴老师。那么它给的结果是什么呢？"肖兴老师"生成结果如图 3-2-4、图 3-2-5 所示。

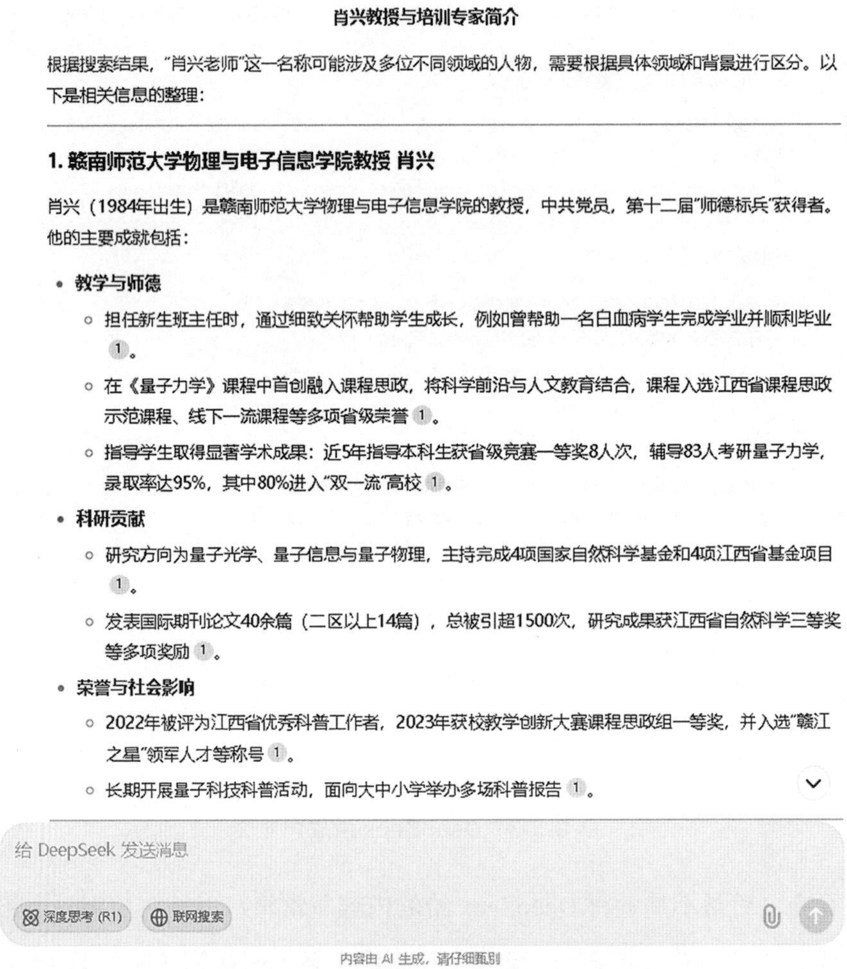

肖兴教授与培训专家简介

根据搜索结果，"肖兴老师"这一名称可能涉及多位不同领域的人物，需要根据具体领域和背景进行区分。以下是相关信息的整理：

1. 赣南师范大学物理与电子信息学院教授 肖兴

肖兴（1984年出生）是赣南师范大学物理与电子信息学院的教授，中共党员，第十二届"师德标兵"获得者。他的主要成就包括：

- 教学与师德
  - 担任新生班主任时，通过细致关怀帮助学生成长，例如曾帮助一名白血病学生完成学业并顺利毕业[1]。
  - 在《量子力学》课程中首创融入课程思政，将科学前沿与人文教育结合，课程入选江西省课程思政示范课程、线下一流课程等多项省级荣誉[1]。
  - 指导学生取得显著学术成果：近5年指导本科生获省级竞赛一等奖8人次，辅导83人考研量子力学，录取率达95%，其中80%进入"双一流"高校[1]。

- 科研贡献
  - 研究方向为量子光学、量子信息与量子物理，主持完成4项国家自然科学基金和4项江西省基金项目[1]。
  - 发表国际期刊论文40余篇（二区以上14篇），总被引超1500次，研究成果获江西省自然科学三等奖等多项奖励[1]。

- 荣誉与社会影响
  - 2022年被评为江西省优秀科普工作者，2023年获校教学创新大赛课程思政组一等奖，并入选"赣江之星"领军人才等称号[1]。
  - 长期开展量子科技科普活动，面向大中小学举办多场科普报告[1]。

图 3-2-4 "肖兴老师"生成结果 1

第三章 职场文案高手速成——用 DeepSeek 写出爆款内容

肖兴教授与培训专家简介

○ 长期开展量子科技科普活动，面向大中小学举办多场科普报告 [1]。

2. 数字化学习与培训专家 肖兴

- 专业领域
  ○ 数字化学习专家，专注讲师培养10余年，著有《微课开发》《直播培训》等书籍，并开发了《智能AI在PPT制作中的运用》等实操课程 [5] [7]。
  ○ 课程注重技术与实践结合，例如通过AI工具优化PPT设计，涵盖内容生成、美化升级等模块 [7]。

总结

若用户询问的是**赣南师范大学的肖兴教授**，其核心信息为物理学领域的教学与科研成就；若涉及**培训专家肖兴**，则侧重数字化学习与课程开发。需根据具体场景进一步确认目标人物。建议优先参考赣南师范大学官网信息 [1]。

图 3-2-5 "肖兴老师"生成结果 2

以下是 DeepSeek 关于肖兴老师的详细介绍。

第一，在学术领域，肖兴老师是赣南师范大学物理与电子信息学院教授，研究方向包含了量子光学和量子信息与量子物理。这明显说的不是我。第二，在教育培训领域，肖兴老师是数字化学习与培训专家，专注讲师培养10 余年。这个基本上是对的。这说明当你给 DeepSeek 一个提示之后，它会给你很多信息，但并不都是对的。这就是我们在使用 DeepSeek 的时候出现的第二个问题——数据污染和逻辑黑盒。

一个人给 DeepSeek 发了一个提示词：请告诉我电影《黑客帝国》中的男主角叫什么，女主角叫什么？我们知道《黑客帝国》的男主角叫尼奥，女主角叫崔妮蒂。但是 DeepSeek 会告诉你男主角叫小强。为什么不叫尼奥？因为现在网络上有很多博主在做视频解说的时候，他们介绍这个男主角时就叫他小强。所以当 AI 的数据来源被污染，它给你的答案就是这个结果。

对于 DeepSeek 的使用者而言，要想得到好的结果，数据源是非常重要的。

再来看使用 AI 的时候会遇到的第三个问题。有一天我想做一个团建，于是让 DeepSeek 帮我写一个团建活动方案，如图 3–2–6、图 3–2–7、图 3–2–8 所示。方案中包含了主题、时间、人数、地点、目标，还有活动的流程。我觉得写得非常详细，但是我想告诉大家，DeepSeek 写的每一个点跟我的实际情况都不相符，这是为什么呢？

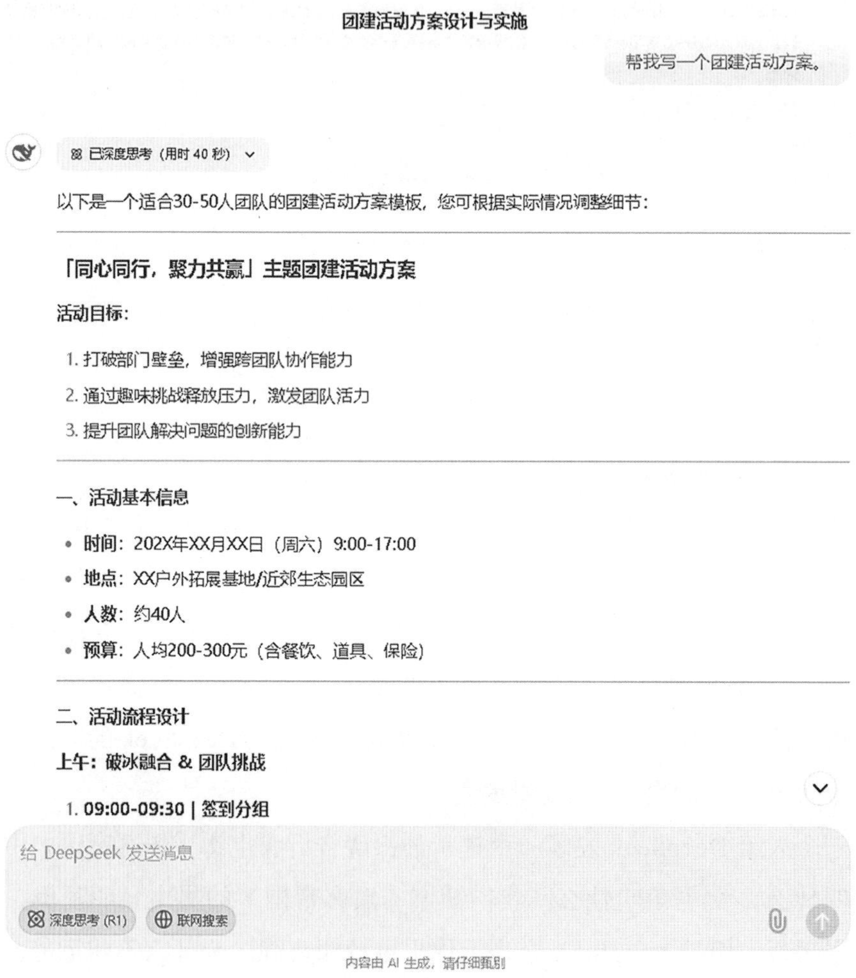
团建活动方案设计与实施
帮我写一个团建活动方案。
已深度思考（用时 40 秒）
以下是一个适合30-50人团队的团建活动方案模板，您可根据实际情况调整细节：
「同心同行，聚力共赢」主题团建活动方案
活动目标：
1. 打破部门壁垒，增强跨团队协作能力
2. 通过趣味挑战释放压力，激发团队活力
3. 提升团队解决问题的创新能力
一、活动基本信息
时间：202X年XX月XX日（周六）9:00-17:00
地点：XX户外拓展基地/近郊生态园区
人数：约40人
预算：人均200-300元（含餐饮、道具、保险）
二、活动流程设计
上午：破冰融合 & 团队挑战
1. 09:00-09:30 | 签到分组
给 DeepSeek 发送消息
深度思考 (R1)
联网搜索
内容由 AI 生成，请仔细甄别

图 3-2-6 团建活动方案 1

第三章　职场文案高手速成——用 DeepSeek 写出爆款内容

团建活动方案设计与实施

2. 09:30-11:30 | 协作闯关赛
   - **关卡1：极速60秒**
     规则：在限定时间内破解30张抽象图案对应的数字密码，考验联想与分工。
   - **关卡2：合力筑塔**
     规则：用绳索控制吊钩，协作搭建5层积木塔，培养默契与领导力。
   - **关卡3：穿越电网**
     规则：全员不触碰"电网"穿越绳网洞口，需精密策略与信任配合。

中午：12:00-13:30 | 野餐BBQ/农家乐

- 分组自助烧烤，穿插趣味厨艺PK（如"黑暗料理创意赛"）

下午：创意主题挑战

1. **13:30-15:00 | 户外版"疯狂办公室"**
   - 任务卡挑战：
     - 用自然材料制作公司LOGO雕塑
     - 拍摄创意短视频诠释企业文化
     - 完成指定地点NPC互动任务（如方言绕口令、快问快答）

2. **15:00-16:30 | 真人CS/旱地冰壶对抗赛**
   - 根据团队风格选择竞技项目，强化战术配合与应变能力

尾声：16:30-17:00 | 总结与颁奖

- 播放全天活动花絮视频
- 颁发"最佳凝聚力团队""脑洞王""MVP个人"奖项
- 全员填写心愿卡，展望未来协作目标

图 3-2-7　团建活动方案 2

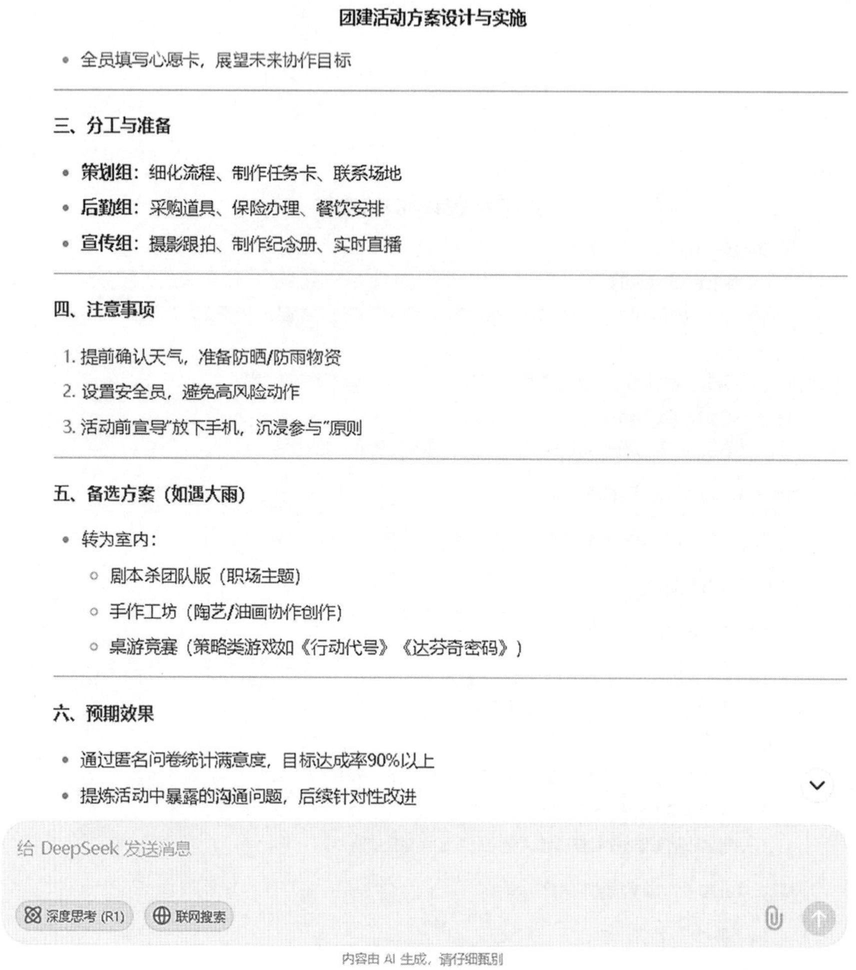
团建活动方案设计与实施

- 全员填写心愿卡，展望未来协作目标

三、分工与准备

- **策划组**：细化流程、制作任务卡、联系场地
- **后勤组**：采购道具、保险办理、餐饮安排
- **宣传组**：摄影跟拍、制作纪念册、实时直播

四、注意事项

1. 提前确认天气，准备防晒/防雨物资
2. 设置安全员，避免高风险动作
3. 活动前宣导"放下手机，沉浸参与"原则

五、备选方案（如遇大雨）

- 转为室内：
  - 剧本杀团队版（职场主题）
  - 手作工坊（陶艺/油画协作创作）
  - 桌游竞赛（策略类游戏如《行动代号》《达芬奇密码》）

六、预期效果

- 通过匿名问卷统计满意度，目标达成率90%以上
- 提炼活动中暴露的沟通问题，后续针对性改进

给 DeepSeek 发送消息

深度思考 (R1)　联网搜索

内容由 AI 生成，请仔细甄别

图 3-2-8　团建活动方案 3

DeepSeek 会说很多“正确的废话”，对你对我而言没有任何针对性，纯属浪费时间。所以我们要想一想怎样才能用好 DeepSeek，这是我讲的第三个问题。

(三) DeepSeek 的写作秘密：如何激发创意，生成爆款文案

了解了使用 DeepSeek 常见的三个问题之后，我相信大家会有个小小的疑问，究竟怎样才能用 DeepSeek 得到我想要的答案呢？在此我想解析一下 AI 背后的原理，如图 3-3-1 所示。

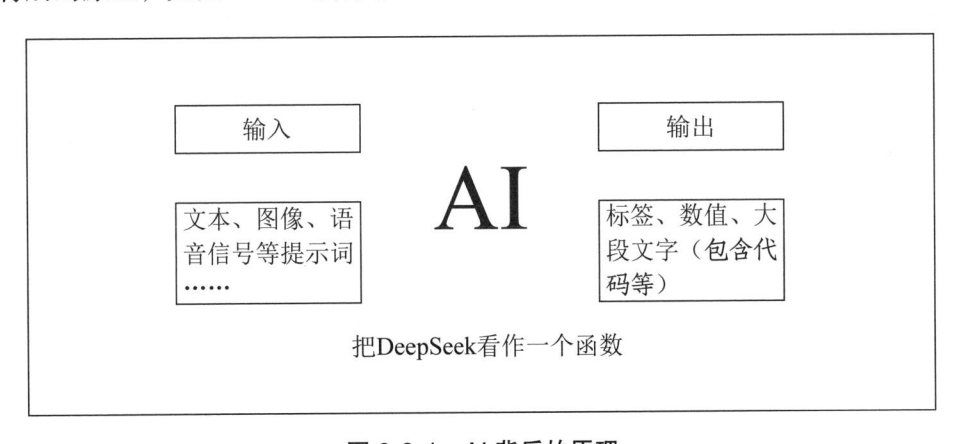

```
┌─────────────────────────────────────────────────┐
│   ┌──────────┐                  ┌──────────┐    │
│   │   输入   │                  │   输出   │    │
│   └──────────┘                  └──────────┘    │
│  ┌──────────┐         AI       ┌──────────┐    │
│  │文本、图像、│                  │标签、数值、大│   │
│  │语音信号等提│                  │段文字（包含代│   │
│  │示词……     │                  │码等）       │   │
│  └──────────┘                  └──────────┘    │
│            把 DeepSeek 看作一个函数              │
└─────────────────────────────────────────────────┘
```

图 3-3-1　AI 背后的原理

当打开 DeepSeek 的时候，你输入一个内容，它就会给你输出一个内容。一般输入的是文本、图像、语音信号等。你会输入很多内容，然后 DeepSeek 进行加工，加工之后会输出一些内容，比如标签、数值、文本等。

其实在这个过程当中，可以把 DeepSeek 看成一个函数 $y=f(x)$，如图

3-3-2所示。"y"就是基于场景公式左边你想要得到的结果。"x"是提示词,"f"就是你选择的大模型。

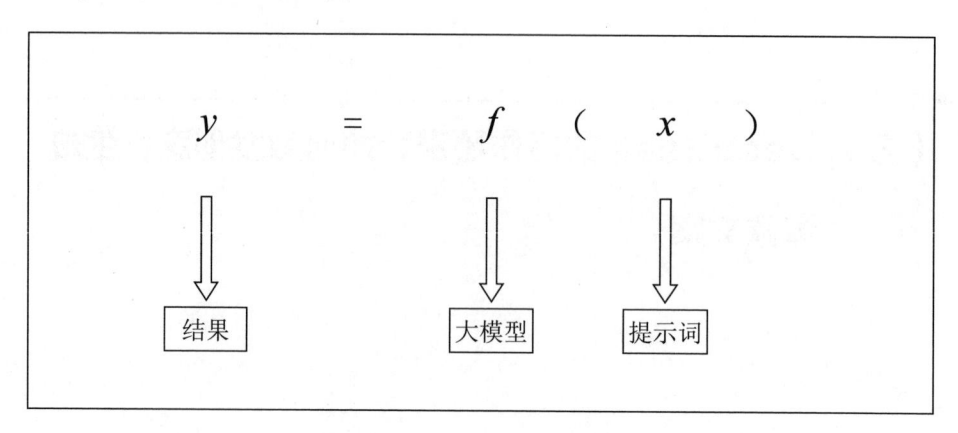

$$y = f(x)$$

结果　　　大模型　　　提示词

图 3-3-2　DeepSeek 函数论

同样的提示词给到不同的大模型,生成的结果是不一样的。所以我们在使用 AI 的时候既要写好提示词,又要选好大模型,这两个要素非常重要。所以在上面的公式当中,你要根据自己的工作场景从公式左边去构思。

而右边的这个大模型已经选定了 DeepSeek,我们重点需要关注的是如何写好提示词,然后基于提示词得到想要的结果。到底怎样写好提示词呢?下面我讲一个模型,叫作 BRTRE。

（四）万能提示词模型（BRTRE），让 AI 秒懂你的需求

以下是正确提示词模型，如表 3-4-1 所示，模型要素包含背景、角色、任务、要求、示例五项内容。

表 3-4-1　正确提示词模型

要素	要点与解析
背景 Background	描述背景和目的等背景性内容
角色 Role	DeepSeek 在生成文本时扮演的角色（MoE 看病分诊，用角色分配医生） 这个角色擅长什么
任务 Task	你想 DeepSeek 做什么事情，期待有什么效果，想达到什么目的 注意：如有复杂任务，要拆解成子问题，分步骤执行，措辞清晰、简洁
要求 Request	内容结构：包含（但不限于）什么、不包含什么，（）可用于标明注意事项 语言风格：正式的 / 商务的 / 幽默的 / 简洁的 / 专业 / 小孩子能听懂的口吻等 情感色彩：积极的 / 消极的 / 中立的 / 豪迈的 / 温情的等 字数要求：××字 / 以内 / 至少，不限篇幅、不要省略、不限字数 格式要求：文本形式、表格形式、英文、导图格式、Markdown 格式 注意事项：如创作长篇内容，则要分层提问，先概览再章节，最后补充细节
示例 Example	如果有标准示例或担心 DeepSeek 给的格式不对，可以通过举例让 DeepSeek 理解，以提升输出的稳定

(1)背景。

首先我们来看第一项背景。它是指我们在给 AI 写提示词的时候，要清晰地描述这件事情的背景或目的是什么。当你把这些背景性内容告诉 AI 之后，它会更好地理解你，给你更有针对性的内容。

(2)角色。

第二项要素是角色。我们在用 AI 的时候，比如在用 DeepSeek 的时候，要明确它在其中扮演的是什么角色。前文我提到的 MoE 架构，它会根据你所提示的角色，调用专业能力输出相应的文章。所以我们在用 DeepSeek 的时候最好告诉它要扮演的角色，并且可以扩展说明一下这个角色擅长什么，这样会使它的针对性更强。

(3)任务。

这时你就要交给 DeepSeek 任务了，比如对它有什么样的期待，你想要达到什么样的目的。请注意，这个时候如果交给它的是一个复杂任务，要拆解成多个子任务，分为多个步骤执行，对于每一个提示词的措辞都要简洁和清晰。

这里我举一个例子。很多人都会用 DeepSeek 写论文的结构，以及课程的大纲、目录等。但是很多人只写很简单的提示词，比如"我是××专家，请你帮我写一个目录，主题是×××"。这样生成的结果会有很大的偏差，因为这个结果很简单，但过程是一个复杂的任务，所以要拆成多个子任务去执行，才能得到你想要的结果。

(4)要求。

要求是整个提示词当中最核心、最重要的。你的要求提得越细、越准，生成的结果才会越接近你的期望。要求包含了以下几个要点。

①内容结构方面，要告诉 DeepSeek 需要包含什么内容，不包含什么内容，哪些是可以用的，哪些是不可以用的，把所有的注意事项事无巨细地告诉它。

②语言风格方面，要告诉 DeepSeek 你希望用什么样的语言风格来描述，如正式的、商务的、幽默的、简洁的、专业的、小孩能听懂的、普通人能听懂的。

③情感色彩方面，要告诉 DeepSeek 你希望用何种情感表达内容，如积极的、消极的、中立的、豪迈的、温馨的还是其他风格。

④字数方面，比如我们想让它生成一篇文章，要求 3000 字，但是以我过往的经验，它大概只会输出不到 1000 字，从来没有满足过 3000 字这个标准，因为在要求上少了这 12 个字——不限篇幅、不要省略、不限字数。

当你用 DeepSeek 写内容的时候，有与没有这 12 个字，得出的结果区别很大。有一次我给它发提示词的时候没有加这 12 个字，它给了我大概 700 字。我加了这 12 字之后，它给了我 4000 多字，最多的一次给了我 8000 多字。

所有人都会写提示词，但是一字之差带来的结果偏差是非常大的，所谓"差之毫厘，谬以千里"，所以提示词的每一个字都非常重要。

⑤格式要求方面，需要阐述清楚让 DeepSeek 生成的是文本格式、表格形式、英文格式、Markdown 格式抑或前文讲过的其他格式。

为什么一定要明确格式？举例说今天你要做一个思维导图，如果给 DeepSeek 的提示词中要求生成文本格式，把这个文本放到思维导图里的工作量是非常大的，需要复制粘贴每一项，至少需要半个小时以上。但是如果在提示词中要求生成 Markdown 格式，只需简单操作，就可以很快捷地把思维导图做出来。明确格式可以让原来 30 分钟的工时缩短到不到 1 分钟。

格式决定了结果，也决定了后续工作的效率。如果想提高效率，一定要先把格式确定好，否则会非常麻烦。

⑥注意事项方面，要把所有需要注意的细节事无巨细地告诉 DeepSeek 才可以。

（5）示例。

我们在用 DeepSeek 或其他 AI 大模型的时候都容易出现以下问题：自己

明明把 BRTR 四项都写明白了，为什么它最后给的结果不是自己想要的呢？很简单，没给示例之前它会自己思考，可能会产生偏差，给了示例之后就能"照葫芦画瓢"了。所以如果你已经有一个标准可以参考，在写完 BRTR 之后一定要给它一个示例，它基于自己的数据加工逻辑，再加上提供的示例，最后的结果不管是逻辑、风格还是样式都会是你想要的。

写好提示词真的不是一件简单的事，还是有一定难度的。为了基于 BRTRE 模型把提示词写好，接下来我们做几个演示和练习。

1. CEO提示词

首先我们做一个角色带入的小练习。假设你现在是一名培训机构的 CEO，需要针对 2025 年的战略规划给出一份报告，可以写如下的提示词并"喂"给 DeepSeek（见表 3-4-2）。

表 3-4-2　CEO 提示词示例

为了做好 2025 年的战略规划，作为一家培训机构的 CEO（公司业务主要是面向企业提供培训服务），请生成一份战略报告，要求如下	
内容方面	全面分析培训行业的信息咨询及竞对公司的情况，结合我司优劣势（优势是产品能力强，劣势是销售能力较弱），按照战略报告的结构编写，给出清晰的结论和依据，做什么，不做什么，原因是什么
语言风格	使用正式简洁的语言方式
情感色彩	积极表达
字数方面	字数不少于 3000 字，不限篇幅、不要省略、不限字数

首先来看一下我们给的提示词，"为了做好 2025 年的战略规划"是背景和目的，"作为一家培训机构的 CEO"是它要扮演的角色，括号里要写出这个 CEO 擅长什么，要跟主题结合。所以我告诉它公司的业务主要是面向企业提供培训服务，这个 CEO 擅长制定战略，请生成一份战略报告，这就是任务。

那么，要求是什么呢？依照上面要求的几个要点逐一来看。

内容方面，要全面分析培训行业的信息咨询以及竞对公司的情况，结合我司优劣势（优势是产品能力很强，劣势是销售能力较弱），按照战略报告的结构编写，给出清晰的结论和依据，包括做什么、不做什么、原因是什么。

语言风格方面要满足正式简洁。

情感色彩方面要求积极表达。

字数不少于3000字，不限篇幅，不要省略，不限字数。

DeepSeek经过短暂的思考之后，写出了一份2025年企业培训服务机构的战略规划报告。而且提供了一个主题，叫"基于行业洞察与核心竞争力重塑"，具体生成报告如图3-4-1至图3-4-5所示。

目录的第一部分是行业环境与趋势分析，包含了市场规模和增长驱动。第二部分是内部能力评估：优势与劣势。第三部分是竞争对标与机会分析。第四部分是战略方向与举措。它会告诉我应该做什么，比如产品深化、销售体系优化等；对于不做什么，它给出了比如不参与低价竞争，不依赖单一客群等。接下来是核心战略举措和实施路径，包括技术投入、人才计划等。第五部分是风险与应对预案。第六部分是结论与展望。

这就是我们把提示词给到DeepSeek之后，它模拟的CEO角色。这样一份结构完整、内容丰富的战略报告，过去没有两三天是根本做不出来的。之前完成这个报告，首先要获取大量的数据，然后再找专业人士把关调整，整个工作是一个庞大的"工程"。但是现在只需要不到一分钟，DeepSeek就可以帮你抓取网络上的信息，让一份结构化的、专业性的报告呈现出来。当然它生成出来的内容跟实际的具体情况还是会有差别，这时我们只需要做人工调整即可。

如果做完之后不符合要求，可以根据情况修改提示词，大不了再花一分钟时间而已。我觉得这就是对我们做工作最大的帮助，这是第一个角色的代入。

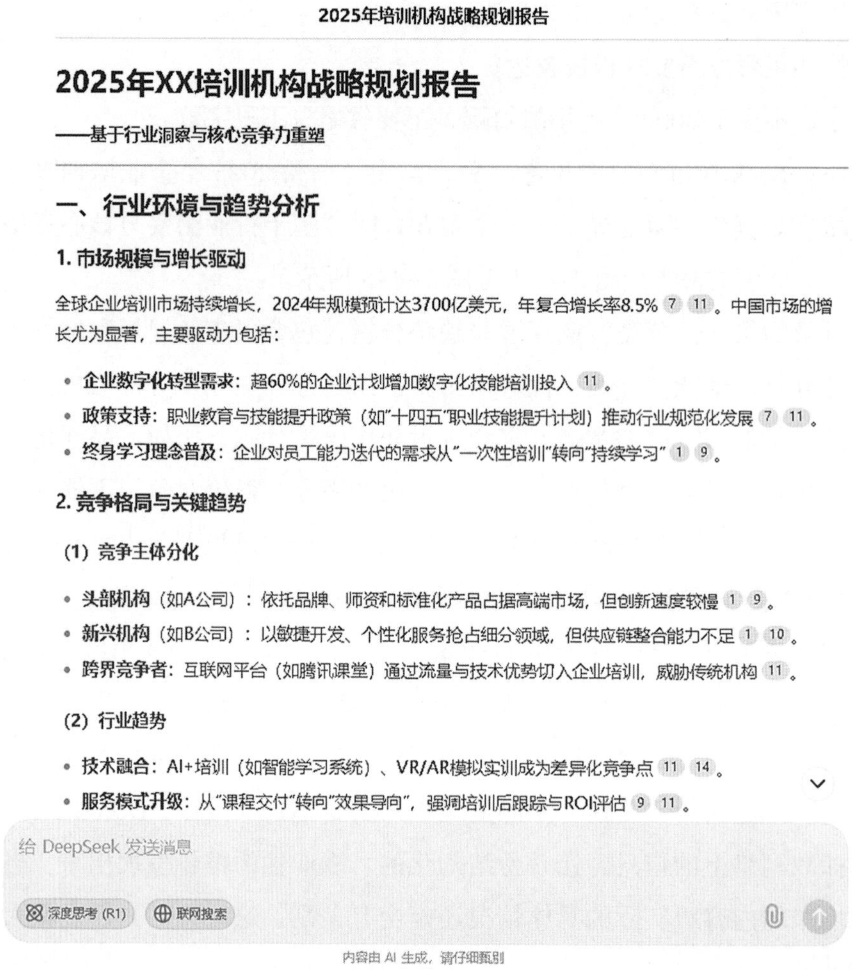

2025年培训机构战略规划报告

2025年XX培训机构战略规划报告
——基于行业洞察与核心竞争力重塑

一、行业环境与趋势分析

1. 市场规模与增长驱动

全球企业培训市场持续增长，2024年规模预计达3700亿美元，年复合增长率8.5% [7] [11]。中国市场的增长尤为显著，主要驱动力包括：

- **企业数字化转型需求**：超60%的企业计划增加数字化技能培训投入 [11]。
- **政策支持**：职业教育与技能提升政策（如"十四五"职业技能提升计划）推动行业规范化发展 [7] [11]。
- **终身学习理念普及**：企业对员工能力迭代的需求从"一次性培训"转向"持续学习" [1] [9]。

2. 竞争格局与关键趋势

(1) 竞争主体分化

- **头部机构**（如A公司）：依托品牌、师资和标准化产品占据高端市场，但创新速度较慢 [1] [9]。
- **新兴机构**（如B公司）：以敏捷开发、个性化服务抢占细分领域，但供应链整合能力不足 [1] [10]。
- **跨界竞争者**：互联网平台（如腾讯课堂）通过流量与技术优势切入企业培训，威胁传统机构 [11]。

(2) 行业趋势

- **技术融合**：AI+培训（如智能学习系统）、VR/AR模拟实训成为差异化竞争点 [11] [14]。
- **服务模式升级**：从"课程交付"转向"效果导向"，强调培训后跟踪与ROI评估 [9] [11]。

图 3-4-1　具体生成报告 1

第三章 职场文案高手速成——用 DeepSeek 写出爆款内容

2025年培训机构战略规划报告

- **垂直领域深耕**：智能制造、碳中和等新兴领域培训需求爆发，需专业化内容供给 [7] [9]。

二、内部能力评估：优势与劣势

1. 核心优势：产品能力

- **课程研发能力**：拥有行业领先的课程开发团队，年均推出20+新课程，客户满意度达92% [1] [14]。
- **师资储备**：与500+行业专家建立合作，覆盖数字化转型、领导力等热门领域 [1] [14]。
- **技术应用**：已搭建AI学习平台，实现课程个性化推荐与学习效果实时监测 [14]。

2. 关键劣势：销售能力

- **渠道覆盖不足**：现有客户集中于华东地区，华北、华南市场渗透率不足30% [8] [10]。
- **销售团队专业化欠缺**：50%销售人员缺乏企业培训行业经验，大客户转化率低于行业均值15% [8] [10]。
- **品牌认知度局限**：在中小企业市场知名度较低，依赖老客户转介绍，新客获取成本高 [10] [14]。

三、竞争对标与机会分析

1. 竞对策略对比

竞对	优势	劣势	可借鉴点
A公司	品牌强、渠道广	产品迭代慢、价格高	强化渠道合作
B公司	服务灵活、响应快	师资不稳定、交付质量波动	优化服务流程
互联网平台	流量大、技术强	内容深度不足、定制化弱	探索技术联合开发

给 DeepSeek 发送消息

深度思考 (R1)　联网搜索

内容由 AI 生成，请仔细甄别

图 3-4-2　具体生成报告 2

2025年培训机构战略规划报告

2. 市场机会点

- **高增长领域**：碳中和、工业4.0等政策驱动型培训需求 [7] [11]。
- **中小企业蓝海**：60%中小企业缺乏系统培训体系，需轻量化解决方案 [9] [10]。
- **全球化机遇**：一带一路沿线中资企业海外员工培训需求激增 [11]。

四、2025年战略方向与举措

1. 战略定位

成为"技术驱动的企业培训解决方案专家"，聚焦"专业化产品+数字化服务"，深耕制造业、科技行业与跨国企业三大核心客群。

2. 核心战略：做什么与不做什么

（1）重点发力方向

领域	具体举措	原因与依据
产品深化	1. 推出"碳中和技能认证体系"等5个垂直领域课程； 2. 升级AI平台，新增"学习效果预测"功能。	垂直领域需求增长快、竞对覆盖不足 [7] [9]；技术能力是差异化核心 [14]。
销售体系优化	1. 组建行业化销售团队（分设制造、科技、跨国企业事业部）； 2. 建立"标杆客户案例库"，强化解决方案销售。	专业化销售提升大客户转化率 [8] [10]；案例营销降低新客信任成本 [9]。

图3-4-3 具体生成报告3

第三章 职场文案高手速成——用 DeepSeek 写出爆款内容

2025年培训机构战略规划报告

品牌与渠道	1. 联合行业协会发布《企业培训白皮书》； 2. 拓展区域代理商，覆盖华南、华北空白市场。	行业背书提升品牌权威性 [9]；代理商模式快速扩大区域覆盖 [10]。

（2）战略放弃事项

领域	放弃原因
通用型公开课	同质化严重、利润率低，聚焦定制化解决方案 [9] [11]。
低价竞争策略	损害品牌价值，转向价值定价（如按培训效果分成）[10] [11]。
单一线下交付	成本高、可扩展性差，逐步转向"线上+线下"混合模式 [11] [14]。

3. 关键支撑举措

- **组织能力**：设立"产品创新委员会"与"大客户中心"，打破部门壁垒 [14]。
- **技术投入**：年研发投入占比提升至15%，重点布局AI与大数据分析 [14]。
- **人才计划**：引入销售培训专家，设计"行业顾问+销售"双角色培养体系 [8] [10]。

五、风险与应对预案

风险类型	应对措施
技术投入回报周期长	分阶段验证技术应用场景，优先落地"AI课程推荐"等易见效模块 [14]。
区域代理渠道管理难	建立代理商评级制度，强化培训与合规监控 [10]。

图 3-4-4　具体生成报告 4

103

2025年培训机构战略规划报告

五、风险与应对预案

风险类型	应对措施
技术投入回报周期长	分阶段验证技术应用场景，优先落地"AI课程推荐"等易见效模块 [14]。
区域代理渠道管理难	建立代理商评级制度，强化培训与合规监控 [10]。
政策不确定性	成立政策研究小组，提前布局ESG（环境、社会、治理）相关课程 [7] [11]。

六、结论与展望

2025年战略的核心是**"以产品力驱动增长，以专业化突破销售瓶颈"**。通过聚焦高价值领域、优化销售模式、强化技术赋能，有望在3年内实现市场份额从8%提升至15%，成为垂直领域头部品牌。

未来三年里程碑：

- 2025年：完成销售团队重组，新课程占比达40%；
- 2026年：AI平台用户突破10万，区域覆盖率提升至70%；
- 2027年：启动全球化布局，海外收入占比超20%。

附录：详细财务测算、组织架构图、竞对数据表（略）

数据来源：行业报告 [7] [11] 、内部调研 [14] 、竞对分析 [9] [10] 。

图 3-4-5　具体生成报告 5

② 理财经理提示词

再来看第二个角色。假设我是一个理财经理，接下来我们拿其中一个场景"为了提升业绩，完成月度任务"设计一个提示词，并且做一个演示。请注意，这个时候我要新建一个对话框，因为如果不新建的话，它会基于上文做分析，会代入 CEO 的角色。这里不需要它代入，只需要重新开始，所以我直接新建对话框。

理财经理提示词示例如表 3-4-3 所示。

表 3-4-3　理财经理提示词示例

为了提升业绩，完成月度任务 现在你是银行的理财经理（你擅长根据客户情况定制设计资产配置方案） 请你为我行客户（在我行有 1000 万元管理资产、年龄 48 岁、女性、有子女、无配偶、有父母，风险承受能力为 R4、可接受少部分高风险资产、但绝大部分资产需要安全）生成一份资产配置报告	
内容方面	逻辑清晰、给客户展示之后可以拉新 500 万元、方案具有实操性、可以直接拿来落地使用
语言风格	正式一些、用客户能听得懂的语言风格、通俗易懂
情感色彩	积极的
字数方面	不限篇幅，不要省略
格式方面	使用 Markdown 格式

我们再来复习一下提示词的结构。首先第一个是背景——为了提升业绩，完成月度任务，这也是目的。现在我需要 AI 扮演的角色是银行的理财经理，括号中详细说明了角色擅长根据客户的情况定制设计资产配置方案。虽然理财经理的工作任务特别多，但是这里我只聚焦于这一个点。

接下来确认任务——为我行客户生成一份资产配置报告，请注意后面括号里的内容非常重要。如果没有括号里的内容，它生成的报告一点价值都没有。因为客户的范围太大了，客户画像很复杂，我们需要把客户的细节告诉 DeepSeek，所以在括号里要事无巨细地告诉它客户的特点：在我行有 1000 万元的管理资产、年龄 48 岁、女性、有子女无配偶，有父母，风险承受能力为 R4，可接受少部分的高风险资产，但绝大部分资产需要安全。当你把这些细节告诉 DeepSeek 之后，它的分析会更有针对性。

内容方面要求逻辑清晰，给客户展示之后可以拉新 500 万元，直接诉求是方案要具有实操性，可以拿来直接落地使用。

语言风格要求正式一些，用客户能够听得懂的语言表达，通俗易懂，不要有过于专业的词语。

情感色彩上一定是积极向上的。

不限篇幅，不要省略。

格式方面要使用Markdown的格式。因为使用Markdown格式，后续如果想把它做成一个PPT发给客户的话，可以在一分钟之内直接完成。

我们来看一下，DeepSeek分析之后写出了这份××银行高净值客户资产配置方案报告（见图3-4-6至图3-4-10）。因为我没有讲客户姓名，所以它显示×××女士。年龄是48岁，家庭状况是单亲母亲，有子女及父母需要照顾，风险等级R4（进取型）。核心诉求中资产安全性优先，因为我在输入提示词时补充了少量配置高风险资产以提升收益，兼顾流动性及长期规划。那么资产配置策略总纲就可以清晰地呈现出，基于资产安全为第一要务、少部分高风险资产及资产保值增值的需求，建议将1000万元资产分成三层，配置如下：第一，安全基石层；第二，稳健增值层；第三，进取收益层。

接下来是具体的配置方案及产品推荐，详细说明这三层方案分别如何配置，之后是方案的核心亮点，以及拉新500万元的行动计划。

最后是操作实施计划和风险提示，内容是非常全面的。假设你是一个理财经理，出现DeepSeek之前，要给这类客户写一个理财报告的话，没有半天真做不出来。但是有了它之后，最多只需要两分钟就全部生成出来了。

如果需要围绕报告再做一个PPT，过去可能还要复制、粘贴、美化，又得最少半天的时间。但是现在最多两分钟就能完成。这就是DeepSeek对于职场人提升效率的关键，这是代入的第二个角色。

第三章　职场文案高手速成——用 DeepSeek 写出爆款内容

新对话

为了提升业绩，完成月度任务
现在你是银行的理财经理（你擅长根据客户的情况定制设计资产配置方案）
请您为我行客户（在我行有1000万元的管理资产，年龄48岁，女性，有子女无配偶，有父母，风险承受能力为R4，可接受少部分的高风险资产，但绝大部分资产需要安全）生成一份资产配置报告
内容方面：逻辑清晰，给客户展示之后可以拉新500万元，方案要具有可实操性，可以拿来直接落地使用
语言风格：正式一些，用客户能够听得懂的语言表达，通俗易懂
情感色彩：积极向上
字数方面：不限篇幅，不要省略
格式方面：使用markdown格式

已深度思考（用时 25 秒）

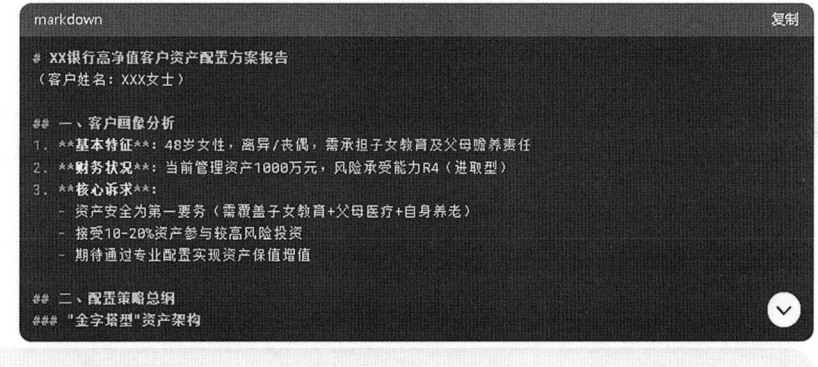

```markdown
# XX银行高净值客户资产配置方案报告
（客户姓名：XXX女士）

## 一、客户画像分析
1. **基本特征**：48岁女性，离异/丧偶，需承担子女教育及父母赡养责任
2. **财务状况**：当前管理资产1000万元，风险承受能力R4（进取型）
3. **核心诉求**：
   - 资产安全为第一要务（需覆盖子女教育+父母医疗+自身养老）
   - 接受10-20%资产参与较高风险投资
   - 期待通过专业配置实现资产保值增值

## 二、配置策略总纲
### "金字塔型"资产架构
```

给 DeepSeek 发送消息

深度思考 (R1)　　联网搜索

内容由 AI 生成，请仔细甄别

图 3-4-6　××银行高净值客户资产配置方案报告 1

新对话

▲
20%进取层
30%增值层
50%安全层

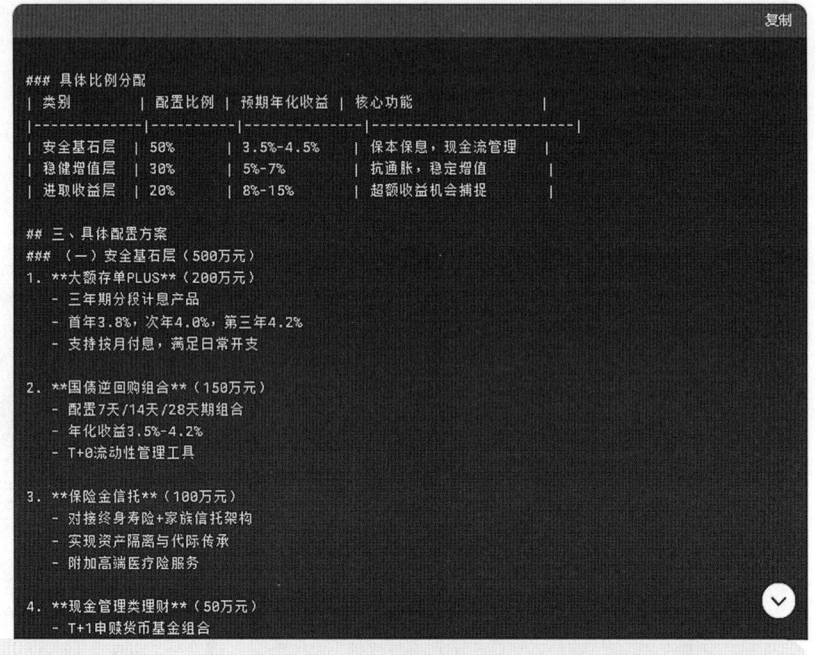

```
### 具体比例分配
| 类别         | 配置比例 | 预期年化收益 | 核心功能           |
|--------------|----------|--------------|--------------------|
| 安全基石层   | 50%      | 3.5%-4.5%    | 保本保息，现金流管理 |
| 稳健增值层   | 30%      | 5%-7%        | 抗通胀，稳定增值    |
| 进取收益层   | 20%      | 8%-15%       | 超额收益机会捕捉    |

## 三、具体配置方案
### （一）安全基石层（500万元）
1. **大额存单PLUS**（200万元）
   - 三年期分段计息产品
   - 首年3.8%，次年4.0%，第三年4.2%
   - 支持按月付息，满足日常开支

2. **国债逆回购组合**（150万元）
   - 配置7天/14天/28天期组合
   - 年化收益3.5%-4.2%
   - T+0流动性管理工具

3. **保险金信托**（100万元）
   - 对接终身寿险+家族信托架构
   - 实现资产隔离与代际传承
   - 附加高端医疗险服务

4. **现金管理类理财**（50万元）
   - T+1申赎货币基金组合
```

图 3-4-7 ××银行高净值客户资产配置方案报告 2

```
银行高净值客户资产配置方案

                                                              复制
- 年化2.8%-3.2%
- 应急准备金专用账户

### （二）稳健增值层（300万元）
1. **"固收+"理财组合**
   - 偏债混合型基金（100万元）
     - 历史年化5.5%-6.8%
     - 最大回撤<3%
   - 量化对冲专户（100万元）
     - 市场中性策略
     - 年化6%-7%
   - 黄金ETF联接基金（50万元）
     - 抗通胀配置
     - 年化4%-8%
   - REITs投资组合（50万元）
     - 重点配置仓储物流/产业园区
     - 预期分红率5%+

### （三）进取收益层（200万元）
1. **科创主题FOF**（100万元）
   - 聚焦半导体/新能源/生物医药
   - 采用定投方式入场（分6个月建仓）
   - 三年期封闭运作

2. **私募股权基金**（50万元）
   - 参与Pre-IPO轮次投资
   - 重点布局消费升级赛道
   - 设置8%年化收益安全垫

3. **结构性存款PLUS**（50万元）
   - 挂钩中证500指数看涨期权
   - 保底收益2.5%+浮动收益（最高12%）
   - 每季度观察派息
```

图3-4-8　××银行高净值客户资产配置方案报告3

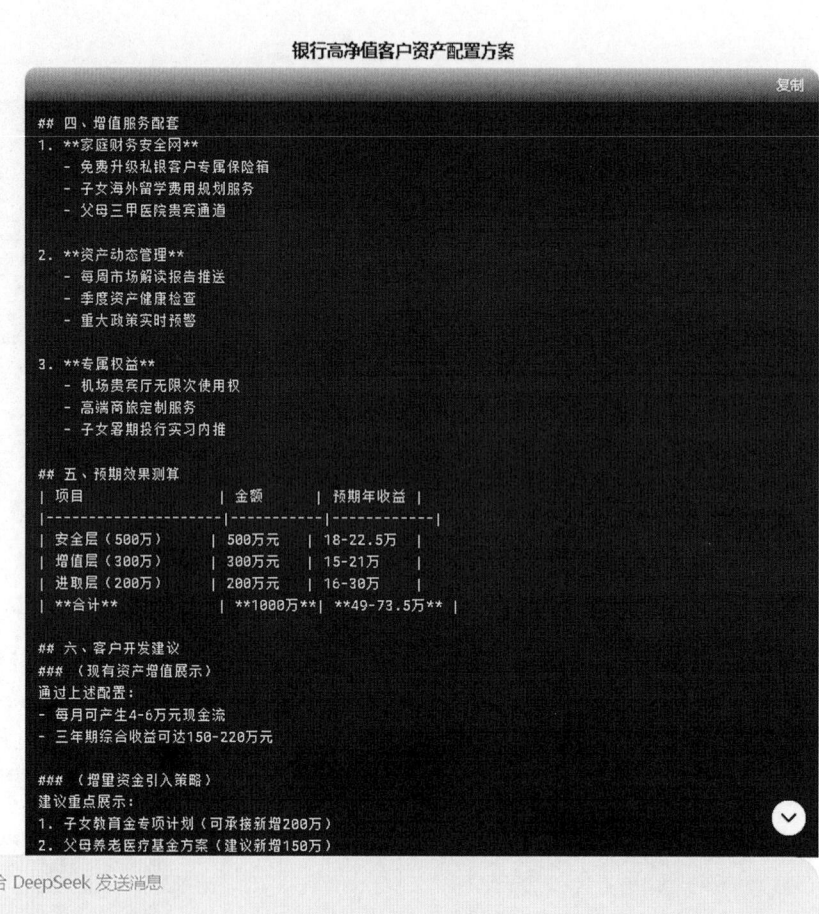

图 3-4-9　××银行高净值客户资产配置方案报告 4

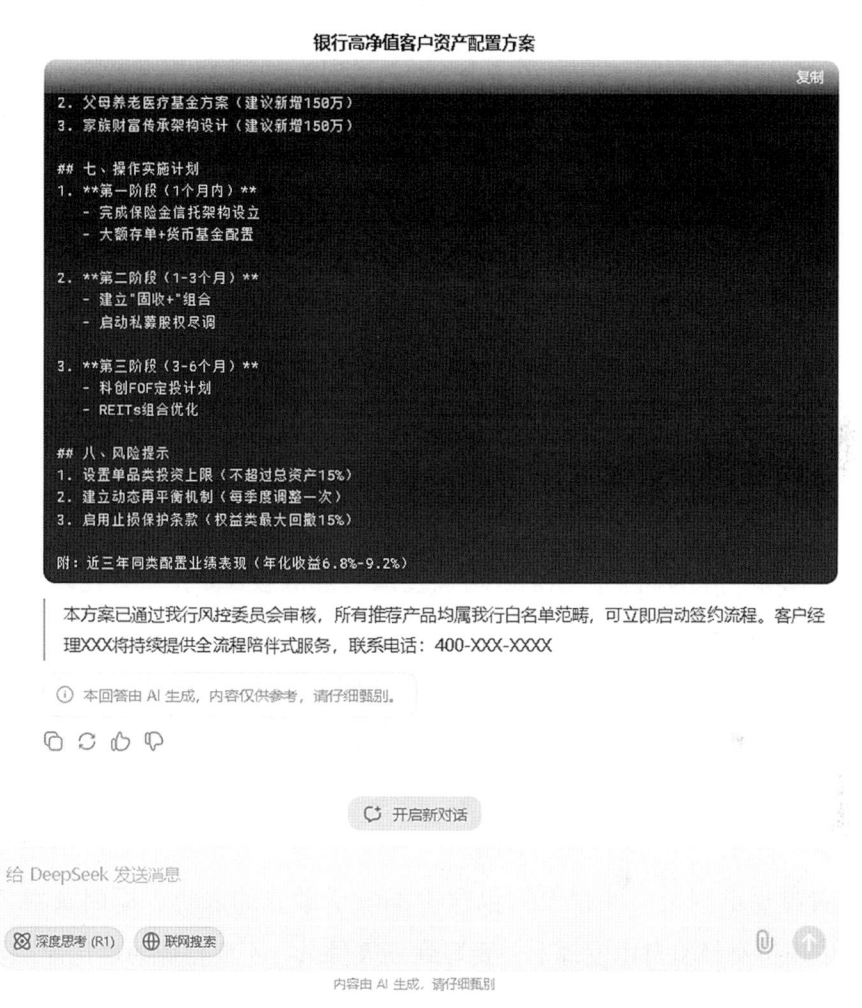

第三章 职场文案高手速成——用 DeepSeek 写出爆款内容

图 3-4-10 ××银行高净值客户资产配置方案报告 5

3. 培训人员提示词

第三个代入角色是培训人员，我结合培训人员的工作场景写段提示词，培训人员提示词示例如表 3-4-4 所示。

表 3-4-4　培训人员提示词示例

近期公司招募了很多新晋内训师，作为"小白"，他们在培训讲课时经常紧张，导致培训效果不好。 现在你是一位资深的培训讲师，你擅长开发与讲授课程 请你围绕如何克服培训紧张这个主题设计一个课程大纲	
内容方面	课程大纲包含但不限于紧张的表现、原因和对策（你也可以根据经验适度发挥），要写到三级目录，不要枯燥的理论知识
语言风格	正式一些
情感色彩	积极的
字数方面	不限篇幅，不要省略
格式方面	使用 Markdown 格式

首先需要了解是在何种情况下发生的这个场景：近期公司招募了大量新晋咨询师，作为新手，他们在培训授课时常常感到紧张，致使培训效果欠佳。这部分内容属于背景。

DeepSeek 这时候应该扮演什么角色：现在你是一位资深培训讲师，擅长课程开发与讲授。这部分明确了角色以及该角色所擅长的领域。

围绕"如何克服培训紧张"这一主题，设计一份课程大纲。这是要完成的任务。

内容要求则是：课程大纲包含但不限于紧张的表现、原因及对策（你也可依据自身经验自由发挥），要写到三级目录，不要枯燥的理论知识。

需要特别说明的是，添加括号内容是因为这类课程之前已经讲过，我明确知道"紧张"有"表现、原因及对策"这三个要点，但是很多时候我希望 DeepSeek 给一些新的内容。所以当你在写提示词的时候，既希望有固定结构，又不希望完全被其所限制，就可以先将自己希望生成的结构以 1、2、3 这样的序列清晰罗列出来，再在括号内补充说明，诸如"可依据自身经验、知识储备适度发挥"这样的表述。如此一来，生成的内容既能够包含原本设定中的要点，又能融入新内容，从而使最终成果更具实用性与创新性。

上面我还提到"要写到三级目录"，DeepSeek 可以完全按照要求来生成目录，如果我改为"写到五级目录"，它一样可以按照五级目录来生成。所以在使用 AI 时，一定要把要求写得非常详细和明确："不要有枯燥的理论知识，语言风格正式一些，情感色彩是积极的，字数方面不限篇幅、不要省略，格式使用 Markdown"。

我们需要新建一个对话框，然后将以上内容输入进去。

点击发送之后，很快 DeepSeek 就生成了课程大纲（见图 3-4-11 至图 3-4-15）。

近期公司招募了很多新晋内训师，作为小白，他们在培训讲课时经常紧张

近期公司招募了很多新晋内训师，作为小白，他们在培训讲课时经常紧张，导致培训效果不好。
现在你是一位资深的培训讲师，你擅长开发与讲授课程。
请你围绕如何克服培训紧张这个主题设计一个课程大纲。
内容方面：课程大纲包含但不限于紧张的表现、原因和对策（你也可以根据你的经验适度发挥），要写到三级目录，不要枯燥的理论知识
语言风格：正式一些
情感色彩：积极的
字数方面：不限篇幅，不要省略
格式方面：使用markdown格式

> 已深度思考（用时 22 秒）

```markdown
# 《从紧张到掌控：培训师从容授课能力提升》课程大纲

## 模块一：重新认知培训紧张的本质
### 第一章 培训紧张的具象化表现
#### 1.1 生理反应识别清单
- 心跳加速/手抖/出汗的生理机制解读
- 声音发颤/语速失控的声带控制原理
- 大脑空白/逻辑混乱的神经科学解释

#### 1.2 语言表达预警信号
- 高频重复词的自我监控方法
- 专业术语堆砌的"安全区陷阱"
- 互动冷场的4种典型预兆
```

给 DeepSeek 发送消息

深度思考 (R1)　　联网搜索

内容由 AI 生成，请仔细甄别

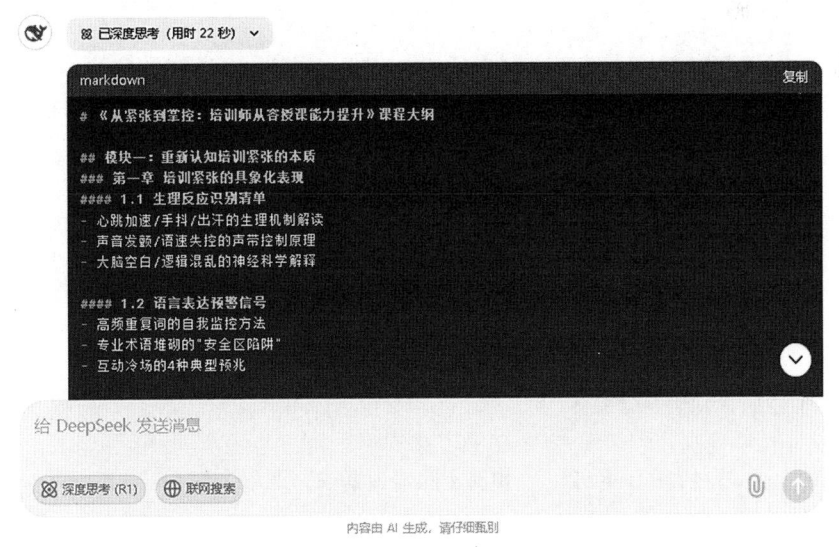

图 3-4-11　"如何克服培训紧张"课程大纲 1

113

近期公司招募了很多新晋内训师，作为小白，他们在培训讲课时经常紧张

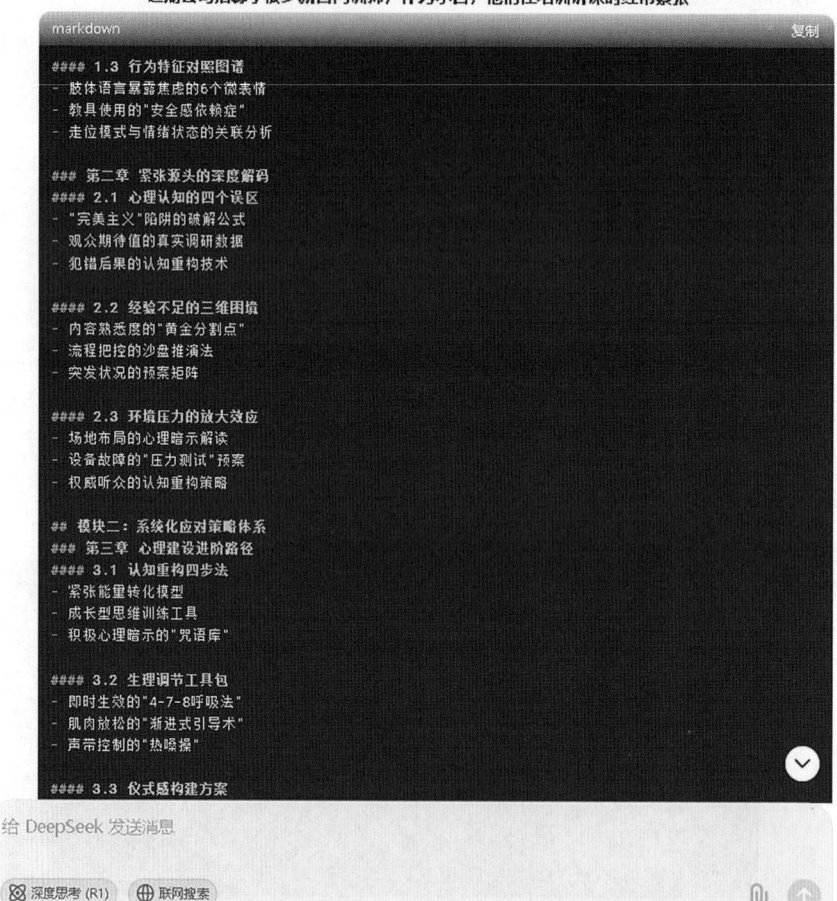

```
#### 1.3 行为特征对照图谱
- 肢体语言暴露焦虑的6个微表情
- 教具使用的"安全感依赖症"
- 走位模式与情绪状态的关联分析

### 第二章 紧张源头的深度解码
#### 2.1 心理认知的四个误区
- "完美主义"陷阱的破解公式
- 观众期待值的真实调研数据
- 犯错后果的认知重构技术

#### 2.2 经验不足的三维困境
- 内容熟悉度的"黄金分割点"
- 流程把控的沙盘推演法
- 突发状况的预案矩阵

#### 2.3 环境压力的放大效应
- 场地布局的心理暗示解读
- 设备故障的"压力测试"预案
- 权威听众的认知重构策略

## 模块二：系统化应对策略体系
### 第三章 心理建设进阶路径
#### 3.1 认知重构四步法
- 紧张能量转化模型
- 成长型思维训练工具
- 积极心理暗示的"咒语库"

#### 3.2 生理调节工具包
- 即时生效的"4-7-8呼吸法"
- 肌肉放松的"渐进式引导术"
- 声带控制的"热嗓操"

#### 3.3 仪式感构建方案
```

图 3-4-12 "如何克服培训紧张"课程大纲 2

第三章 职场文案高手速成——用 DeepSeek 写出爆款内容

近期公司招募了很多新晋内训师，作为小白，他们在培训讲课时经常紧张

```
- 个性化课前准备清单
- 能量姿势的神经科学应用
- 专属教具的"安全锚"效应

### 第四章 内容准备的黄金标准
#### 4.1 结构化设计模型
- "骨肉皮"课程设计法
- 过渡金句的储备策略
- 时间管理的沙漏模型

#### 4.2 记忆强化训练
- 空间记忆法的实战应用
- 思维导图的可视化训练
- 重点内容的"三点式"提炼

#### 4.3 应急预案矩阵
- 常见突发状况应对清单
- "安全岛"话术储备库
- 技术故障的即兴替代方案

### 第五章 现场掌控进阶技巧
#### 5.1 破冰技巧组合
- 首因效应打造的三板斧
- 温度计式互动检测法
- 压力分散的"话题接力"术

#### 5.2 互动设计工具箱
- 注意力牵引的"三分钟法则"
- 小组讨论的"蜂鸣式"管理
- 提问环节的"乒乓球"策略

#### 5.3 危机处理六脉神剑
- 突发冷场的"三阶重启术"
- 质疑应对的"太极推手法"
```

图 3-4-13 "如何克服培训紧张"课程大纲 3

近期公司招募了很多新晋内训师，作为小白，他们在培训讲课时经常紧张

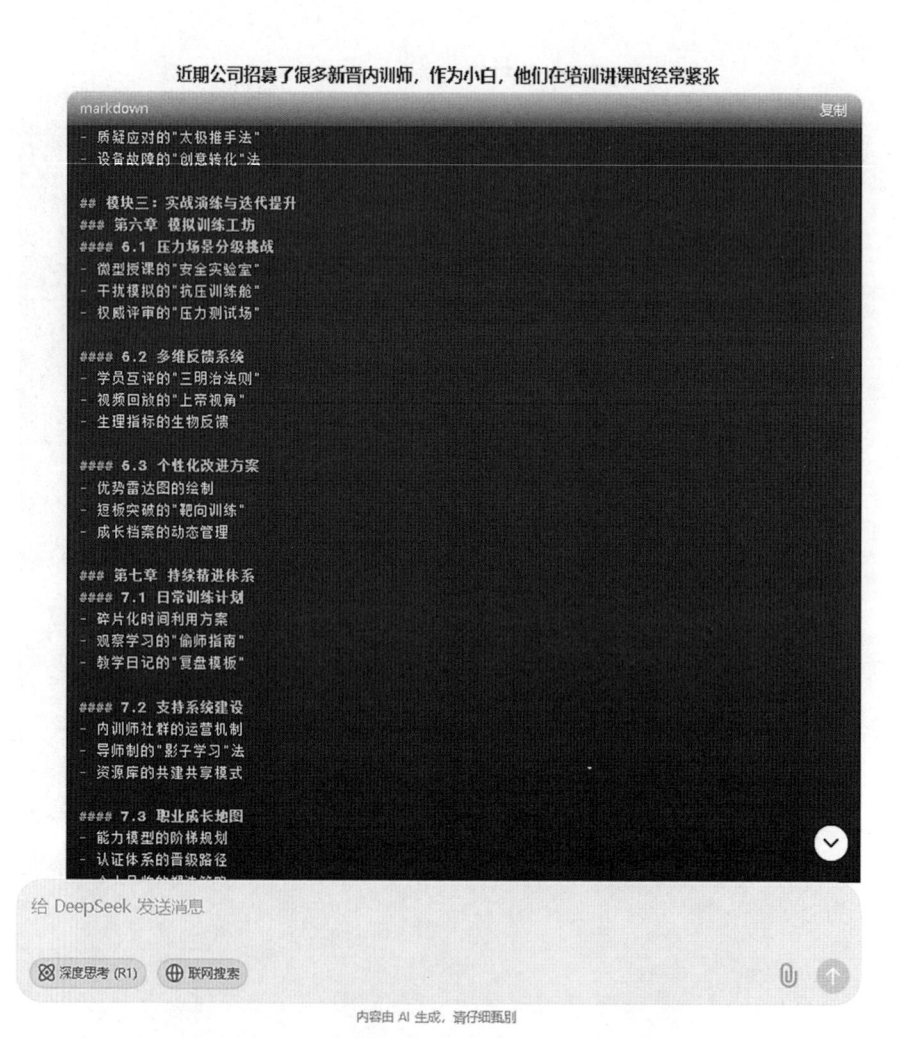

```markdown
- 质疑应对的"太极推手法"
- 设备故障的"创意转化"法

## 模块三：实战演练与迭代提升
### 第六章 模拟训练工坊
#### 6.1 压力场景分级挑战
- 微型授课的"安全实验室"
- 干扰模拟的"抗压训练舱"
- 权威评审的"压力测试场"

#### 6.2 多维反馈系统
- 学员互评的"三明治法则"
- 视频回放的"上帝视角"
- 生理指标的生物反馈

#### 6.3 个性化改进方案
- 优势雷达图的绘制
- 短板突破的"靶向训练"
- 成长档案的动态管理

### 第七章 持续精进体系
#### 7.1 日常训练计划
- 碎片化时间利用方案
- 观察学习的"偷师指南"
- 教学日记的"复盘模板"

#### 7.2 支持系统建设
- 内训师社群的运营机制
- 导师制的"影子学习"法
- 资源库的共建共享模式

#### 7.3 职业成长地图
- 能力模型的阶梯规划
- 认证体系的晋级路径
```

图 3-4-14 "如何克服培训紧张"课程大纲 4

第三章 职场文案高手速成——用 DeepSeek 写出爆款内容

图 3-4-15 "如何克服培训紧张"课程大纲 5

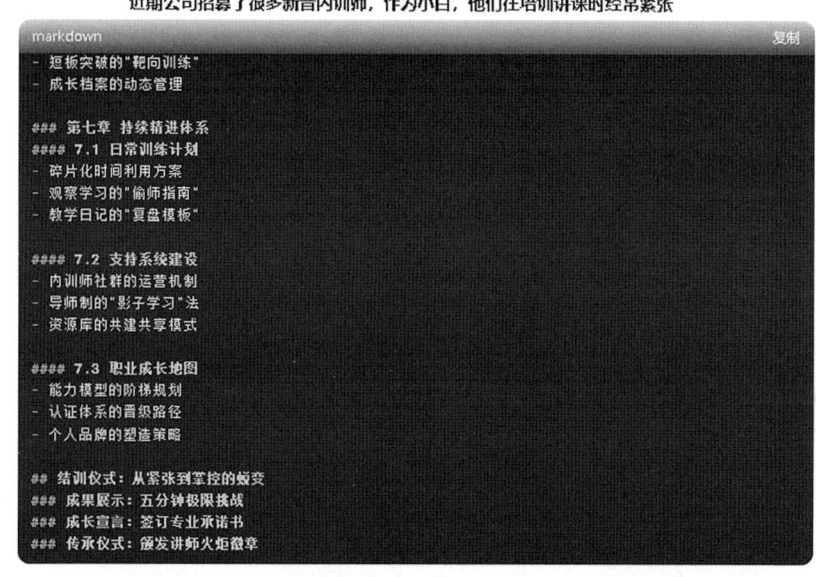

DeepSeek 生成的大纲内容包括七个章节的三级目录：第一章是培训紧张的具象化表现；第二章是紧张源头的深度解码；第三章是心理建设进阶路径，后面第四、第五、第六、第七章以及三级目录都非常全面和精彩。

我们可以直接把它变成思维导图，甚至可以很快变成 PPT。至此我们完成了第三个角色代入。

4. 招聘人员提示词

我们再代入一个新的工作场景，假设你在公司负责招聘工作，DeepSeek 又能帮助你做什么呢？当然有很多，其中一项就是协助撰写职位描述。我曾经在企业中担任人力资源业务伙伴，工作中时常需要写职位描述，然后让招聘人员帮忙去招募新员工，自己写往往耗时又不专业。

现在，借助 BRTRE 模型与 DeepSeek 相结合的方式，就能够快速生成高质量的职位描述。招聘人员提示词示例如表 3-4-5 所示。

表 3-4-5　招聘人员提示词示例

2025 年公司战略是以 AI 为核心的发展战略，为了支持公司战略的达成，作为一家培训公司的招聘专员（你特别擅长根据公司战略制定岗位描述），请你针对 AI 产品销售总监这个岗位撰写岗位描述，要求如下	
内容方面	1. 该岗位主要负责销售公司的 AI 培训产品，包含课程和平台 2. 该岗位有管理职责，下属人数 8～15 人 3. 该岗位的薪酬方式为底薪＋绩效＋提成，薪酬设计在同行中要具有竞争力
语言风格	使用正式简洁的语言方式
情感色彩	积极表达
字数方面	不少于 3000 字，不限篇幅、不要省略、不限字数

接下来，我详细解析这一过程。

先来看看本次招聘工作的背景、任务与 AI 要扮演的角色。

背景：2025 年公司确立了以 AI 为核心的发展战略，为推动这一战略目标的实现。

角色（擅长点）：作为一家培训公司的招聘专员（你特别擅长根据公司战略制定岗位描述）。

任务：请你针对 AI 产品销售总监这个岗位撰写岗位描述。

内容方面我提出了三个要求：第一，该岗位主要负责销售公司的 AI 培训产品，包含课程和平台；第二，该岗位有管理职责，下属人数 8～15 人；第三，该岗位的薪酬方式为底薪＋绩效＋提成，薪酬设计在同行中要具有竞

第三章 职场文案高手速成——用 DeepSeek 写出爆款内容

争力。其他方面包括语言风格正式简洁，情感色彩是积极表达，字数不少于3000字，不限篇幅，不要省略，不限字数。

DeepSeek 在经过了缜密的分析之后，帮我生成了 AI 产品销售总监的岗位描述，包括岗位基本信息、岗位概述、核心职责等要点，内容很全面（见图 3-4-16 至图 3-4-18）。

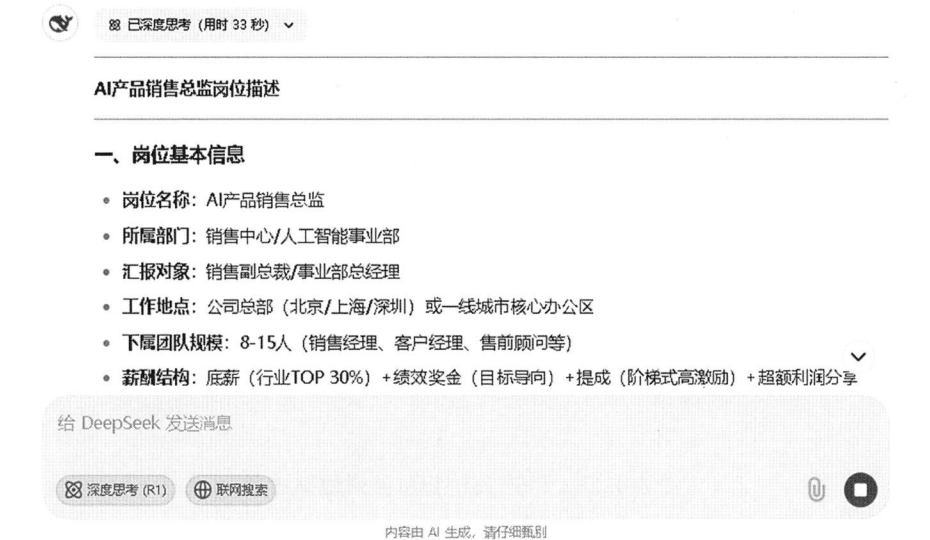

图 3-4-16　AI 产品销售总监岗位描述 1

AI产品销售总监岗位描述撰写

二、岗位概述

作为公司AI战略落地的核心推动者，AI产品销售总监将全面负责公司AI培训产品（课程体系与智能化学习平台）的市场推广与销售目标达成。该岗位需兼具战略视野与实战能力，通过高效团队管理、精准客户洞察及创新销售策略，驱动AI产品线营收规模化增长，助力公司实现AI技术赋能教育行业的战略目标。

核心价值定位：

1. **战略执行者**：将公司AI产品战略转化为可落地的销售计划；
2. **团队赋能者**：打造高绩效销售团队，提升组织战斗力；
3. **市场开拓者**：挖掘AI培训领域的蓝海市场，建立行业标杆案例。

三、核心职责

1. 战略规划与目标管理

- 根据公司AI产品战略，制定年度/季度销售计划，分解区域及团队目标；
- 分析AI教育行业趋势（如企业AI人才需求、技术应用场景），优化产品定位与销售策略；
- 建立销售预测模型，动态调整资源分配，确保完成营收、利润率及市场占有率等核心指标；
- 定期向高层汇报销售进展，提出战略级优化建议（如产品迭代方向、定价策略调整）。

2. 团队管理与赋能

- 搭建并管理8-15人销售团队，包括招聘、培训、考核及梯队人才储备；
- 设计并实施销售激励方案（如OKR+KPI双轨制），激活团队潜能；
- 定期组织销售技能培训（如AI产品深度解析、大客户谈判技巧、竞品攻防策略）；
- 建立"铁三角"协作机制（销售+售前+客户成功），提升全流程服务能力。

图 3-4-17　AI 产品销售总监岗位描述 2

AI产品销售总监岗位描述撰写

2. 专业技能

- **行业认知**：深度理解AI技术发展脉络（如生成式AI、机器学习），能精准匹配客户需求；
- **销售能力**：精通LTC（Leads to Cash）全流程管理，具备千万级项目操盘经验；
- **管理能力**：掌握OKR、平衡计分卡等工具，擅长通过数据驱动团队绩效提升；
- **工具应用**：熟练使用Salesforce、钉钉销帮、Power BI等数字化管理平台。

3. 核心素质

- **战略思维**：能站在行业高度制定长期规划，平衡短期目标与长期价值；
- **领导力**：具备"教练型领导"特质，善于激发团队使命感与自驱力；
- **客户洞察**：能快速识别客户痛点，设计AI培训价值提升方案；
- **抗压能力**：适应高强度工作节奏，在复杂项目中展现决策魄力。

4. 加分项

- 拥有AI领域技术认证（如TensorFlow开发者证书、AWS机器学习专项）；
- 积累教育行业头部客户资源（如985高校、央企培训中心）；
- 具备跨国团队管理或海外市场开拓经验。

五、薪酬与福利

1. 薪酬结构

- **底薪**：50万-80万元/年（根据资历面议，对标行业TOP 30%分位）；
- **绩效奖金**：按季度发放，达成基础目标可获得底薪的20%-50%；

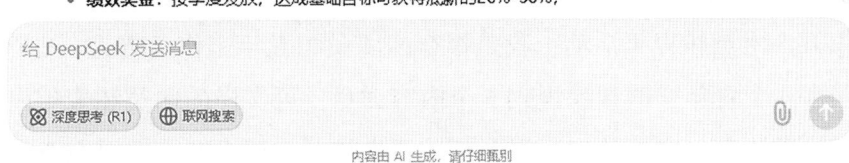

图 3-4-18　AI 产品销售总监岗位描述 3

作为招聘人员，过去写此类岗位描述通常要耗费 2 小时，现在使用 DeepSeek 搭配 BRTRE 模型，仅需一分钟就能完成。生成后只需要根据公司实际情况进行微调，以完全符合公司需求即可。

5. 银行人员提示词

银行同样有很多岗位，也就是有很多不同角色，以下我做几个角色演示。

第一，作为销售人员有销售话术，我会在DeepSeek输入：我是理财经理，请你用FABE法则设计一段基金产品的营销话术，要求有资本市场的阶段表现，且话术具有逻辑性。具体基金产品名称或代码可以用括号表示。

第二，破冰电话的话术：我是大堂经理，我需要拨打陌生客户认领的破冰电话，请以银行员工口吻帮我设计五个好的破冰构思，减少客户5秒内挂断电话的概率。

第三，年中报告：我是支行分管零售的副行长，以下是上/下半年支行的增长数据，帮我形成500字的年中报告，包含数据达成、不足之处、计划措施。

如果此时企业系统已经完成本地化部署，那么可以直接操作。如果企业尚未实施本地化部署，可以先将真实数据替换为模拟数据进行操作，待DeepSeek生成后，再将模拟数据替换回真实数据。但无论采用什么方式，都要做好信息数据的保密工作，防止泄露。

第四，党建活动：我是银行的党支部委员，需要策划2025年全年的党建活动，共6次，每次党建活动预算1万元，请帮我查找苏州市及周边适合做党建的红色基地，帮我进行20人次的党建活动策划。策划要求有实操性、趣味性，有鲜明的活动主题，每次主题不重复，符合2025年党建工作要求。

第五，团员和青年活动：我是银行的团员和青年工作负责人，支行有6个团员和4个青年，请帮我规划5个内容详尽、可实操的团员和青年内容，包括趣味破冰等创意玩法，可以与医院、学校、省属企业、市属企业共同开展活动。

第六，汇报材料：用银行中层干部的口吻，把以下数据转化为300字的领导汇报话术，重点突出产能提升和付出的努力。

上述内容尽管是以银行工作人员在不同场景下的话术为例，但在实际应用中，每个人都可以尝试代入自己的角色。比如做团建、团员和青年活动、做汇报、年中报告，都是职场人普遍会面临的工作内容。我们只需要依据自身实际情况，借助DeepSeek就可以完成这些材料的撰写。

在初次使用BRTRE模型时，很多人可能对模型构建所需的措辞把握不准。简单来说，即便了解了 BRTRE 模型，如果少了与之适配的词库，在实际运用中仍会遇到困难。为此，我准备了一个简易词库，可以直接选用，提升模型构建的效率与准确性。

比如要写背景性的内容，措辞可以是"为了""基于"，写角色的时候，可以输入"给谁用""你是谁""扮演谁""作为谁""以谁的名义"，让 AI 来扮演这些角色。任务的提示词常用语可以是"做什么""期望""希望"，内容方面可以用"担心""效果""简单"等。风格方面，可以输入"请模仿李白创作一首××主题的诗"，也能输入"请模仿我们公司某领导的说话风格，帮我写一篇主题为××的文章，要求是××"，或者输入"请你用通俗易懂的（说人话）语言，告诉我这个到底是什么意思"，还可以输入"深度思考""批判性思考"等。提示词常用语如表 3-4-6 所示。

表 3-4-6　提示词常用语

背景	为了、基于
角色	给谁用、你是谁、扮演谁、作为谁、以谁的名义
任务	做什么、期望、希望
内容	担心、问题、效果、简单、简洁、细致、清单、数据、来源、规范用语
风格	模仿、说人话、笑死句式、毒舌、反向情感操控、反对、深度思考、批判性思考、自己先复盘 N 次再回答

我解释一下"自己先复盘 N 次再回答"提示词。如果你担心 DeepSeek 生成的内容存在不合理或误导性，类似"一本正经地胡说八道"，那么可以在输入全部需求后，明确要求 DeepSeek 进行自我复盘。比如"你自己复盘 10 次"或"复盘 20 次之后再输出答案"。这样 DeepSeek 在推理时会不断修正并完善内容，尽管可能仍无法完全消除模型幻觉，但出现此类问题的概率会明显降低。

通过借鉴这些提示词，并根据自身需求融入自己的提示词中，可以提高提示词质量，更高效地获取结果。

现在我们做两个小练习，来看下面的提示词示例 1（见图 3-4-19），然后找一找它的 BRTRE 分别是什么？

| 寻找这段文字的BRTRE | 你是银行的一名厅堂主管，你要策划支行的年度零售客户活动，目的是吸引客户见面，增加客户经理和客户的黏性，每次活动客户参加人数15～35人，可以在支行举办活动，也可以寻找外部场地，支行可以自己承担费用，也可以借助基金公司、保险公司的活动经费开展活动。依托全年二十四节气，进行节气活动的零售客户活动规划，有趣味性、实操性，活动开始前需要有10分钟的银行产品或增值服务的宣讲，以达到在活动结束后，客户对银行的产品、增值服务、银行品牌更加认可 |

图 3-4-19　提示词示例 1

我们一起来分析一下。

它的背景是什么？背景和目的是为了吸引客户见面，增加客户经理和客户的黏性。要扮演的角色是什么？是银行的厅堂经理。主要任务是什么？是策划支行的年度零售客户活动。最重要的要求是什么？第一，人数要求；第二，地点要求；第三，费用要求；第四，特色要求；第五，其他具体要求。只有将各项需求事无巨细地写清楚，DeepSeek 才有可能生成一份非常详细的零售客户活动策划方案。

请你尝试找到提示词示例 2（见图 3-4-20）的 BRTRE。

| 寻找这段文字的BRTRE | 近期我所在的公司"滴滴"（公司背景信息请自行收集并认真学习），计划针对公司的培训项目经理开发一门"如何做好培训项目设计与实施"的课程。你是一名资深的主讲"培训项目设计"的培训师，擅长针对业务的实际需求来开发培训课件，并能够有针对性地做好每次培训课程的课前调研。请帮我制定一份课前调研问卷，以帮我提前了解参训人员的实际需求，从而提高课程的针对性。问卷内容需要包含但不限于以下内容：学员的基本信息、学习意愿、现有水平、销售过程中的常见问题（注意：这一项最重要，是调研的重点），以客观题为主，末尾可有1～2个主观题，总共20道题目 |

图 3-4-20　提示词示例 2

背景 B：近期我所在的公司"滴滴"（公司背景信息请自行收集并认真学习），计划针对公司的培训项目经理开发一门"如何做好培训项目设计与实施"的课程。

角色 R：你是一名资深的主讲"培训项目设计"的培训师，擅长针对业务的实际需求来开发培训课件，并能够有针对性地做好每次培训课程的课前调研。

任务 T：请帮我制定一份课前调研问卷，以帮我提前了解参训人员的实际需求，从而提高课程的针对性。

要求 R：问卷内容需要包含但不限于以下内容：学员的基本信息、学习意愿、现有水平、销售过程中的常见问题（注意：这一项最重要，是调研的重点），以客观题为主，末尾可有 1～2 个主观题，总共 20 道题目。

请注意，我在"公司背景信息请自行收集并认真学习"这里加了括号，是因为在实际应用中，时常需要结合自身公司背景开展探讨与研究。如果将公司的详细信息完整输入 DeepSeek 会比较烦琐，且通过百度等搜索引擎也能获取这些信息。因此，当需要使用某公司介绍时，可以在该公司后面添加一个括号，括号内注明"公司背景信息请自行收集并认真学习"，之后点击联网功能，DeepSeek 便会自动检索并收集该公司的背景信息。

DeepSeek 有"遇强则强，遇弱则弱"的特性。具体而言，我们输入的提示词质量越高，DeepSeek 输出答案的质量也相应越高；反之，若提示词质量欠佳，得到的答案效果也会大打折扣。所以，无论是 DeepSeek 还是其他 AI 工具，其输出答案的质量完全取决于输入提示词的质量。

因此，对于我们每个人而言，学习如何用 BRTRE 模型写出优质提示词至关重要。在写提示词时，一方面可以参考我提供的词库，另一方面一定要结合 AI 公式左侧所对应的工作场景及期望达成的结果，如此提示词才更有针对性，从而引导 DeepSeek 生成更符合需求的答案。

（五）八大黄金法则：这样用 DeepSeek，效果翻倍

在使用 DeepSeek 或其他 AI 的过程当中，我们或多或少会遇到一些问题，要遵循以下八个原则，如图 3-5-1 所示。

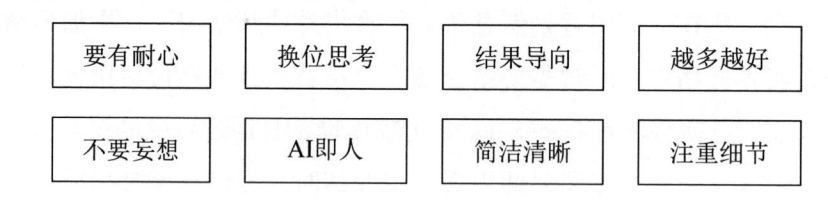

要有耐心	换位思考	结果导向	越多越好
不要妄想	AI 即人	简洁清晰	注重细节

图 3-5-1　使用 AI 要遵循的八个原则

1. 要有耐心

先为大家举一个例子。最近这段时间我女儿出现过敏症状，我带她去医院做了检查后发现，她对一种叫刺柏的植物所释放的花粉严重过敏，且过敏程度已经达到三级。于是我向 DeepSeek 输入了这样一段提示词：我女儿（八岁，今年在上小学三年级，生活在北京）对刺柏严重过敏（过敏程度三级），我应该怎么解决？请给我提供几种方案。DeepSeek 随即给出回复，建议我离开北京，如果选择留在北京的话，也提供了相应的防护建议。

我进一步思考，如果选择离开北京的话，应该去哪些城市定居呢？因为需要考虑女儿未来高考的问题，于是我向 DeepSeek 提出了第二个问题：如

果我离开北京，应该选择哪些城市？DeepSeek 给出的建议包括贵阳、昆明、海口等城市，但这些城市都不是我想去的。我继续补充信息：我的工作是培训，要经常出差，所以这个城市坐高铁 5 小时内最好能抵达中国绝大部分省会城市以及主要一线城市。之后，DeepSeek 经过分析，推荐了南京、杭州、苏州等几个城市。紧接着，我又向它说明：如果我去这些城市，还需考虑落户与买房。

关于买房这个问题，我向 DeepSeek 输入：买房的首付款预算为 100 万元，请问我该怎么选择？DeepSeek 综合考量了多种因素，例如孩子教育、我的预算及其他相关条件后给出了建议——我应该考虑南京。如果去南京的话，它又结合我的首付预算，以及我对房屋面积、装修年份等要求，进一步推荐了南京的几个区，甚至具体到某个小区和户型。

由此可见，我最终希望 DeepSeek 帮我解决的问题是什么呢？我应该去哪个城市的哪个小区买房并定居，这个城市既能让我女儿远离过敏困扰，又能保障她正常上学、高考。要实现这一目标，需要输入一系列提示词，这一过程需要有耐心地不断去完善描述。

2. 换位思考

在使用 AI 的时候不妨这样想：假设 AI 是你的下属，当你向它布置任务的时候，或许你自认为已经表达得十分清楚了，可下属却不理解。换个角度来看，假设你是 AI，给 AI 发送提示词的人是你的领导，领导也会觉得他已经表达清楚了，但是你却理解不了。所以在与 AI 互动时，我们需要换位思考。当向 AI 输入要求时，把自己设想成 AI 助理，想一想接收什么样的内容才能更准确地生成使用者（也就是你自己）所希望的结果。

3. 结果导向

在编写提示词时，一定要确保所有用词都紧密围绕最终希望达成的结果。比如我想为线上服装店创作一篇商品推文，用来提升服装销量，我输入"写个服装推广文案，符合品牌形象"，很可能 AI 生成的文案不是以促进这款商品销售为目的的。但是如果输入"为一款××连衣裙创作推广文案，目标受众为××，突出服装的××材质，××设计亮点，以及在××场合穿。文案需要激发目标受众购买欲，文案结尾附上引导购买的话术"这种一直围绕提升服装销售来构思的提示词，就能让 AI 清晰了解创作方向，生成有针对性的文案。

4. 越多越好

在合理范围内，提示词数量越多、描述越精细，生成的效果就越好。例如，你让 AI 画一幅猫的插画。如果只输入"画一只猫"，AI 画出来的猫可能姿态、品种、风格都不是你想要的。但是你要详细描述"画一只蹲坐在木地板上的橘猫，眼睛是绿色的，身上有白色斑纹，嘴巴微微张开，旁边放着一个装着猫粮的碗，整体画面温馨可爱，卡通风格，采用暖色调"，就能让 AI 精准了解你的需求，画出更贴合你心中所想的插画。

5. 不要妄想

首先，使用者不要奢望仅向 DeepSeek 输入一个提示词就能即刻获得理想答案，DeepSeek 虽然具备强大的语言处理能力，但复杂的需求无法凭借简单的指令就得到精准回应。其次，也不要指望在输入大量提示词后，DeepSeek 给出的结果会 100% 符合需求。因此，我们在使用 DeepSeek 时，仍然需要保持自主思考，并根据其输出结果进行必要的调整。

6. AI 即人

我们在使用 DeepSeek 这类 AI 工具时，不妨将其看作一个人。那么，该如何看待 DeepSeek 所对应的"人物形象"呢？我认为 DeepSeek 具有两个显著特点。其一，它拥有特别高的"智商"，在处理大量数据和复杂逻辑运算方面能力出众，能够快速对各类信息进行分析与整合。其二，它的"情商"却很低，近乎为零。也就是说 DeepSeek 无法像人类一样基于情感、语境以及微妙的语义暗示来理解和回应需求，缺乏对隐含意义和情感因素的感知与处理能力。

当我们与一位情商很低但智商特别高的学霸型人物沟通时，不能指望仅说一句话，他就能完全领会我们的意图。鉴于其情商的短板，要将这类高智商者所拥有的丰富经验与专业知识为我们所用，必须事无巨细地将所有事情向它交代清楚，这样才有可能获得我们想要的结果。

同理，在使用 AI 时，我们对于提示词要有针对性地表述，引导 AI 更好地理解我们的需求。

7. 简洁清晰

尽管我们强调提示词在合理范围内越多越好，但仍然要注意语言的精简，能用一个词表达清楚就不用一段话，简洁明了更有助于提升提示词的质量。

8. 注重细节

最后一个原则是注重细节，在输入提示词时，哪怕是一字之差，最终 AI 所生成的结果都可能截然不同。比如，输入"介绍一款适合年轻人的运动手表"与"介绍一款年轻人喜爱的运动手表"，仅仅是"适合"与"喜爱"的不同，DeepSeek 给出的产品描述、推荐理由等内容都可能大相径庭。

（六）轻松拆解复杂任务，让 AI 精准输出

在掌握以上原则并能熟练运用 BRTRE 模型来使用 DeepSeek 时，我们要明白一点：无论就职于哪家企业，从事何种工作，扮演何种角色，在使用 AI 处理工作中的所有任务时，大致可分为两种，一种叫简单任务，一种叫复杂任务。

在 DeepSeek 中，"复杂任务"一般指需要多维度处理、深度推理或专业协作的任务类型。有的时候它就像一道超难解的数学题，需要分步骤来处理，最后经过逻辑推导得出结论。

而"简单任务"是指给一个提示词就可以得到答案的任务类型。

接下来我以"编写微课脚本"为例，做一个详细的解析。

我们做一个这样的任务：为了提升柜员的专业能力，作为资深讲师，请你围绕微课主题"客户身份识别与反洗钱操作指南"编写一个微课脚本。我按照 BRTRE 模型，写了下面的提示词（见表 3-6-1）：内容方面包括开场、正文和结尾，语言风格要求正式一些，情感色彩要积极向上，字数方面不限篇幅、不要省略，格式方面要求使用表格。

按照 BRTRE 模型，我的提示词写得一点问题都没有。但是这是一个复杂任务，不是一个简单任务。如果我把它当作简单任务交给 DeepSeek 帮我编写微课脚本，那么得到的结果肯定不是我想要的。

表 3-6-1　微课脚本提示词

为了提升柜员的专业能力，作为资深讲师，请你围绕微课主题"客户身份识别与反洗钱操作指南"编写微课脚本	
内容方面	包含开场、正文和结尾
语言风格	正式一些
情感色彩	积极的
字数方面	不限篇幅，不要省略
格式方面	使用表格格式

因此只能换个思路，把它当一个复杂任务，对于复杂任务而言，我们该怎么做呢？要把它分成 7 个步骤才能得到我们想要的结果。复杂任务分成 7 个步骤如图 3-6-1 所示。

①输入 AI 提示词，选定主题；
②输入 AI 提示词，设计标题；
③输入 AI 提示词，挖掘痛点；
④输入 AI 提示词，搭建框架；
⑤输入 AI 提示词，萃取内容；
⑥输入 AI 提示词，设计结尾；
⑦输入 AI 提示词，设计脚本。

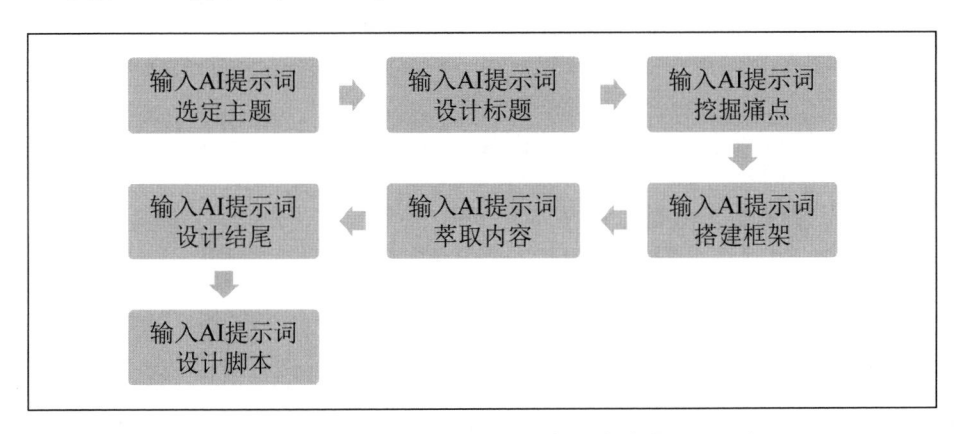

图 3-6-1　复杂任务分成 7 个步骤

当有了主题，有了开场的痛点，有了框架和内容，有了结尾，在这些上下文的基础之上，再发刚刚那些提示词，这样生成的脚本才是真正有用的。

在这个过程当中，关于主题、架构、开展、结尾，每一步的呈现都由 AI 进行了微调。它是符合最开始设计方向的，最后生成的脚本也才可能是你想要的。假设你想要得到的内容是 100%，起码按照这种方式做完之后能够达到 90%。

如果一开始你把它当成一个简单任务处理的话，可能初看生成的结果觉得还不错，速度很快，效率很高。但是最终你发现只达到期望值的 10%。所以一定要分清楚到底是简单任务还是复杂任务。对于简单任务用一个 BRTRE 就可以；对于复杂任务，首先你要把它的步骤写明白，然后再针对每一个步骤用 BRTRE 模型来设计。

我做一个演示。

第一步，输入提示词，选定主题。我现在用 BRTRE 模型，新建一个对话框，为了提高效率，我们直接用 DeepSeek-V3 模式演示就行。我把它发给 DeepSeek，如图 3-6-2 所示。

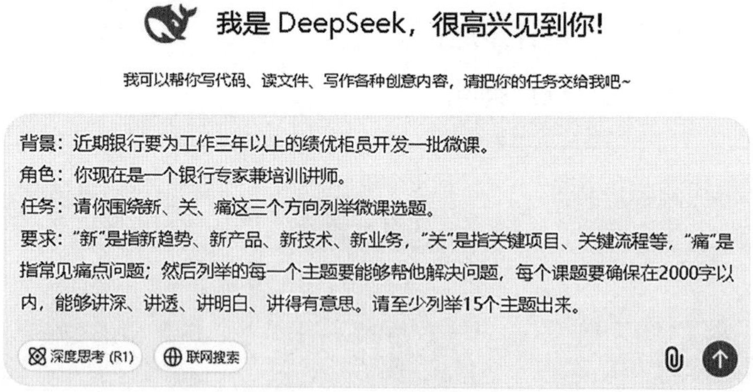

图 3-6-2 输入提示词

背景：近期银行要为工作三年以上的绩优柜员开发一批微课。角色：你现在是一个银行专家兼培训讲师。任务：请你围绕新、关、痛这三个方向列举微课选题。要求："新"是指新趋势、新产品、新技术、新业务，"关"

是指关键项目、关键流程等，"痛"是指常见痛点问题；然后列举的每一个主题要能够帮他解决问题，每个课题要确保在 2000 字以内，能够讲深、讲透、讲明白、讲得有意思。请至少列举 15 个主题出来。最后 DeepSeek 给我列出来 15 个主题，如图 3-6-3、图 3-6-4 所示。

银行柜员微课选题设计指南

以下是围绕"新、关、痛"三个方向设计的15个银行微课选题，每个选题均聚焦实际问题并提供解决方案，确保内容在2000字内讲透且生动：

一、"新"方向（新趋势/产品/技术/业务）

1. 《数字人民币来了！柜员如何应对客户咨询与操作指南》
   - 解决：数字人民币推广中客户高频问题（如开户、兑换、使用场景），配套话术与操作演示。
2. 《智能柜台"人机协同"实战技巧：效率提升50%的秘诀》
   - 解决：智能设备与传统柜面业务如何分工协作，避免客户排队矛盾。
3. 《"跨境理财通"新业务：从开户到资产配置的全流程解析》
   - 解决：港澳客户服务中的资质审核、风险提示及合规销售话术。
4. 《元宇宙银行服务初探：虚拟柜台与数字员工的未来》
   - 解决：前沿趋势科普，消除柜员对技术变革的焦虑，激发创新意识。
5. 《绿色信贷业务实操：如何快速识别环保企业资质》
   - 解决：绿色金融政策下，柜面资料审核要点与客户沟通技巧。

二、"关"方向（关键项目/流程）

6. 《反洗钱高风险客户排查"三分钟速判法"》
   - 解决：通过典型案例拆解，快速识别可疑交易的特征与上报流程。
7. 《大额存取款"合规+服务"双赢话术设计》
   - 解决：客户因手续繁琐不满时，如何既合规又提升体验（附场景演练）。
8. 《对公开户"一次通过"秘籍：常见驳回原因与预审清单》
   - 解决：企业开户资料易错点（如公司章程、受益人识别）的预检技巧。

图 3-6-3 银行柜员微课选题设计指南 1

银行柜员微课选题设计指南

9. 《信用卡逾期客户"柔性催收"五步法》
   - 解决：合规催收的同时维护客户关系，降低投诉率。
10. 《老年客户智能设备教学"慢三步"策略》
    - 解决：分龄服务技巧，用"演示-陪伴-复盘"提升老年客户自助率。

三、"痛"方向（常见痛点问题）

11. 《"为什么还要证明我是我？"——身份信息冲突化解术》
    - 解决：客户证件信息不一致（如曾用名、婚姻变更）时的应急处理流程。
12. 《柜面"多线程"服务：同时处理客户、电话、系统的干扰管理》
    - 解决：业务高峰期如何避免手忙脚乱，保持服务质量的实操方法。
13. 《"我就要投诉！"——情绪化客户安抚的黄金8分钟》
    - 解决：从倾听、共情到解决方案的标准化应对框架（附话术模板）。
14. 《"这笔钱去哪了？"——转账延迟问题的排查与沟通指南》
    - 解决：支付系统清算时间、跨行转账等高频投诉问题的解释技巧。
15. 《"我不会用手机银行！"——三句话激发客户自助操作兴趣》
    - 解决：通过痛点反问（如"您想不用排队查余额吗？"）引导客户接受电子渠道。

每个选题均可通过"案例导入+工具模板+演练点评"的结构展开，确保柜员学完即用。需要细化某个主题的脚本或教学设计，可随时沟通！

图 3-6-4　银行柜员微课选题设计指南 2

现在我需要做选择题，只要从里边选一个我喜欢的主题就可以了。比如我选中了主题6，接下来我可以让它直接帮我把最开始的微课标题"客户身份识别与反洗钱操作指南"快速地优化一下，用 BRTRE 模型直接来写。

输入 DeepSeek 后，它生成了 8 个吸引眼球的标题，分别采用四种方法，确保简洁有力且符合柜员要求，如图 3-6-5 所示。

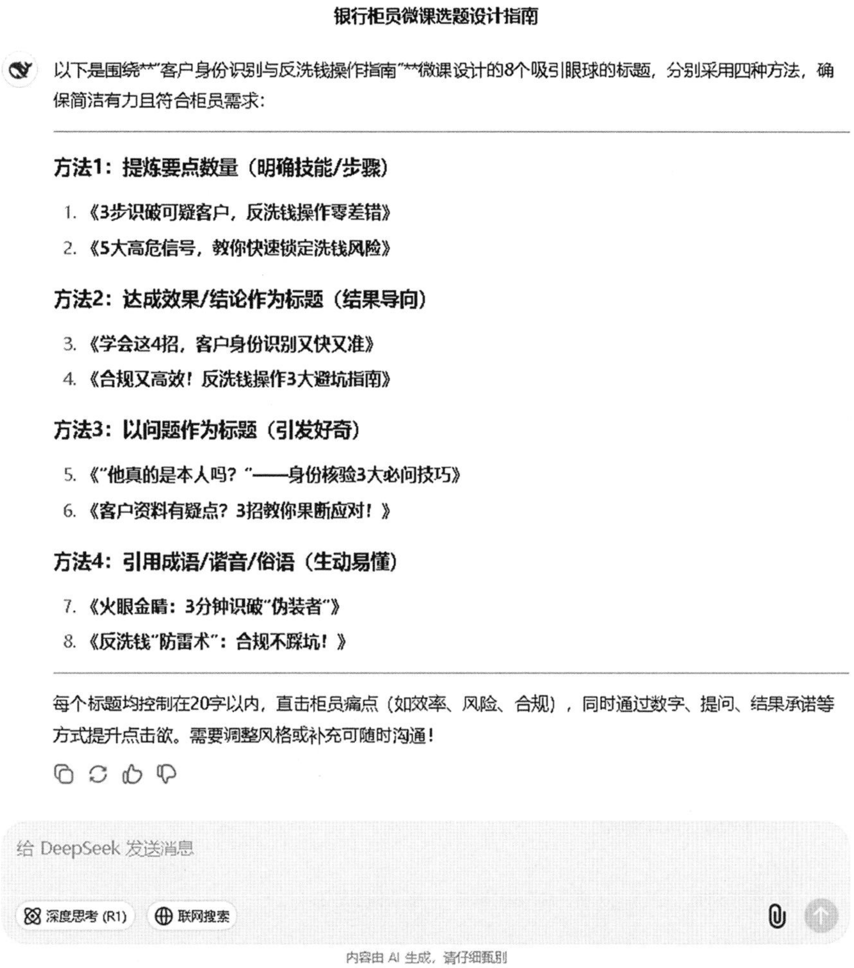

第三章　职场文案高手速成——用 DeepSeek 写出爆款内容

银行柜员微课选题设计指南

以下是围绕**"客户身份识别与反洗钱操作指南"**微课设计的8个吸引眼球的标题，分别采用四种方法，确保简洁有力且符合柜员需求：

方法1：提炼要点数量（明确技能/步骤）

1. 《3步识破可疑客户，反洗钱操作零差错》
2. 《5大高危信号，教你快速锁定洗钱风险》

方法2：达成效果/结论作为标题（结果导向）

3. 《学会这4招，客户身份识别又快又准》
4. 《合规又高效！反洗钱操作3大避坑指南》

方法3：以问题作为标题（引发好奇）

5. 《"他真的是本人吗？"——身份核验3大必问技巧》
6. 《客户资料有疑点？3招教你果断应对！》

方法4：引用成语/谐音/俗语（生动易懂）

7. 《火眼金睛：3分钟识破"伪装者"》
8. 《反洗钱"防雷术"：合规不踩坑！》

每个标题均控制在20字以内，直击柜员痛点（如效率、风险、合规），同时通过数字、提问、结果承诺等方式提升点击欲。需要调整风格或补充可随时沟通！

图 3-6-5　DeepSeek 生成的 8 个标题

请注意，比如要点数量、达成效果、标题等，这些都是我在讲课当中会用到的专业内容。所以一个人要想写好提示词，最重要的是专业的积累。

DeepSeek 现在给了我四类共 8 个提示词。有了提示词之后，我可以让它开始挖掘痛点。开场的时候有不同的痛点挖掘方式，我在这儿给它提了 7 种要求。也就是说针对微课，它需要给我列出 7 种方式，如图 3-6-6、图 3-6-7、图 3-6-8 所示，之后我只要做选择题就可以了。

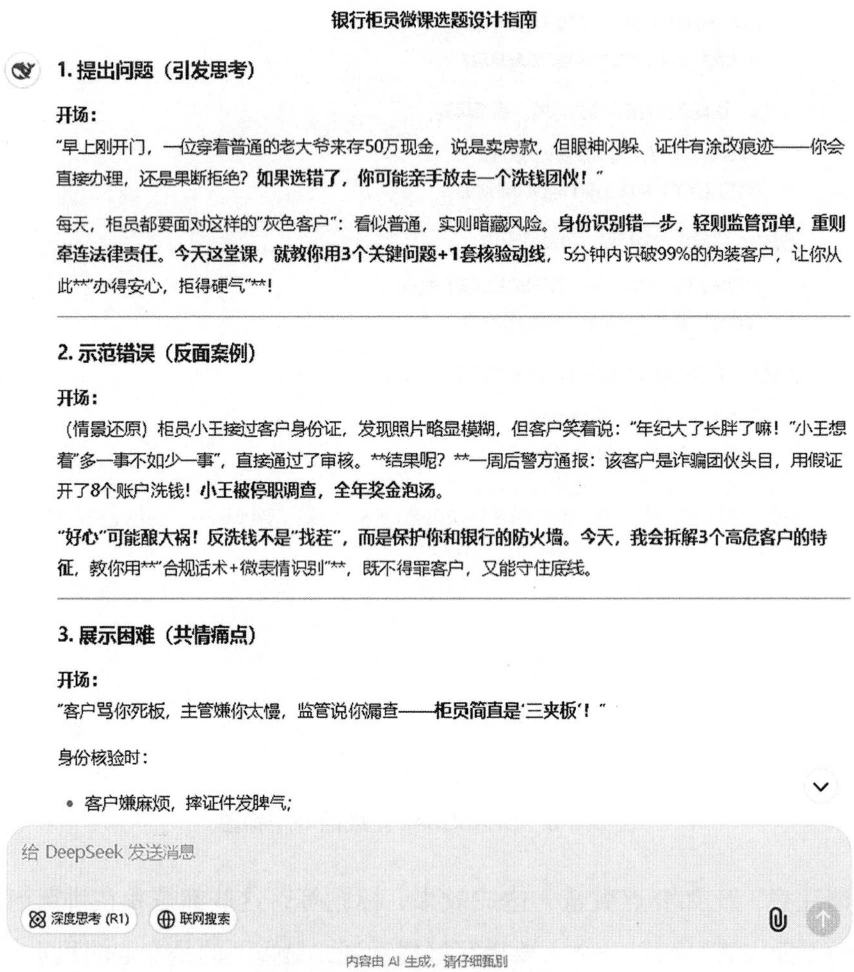

银行柜员微课选题设计指南

1. 提出问题（引发思考）

开场：

"早上刚开门，一位穿着普通的老大爷来存50万现金，说是卖房款，但眼神闪躲、证件有涂改痕迹——你会直接办理，还是果断拒绝？如果选错了，你可能亲手放走一个洗钱团伙！"

每天，柜员都要面对这样的"灰色客户"：看似普通，实则暗藏风险。**身份识别错一步，轻则监管罚单，重则牵连法律责任。**今天这堂课，就教你用3个关键问题+1套核验动线，5分钟内识破99%的伪装客户，让你从此**办得安心，拒得硬气**！

---

2. 示范错误（反面案例）

开场：

（情景还原）柜员小王接过客户身份证，发现照片略显模糊，但客户笑着说："年纪大了长胖了嘛！"小王想着"多一事不如少一事"，直接通过了审核。**结果呢？**一周后警方通报：该客户是诈骗团伙头目，用假证开了8个账户洗钱！小王被停职调查，全年奖金泡汤。

"好心"可能酿大祸！反洗钱不是"找茬"，而是保护你和银行的防火墙。今天，我会拆解3个高危客户的特征，教你用**合规话术+微表情识别**，既不得罪客户，又能守住底线。

---

3. 展示困难（共情痛点）

开场：

"客户骂你死板，主管嫌你太慢，监管说你漏查——**柜员简直是'三夹板'！**"

身份核验时：

- 客户嫌麻烦，摔证件发脾气；

图 3-6-6　7 种痛点挖掘方式 1

第三章 职场文案高手速成——用 DeepSeek 写出爆款内容

银行柜员微课选题设计指南

- 系统报警频繁，耽误业务时间；
- 明明按流程做了，抽查还是被扣分……

这不是你的错！问题出在"**不会平衡效率与风险**"。这节课，我会分享****10秒快速核验法**"和"客户情绪降温话术"，**让你从此"少挨骂，多加分"****！

---

4. 引入案例（真实事件）

开场：

2023年，某银行柜员因漏查一名"客户"的护照签证页，导致境外赌博资金通过该账户清洗**2.3亿元**。事后，柜员被终身禁止从业，行长被罚款百万。"**一个疏忽，毁掉职业生涯**"——这绝不是危言耸听！

洗钱团伙的套路每天都在升级：假离婚证、PS身份证、冒用老人信息……今天，我会用**5个真实案例**，带你拆解他们的****"造假剧本"，并教你用**"一摸二问三核对****"的实战技巧，彻底堵住风险漏洞。

---

5. 引用数据（权威震慑）

开场：

央行最新数据：2023年，全国银行因反洗钱不力被罚**18.6亿元**，其中**63%的罚单**指向柜面操作问题——平均每笔罚款够你半年工资！

更可怕的是：

- **42%的洗钱行为**通过"代理开户"完成；
- **"**证件过期**"**是柜员最常漏查的Top1风险点……

数据不会说谎！这节课，我会用"高危数据清单"和"三色预警法"，帮你把风险排查效率提升**300%**，从此和罚款说再见！

图 3-6-7　7 种痛点挖掘方式 2

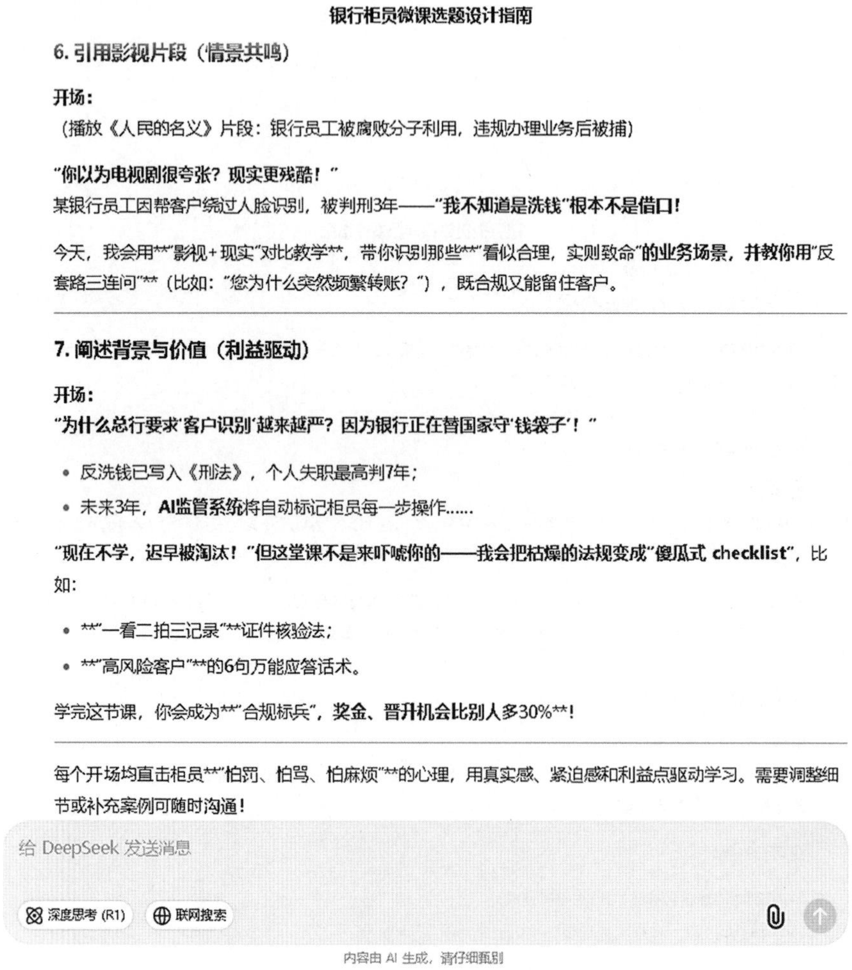

银行柜员微课选题设计指南

6. 引用影视片段（情景共鸣）

开场：
（播放《人民的名义》片段：银行员工被腐败分子利用，违规办理业务后被捕）

"你以为电视剧很夸张？现实更残酷！"
某银行员工因帮客户绕过人脸识别，被判刑3年——**"我不知道是洗钱"根本不是借口！**

今天，我会用**"影视+现实"对比教学**，带你识别那些**"看似合理，实则致命"**的业务场景，并教你用**"反套路三连问"**（比如："您为什么突然频繁转账？"），既合规又能留住客户。

---

7. 阐述背景与价值（利益驱动）

开场：
"为什么总行要求'客户识别'越来越严？因为银行正在替国家守'钱袋子'！"

- 反洗钱已写入《刑法》，个人失职最高判7年；
- 未来3年，**AI监管系统**将自动标记柜员每一步操作……

"现在不学，迟早被淘汰！"但这堂课不是来吓唬你的——我会把枯燥的法规变成"傻瓜式 checklist"，比如：

- **"一看二拍三记录"**证件核验法；
- **"高风险客户"**的6句万能应答话术。

学完这节课，你会成为**"合规标兵"，**奖金、晋升机会比别人多30%**！

每个开场均直击柜员**"怕罚、怕骂、怕麻烦"**的心理，用真实感、紧迫感和利益点驱动学习。需要调整细节或补充案例可随时沟通！

给 DeepSeek 发送消息

深度思考 (R1)　联网搜索

内容由 AI 生成，请仔细甄别

图 3-6-8　7 种痛点挖掘方式 3

比如提出问题、示范错误、展示困难、引入案例、引用数据等，还有引用具体的片段，片段出自哪部影视剧的哪个情节，还有阐述价值。我觉得哪个最贴合需求，从里边选就行了。当我选完之后，接下来才需要它帮我把整个微课的框架做出来。我需要它基于主题和目标，帮我把一级目录和二级目录写出来，这些过程是非常快的，如图 3-6-9 所示。

第三章　职场文案高手速成——用 DeepSeek 写出爆款内容

银行柜员微课选题设计指南

🐦 **微课框架：客户身份识别与反洗钱操作指南**

一、**基础规范：掌握反洗钱核心要求**

1. **法规红线**：反洗钱监管重点与柜员法律责任
2. **身份核验标准**：证件真伪辨别与生物识别技术应用
3. **高风险客户特征**：常见洗钱行为与可疑交易信号

二、**实战技巧：高效合规操作流程**

1. **"三查"核验法**：证件、交易、行为的一致性核查
2. **话术与沟通**：应对客户质疑的合规应答技巧
3. **系统操作优化**：如何利用智能工具降低人工风险

三、**风险应对：识别与处置可疑情况**

1. **可疑交易处理**：上报流程与关键证据留存
2. **应急场景演练**：证件造假、团伙开户等突发情况应对
3. **案例复盘**：典型反洗钱处罚案例分析与避坑指南

框架逻辑说明：

1. **基础规范**——确保学员明确"什么必须做"；
2. **实战技巧**——解决"如何高效做"；
3. **风险应对**——强化"遇到问题怎么办"。

　每个二级目录均可展开为 10-15 分钟讲解模块，确保内容聚焦可落地。

给 DeepSeek 发送消息

⊗ 深度思考 (R1)　　⊕ 联网搜索

内容由 AI 生成，请仔细甄别

图 3-6-9　一级和二级目录

　　前面我有演示过 Markdown 格式，它是一个自上而下的纵向结构，复制粘贴后可以直接使用，而没有格式要求的默认为文本格式，它也是自上而下的纵向结构。

　　我是基于它的框架，即一级目录、二级目录有了之后，才会让 DeepSeek 基于每一个模块去撰写具体的内容。这时候它才会帮我分析出来模块常见的问题，并给出应对方法和应对技巧，以及有哪些可以落地的工具，如图 3-6-10 至图 3-6-14 所示。

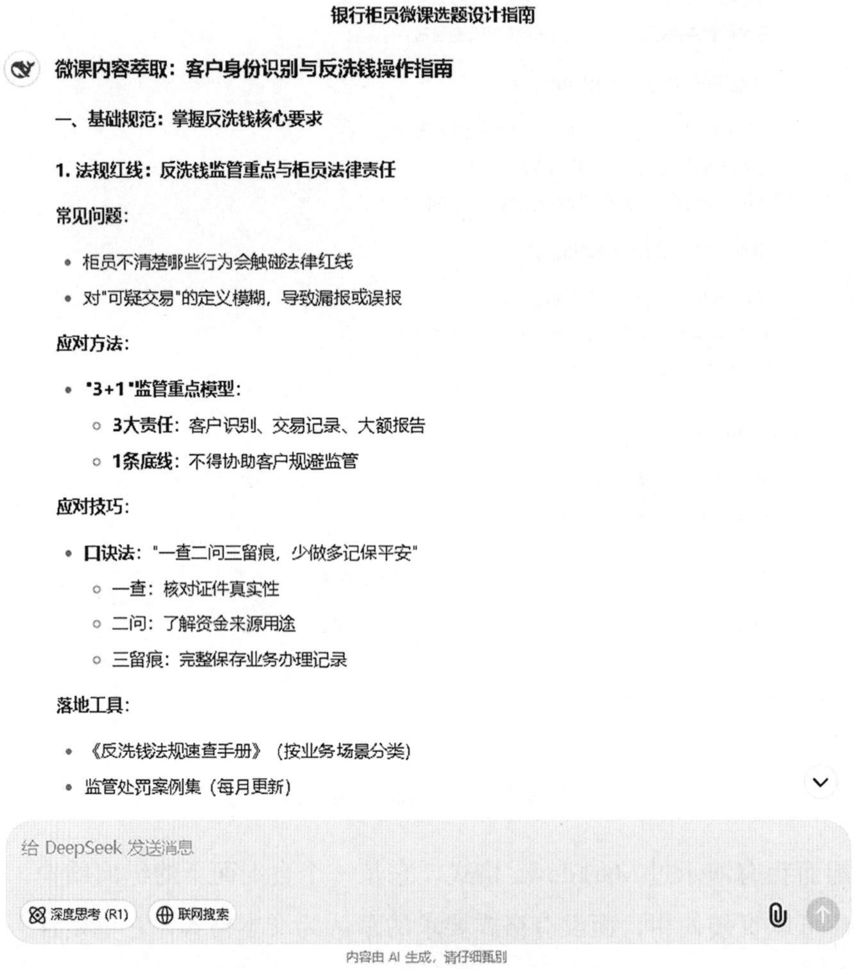

银行柜员微课选题设计指南

🔖 **微课内容萃取：客户身份识别与反洗钱操作指南**

一、基础规范：掌握反洗钱核心要求

1. 法规红线：反洗钱监管重点与柜员法律责任

常见问题：

- 柜员不清楚哪些行为会触碰法律红线
- 对"可疑交易"的定义模糊，导致漏报或误报

应对方法：

- **"3+1"监管重点模型**：
  - **3大责任**：客户识别、交易记录、大额报告
  - **1条底线**：不得协助客户规避监管

应对技巧：

- **口诀法**："一查二问三留痕，少做多记保平安"
  - 一查：核对证件真实性
  - 二问：了解资金来源用途
  - 三留痕：完整保存业务办理记录

落地工具：

- 《反洗钱法规速查手册》（按业务场景分类）
- 监管处罚案例集（每月更新）

给 DeepSeek 发送消息

深度思考 (R1)　联网搜索

内容由 AI 生成，请仔细甄别

图 3-6-10　每个模块下的具体内容 1

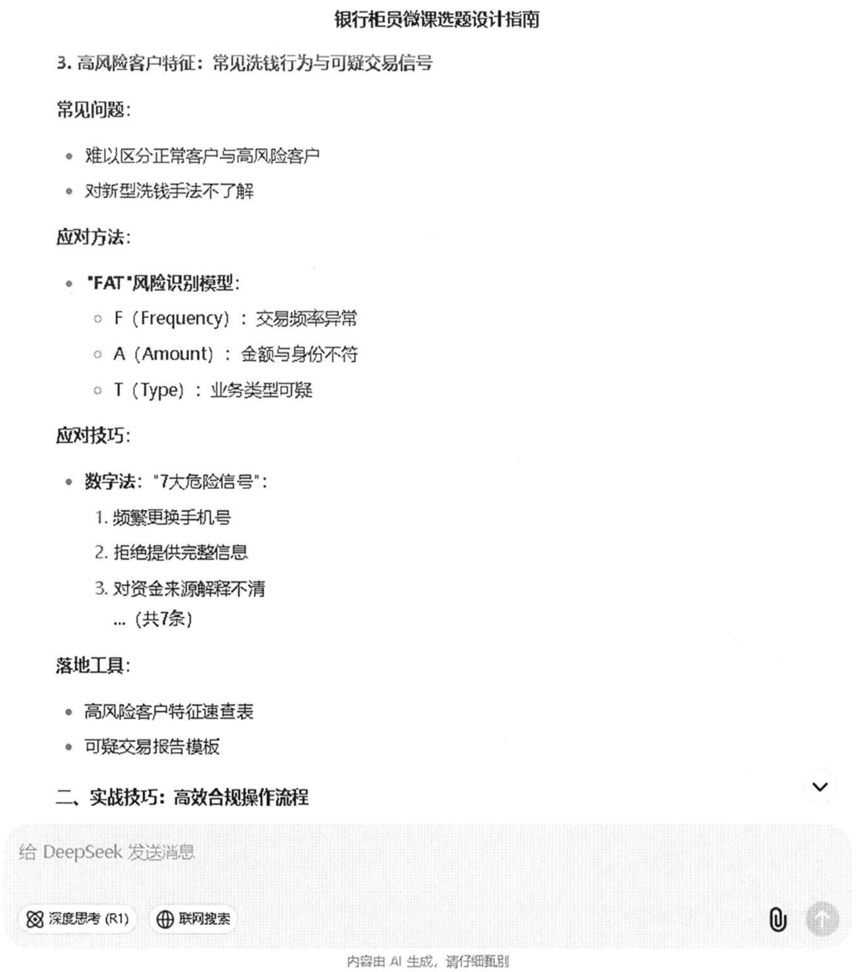
银行柜员微课选题设计指南
3. 高风险客户特征：常见洗钱行为与可疑交易信号
常见问题：
• 难以区分正常客户与高风险客户
• 对新型洗钱手法不了解
应对方法：
• "FAT"风险识别模型：
○ F（Frequency）：交易频率异常
○ A（Amount）：金额与身份不符
○ T（Type）：业务类型可疑
应对技巧：
• 数字法："7大危险信号"：
1. 频繁更换手机号
2. 拒绝提供完整信息
3. 对资金来源解释不清
...（共7条）
落地工具：
• 高风险客户特征速查表
• 可疑交易报告模板
二、实战技巧：高效合规操作流程
给 DeepSeek 发送消息
深度思考 (R1)
联网搜索
内容由 AI 生成，请仔细甄别

图 3-6-11　每个模块下的具体内容 2

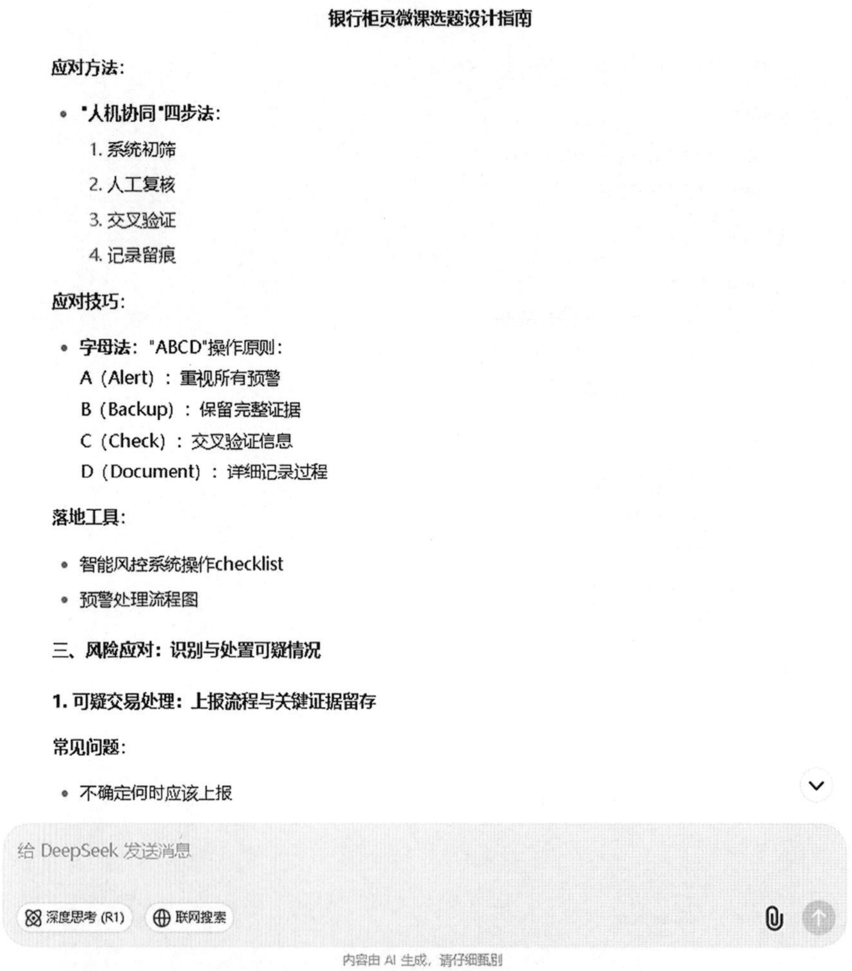

银行柜员微课选题设计指南

应对方法：

- **"人机协同"四步法：**
  1. 系统初筛
  2. 人工复核
  3. 交叉验证
  4. 记录留痕

应对技巧：

- **字母法：** "ABCD"操作原则：
  A（Alert）：重视所有预警
  B（Backup）：保留完整证据
  C（Check）：交叉验证信息
  D（Document）：详细记录过程

落地工具：

- 智能风控系统操作checklist
- 预警处理流程图

三、风险应对：识别与处置可疑情况

1. 可疑交易处理：上报流程与关键证据留存

常见问题：

- 不确定何时应该上报

给 DeepSeek 发送消息

深度思考 (R1)　联网搜索

内容由 AI 生成，请仔细甄别

图 3-6-12　每个模块下的具体内容 3

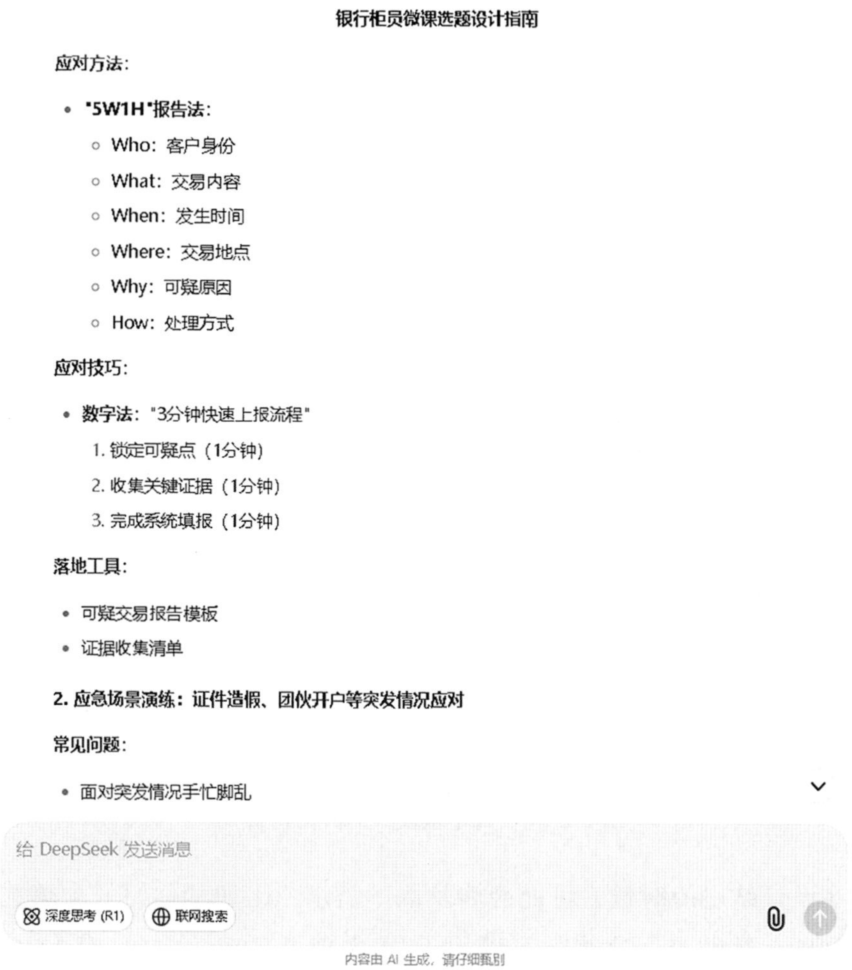

第三章 职场文案高手速成——用 DeepSeek 写出爆款内容

银行柜员微课选题设计指南

应对方法：

- **"5W1H"报告法**：
  - Who：客户身份
  - What：交易内容
  - When：发生时间
  - Where：交易地点
  - Why：可疑原因
  - How：处理方式

应对技巧：

- **数字法**："3分钟快速上报流程"
  1. 锁定可疑点（1分钟）
  2. 收集关键证据（1分钟）
  3. 完成系统填报（1分钟）

落地工具：

- 可疑交易报告模板
- 证据收集清单

2. 应急场景演练：证件造假、团伙开户等突发情况应对

常见问题：

- 面对突发情况手忙脚乱

图 3-6-13　每个模块下的具体内容 4

143

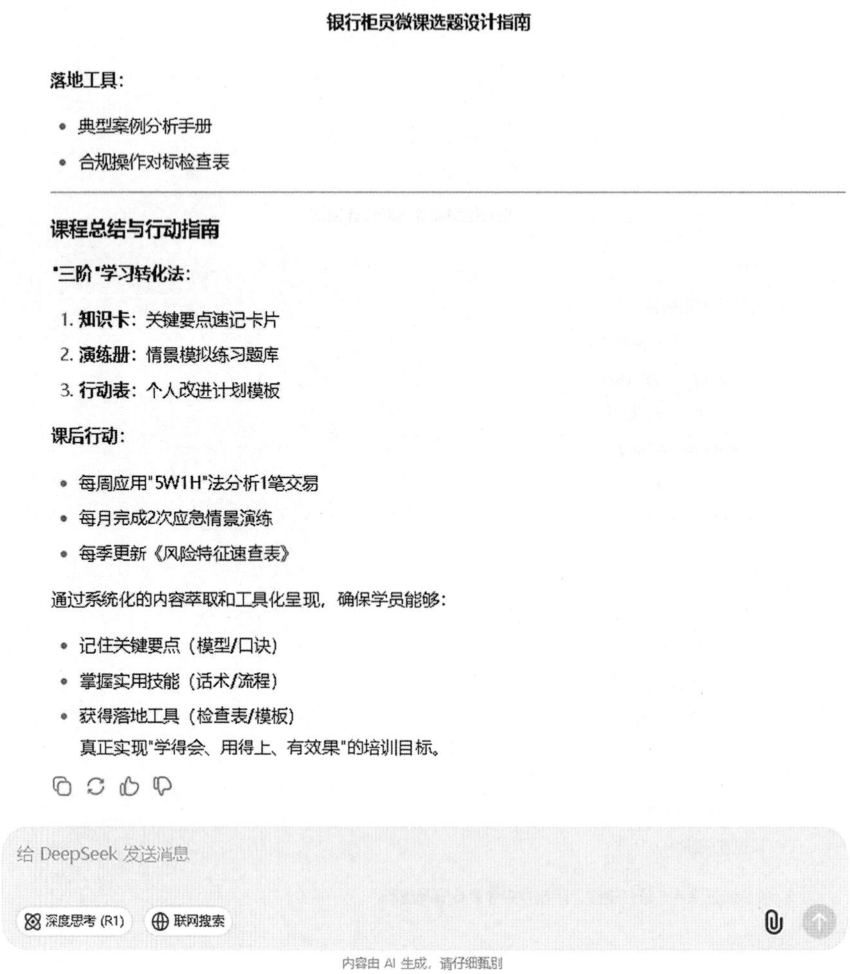

银行柜员微课选题设计指南

落地工具：
- 典型案例分析手册
- 合规操作对标检查表

课程总结与行动指南

"三阶"学习转化法：

1. **知识卡**：关键要点速记卡片
2. **演练册**：情景模拟练习题库
3. **行动表**：个人改进计划模板

课后行动：
- 每周应用"5W1H"法分析1笔交易
- 每月完成2次应急情景演练
- 每季更新《风险特征速查表》

通过系统化的内容萃取和工具化呈现，确保学员能够：

- 记住关键要点（模型/口诀）
- 掌握实用技能（话术/流程）
- 获得落地工具（检查表/模板）
  真正实现"学得会、用得上、有效果"的培训目标。

图 3-6-14　每个模块下的具体内容 5

在设计结尾的时候，可能会涉及以下需求：比如帮你写一个单选、多选、判断、总结等。这些都可以用 AI 来实现（见图 3-6-15、图 3-6-16）。DeepSeek 设计好结尾后，接下来就可以让它结合所有的标题、主题、目标、开场，还有正文、结构、内容、结尾去制作脚本了。这样生成的脚本才是我们想要的。

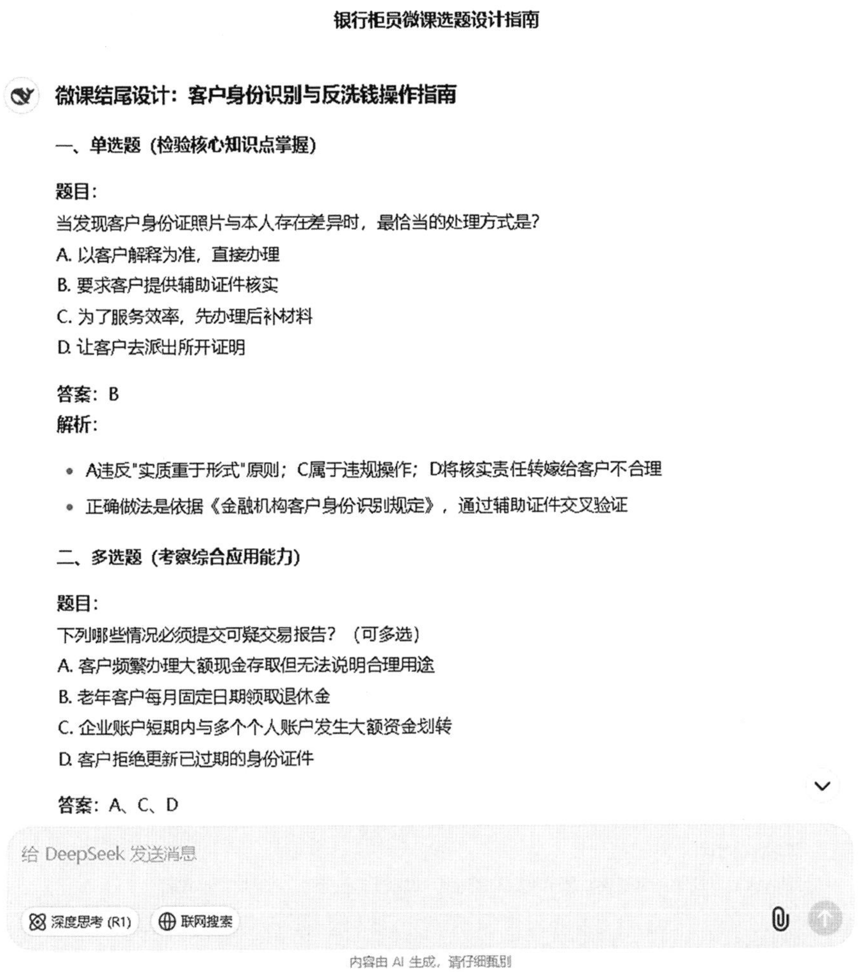
银行柜员微课选题设计指南

微课结尾设计：客户身份识别与反洗钱操作指南

一、单选题（检验核心知识点掌握）

题目：
当发现客户身份证照片与本人存在差异时，最恰当的处理方式是？
A. 以客户解释为准，直接办理
B. 要求客户提供辅助证件核实
C. 为了服务效率，先办理后补材料
D. 让客户去派出所开证明

答案： B
解析：

- A违反"实质重于形式"原则；C属于违规操作；D将核实责任转嫁给客户不合理
- 正确做法是依据《金融机构客户身份识别规定》，通过辅助证件交叉验证

二、多选题（考察综合应用能力）

题目：
下列哪些情况必须提交可疑交易报告？（可多选）
A. 客户频繁办理大额现金存取但无法说明合理用途
B. 老年客户每月固定日期领取退休金
C. 企业账户短期内与多个个人账户发生大额资金划转
D. 客户拒绝更新已过期的身份证件

答案： A、C、D

给 DeepSeek 发送消息
深度思考 (R1)　联网搜索
内容由 AI 生成，请仔细甄别

图 3-6-15　设计结尾 1

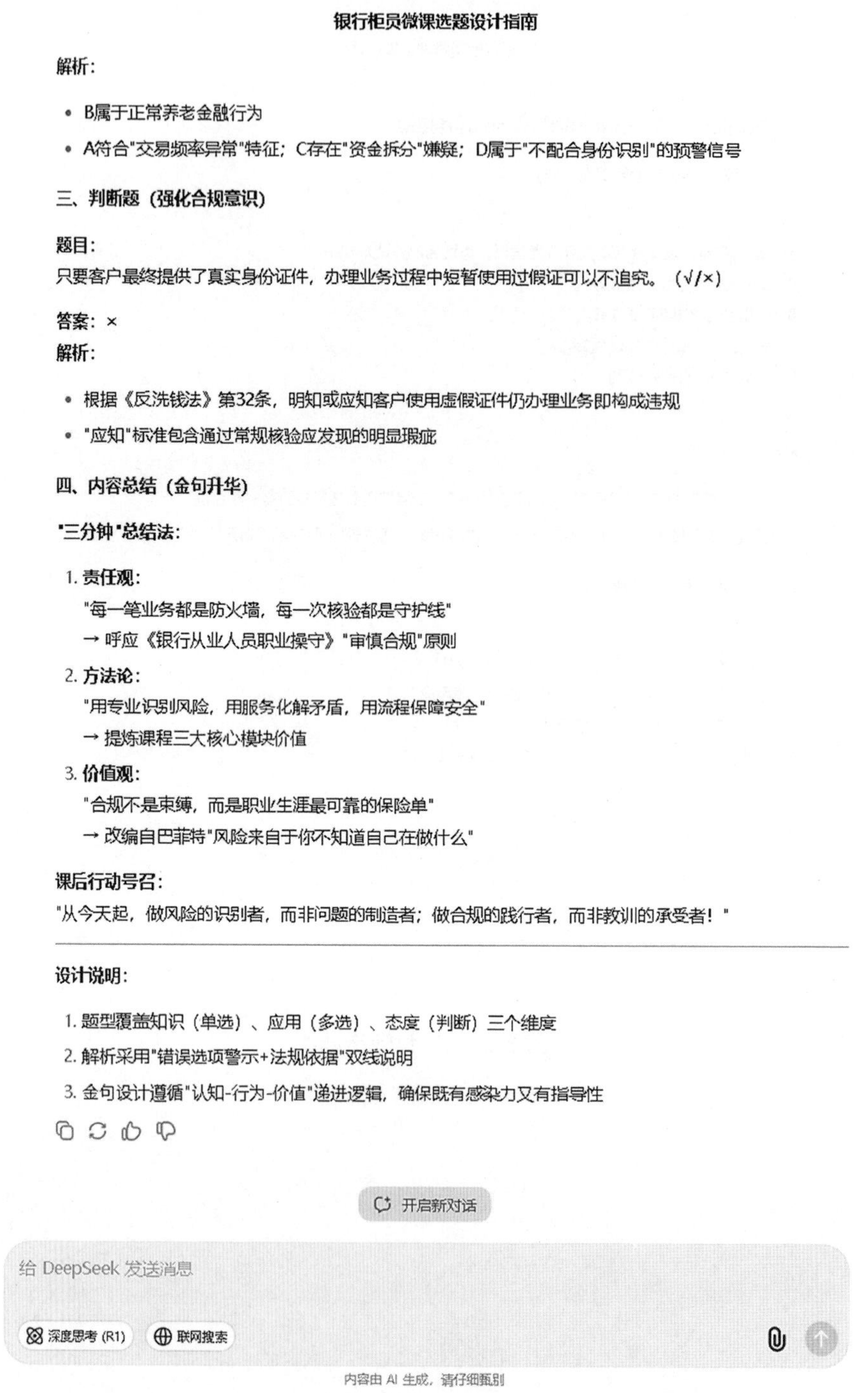

银行柜员微课选题设计指南

解析：

- B属于正常养老金融行为
- A符合"交易频率异常"特征；C存在"资金拆分"嫌疑；D属于"不配合身份识别"的预警信号

三、判断题（强化合规意识）

题目：
只要客户最终提供了真实身份证件，办理业务过程中短暂使用过假证可以不追究。（√/×）

答案： ×

解析：

- 根据《反洗钱法》第32条，明知或应知客户使用虚假证件仍办理业务即构成违规
- "应知"标准包含通过常规核验应发现的明显瑕疵

四、内容总结（金句升华）

"三分钟"总结法：

1. **责任观：**
   "每一笔业务都是防火墙，每一次核验都是守护线"
   → 呼应《银行从业人员职业操守》"审慎合规"原则

2. **方法论：**
   "用专业识别风险，用服务化解矛盾，用流程保障安全"
   → 提炼课程三大核心模块价值

3. **价值观：**
   "合规不是束缚，而是职业生涯最可靠的保险单"
   → 改编自巴菲特"风险来自于你不知道自己在做什么"

课后行动号召：
"从今天起，做风险的识别者，而非问题的制造者；做合规的践行者，而非教训的承受者！"

设计说明：

1. 题型覆盖知识（单选）、应用（多选）、态度（判断）三个维度
2. 解析采用"错误选项警示+法规依据"双线说明
3. 金句设计遵循"认知-行为-价值"递进逻辑，确保既有感染力又有指导性

图 3-6-16　设计结尾 2

第三章 职场文案高手速成——用 DeepSeek 写出爆款内容

为了让微课内容既有深度又有意思,最后我再输入一段提示词:角色是银行专家兼培训讲师,请你编写一个对话型的脚本。这里边有两个角色,徒弟的角色叫小尹,师傅的角色叫老行。通过师徒二人的对话展开讲解。微课内容字数在 2000 字,不限篇幅,不要省略。要用表格的格式。基于以上所有内容,编写脚本。对话型微课脚本如图 3-6-17 至图 3-6-19 所示。

银行柜员微课选题设计指南

对话型微课脚本:客户身份识别与反洗钱操作指南

角色	对话内容	设计意图
老行	(敲桌子) 小尹啊,刚看你办业务,那个客户身份证明显有问题,你怎么没发现?	制造冲突,引发问题
小尹	啊?师傅,我看着挺真的啊,照片和本人也挺像…	展示新人常见误区
老行	(掏出紫外线灯) 来,我教你"五看"核验法:一看照片耳朵形状,二看防伪油墨…你看这里,国徽图案缺了一角!	引入实用技巧
小尹	哇!原来真有猫腻!师傅,这种造假证件多吗?	自然过渡到数据
老行	去年全国查出23万张假证!记住口诀:"一查二问三留痕,少做多记保平安"	数据+口诀强化记忆
小尹	那要是客户嫌麻烦发脾气怎么办?昨天有个大叔差点把证件摔我脸上…	引出沟通痛点
老行	(角色扮演客户)"理解您着急,但这是为了保护您的资金安全。这样,我先帮您…"这叫"三明治话术"	示范合规沟通技巧
小尹	师傅,系统老弹出可疑交易警报,我都看花眼了…	提出系统使用问题

图 3-6-17 对话型微课脚本 1

银行柜员微课选题设计指南

老行	教你个"ABCD"法：A报警必看，B备份证据，C交叉核对，D详细记录	工具化解决方案
小尹	要是遇到特别狡猾的洗钱团伙呢？	引导至高阶内容
老行	（播放监控录像）看这个案例：嫌疑人用5个假身份开户，但有个致命破绽——他每次签名倾斜度都是15度！	案例教学增强趣味
小尹	天呐！这都能发现？	制造认知冲击
老行	所以要用"FAT模型"：Frequency频率、Amount金额、Type类型，三个维度交叉分析	引入专业模型
小尹	师傅，我有点怕万一出错要坐牢…	解决心理障碍
老行	（展示处罚案例）这个柜员就是漏查签证页，但记住：按流程做错不追责，偷懒违规才要命！	消除恐惧心理
小尹	我明白了！就像您说的"合规不是束缚，是职业生涯的保险单"	呼应金句点题
老行	不错！现在考考你：发现客户用PS驾驶证开户，第一步该做什么？	即时检验学习效果
小尹	用STOP流程：S放缓办理，T报告主管，O观察反应，P保存证据！	展示学习成 ∨

图 3-6-18　对话型微课脚本 2

银行柜员微课选题设计指南

| 老行 | (竖起大拇指) 出师了！记住，咱们既是服务者，更是金融安全的守门人！ | 升华课程价值 |

脚本设计亮点：

1. 情景真实：
   - 选取"假证识别""客户冲突""系统警报"等柜员每日痛点
   - 师傅用紫外线灯、监控录像等道具增强代入感

2. 知识植入：
   - 将"五看核验法""FAT模型"等专业知识自然融入对话
   - 关键方法用口诀（ABCD法）、数字（23万假证）强化记忆

3. 情绪曲线：
   - 开场：危机感（业务差错）
   - 中段：获得感（技巧学习）
   - 结尾：使命感（守门人定位）

4. 教学验证：
   - 通过结尾提问实现闭环
   - 徒弟准确复述STOP流程证明教学有效

可延展设计：

- 增加"客户"角色模拟三方对话
- 插入选择题由学员帮小尹做决策
- 添加动画演示证件防伪特征

给 DeepSeek 发送消息

深度思考 (R1)　联网搜索

内容由 AI 生成，请仔细甄别

图 3-6-19　对话型微课脚本 3

这时候 DeepSeek 写出来的脚本才能真正贴合你的需求。角色对话内容、设计意图全部都有。按照这个脚本，不管是动画微课还是其他的微课，都能做出来。这就是最终做出微课脚本的一个方式和方法。

如果最终的脚本样式是表格，那么你只需要把它直接复制粘贴到表格里就行。但如果需要文本格式，就需要在这个表格的基础上，再给 DeepSeek 发一个提示词："把以上脚本的内容格式换成文本格式"，就可以直接快速地

写出来，如图 3-6-20、图 3-6-21 所示。

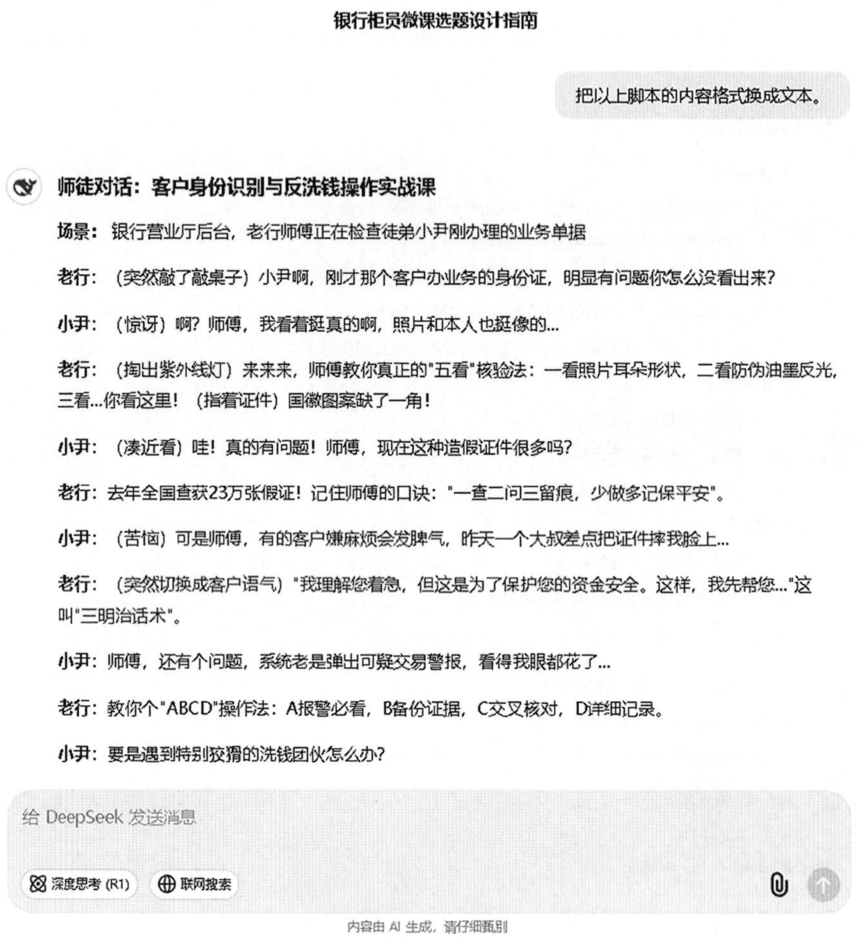

银行柜员微课选题设计指南

> 把以上脚本的内容格式换成文本。

师徒对话：客户身份识别与反洗钱操作实战课

场景：银行营业厅后台，老行师傅正在检查徒弟小尹刚办理的业务单据

老行：（突然敲了敲桌子）小尹啊，刚才那个客户办业务的身份证，明显有问题你怎么没看出来？

小尹：（惊讶）啊？师傅，我看着挺真的啊，照片和本人也挺像的…

老行：（掏出紫外线灯）来来来，师傅教你真正的"五看"核验法：一看照片耳朵形状，二看防伪油墨反光，三看…你看这里！（指看证件）国徽图案缺了一角！

小尹：（凑近看）哇！真的有问题！师傅，现在这种造假证件很多吗？

老行：去年全国查获23万张假证！记住师傅的口诀："一查二问三留痕，少做多记保平安"。

小尹：（苦恼）可是师傅，有的客户嫌麻烦会发脾气，昨天一个大叔差点把证件摔我脸上…

老行：（突然切换成客户语气）"我理解您着急，但这是为了保护您的资金安全。这样，我先帮您…"这叫"三明治话术"。

小尹：师傅，还有个问题，系统老是弹出可疑交易警报，看得我眼都花了…

老行：教你个"ABCD"操作法：A报警必看，B备份证据，C交叉核对，D详细记录。

小尹：要是遇到特别狡猾的洗钱团伙怎么办？

给 DeepSeek 发送消息

深度思考 (R1)　联网搜索

内容由 AI 生成，请仔细甄别

图 3-6-20　表格转文本 1

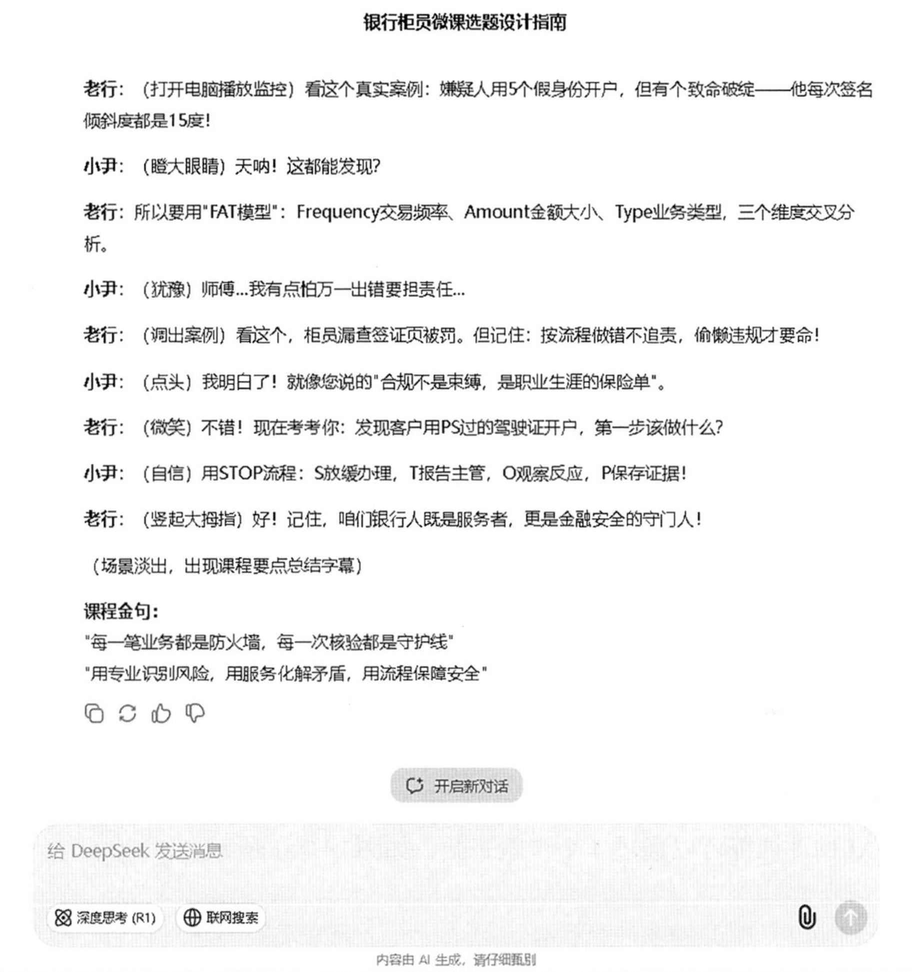

第三章 职场文案高手速成——用 DeepSeek 写出爆款内容

银行柜员微课选题设计指南

老行：（打开电脑播放监控）看这个真实案例：嫌疑人用5个假身份开户，但有个致命破绽——他每次签名倾斜度都是15度！

小尹：（瞪大眼睛）天呐！这都能发现？

老行：所以要用"FAT模型"：Frequency交易频率、Amount金额大小、Type业务类型，三个维度交叉分析。

小尹：（犹豫）师傅…我有点怕万一出错要担责任…

老行：（调出案例）看这个，柜员漏查签证页被罚。但记住：按流程做错不追责，偷懒违规才要命！

小尹：（点头）我明白了！就像您说的"合规不是束缚，是职业生涯的保险单"。

老行：（微笑）不错！现在考考你：发现客户用PS过的驾驶证开户，第一步该做什么？

小尹：（自信）用STOP流程：S放缓办理，T报告主管，O观察反应，P保存证据！

老行：（竖起大拇指）好！记住，咱们银行人既是服务者，更是金融安全的守门人！

（场景淡出，出现课程要点总结字幕）

课程金句：
"每一笔业务都是防火墙，每一次核验都是守护线"
"用专业识别风险，用服务化解矛盾，用流程保障安全"

图 3-6-21　表格转文本 2

小尹和老行的对话，从开场到正文，然后到结尾的整个流程全部都写出来了，这个脚本基本上就可以拿来用了。

以上就是在使用 DeepSeek 的时候，处理简单任务和复杂任务的区别。简单来说，单靠简单搜索或复制粘贴搞不定这类复杂任务，必须分步骤思考、组合多种知识才能实现。

（七）培养你的 AI 助手，4 步调教出专属文案专家

DeepSeek 助理训练，简单来说就是用"教 AI 学习"的方式，让智能助手变得更聪明。具体来说就是"喂"给 DeepSeek 大量不同领域的资料，比如书籍、对话、新闻等，让它理解人类语言和常识；然后给它一定的标准，通过各种任务，比如回答问题、写总结、做分析等，不断优化它的逻辑和表达能力；接着根据人类的评价和纠正，调整它的回答，确保结果有用、安全、正确；最终目标是让它像真人助手一样，帮你查信息、处理工作甚至提供个性化建议，同时遵守规则不越界。

AI 助理训练可以通过 4 个步骤来做，如图 3-7-1 所示。

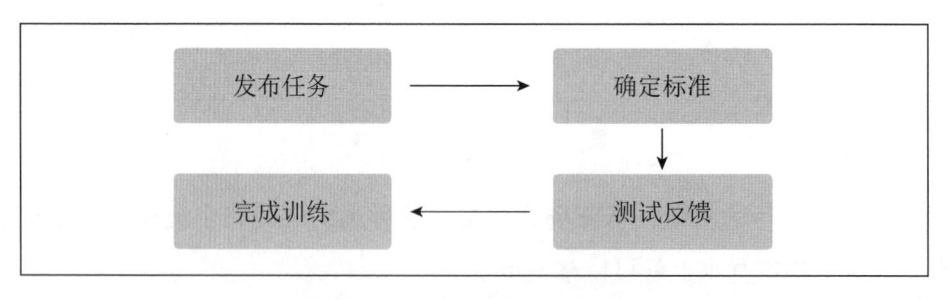

图 3-7-1　AI 助理训练 4 步骤

凡是在工作当中重复发生的事情，都可以让 DeepSeek 变成一个相应的小助理。例如我在工作当中每天都要做一件事，就是给很多文章起标题，那么 DeepSeek 可以成为我起标题方面的小助手。

第三章 职场文案高手速成——用 DeepSeek 写出爆款内容

我可以专门在 DeepSeek 里创建"AI 加标题优化"的对话，这就是我的标题小助理。

第一步是发布任务，提示词是这样写的：我是"DeepSeek 企业应用指南——每一个职场人的 AI 必修课"这门课程的班主任，假设我要开班，需要根据学员的自我介绍进行反馈和点评，我给你提供一段学员写的自我介绍，需要你扮演班主任的角色，给学员写一段回复，如果明白的话请回复明白。发布任务演示如图 3-7-2、图 3-7-3 所示。

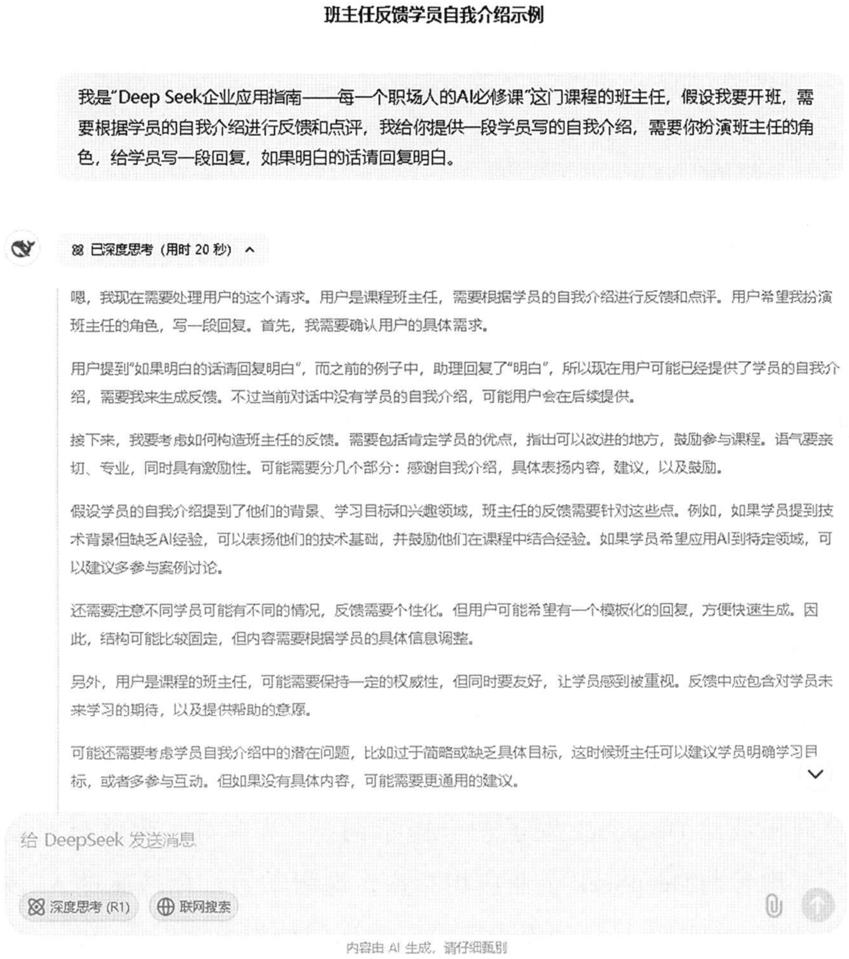

班主任反馈学员自我介绍示例

图 3-7-2　发布任务演示 1

153

班主任反馈学员自我介绍示例

假设学员的自我介绍提到了他们的背景、学习目标和兴趣领域，班主任的反馈需要针对这些点。例如，如果学员提到技术背景但缺乏AI经验，可以表扬他们的技术基础，并鼓励他们在课程中结合经验。如果学员希望应用AI到特定领域，可以建议多参与案例讨论。

还需要注意不同学员可能有不同的情况，反馈需要个性化。但用户可能希望有一个模板化的回复，方便快速生成。因此，结构可能比较固定，但内容需要根据学员的具体信息调整。

另外，用户是课程的班主任，可能需要保持一定的权威性，但同时要友好，让学员感到被重视。反馈中应包含对学员未来学习的期待，以及提供帮助的意愿。

可能还需要考虑学员自我介绍中的潜在问题，比如过于简略或缺乏具体目标，这时候班主任可以建议学员明确学习目标，或者多参与互动。但如果没有具体内容，可能需要更通用的建议。

总结步骤：1.感谢学员的自我介绍；2.具体表扬其中的亮点；3.提出针对性建议；4.鼓励参与课程，表达支持。需要确保语言自然，避免模板化过重，同时保持专业性。

明白，您可以随时提供学员的自我介绍，我将根据职场新人/技术背景/管理层等不同角色身份，结合课程目标（AI思维培养+企业应用落地）进行多维反馈。反馈框架通常包含：

1. **共情破冰**：对学员经历/目标表达认同
2. **价值挖掘**：提炼其自我介绍中与AI转型相关的潜力点
3. **行动建议**：结合课程模块给出学习路径建议
4. **愿景激励**：用"AI+具体岗位"的应用场景增强学习动机

请提供学员自我介绍，我将输出结构化反馈示例供您参考调整。

图 3-7-3　发布任务演示 2

学员发来自我介绍后，每次我都要回复，这是一个重复性非常强的工作，我可以让 AI 帮我做，我只要复制粘贴就行了。

这时候我给 DeepSeek 发了一个提示词："大家好，我是公司项目经理张三，现参与 DeepSeek 企业应用指南，课程学习目标是通过 AI 技术提升团队效率，解决项目管理流程冗余、跨部门协作效率低等问题，重点掌握 AI 自动化工具、数据驱动的智能决策模型及企业落地策略，推动业务智能化升级"。然后它就会直接生成一段我应该发给张三同学的反馈，具体内容是"张三经理你好！作为项目经理……"班主任反馈回复示例如图3-7-4所示。

班主任反馈学员自我介绍示例

班主任反馈回复示例：

张三您好！作为项目经理率先拥抱AI转型，这份敏锐度非常值得点赞！（共情破冰）

从您的目标中看到三大转型潜力：
① **流程优化专家潜质**：您对"AI自动化工具"的关注，与项目管理中工单分配/进度追踪等高频重复场景高度契合，课程中的RPA+LLM联动模块将为您提供开箱即用的解决方案；
② **数据枢纽价值**：跨部门协作痛点本质是信息流断裂，您在"数据驱动决策"方向的探索，可通过课程中**智能看板搭建**与**多源数据融合分析**技术，成为业务协同的"数据桥梁"；
③ **变革推动者角色**：不同于单纯技术应用，您提出的"企业级落地策略"正对应课程第三模块的**AI转型ROI评估框架**与**敏捷试点方法论**，这对破除组织惯性至关重要。（价值挖掘）

建议学习路径：
◆ 优先突破：**智能协作沙盘演练**（本周三晚）掌握Prompt工程快速实现会议纪要自动生成/风险预警触发
◆ 深度实践：结合您手头项目，用**AI流程挖掘工具**（课程资料包已开放）可视化分析现有流程瓶颈，输出改进方案作为课程大作业
◆ 横向联动：推荐加入"PMO+"学习小组，与供应链/市场部门的同学共创跨域协作解决方案（行动建议）

想象半年后，您的项目周报将不再是静态图表，而是能实时回答"资源缺口在哪里？如何调整优先级？"的智能决策助手；跨部门需求对接会通过AI预对齐关键节点，节省60%沟通成本——这正是我们与您共同期待的"AI+项目经理"新范式！（愿景激励）

需要任何学习资源或企业案例参考，随时私信我！

图 3-7-4　班主任反馈回复示例

坦诚来讲，DeepSeek给的字数有点多，怎么办呢？当DeepSeek完成第一步发布任务后，第二步就要跟它确定标准。

我输入DeepSeek的回复逻辑是这样的：我希望你能以内部同事的身份

来回复，回复可以更口语化一些，不需要所有信息都有反馈，可以适当地忽略一些信息，字数要精简一些，要有对职业的赞赏，要有 AI 和职位的相关性，要鼓励他学习，整体字数在 200 字。确定标准后的生成结果如图 3-7-5 所示。

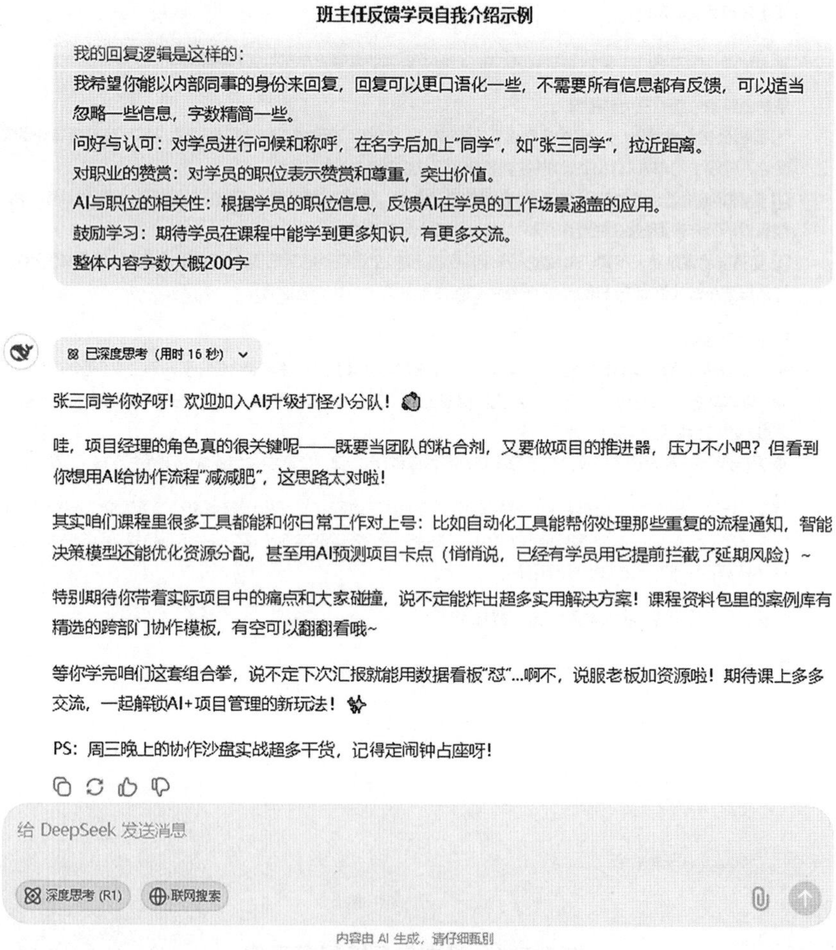

图 3-7-5　确定标准后的生成结果

确定标准之后的生成效果不错，于是我告诉它这段回复不错，我很满意，对它进行夸奖，如图 3-7-6 所示。请注意，不要吝啬对 AI 的夸奖，因为"AI 即人"。

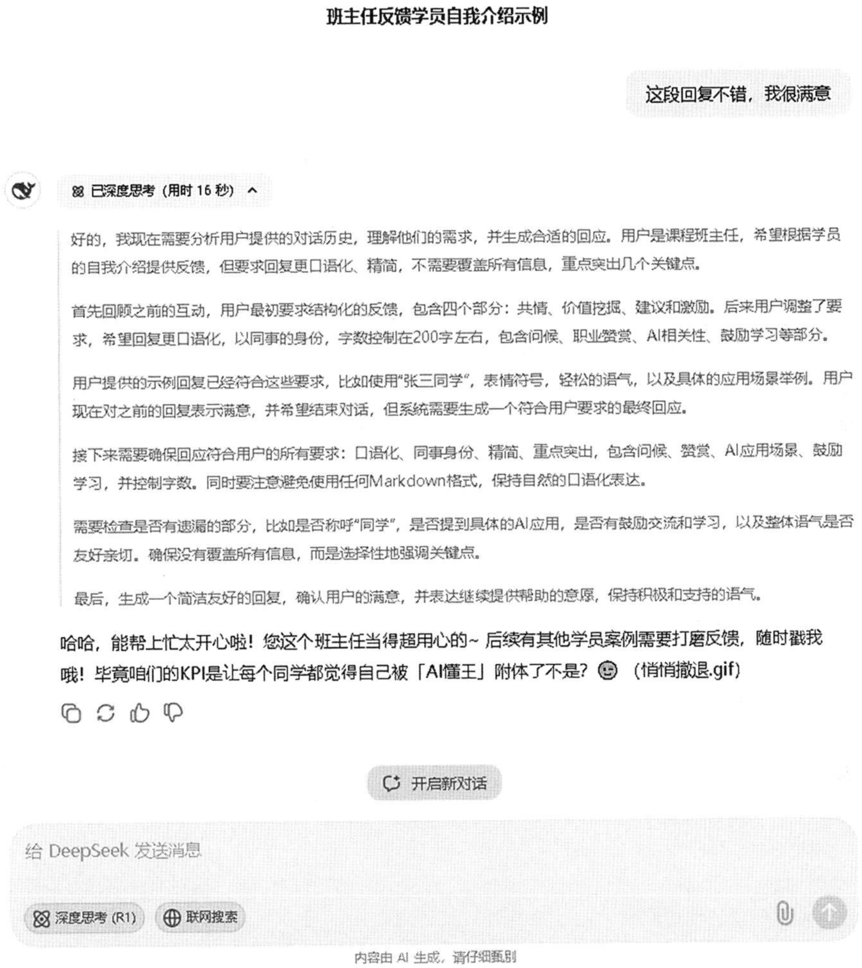

第三章　职场文案高手速成——用 DeepSeek 写出爆款内容

班主任反馈学员自我介绍示例

图 3-7-6　夸奖 AI

夸奖之后做第三步测试反馈，我给它布置一个任务：接下来再给你发一些学员的个人介绍，你按照以上逻辑进行反馈。然后我给它发布任务："大家好，我是客户经理李四……"之后它又给我一个反馈，如图 3-7-7 所示。如果连续几个测试反馈都能够满足需求，说明 AI 小助理完成了训练。以后再有同类工作的时候，你就直接交给它，它会帮你一个个地生成。

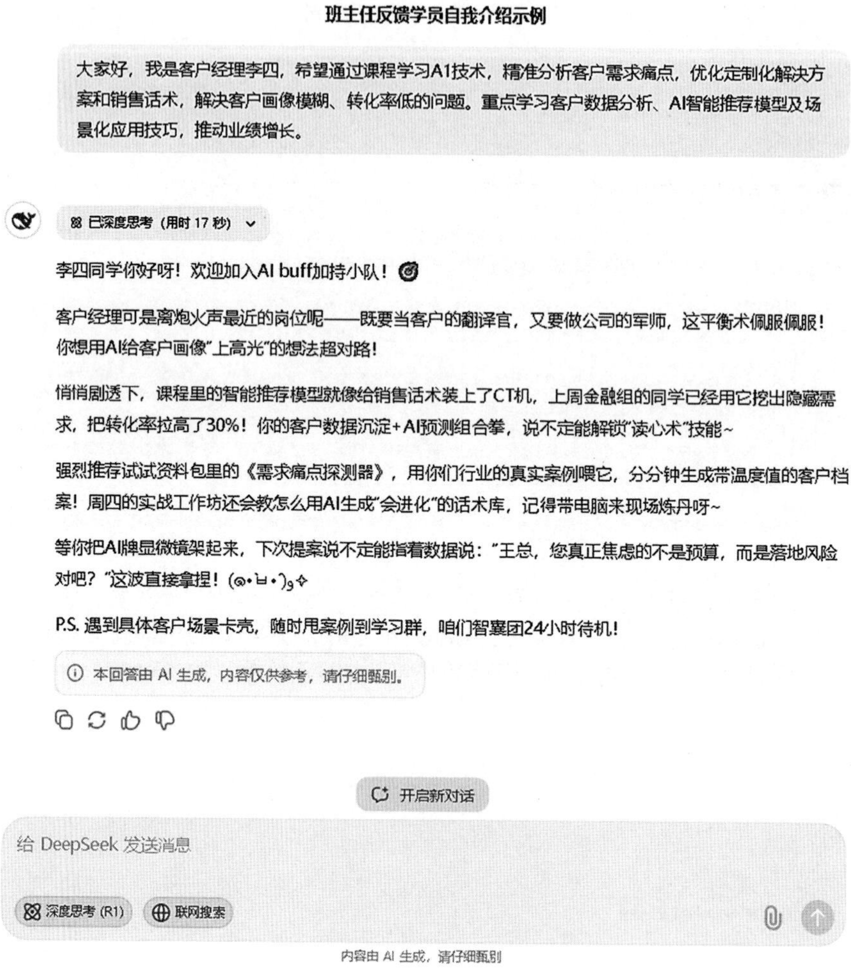

班主任反馈学员自我介绍示例

大家好，我是客户经理李四，希望通过课程学习AI技术，精准分析客户需求痛点，优化定制化解决方案和销售话术，解决客户画像模糊、转化率低的问题。重点学习客户数据分析、AI智能推荐模型及场景化应用技巧，推动业绩增长。

已深度思考（用时17秒）

李四同学你好呀！欢迎加入AI buff加持小队！🎯

客户经理可是离炮火声最近的岗位呢——既要当客户的翻译官，又要做公司的军师，这平衡术佩服佩服！你想用AI给客户画像"上高光"的想法超对路！

悄悄剧透下，课程里的智能推荐模型就像给销售话术装上了CT机，上周金融组的同学已经用它挖出隐藏需求，把转化率拉高了30%！你的客户数据沉淀+AI预测组合拳，说不定能解锁"读心术"技能～

强烈推荐试试资料包里的《需求痛点探测器》，用你们行业的真实案例喂它，分分钟生成带温度值的客户档案！周四的实战工作坊还会教怎么用AI生成"会进化"的话术库，记得带电脑来现场炼丹呀～

等你把AI牌显微镜架起来，下次提案说不定能指着数据说："王总，您真正焦虑的不是预算，而是落地风险对吧？"这波直接拿捏！(๑•̀ㅂ•́)و✧

P.S. 遇到具体客户场景卡壳，随时甩案例到学习群，咱们智囊团24小时待机！

ⓘ 本回答由 AI 生成，内容仅供参考，请仔细甄别。

↻ 开启新对话

给 DeepSeek 发送消息

深度思考 (R1)　联网搜索

内容由 AI 生成，请仔细甄别

图 3-7-7　测试反馈

（八）快速套用优秀案例，生成高质量内容

比如，AI 会像复制优秀文案一样，先模仿优秀者处理问题的思路，把套路学扎实；接着不满足于照搬，开始自己"琢磨"，搞出更高效的新招，既靠谱又灵活。

在工作和生活当中，当你用 BRTRE 模型的时候，有一个前提条件是写提示词要有专业积累，要有标准。比如我是一个培训师，想让 AI 帮我写一个课程大纲，我是有这方面专业积累的，而且经验丰富，所以能用 BRTRE 模型把这些关键内容写出来。

但是很多时候我们使用 DeepSeek 之前，不知道怎样写提示词。就好比领导交代了一个任务给我，但是我没有任何专业背景，该怎么办呢？

对于之前有标准、有范例的，我们用 BRTRE 模型；对于有标准、没范例的，就用 BRTR 模型。而对于没有标准的，有两个方法：一个叫范例模仿，另一个叫探索完善，如图 3-8-1 所示。

1. 范例模仿

举个例子，比如有一天我想给我的课程起个名字，但不知道方法。于是我发给 DeepSeek 一些我喜欢的课程名称，让它自己来学习一下命名规则（见图 3-8-2 和图 3-8-3），当它分析学习完规则之后，接下来就可以模仿了。

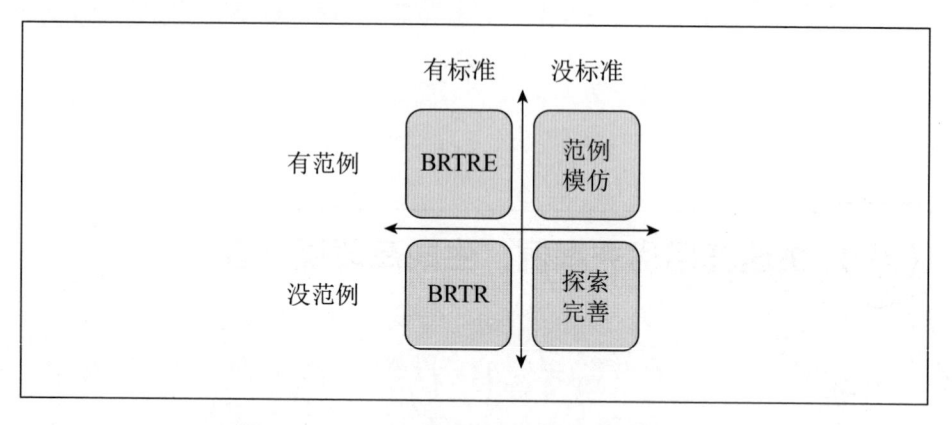

```
                    有标准      没标准
                   ┌──────┐  ┌──────┐
            有范例 │BRTRE │  │ 范例 │
                   │      │  │ 模仿 │
                   └──────┘  └──────┘
                   ┌──────┐  ┌──────┐
            没范例 │BRTR  │  │ 探索 │
                   │      │  │ 完善 │
                   └──────┘  └──────┘
```

图 3-8-1　DeepSeek 范例模仿与探索完善

课程命名规则与技巧总结

> 我给你一些课程名称，你来学习下命名规则
> 1、学习地图绘制四段法
> 2、7D精品课程设计与开发
> 3、职场向日葵-职场阳光心态打造的四个锦囊
> 4、血管清道夫-三七粉的功效
> 5、点"时"成金-现场员工时间管理5步法

从您提供的课程名称中，我可以总结出以下命名规则和技巧：

1. **核心价值突出法**

- 直接点明课程核心内容（例1/2/5）
- 使用数字量化价值（"四段法"/"7D"/"5步法"）
- 功效型命名（例4"血管清道夫"）

2. **隐喻联想式命名**

- 植物隐喻（例3"职场向日葵"）
- 角色化比喻（例4"清道夫"）
- 成语化改编（例5"点'时'成金"）

图 3-8-2　DeepSeek 学习命名规则演示 1

第三章 职场文案高手速成——用 DeepSeek 写出爆款内容

课程命名规则与技巧总结

3. **结构化表达技巧**
- 主副标题结构（例3/4/5）
- 破折号/连接符使用
- 核心词+补充说明的组合方式

4. **吸引力强化手段**
- 价值承诺型（"精品课程"）
- 悬念式（"四个锦囊"）
- 成果可视化（"地图绘制"/"时间管理"）

5. **行业适配技巧**
- 职场类：强调实用工具（例1/3/5）
- 健康类：突出功效结果（例4）
- 教育类：标榜质量等级（例2"精品"）

建议组合公式：
[吸睛隐喻]+破折号+[领域]+[价值量化]
或
[核心技法]+[数字]+[成果类型]

是否需要我针对某个特定领域为您生成更多符合该规则的课程名称范例？

图 3-8-3　DeepSeek 学习命名规则演示 2

有了上面总结的命名规则，我再给 DeepSeek 输入"根据上面的课程命名规则，你来为化工行业现场 5S 管理进行命名，给出 6 个标题供我参考"，命名演示如图 3-8-4、图 3-8-5 所示。

所以关于命名这件事，你不需要掌握任何方法，如果有范例可以让 DeepSeek 做拆解，然后再做范例模仿，那么最终就会得到你想要的结果。比如我发一篇小说让 DeepSeek 参照范例模仿，让它帮我写小说。再比如有些自媒体博主的文案很好，你想写却又写不出来，这时候可以复制他们的文案，告诉 AI 你是一个资深的文案分析师，以上是一段关于某主题的短视频营销文案，请它分析博主的写作风格和特点，就自己的主题写一段文案，这些都叫范例模仿。

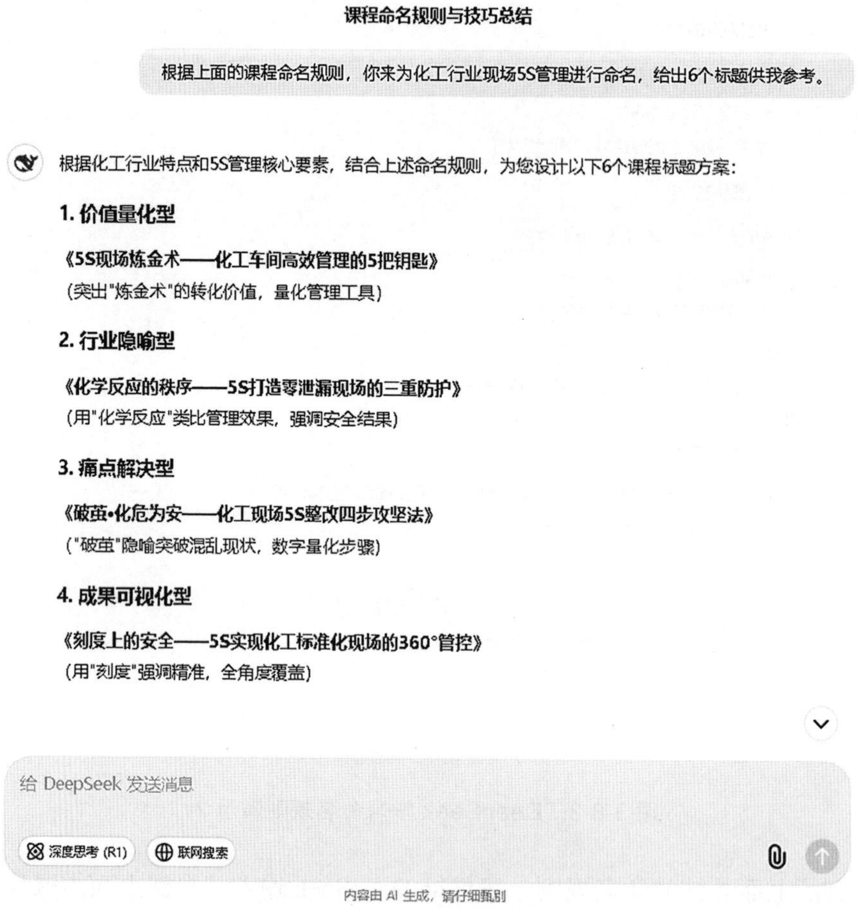
课程命名规则与技巧总结
根据上面的课程命名规则，你来为化工行业现场5S管理进行命名，给出6个标题供我参考。
根据化工行业特点和5S管理核心要素，结合上述命名规则，为您设计以下6个课程标题方案：
1. 价值量化型
《5S现场炼金术——化工车间高效管理的5把钥匙》
(突出"炼金术"的转化价值，量化管理工具)
2. 行业隐喻型
《化学反应的秩序——5S打造零泄漏现场的三重防护》
(用"化学反应"类比管理效果，强调安全结果)
3. 痛点解决型
《破茧•化危为安——化工现场5S整改四步攻坚法》
("破茧"隐喻突破混乱现状，数字量化步骤)
4. 成果可视化型
《刻度上的安全——5S实现化工标准化现场的360°管控》
(用"刻度"强调精准，全角度覆盖)
给 DeepSeek 发送消息
深度思考 (R1)
联网搜索
内容由 AI 生成，请仔细甄别

图 3-8-4　命名演示 1

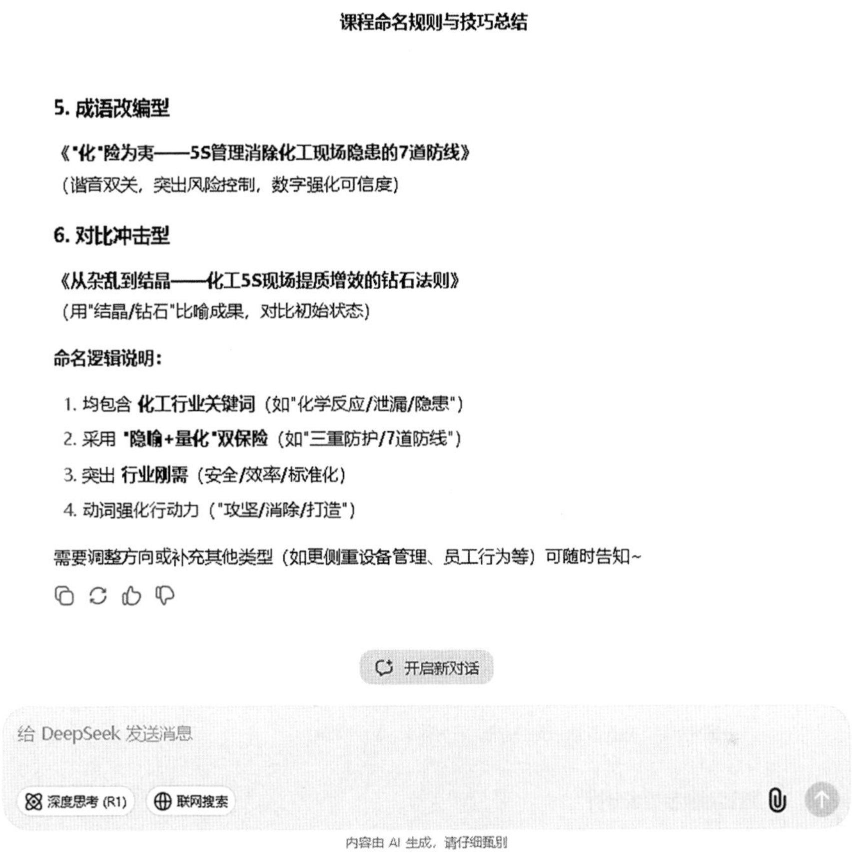
课程命名规则与技巧总结

5. 成语改编型

《"化"险为夷——5S管理消除化工现场隐患的7道防线》
（谐音双关，突出风险控制，数字强化可信度）

6. 对比冲击型

《从杂乱到结晶——化工5S现场提质增效的钻石法则》
（用"结晶/钻石"比喻成果，对比初始状态）

命名逻辑说明：

1. 均包含 **化工行业关键词**（如"化学反应/泄漏/隐患"）
2. 采用 **"隐喻+量化"双保险**（如"三重防护/7道防线"）
3. 突出 **行业刚需**（安全/效率/标准化）
4. 动词强化行动力（"攻坚/消除/打造"）

需要调整方向或补充其他类型（如更侧重设备管理、员工行为等）可随时告知~

开启新对话

给 DeepSeek 发送消息

深度思考 (R1)　联网搜索

内容由 AI 生成，请仔细甄别

图 3-8-5　命名演示 2

2. 探索完善

如果既没有标准，又没有范例，完全从零开始该怎么办？我们可以从零开始探索，然后逐步完善。

举个例子，比如有一天领导让你写一个培训方案，但是你从来没有写过，没有经验也没有案例，这时该怎么办呢？你可以这样告诉 AI：你需要担任公司的培训负责人，要写一个培训方案，你觉得一个好的培训方案应该包含哪些内容？输入 DeepSeek 后它给了 7 项内容，如图 3-8-6、图 3-8-7、图 3-8-8 所示。

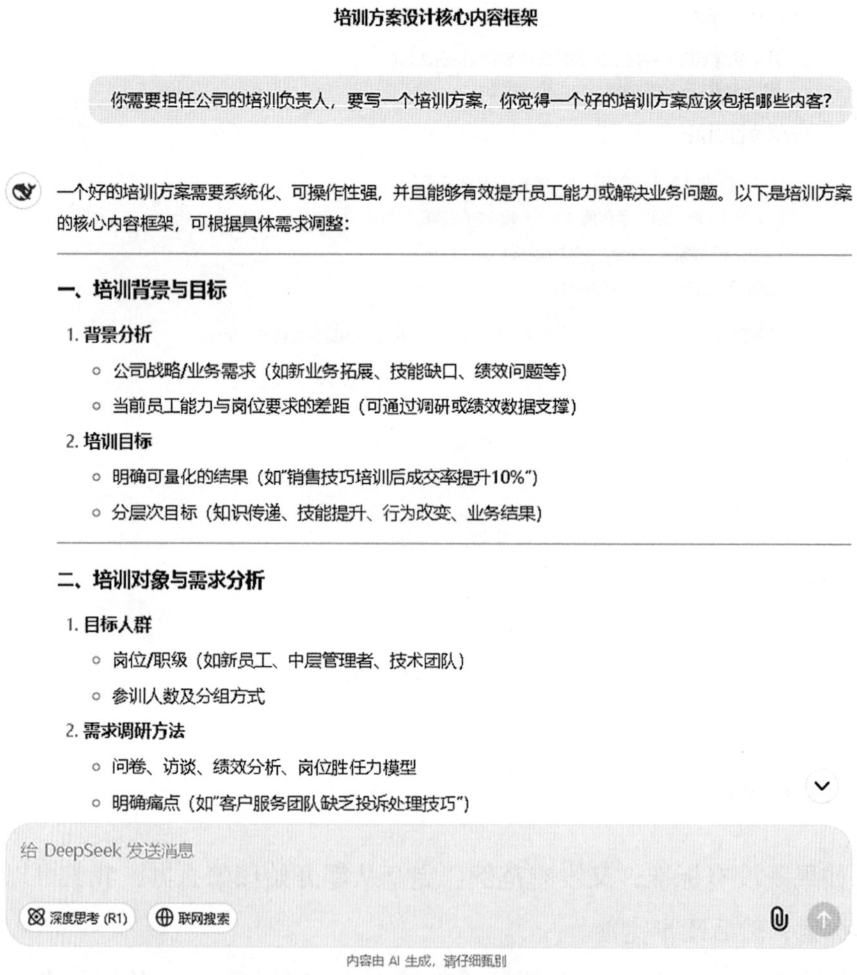

培训方案设计核心内容框架

你需要担任公司的培训负责人,要写一个培训方案,你觉得一个好的培训方案应该包括哪些内容?

一个好的培训方案需要系统化、可操作性强,并且能够有效提升员工能力或解决业务问题。以下是培训方案的核心内容框架,可根据具体需求调整:

一、培训背景与目标

1. 背景分析
   - 公司战略/业务需求(如新业务拓展、技能缺口、绩效问题等)
   - 当前员工能力与岗位要求的差距(可通过调研或绩效数据支撑)

2. 培训目标
   - 明确可量化的结果(如"销售技巧培训后成交率提升10%")
   - 分层次目标(知识传递、技能提升、行为改变、业务结果)

二、培训对象与需求分析

1. 目标人群
   - 岗位/职级(如新员工、中层管理者、技术团队)
   - 参训人数及分组方式

2. 需求调研方法
   - 问卷、访谈、绩效分析、岗位胜任力模型
   - 明确痛点(如"客户服务团队缺乏投诉处理技巧")

图 3-8-6 培训方案内容框架演示 1

培训方案设计核心内容框架

三、培训内容设计

1. **课程主题与大纲**
    - 分模块设计（如理论+实操+案例分析）
    - 示例：
        - **管理层培训**：战略思维、团队激励、跨部门协作
        - **技能培训**：Python编程、数据分析工具、谈判技巧
2. **学习形式**
    - 线下（工作坊、沙盘模拟）
    - 线上（录播课、直播互动）
    - 混合式学习（翻转课堂）

四、培训实施计划

1. **时间安排**
    - 周期（单次/系列课程）、课时、频率（如每周2次）
2. **资源准备**
    - 讲师（内部专家/外聘导师）
    - 材料（手册、案例库、在线平台）
    - 预算（场地、设备、差旅等）
3. **后勤保障**
    - 场地、设备、签到与分组管理

给 DeepSeek 发送消息

深度思考 (R1)　联网搜索

内容由 AI 生成，请仔细甄别

图 3-8-7　培训方案内容框架演示 2

培训方案设计核心内容框架

五、培训效果评估

1. **评估方法**
   - **柯氏四级评估模型**：
     - 反应层（满意度问卷）
     - 学习层（考试/实操测试）
     - 行为层（后续工作表现跟踪）
     - 结果层（对业务指标的影响）
2. **持续改进**
   - 收集学员反馈，优化后续课程

六、风险管理与备选方案

1. **潜在风险**
   - 参与度低、内容不符需求、时间冲突
2. **应对措施**
   - 提前试讲、设置备选讲师、录播备份

七、附录

- 课程详细日程表
- 讲师简介与资质
- 参考教材或资料清单

关键成功因素

1. **高层支持**：与业务部门对齐目标，争取资源。
2. **学员参与**：设计互动环节，挂钩绩效考核或激励机制。
3. **结果导向**：聚焦解决实际问题，而非单纯知识灌输。

根据实际需求，可简化框架（如小型内部培训侧重实施和评估），或增加细节（如国际化培训需考虑文化差异）。如果需要具体案例或模板，可以进一步沟通！

开启新对话

给 DeepSeek 发送消息

深度思考 (R1)　联网搜索

内容由 AI 生成，请仔细甄别

图 3-8-8　培训方案内容框架演示 3

第三章　职场文案高手速成——用 DeepSeek 写出爆款内容

如果你觉得这 7 项还不错，可以用 BRTRE 模型再写一段提示词：你需要担任公司的培训负责人，按照上面分析的方案写作结构，写一个中层领导干部的管理能力提升培训方案，目的是提升公司中层领导干部的团队管理、向下沟通以及资源协调能力，培训项目时长 2 天，脱产培训，字数 2000 字。最后 DeepSeek 生成一个完美的中层领导干部培训方案，如图 3-8-9 至图 3-8-14 所示。

培训方案设计核心内容框架

你需要担任公司的培训负责人，按照上面分析的方案写作结构，写一个中层领导干部的管理能力提升培训方案，目的是提升公司中层领导干部的团队管理、向下沟通以及资源协调能力，培训项目时长2天，脱产培训，字数2000字。

中层领导干部管理能力提升培训方案
——团队管理、向下沟通与资源协调专项训练

一、培训背景与目标

1.1 背景分析

随着公司业务快速发展，中层领导干部作为"战略执行枢纽"和"团队管理核心"，其管理能力直接影响团队绩效与组织效能。根据近期360度评估及员工调研反馈，当前中层干部存在以下问题：

- **团队管理**：部分管理者缺乏目标分解与激励手段，团队执行力不足；
- **向下沟通**：反馈不及时、指令模糊，导致下属工作方向偏差；
- **资源协调**：跨部门协作效率低，资源争夺现象频发。

本次培训旨在通过系统化训练，提升中层干部的核心管理能力，支撑公司年度战略目标落地。

1.2 培训目标

- **短期目标**（培训后1个月内）：
  ○ 掌握团队目标分解与激励工具（如OKR、GROW模型），90%参与者能制定可落地的团队计划；
  ○ 运用结构化沟通技巧（如非暴力沟通、反馈SBI模型），降低下属理解偏差投诉率30%；

图 3-8-9　中层领导干部培训方案 1

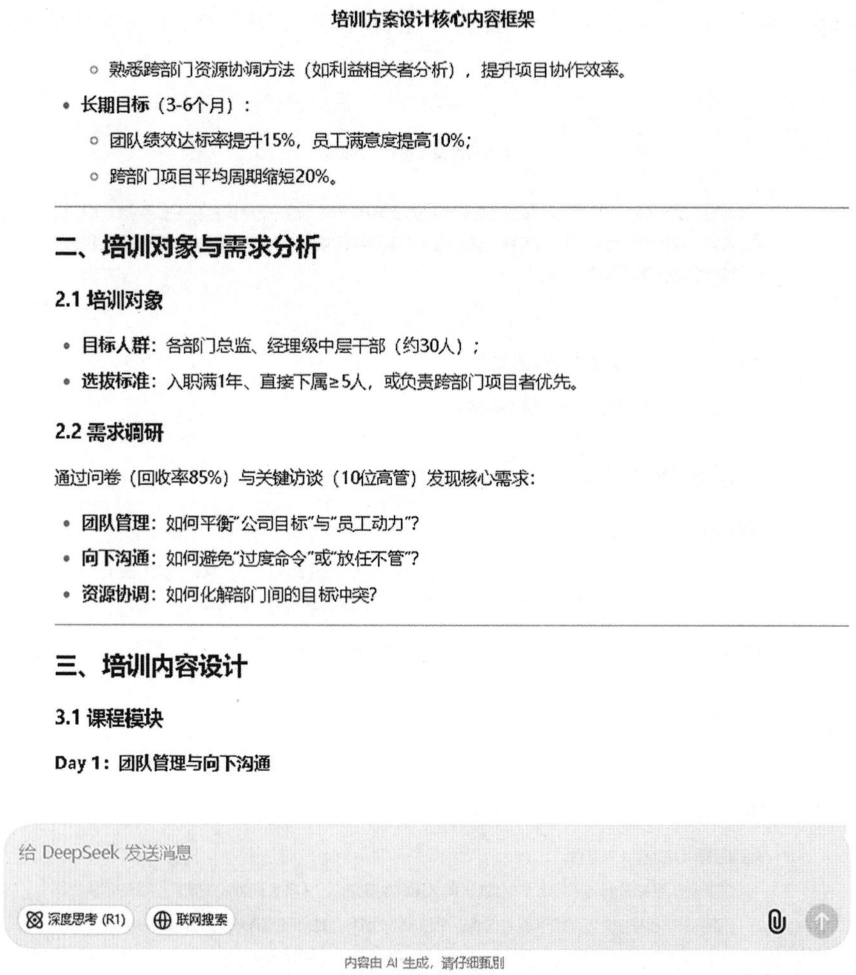
培训方案设计核心内容框架
熟悉跨部门资源协调方法（如利益相关者分析），提升项目协作效率。
长期目标（3-6个月）：
团队绩效达标率提升15%，员工满意度提高10%；
跨部门项目平均周期缩短20%。
二、培训对象与需求分析
2.1 培训对象
目标人群：各部门总监、经理级中层干部（约30人）；
选拔标准：入职满1年、直接下属≥5人，或负责跨部门项目者优先。
2.2 需求调研
通过问卷（回收率85%）与关键访谈（10位高管）发现核心需求：
团队管理：如何平衡"公司目标"与"员工动力"？
向下沟通：如何避免"过度命令"或"放任不管"？
资源协调：如何化解部门间的目标冲突？
三、培训内容设计
3.1 课程模块
Day 1：团队管理与向下沟通
给 DeepSeek 发送消息
深度思考 (R1)
联网搜索
内容由 AI 生成，请仔细甄别

图 3-8-10　中层领导干部培训方案 2

第三章 职场文案高手速成——用 DeepSeek 写出爆款内容

培训方案设计核心内容框架

时间	主题	内容	形式
09:00-10:30	团队目标与激励	- 从战略到执行：OKR分解法 - 员工动机分析（马斯洛需求层次） - 激励工具：即时认可 vs. 长期发展	案例研讨：某团队目标失败原因分析
10:45-12:30	情境领导力	- 诊断团队发展阶段（D1-D4） - 灵活调整领导风格（指令/教练/支持/授权）	角色扮演：处理低绩效员工
14:00-16:00	高效向下沟通	- 反馈技术（SBI模型：情境-行为-影响） - 非暴力沟通：观察-感受-需求-请求 - 冲突解决"双赢法则"	视频分析+小组演练

Day 2：资源协调与实战模拟

时间	主题	内容	形式
09:00-11:00	跨部门协作	- 利益相关者权力/兴趣矩阵 - 资源谈判技巧（BATNA最佳替代方案）	沙盘模拟：争夺有限预算
11:15-12:30	决策与问题解决	- 六顶思考帽集体决策法 - 根因分析（5Why法）	小组讨论：真实业务难题
14:00-16:30	综合实战工作坊	- 分组设计"管理改进计划" - 高管评委点评+颁奖	路演汇报

图 3-8-11 中层领导干部培训方案 3

培训方案设计核心内容框架

3.2 学习资源

- **课前预习**：发放《高绩效团队》电子书、管理风格自测表；
- **课后工具包**：OKR模板、沟通话术清单、协作谈判 checklist。

四、培训实施计划

4.1 时间与地点

- **日期**：202X年X月X日 - X日（2天脱产培训）；
- **地点**：公司总部3楼培训中心（分组圆桌式布局）。

4.2 讲师团队

- **外部专家**：知名管理咨询公司资深顾问（主讲团队管理与沟通）；
- **内部高管**：COO分享"公司战略对中层的要求"；
- **HRBP**：负责工具落地辅导。

4.3 后勤保障

- **物资**：白板、投影仪、案例手册、姓名桌牌；
- **分组**：5组×6人，混合部门编组（促进跨部门交流）。

五、培训效果评估

5.1 四级评估体系

给 DeepSeek 发送消息

深度思考 (R1)　联网搜索

内容由 AI 生成，请仔细甄别

图 3-8-12　中层领导干部培训方案 4

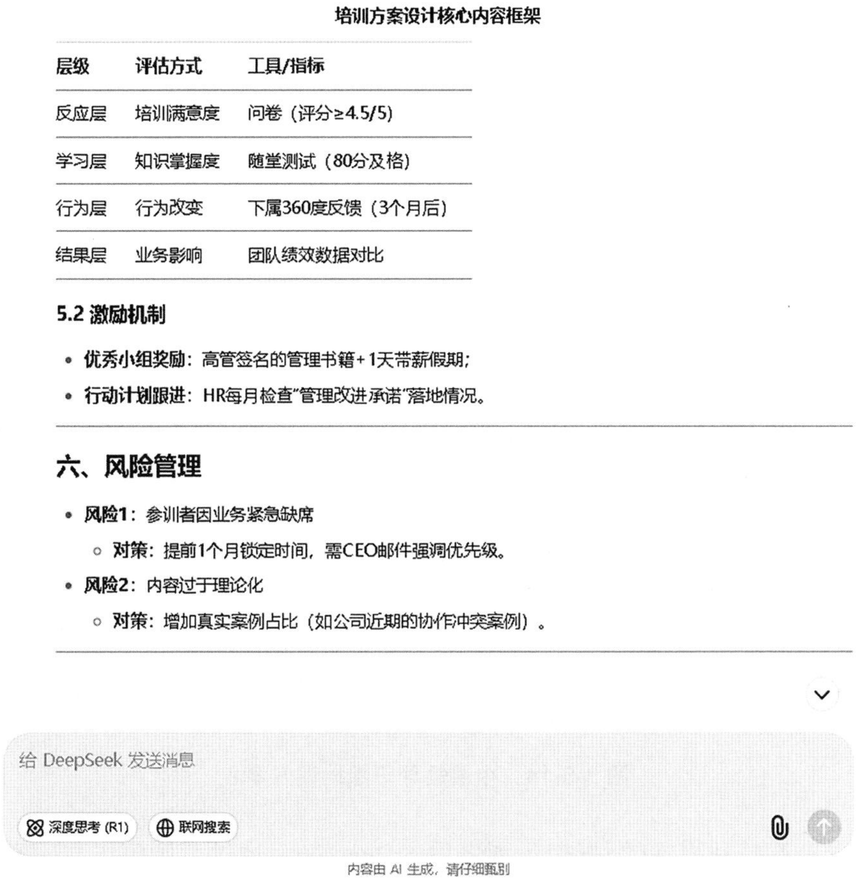

第三章　职场文案高手速成——用 DeepSeek 写出爆款内容

培训方案设计核心内容框架

层级	评估方式	工具/指标
反应层	培训满意度	问卷（评分≥4.5/5）
学习层	知识掌握度	随堂测试（80分及格）
行为层	行为改变	下属360度反馈（3个月后）
结果层	业务影响	团队绩效数据对比

5.2 激励机制

- **优秀小组奖励**：高管签名的管理书籍+1天带薪假期；
- **行动计划跟进**：HR每月检查"管理改进承诺"落地情况。

六、风险管理

- **风险1**：参训者因业务紧急缺席
  - **对策**：提前1个月锁定时间，需CEO邮件强调优先级。
- **风险2**：内容过于理论化
  - **对策**：增加真实案例占比（如公司近期的协作冲突案例）。

图 3-8-13　中层领导干部培训方案 5

培训方案设计核心内容框架

七、预算概算

项目	金额（元）
外聘讲师费	20,000
场地与物资	5,000
教材印刷	3,000
餐饮茶歇	8,000
合计	**36,000**

八、附录

1. **课程日程表**（详细到每环节分钟数）；
2. **讲师简介**（背景与擅长领域）；
3. **预习资料清单**（链接与说明）。

注：本方案可根据公司实际需求调整，重点确保"学以致用"与"高管支持"双到位。

开启新对话

给 DeepSeek 发送消息

深度思考 (R1)　联网搜索

内容由 AI 生成，请仔细甄别

图 3-8-14　中层领导干部培训方案 6

以上就是利用 AI 写好提示词之后，DeepSeek 通过范例模仿与探索完善帮助我们生成想要的内容。

（九）DeepSeek 避坑使用指南

1. 三大误区

DeepSeek 往往会让使用者产生三大误区，经常使用它的人要尤其注意。

（1）DeepSeek 写的不用改。

通过我们之前的练习和分享，这个明显是错误的，DeepSeek 生成的内容还是需要改的。

（2）DeepSeek 说的全都对。

有人认为 DeepSeek 说的全都对，这个说得过于绝对，因为它有模型幻觉，所以要对生成的内容进行辨别。

（3）把 DeepSeek 当主力。

现在处于 AI 弱人工智能时代，使用者才是老板，AI 只是助理，应该是以使用者为主，以 AI 为辅。

2. 两大要点

对于 DeepSeek 写的东西，使用者要根据自己的经验做调整，可能大调也可能小调，或者微调，但是得进行调整。

（1）角色与思维的转换。

当你使用 DeepSeek 时，要做好角色与思维的转换，你不再是"运动员"，而是"评委"，是"教练"。

（2）越专业的人用得越好。

在使用 DeepSeek 的时候，其实越专业的人用得越好，因为他可以用 BRTRE 模型把提示词写得更好；越专业的人越能够扮演评委的角色，对它进行评审；越专业的人越能够扮演教练的角色，对它进行训练。

所以对我们而言，在用 AI 的时候一定要把它与我们自己的专业内容、工作场景和结果以及 BRTRE 模型结合起来。

在使用 BRTRE 模型时，要先想明白面对的是简单任务还是复杂任务。如果你发现 BRTRE 模型用不上，说明任务不属于你工作经验范畴之内，这时可以用范例模仿，也可以用探索完善。

DeepSeek 企业应用指南
——每一个职场人的 AI 必修课

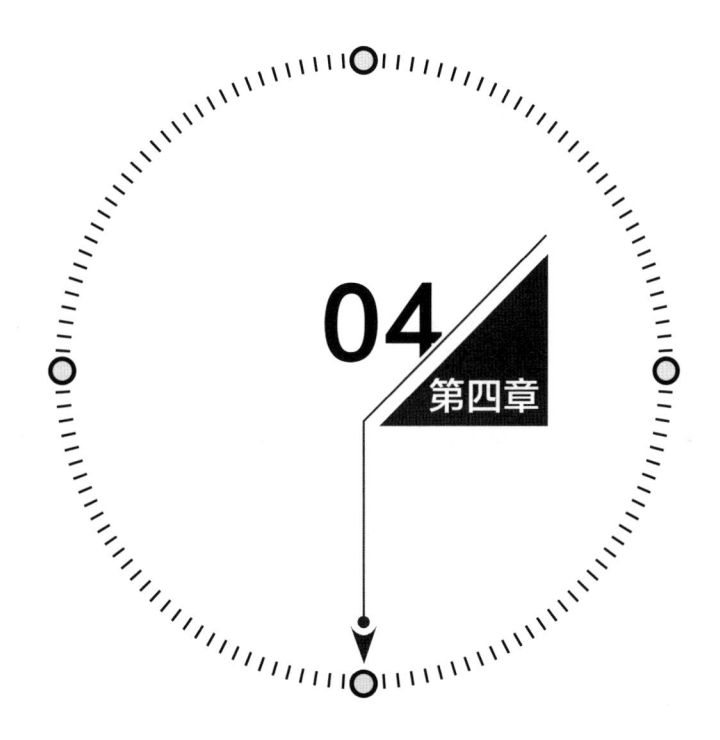

04
第四章

DeepSeek跨界创作
——与其他大模型的梦幻联动

目前DeepSeek生文的功能非常强大，但是暂时实现不了其他的模态功能，如果我们在日常的工作和生活中需要生成自己喜欢的图片，制作汇报工作的PPT，编写一首原创歌曲，抑或导演一部短片，这些都需要其他AI大模型的帮助。DeepSeek的跨模态应用就是指利用其本身强大的文字生成能力，配合其他AI大模型技术，理解、融合、处理成我们期盼实现的图像、语音、视频、PPT等多种模态成果，从而在多个领域实现创新应用。

（一）国内 AI 哪家强？主流大模型功能大比拼

实际场景中，DeepSeek 需要与多个 AI 大模型混合应用。我们在操作前先要了解国内有哪些主流的 AI 大模型，以及它们在生成式 AI 上的功能。

总体来说，目前市场上 AI 大模型的功能主要有以下几种：文字、图片、PPT、音频、视频、智能体。针对这几种主要功能，国内不同的 AI 大模型各有其侧重点，国内 AI 主流大模型功能对比如表 4-1-1 所示。

首先我们来看 DeepSeek，它只可以做到 AI 生文，其他的模态功能是实现不了的；Kimi 可以 AI 生文，也可以帮助你做 PPT；文心一言和讯飞星火可以帮助你生成文本、图片和 PPT，但是目前 PPT 无法下载，生成视频的质量一般，智能体也是可以生成的。

扣子可以帮助你生成文本和图片，它最厉害的功能还是做智能体，当然你要用它生成视频的话也可以，只不过生成的是由图片合成的视频。

腾讯元宝除了常规的文字、图片，最近还部署了"满血版"的 DeepSeek，后面肯定还会增加很多新的功能。

商汤科技对于普通人而言，文字和图片这种基础需求还是完全可以满足的。

通义千问与智谱清言目前除了音频，其他主要功能都可以实现，同属于比较全面的 AI 大模型。

豆包和天工无法生成视频，其他的 AI 功能都发挥得比较出色。

即梦可以帮我们生成图片、视频、音频。可灵与即梦的功能类似，但是在一些细节处理上还是有一些区别的。

以上这些 AI 大模型都有其侧重的功能，对于使用者而言最重要的是在操作前确认自己需要的是哪个功能，以及哪个大模型是最能发挥出优势的。

举个简单的例子，比如我们想要免费、快速、高效地用 AI 生成图片，那么目前首选的肯定是豆包，因为它生成图片的质感和美感非常优秀，并且是免费的。

再比如我们要做 PPT，如果是付费用户，那么首选肯定是 WPS AI；想用高效且免费的工具，Kimi 是个不错的选择。

我们只有对 AI 大模型进行大量的学习研究，通过实践对比，才能够真正找到适合特定需求的大模型，提升工作效率，降低成本。

了解了不同的 AI 大模型，我们以 DeepSeek 为核心，通过有效结合运用它和其他大模型来实现不同的功能和效果。

前文已经讲了 AI 生成文案，接下来我从生成图片、PPT、视频和音频等各维度来讲解和演示 DeepSeek 与其他大模型的联合使用。

第四章　DeepSeek 跨界创作——与其他大模型的梦幻联动

表 4-1-1　国内 AI 主流大模型功能对比

AI 功能	DeepSeek	Kimi	文心一言	讯飞星火	扣子	腾讯元宝	商汤科技	通义千问	豆包	即梦	智谱清言	可灵	天工
AI 生文	可以	可以长文本	可以	可以	可以	可以	可以	可以	可以	/	可以	/	可以
AI 生图	/	/	可以	可以	可以	可以	可以	可以	可以	可以	可以	可以	可以
AI 生 PPT	/	可以免费	可以免费	可以不能下载	/	/	/	可以	可以	/	可以	/	可以
AI 生音频	/	/	/	/	/	/	/	/	可以	可以	/	/	/
AI 生视频	/	/	可以质量一般	可以质量一般	可以就是图片合成	/	/	可以	/	可以	可以	可以	/
AI 生智能体	/	/	可以	可以	可以	/	/	可以	可以	/	可以	/	可以

179

（二）文字生图：一句话搞定高端海报设计

本节我们来探讨如何借助 DeepSeek 跨模态生成图片。在讲技巧之前，我觉得有必要先确定 AI 生成图片的场景，明确场景可以让生成的图片更精准。那么在我们的工作和生活中，有哪些可以用到图片的场景呢？我通过调研和构思总结了以下几个。

1. 图片使用场景

第一，AI 生成的图片可以用来发朋友圈，优秀的图片吸引人驻足，或许可以拓宽自己的社交领域。第二，用来做广告或海报，我之前看到有的单位会基于自己总结的提示词让 AI 大模型生成产品图片，以此为基础制作广告图片。第三，生成社交媒体头像，炫酷个性的头像可以让我们在社交媒体上很快获得关注。第四，生成课程的图片素材，这一项更偏向于实际的工作场景，丰富的素材库可以为自己的课程加分。

下面是两张 AI 生成的朋友圈图片示例 1 和 2（见图 4-2-1 和图 4-2-2），可以很直观地看到，图 4-2-1 呈现的是无垠的大海和沙滩一角，图 4-2-2 是一个人在城市的河边骑自行车，这些图片都是通过 AI 生成的，生成之后你可以直接用它们发朋友圈。

第四章　DeepSeek 跨界创作——与其他大模型的梦幻联动

图 4-2-1　朋友圈图片示例 1　　　　图 4-2-2　朋友圈图片示例 2

下面展示的三幅图很有广告海报的意境（见图 4-2-3、图 4-2-4 和图 4-2-5），它们在背景的布局、细节的刻画以及光线的衬托上都非常优秀，这些图片在没有 AI 之前，我们可能要靠专业摄影才能实现，比如做摆台，架设灯光，买单反相机，做后期的剪辑和修图，其实非常麻烦。但是现在有了 AI，只要你能够把提示词写好，找到相关的素材，一个人是完全可以实现这些效果的，成本非常低，效率非常高。

图 4-2-3　广告海报 1　　　　图 4-2-4　广告海报 2

181

图 4-2-5　广告海报 3

再来看下面三张图片,这些 AI 生成的图片都可以作为微信账号的头像使用(见图 4-2-6、图 4-2-7 和图 4-2-8),不管是卡通风格的还是模拟真人的,都可以根据自己提供的提示词来生成。

图 4-2-6　微信头像 1　　　　　　　图 4-2-7　微信头像 2

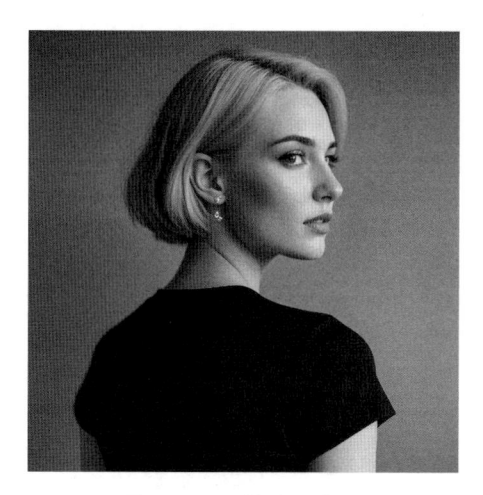

图 4-2-8　微信头像 3

以上这些展示的图片都是通过豆包生成的，适用于相应场景。下面我们一起来看看如何用 AI 大模型结合 DeepSeek 做出令自己满意的图片。

我在过去做了那么多图片的基础之上，做了一个总结，认为要想快速高效地用 AI 把文字生成图片，需要经历以下四个步骤如表 4-2-1 所示。

表 4-2-1　AI 文生图步骤

步骤序号	内容	步骤序号	内容
1	设计提示词	3	设置参数
2	选择大模型	4	点击生成

（1）**设计提示词**。

不管你使用何种 AI 大模型，生成何种形式的结果，都离不开提示词这个关键要素。正确、精准的提示词会让最终生成的结果无限接近你的诉求，有时还可能超出你的预期，所以如何构思提示词就成了我们最重要的工作。

（2）**选择大模型**。

举个例子，同样是生成图片，你有很多大模型可供选择，比如豆包、天工、即梦、智谱清言。如何选择最适合自己的大模型呢？这里我分享一个好方法：把总结的提示词同时发给这些备选大模型，看它们生成的图片中哪个是你最喜欢且最贴近你风格的，以后需要生成图片时常用它就可以了。

（3）设置参数。

参数不是必选项，比如你用豆包或其他大模型生成图片，其实不需要设置参数，但如果你要用即梦生成图片，就需要设置比例等参数。大模型不同，操作界面不一样，这是我们需要详细考量的。

（4）点击生成。

把提示词输入大模型，把所有的参数设置好之后，最后一步就是点击生成你想要的图片了。

整个过程看似简单，但是最终生成图的效果是由前期整合的提示词、严选出的大模型和精确的参数设置这三者结合共同决定的。我们在用 AI 生成图片时，提示词决定了画面的内容，大模型决定了图片的风格，而参数决定了图像的各种预设属性，三者缺一不可。

仅仅了解 AI 文字生图的四个步骤是远远不够的，下面我把每个步骤拆解开来，详细阐述。

2. 文生图的步骤

（1）设计提示词。

我们在设计提示词前先要知道什么是提示词，提示词就是生成图像时用于指导模型创作方向的词语，引导模型在生成图像时更符合我们的期望。AI生成图片与生成文字的提示词本质上是一样的，但是前者要更难写一些，难在哪里呢？

我想让 AI 仿照我平时授课的状态生成一张图片，假设我想得到的是下面这张目标图片（见图 4-2-9）：一个中国短发青年男人，长得比较帅气，戴着金丝眼镜，浓眉大眼，面带微笑，上身穿着黑西装、白色衬衫，黑色领带上有个领带夹,坐在书房里,后方有绿植和壁灯,墙上挂着一幅油画,这就是我平常讲课时的形象。

构思好后,我用豆包帮我生成图片,我输入一段提示词:生成一张图片,一个男人。输入完后豆包生成了图片1:一个有胡子的欧美男人(见图4-2-10),很明显这并不是我想要的,我想要的是中国男人的形象,怎么办呢?

图 4-2-9　目标图片　　　　　图 4-2-10　生成图片 1

这段提示词肯定不准确,于是我又加了形容词:一个中国男人,穿着西装,戴着金丝眼镜。豆包"思考"片刻后生成了图片2(见图4-2-11),这张图片与我的目标有什么差别呢?

图片中的男人太严肃了,所以我又更新了提示词:一个中国男人,西装、领带、领带夹、戴金丝眼镜,面带微笑。我以为这次会得到我想要的结果,但是它生成了图片3(见图4-2-12),很明显这是一个中年男人,长得虽然成熟帅气,但依旧不是我想要的,所以提示词还是有问题。

我还注意到这张新图片除了男人年龄比较大,背景也没有任何东西,于是我又修改提示词:一个中国青年男人,黑色西装、白色衬衫、黑色领带、领带夹、戴金丝眼镜,面带微笑,坐在书房里。很快豆包生成了图片4(见图4-2-13),可以看到这张图片已经逐渐接近我想要的了。

图 4-2-11　生成图片 2　　　　　图 4-2-12　生成图片 3

图 4-2-13　生成图片 4

但这张新图片的背景与我预期的不同，我希望背景包含绿植、壁灯和油画，所以我又加了关键词：绿植、壁灯、一幅油画。

接下来是最大的难点，我们经常发现生成图片的清晰度可能不高，有点模糊，甚至画面有点扭曲，这是为什么呢？因为我们在写 AI 文生图的提示词时，除了有关中前景和背景的描写之外，还应包含氛围、光线等要素，这些是容易被忽视的重要细节。所以我还要再增加提示词，比如色调明亮、摄影风格、正面全景、柔和光。这次生成的图片 5 基本符合我期望展现的所有元素（见图 4-2-14）。

第四章　DeepSeek 跨界创作——与其他大模型的梦幻联动

图 4-2-14　生成图片 5

经过上面一系列对提示词的改进，你会发现自己想得到的图片看似简单，但诸多提示词写起来很有难度。这里要用我们前面提到的 BRTRE 模型，利用这个重要的工具可以让 DeepSeek 系统地帮你写好提示词，不用自己再绞尽脑汁地思考。

接下来我用 BRTRE 模型演示 DeepSeek 写文生图提示词的过程。演示之前，我们再来复习一下 BRTRE 模型中每个字母代表的含义：B 代表背景，第一个 R 代表角色，T 是任务，第二个 R 是指要求，E 则是示例。

首先我提供给 DeepSeek 背景——为了让豆包给我生成一张好看的图片，这也是我的目的。其次确定角色——请你扮演摄影师兼提示词专家。因为从事摄像工作的人更熟悉景别及各种光线效果，我需要按照 MoE 架构来调用它的角色，以帮助我实现最佳的图片效果。而调用提示词专家是为了在提示词方面发挥作用。

再次是写一段文生图的提示词，要求尽量写得详细些——画面是一个男医生在跟一个老年病人交流，细节你来决定。这里我只是简单地把人物提供给 DeepSeek，他们之间的细节可以让 AI 来发挥，如果你对细节有自己的构思，可以直接写出来，也可以相信有时 AI 比我们写得更好。

我们还可以在任务中补充一个条件——字数控制在 100 字以内，因为不管是用豆包还是用即梦，抑或其他大模型来文生图，都会发现当提示词数量过多时，AI 会提示字数超过限制，无法生成。根据我的经验，将字数控制在 100 字以内，它会把所有精炼的词语全部给到你。

另外我把提示词的范围也加进去，包含主体、服饰、面部、动作、环境、装饰、时间、季节、氛围、构图、色彩、风格、画质、镜头、光线、摄影等关键词。

这些关键词本质上由以下几部分构成。

中景，即主体，比如我在写人物时要从上往下描绘这个人的特征，包括头发的长度，什么发型，有没有戴眼镜，以及鼻子、嘴巴都可以描写，再往下是着装，还有人物的坐姿等都属于中景。

背景是指环境，包括装饰，也可以有一些前景，剩下的是修饰词语，比如在什么季节，什么时间点，整体氛围是怎样的，是左右构图还是中心构图，是什么色调的、风格的，画质是高清还是模糊，镜头是全景、中景、近景还是特写，光线从哪个方向打进来。如果我们对以上这些都不熟悉也没关系，全部可以交给 AI 来做就好。

1）豆包生图实操演示。

先打开 DeepSeek 写提示词，但是我自己不用写，只需要把上面归纳总结的文字输入 DeepSeek，让它帮我直接生成提示词，我们用最简单的 DeepSeek-V3 模式，也不用联网，这样时间效率比较高，如图 4-2-15 所示。

我是 DeepSeek，很高兴见到你！

我可以帮你写代码、读文件、写作各种创意内容，请把你的任务交给我吧~

B：为了让豆包给我生成好看的图片
R：请你扮演摄影师兼提示词专家
T：写一段文生图的提示词
R：画面是一个男医生在跟一个老年病人交流，细节你来决定。字数控制在100字以内，提示词包含主体、服饰、面部、动作、环境、装饰、时间、季节、氛围、构图、色彩、风格、画质、镜头、光线、摄影等关键词。

深度思考 (R1)　　联网搜索

图 4-2-15　将上面归纳总结的文字输入 DeepSeek

点击生成后，DeepSeek 经过短暂思考，按照我的要求把提示词的每一项都写了出来（见图 4-2-16）。

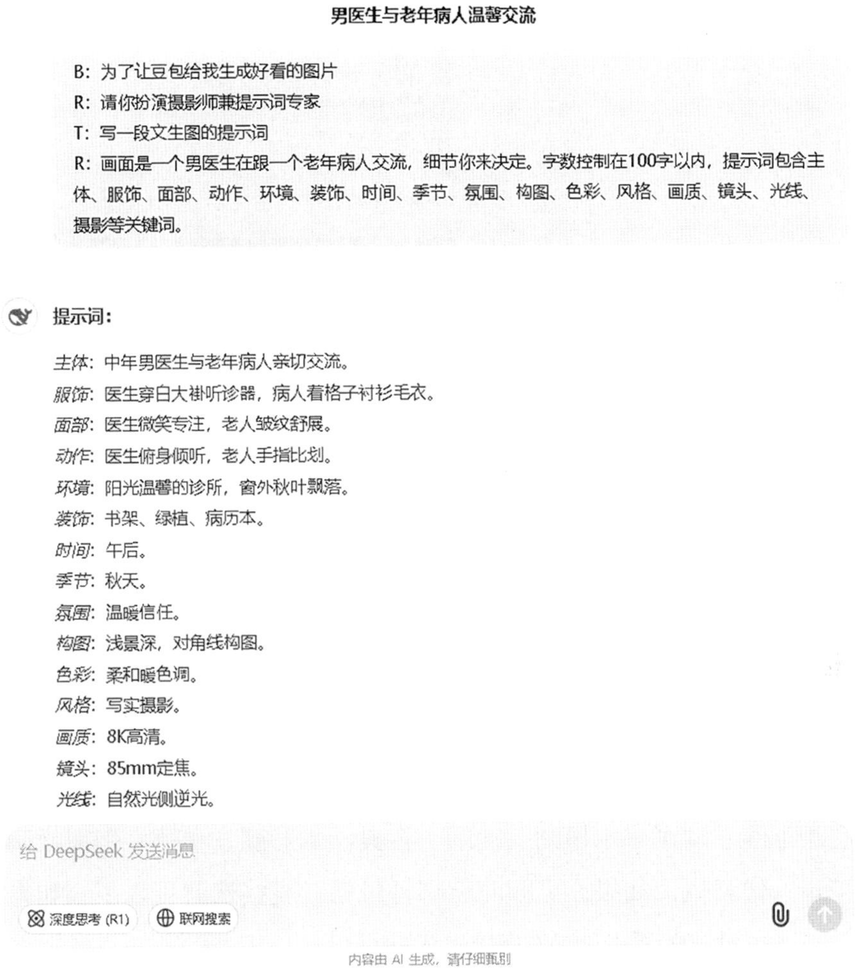

男医生与老年病人温馨交流

B：为了让豆包给我生成好看的图片
R：请你扮演摄影师兼提示词专家
T：写一段文生图的提示词
R：画面是一个男医生在跟一个老年病人交流，细节你来决定。字数控制在100字以内，提示词包含主体、服饰、面部、动作、环境、装饰、时间、季节、氛围、构图、色彩、风格、画质、镜头、光线、摄影等关键词。

提示词：

主体：中年男医生与老年病人亲切交流。
服饰：医生穿白大褂听诊器，病人着格子衬衫毛衣。
面部：医生微笑专注，老人皱纹舒展。
动作：医生俯身倾听，老人手指比划。
环境：阳光温馨的诊所，窗外秋叶飘落。
装饰：书架、绿植、病历本。
时间：午后。
季节：秋天。
氛围：温暖信任。
构图：浅景深，对角线构图。
色彩：柔和暖色调。
风格：写实摄影。
画质：8K高清。
镜头：85mm定焦。
光线：自然光侧逆光。

给 DeepSeek 发送消息

深度思考 (R1)　联网搜索

内容由 AI 生成，请仔细甄别

图 4-2-16　DeepSeek 写出每一项提示词

有了这些提示词，接下来把它们复制一下，然后打开豆包首页，在左边菜单栏的诸多功能中选择"图像生成"，进入页面后直接把提示词粘贴进去，这里需要注意，输入框下面有三个设置选项（见图 4-2-17）。

189

图 4-2-17　输入框下面有三个设置选项

第一个选项是参考图，如果有图片可供参考，可以选择这个选项，把参考图插入进来，这样生成的图片会更偏向于参考图的效果。

第二个选项是比例，可以选择1∶1、2∶3、4∶3、9∶16、16∶9等多个显示比例，本次我们选择16∶9。

第三个选项是风格，比如人像摄影、电影写真、中国风、动漫、3D渲染、赛博朋克、动画、水墨画、油画、古典、水彩画、卡通、平面插画、风景、港风、像素风，如果你更倾向于哪种风格，直接选就可以了；如果没有倾向，不选也没有关系，让 AI 直接生成就可以。

所有设置都调好后，点击生成，豆包每次会生成 4 张图片，我们点击其中一张图片放大看一下（见图 4-2-18）。

这张图片中主体是一个中年男医生，他的鬓角有些发白，穿着白大褂，脖子上挂着听诊器，对面的老年患者头发花白，二人在诊室交流。患者好像在诉说着什么，医生在专注地倾听。背景环境是整洁的诊室，有玻璃窗，医生背后有书架。

第四章　DeepSeek 跨界创作——与其他大模型的梦幻联动

图 4-2-18　豆包每次会生成 4 张图片

陆续看完其他三张图片后，我们只需要从所有图片里选一张符合需求的，将其下载保存就行了。界面右上角有"下载原图"，点击就可以直接保存这张图片了。如果在筛选过程中，觉得某张图片挺好，已经符合我们 90% 的需求，但是还需要进一步改进，怎么办呢？

界面中央上方有 4 个选项按键（见图 4-2-19）。

图 4-2-19　图片上方有 4 个选项按键

191

第一个叫智能编辑，可以帮助我们重新编辑一下这张图片的细节。

第二个是区域重绘，点击之后选中图片的任意位置，然后输入相关提示词，便可以只对这部分内容进行重新生成。根据我的经验，使用这个功能可能不会一次就重绘到位，多操作几次才能修改得更好。

第三个功能是扩图，如果想改变整个图片的生成比例，如下方图片还想生成两个人的腿部，可以点击这里重新调整。

最后一个叫擦除，可以直接把图片上不希望出现的部分删掉。这是用豆包做的一些简单设计。

以上过程就是利用 DeepSeek 帮我们生成专业的提示词，再用豆包把提示词生成图片，之后把自己满意的图片下载并放到相应的场景当中使用。

2）即梦生图实操演示。

我们在用 AI 做图的时候，通常有两种场景，一种是用 AI 生成图片，就像上面豆包的操作；另一种是让 AI 生成海报，同样可以按 BRTRE 的方法来实现，那么在大模型的选择上就要重新思考，根据以往经验，我会选择用即梦来生成海报。

让即梦生成海报前，要重新明确 BRTRE 模型的每一项，先确认背景，更换为让即梦给我生成一张好看的海报。

对于角色，需要 DeepSeek 扮演的是设计师兼提示词专家，这里我写的是设计师而不是摄影师，因为做海报是设计师而不是摄影师的工作，这样写更精确。

接下来是任务，简单直白——写一段文生图的提示词。

最后是生成提示词的具体要求：画面左边是一个男士和一个 AI 机器人握手，右边是文字"DeepSeek 企业应用指南，每一个职场人的 AI 必修课"，细节你来决定，字数控制在 100 字以内。

上面四项都写好后，放在 DeepSeek 的新建对话框内，这时我们可以使用深度思考（R1）模式，经过多次实践后我发现 R1 模式生成的提示词比 V3 模式要好一些，所以如果时间允许的话，我建议首选 R1 模式（见图 4-2-20）。

第四章　DeepSeek 跨界创作——与其他大模型的梦幻联动

> 我是 DeepSeek，很高兴见到你！
>
> 我可以帮你写代码、读文件、写作各种创意内容，请把你的任务交给我吧~
>
> B：为了让即梦给我生成好看的海报
> R：请你扮演设计师兼提示词专家
> T：写一段文生图的提示词
> R：画面左边是一个男士和AI机器人握手，右边是文字"DeepSeek企业应用指南，每一个职场人的AI必修课"细节你来决定，字数控制在100字以内。
>
> 深度思考（R1）　联网搜索

图 4-2-20　首选深度思考（R1）

经过一段时间的"思考"，DeepSeek 生成出了提示词，接下来我们打开即梦。

进入即梦的首页后，可以看到它有很多功能，包括图片生成、视频生成、数字人和音乐生成。我们点击图片生成，进入界面后发现即梦和豆包一样，可以直接导入参考图。如果想直接让它写提示词也是可以的，因为即梦已经部署了"满血版"DeepSeek，不过根据我的个人经验，直接使用 DeepSeek 生成的结果更好一些（见图 4-2-21）。

接下来在图片生成中选择模型，生图模型有好几种模型图片，如果只想生成一张普通的图片，用哪种都可以，但是生成海报首选图片 2.1，选完之后有精细度设定，建议把它拉满。

然后是调整图片比例，包括 21∶9、6∶9、3∶2、4∶3、1∶1、3∶4、2∶3、9∶16 可供选择，此次我选择 16∶9，之后还可以选择图片尺寸，但是我建议不做调整（见图 4-2-22）。

最后点击下面"立即生成"按钮即可（会消耗一个积分，即梦目前每天都会送 60 个积分）。

现在可以清晰地看到输入以下提示词生成的图片（见图 4-2-23）：现代极简风格海报，左侧采用 3D 渲染技术呈现穿深灰西装的职场男士与银白色流线型 AI 机械臂精准握手的场景，粒子光效环绕突出科技感。右侧使用渐变钴蓝色块衬底，立体棱角字体"DeepSeek 企业应用指南"采用霓红光边设计，下方搭配浅灰无衬线副标题。背景运用低多边形网格纹理，冷暖色温在画面中线自然过渡，顶部悬浮透明数据图表装饰，整体营造专业数字化的未来办公美学。

图 4-2-21　直接使用 DeepSeek 生成结果

第四章　DeepSeek 跨界创作——与其他大模型的梦幻联动

图 4-2-22　选择生图模型和图片比例及尺寸

图 4-2-23　输入提示词生成的图片

我们来看生成的四张海报，它们都存在同一个问题：个别字出现模糊无法识别的情况，这个问题是现阶段 AI 普遍存在的，但比之前已经好很多了。之前生成图片中的文字全都无法辨认，就像外星文字一样，现在已经进步了不少，我相信过段时间会变得越来越好。

我们从生成的四张图片中选一张自己比较喜欢的，我觉得第一张不错，

195

那么和豆包类似，在界面的右上角同样有下载按钮，把它下载后就可以进行下一步了。

可以看到在选中的图片右边还有一个编辑栏，如果对目前生成的这张图片还有些不满意，可以在编辑栏中修改它的提示词，再次生成新的图片。除了提示词，还可以对图片进行画布方面的编辑：如果觉得清晰度不够，可以选择超清，编辑栏上还有细节修复、局部重绘、扩图和消除笔等功能（见图4-2-24），这些都让最终成图有更好的呈现效果。

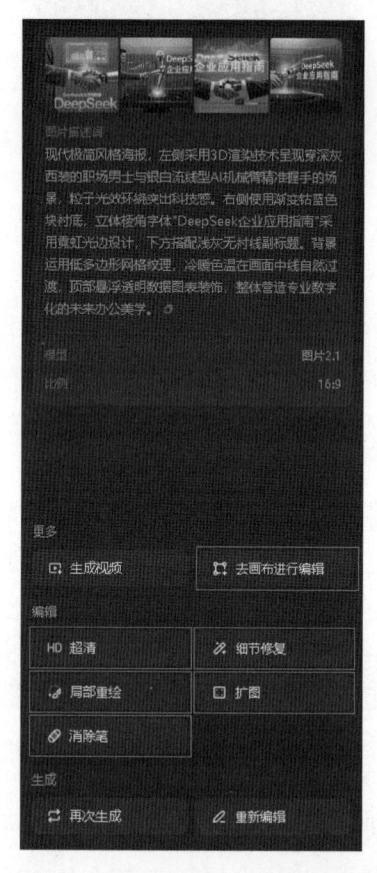

图 4-2-24　修改提示词和去画布进行编辑

举一个简单的例子，假设我觉得生成的图片不够清晰，那么可以在右边的编辑栏点一下超清按钮，点完之后会生成一张清晰度更高的图片。同样的道理，比如我觉得某个部分还没有达到预期，可以做一些细节的修复，操作之后它可以再生成一张图片。但是需要注意，每生成一次新的图片都会扣掉相应的积分，所以合理使用修改图片的机会是很重要的。

以上就是用即梦 AI 做海报的过程，即梦每次生成的图片会有一些区别，可以多试几次，效果会越来越好。下面是我反复修改后效果最好的海报图片（见图 4-2-25），所以完美的图片不是一蹴而就的，尤其是使用 AI 生成的，需要通过很多次优化才能得到。

图 4-2-25　反复修改后效果最好的海报图片

不管是豆包还是即梦，我们都可以借助 DeepSeek 或其他大模型跨模态融合生成图片或海报。AI 文生图还有很多的功能等待我们去探索和完善，希望大家结合自己实际的工作场景，开发出更多好用的实用技巧。

（2）**选择大模型**。

学习完如何用 DeepSeek 写提示词，我们进入跨模态应用的第二部分——选择大模型，接下来我会分享常用可生图大模型的效果对比。

当我们借助 DeepSeek 完成 AI 文生图的提示词后，可以选择以下几种大模型（见表 4-2-2）：除了刚才演示过的豆包和即梦，还有 PicPic、腾讯智影、智谱清言、可灵大模型、文心一言、讯飞星火、扣子、腾讯元宝、商汤科技日日新、通义千问。只要有提示词，这些大模型都可以生成图片，只不过它们生成的效果有一些区别。

表 4-2-2　选择大模型

豆包	PicPic	腾讯智影
即梦	智谱清言	可灵大模型
文心一言	讯飞星火	扣子
腾讯元宝	商汤科技日日新	通义千问

比如，我把同一段提示词"喂"给不同的大模型，提示词如下：生成一张图片，中国青年男人穿着西装，打着领带，戴着领带夹，面带微笑，浓眉大眼，坐在书房里的照片。将这段提示词分别发给豆包、PicPic 和腾讯智影，以下是它们生成的图片对比（见图 4-2-26）。

图 4-2-26　用豆包、PicPic、腾讯智影生成的图片对比

很明显，同一段提示词给到这三个大模型，生成效果是不一样的。我个人觉得这三个大模型中，最符合我审美的是豆包，所以我用豆包的频率会更高一些。

把上面的提示词发给即梦、智谱清言和可灵大模型，通过对比它们生成的图片（见图 4-2-27），我发现即梦最偏向于我的审美。

我又把提示词发给文心一言、讯飞星火和扣子，经过对比发现这三者中我最喜欢扣子生成的图片（见图 4-2-28）。

第四章　DeepSeek 跨界创作——与其他大模型的梦幻联动

图 4-2-27　用即梦、智谱清言、可灵生成的图片对比

图 4-2-28　用文心一言、讯飞星火、扣子生成的图片对比

最后我把提示词发给腾讯元宝、商汤科技日日新和通义千问，这三个大模型也生成了相应的图片（见图 4-2-29）。

图 4-2-29　用腾讯元宝、商汤科技日日新、通义千问生成的图片对比

事实上每个大模型根据相同提示词生成的结果差别并不大，重点是你不再是一个"运动员"了，不需要自己去手绘图片，也不需要用 PS 去修图，你的角色是"评委"或"教练"，需要知道把一个提示词分别"喂"给不同大模型之后，它们生成的效果是不一样的。需要基于自己的专业和审美，从中

199

选出最贴合自己预期的大模型。以我个人为例，在对比完这 12 个大模型后，我更倾向于使用豆包、即梦和扣子。

这里我要做一个说明，我们每个人对于同一事物的审美是不一样的，都需要结合自己的情况，从众多大模型中选出最匹配自己的，这样才能帮助我们更好地结合 DeepSeek 生成图片。

（3）设置参数。

选择好大模型后要设置参数，不同大模型的图片生成参数各不相同，我们用即梦和豆包的参数来了解一下。先看一下即梦的参数如图 4-2-30 所示。

1）模型。

需要挑选生图模型，系统有图片 2.1/ 图片 2.0Pro/ 图片 2.0/ 图片 XL Pro。

2）比例。

①图片比例：21∶9/16∶9/3∶2/4∶3/1∶1/3∶4/2∶3/9∶16。

②图片尺寸：W1024，H1024。

图 4-2-30　即梦的参数

再看一下豆包的参数，如图 4-2-31、4-2-32 所示。

1）比例。

1∶1 正方形，头像。

2∶3 社交媒体，自拍。

4∶3 文章配图，插画。

9∶16 手机壁纸，人像。

16∶9 桌面壁纸，风景。

图 4-2-31　豆包的参数 1

图 4-2-32　豆包的参数 2

2）风格。

人像摄影／电影写真／中国风／动漫／3D 渲染／赛博朋克／毕加索／复古漫画／绘本等 30 多种风格。

具体操作我举例说明，一次我给一个新能源汽车品牌做培训，对方让我帮他们写车展的提示词，于是我写了如下内容：新能源汽车，银色，车门打开，展览馆，地毯，明亮色调，摄影风格，全景，高清画质，明亮光。我把它们"喂"给豆包后，豆包为我生成 4 张车展的照片（见图 4-2-33）。我提供的提示词中包含了有关色调、画质、风格、光线的信息，这些都是生成完美图片的必备元素。

图 4-2-33　豆包生成的车展照片

对于很多新能源汽车品牌而言，他们过去要想给广告文案配图，需要专业摄影师去现场拍摄素材，再用 PS 修图，最后选定图片插在文案里，如果有人不巧入镜，还需要用工具去掉，很是麻烦。

第四章　DeepSeek 跨界创作——与其他大模型的梦幻联动

有了 AI 之后，我们只要把提示词写好，输入 AI 就可以直接把包含展厅的图片做出来，再也不需要派人去现场拍照片，大大提高效率，大幅降低成本。

除了工作，我们还可以做很多跟生活相关的事，比如我写了这样的提示词：一个大熊猫，坐在凳子上，弹吉他，背后是大海。即梦马上帮我生成 4 张图片（见图 4-2-34）。

图 4-2-34　即梦生成的图片

所以对我们而言，使用 AI 最重要的是思考 AI 应用的场景和想要的结果。

（三）自动化思维导图：会议纪要秒变清晰脑图

DeepSeek 不仅能与其他大模型混合使用生成图片，还可以跨模态帮我们制作思维导图。

过去我们想做思维导图该怎么办呢？先要整理归纳所有的文字内容，然后梳理它们的逻辑关系，接着画线，把文字复制粘贴到它们各自的位置，特别麻烦。有了 DeepSeek 之后，完全不需要这么麻烦，我们只要用好 DeepSeek 和对应的大模型就可以。

与生成图片的思路一样，做思维导图也可以分为两个主要步骤。第一步是用 DeepSeek 设计好提示词，然后把内容生成出来。第二步是放在跨模态大模型中制作思维导图。我使用最多的是 Xmind，把写好的提示词输入，10 秒钟就能生成一个完整的成品。下面我用之前给医务人员做的案例来演示一下。

首先按照 BRTRE 模型来写提示词：假设我是一个皮肤科医生，要写一份关于 2024 年的工作总结，准备给医院院长做汇报，需要 AI 帮我写一份报告，既要凸显我在 2024 年的功劳（业绩），也要凸显我的苦劳（努力），还要凸显我的成长。最重要的是要让院领导看到我的闪光点，字数在 3000 字以上，不限篇幅，不要省略，格式是 Markdown。这里我为什么要强调 Markdown 格式？因为该格式可以在 10 秒钟内快速把思维导图做出来。

下面新建一个 DeepSeek 对话，把刚才用 BRTRE 模型写的提示词粘贴进来，这里我们选择 R1 模式，也就是深度思考（见图 4-3-1）。在写这段提示词的时候，对于角色、背景和要求写得不是很具体，因为我不是真正的皮肤科医生，没有相关的专业经验，所以只能依靠 R1 模式帮我"深度思考"。

图 4-3-1　选择 R1 模式

当你结合自己的工作场景去写提示词时，应当尽可能写清楚细节，这样 DeepSeek 才会将你想呈现的内容全部生成。

经过一段时间的"深度思考"，DeepSeek 生成了一篇足够丰富的工作报告（见图 4-3-2、图 4-3-3）。

报告的第一部分是 2024 年度工作总体概述，第二部分是核心工作业绩突破（功劳篇）等七部分。

现在我们只需要点击窗口右上角的"复制"按钮，把 Markdown 格式的内容复制下来（见图 4-3-4）。

然后新建一个文本文档（见图 4-3-5），双击打开，把 Markdown 格式的内容粘贴进来，点击"保存"就可以关掉了。

接下来是最重要的一点，我们要更改这个文本文档的后缀名，因为 DeepSeek 生成的内容是 Markdown 格式，所以要把后缀名"txt"改为 Markdown 的缩写"md"（见图 4-3-6）。现在我们获得了一个 md 格式的文件。

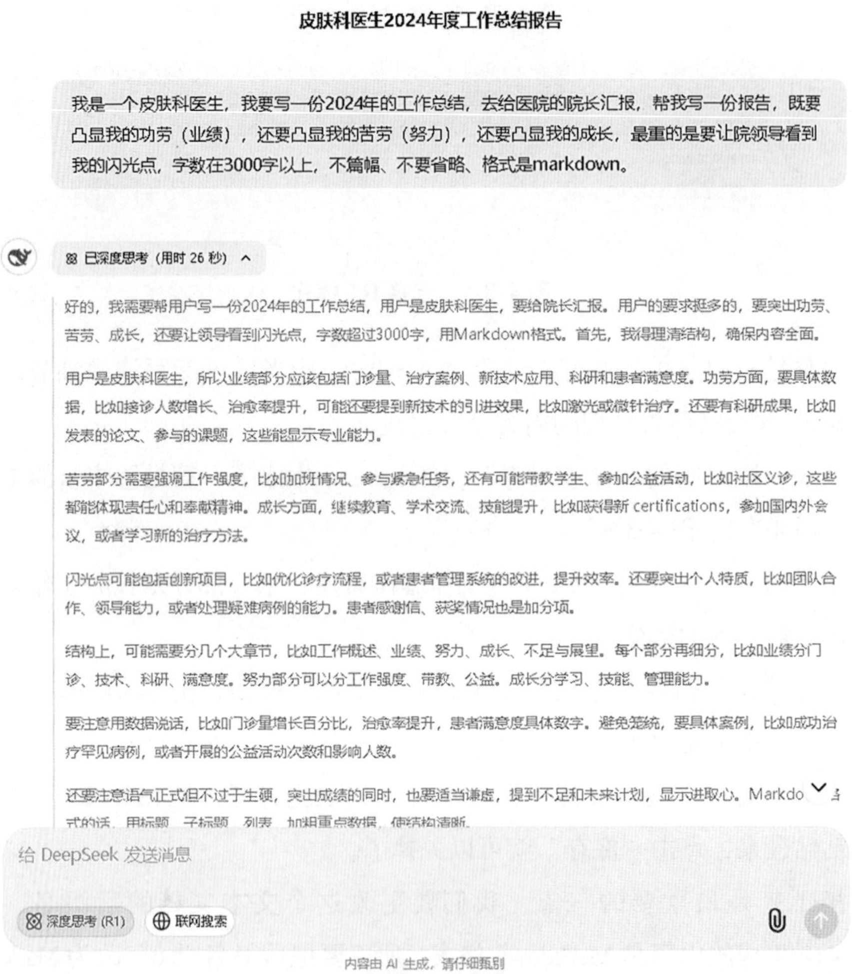

图 4-3-2　一篇足够丰富的工作报告 1

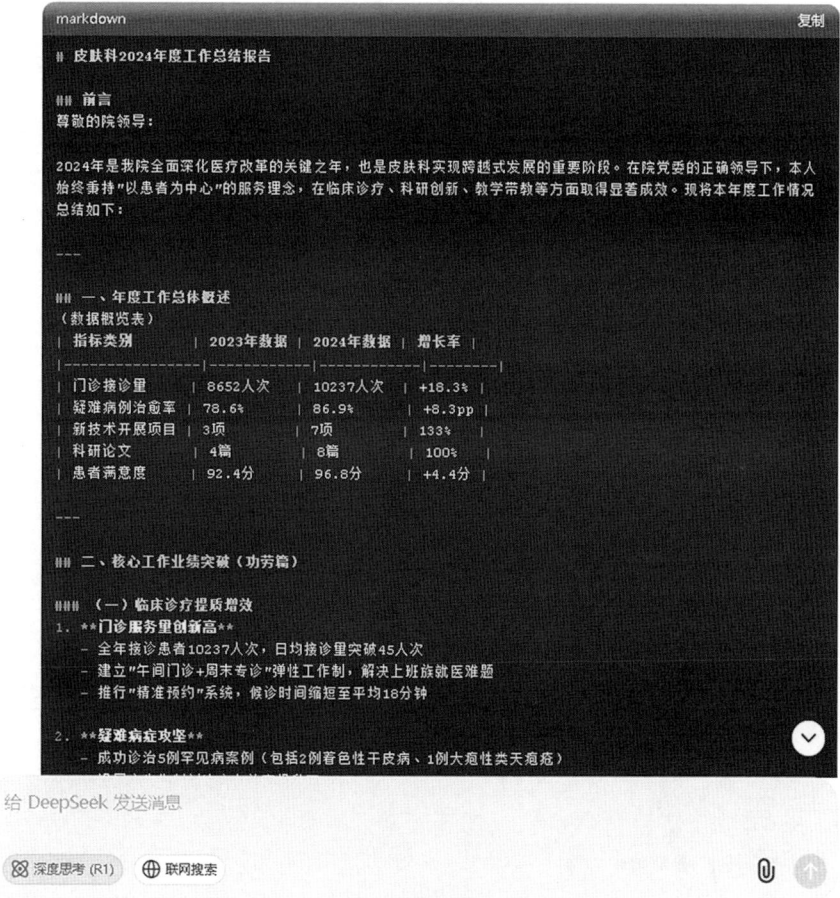

第四章　DeepSeek 跨界创作——与其他大模型的梦幻联动

图 4-3-3　一篇足够丰富的工作报告 2

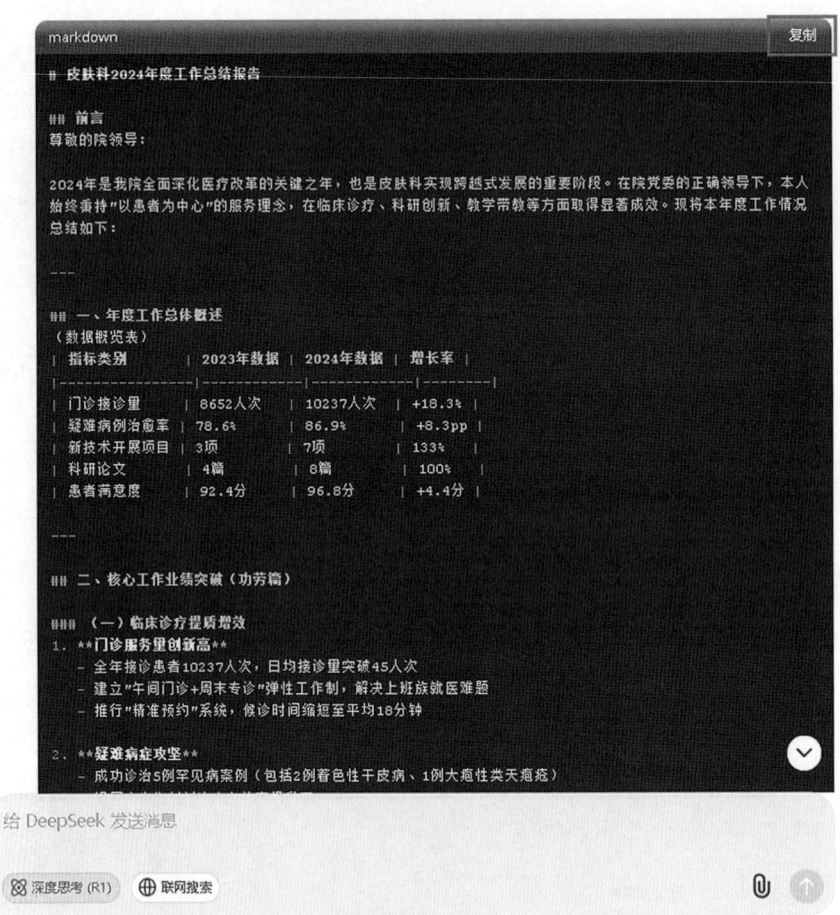

图 4-3-4　复制 Markdown 格式内容

第四章　DeepSeek 跨界创作——与其他大模型的梦幻联动

图 4-3-5　新建一个文本文档

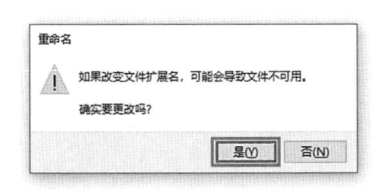

图 4-3-6　修改文件后缀名

之后，需要选择可以生成思维导图的大模型。我使用较多的是 Xmind，它是免费的，而且很好用。打开 Xmind 主页，可以看到很多选项，点击"新建导图"进入操作页面（见图 4-3-7）。

这里我们可以点击左上角的横线图案，打开菜单后选择"文件"，然后选择"导入"。导入文件时一定要注意选择 Markdown 格式（见图 4-3-8）。

209

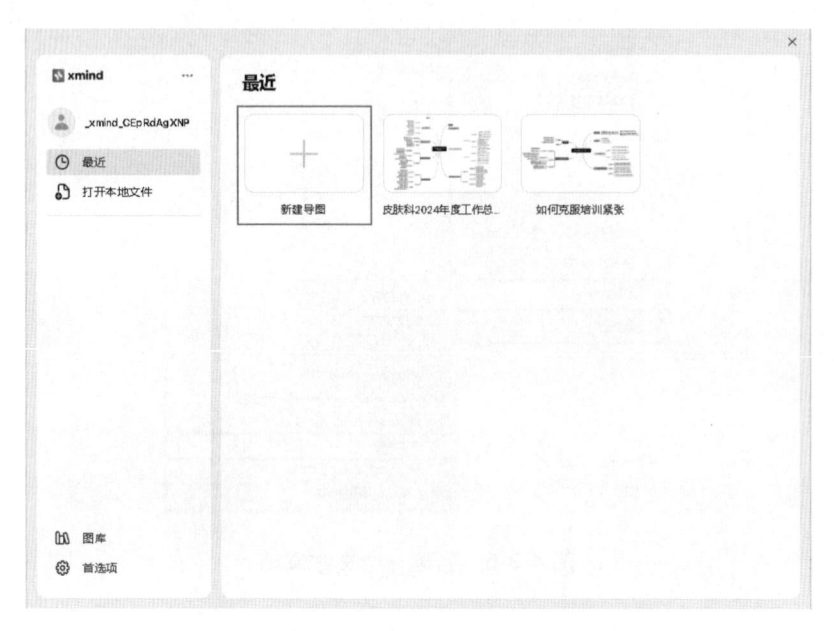

图 4-3-7　点击"新建导图"进入操作页面

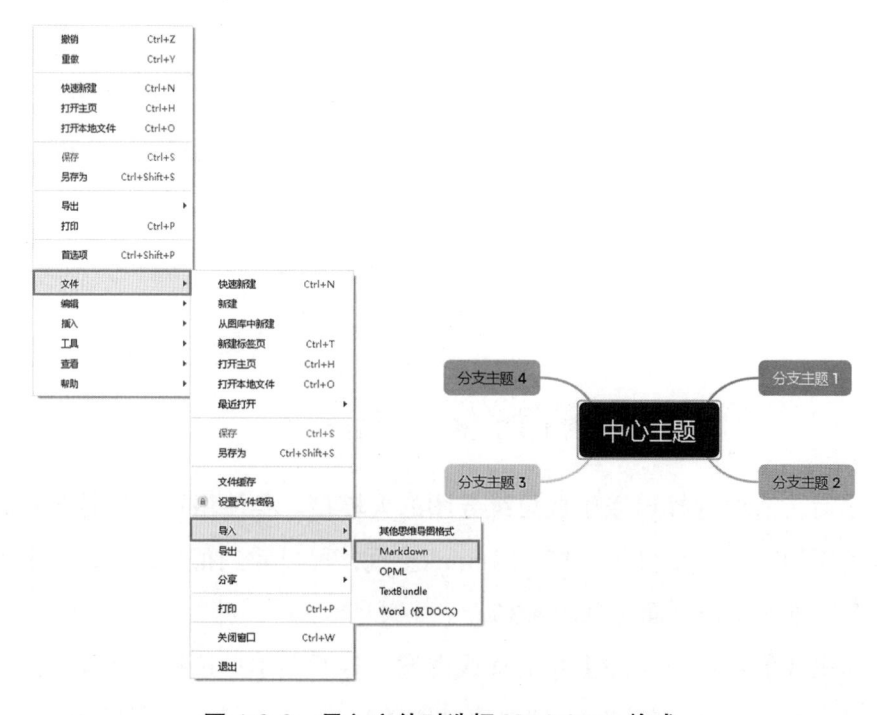

图 4-3-8　导入文件时选择 Markdown 格式

然后找到我们刚才保存的那个 md 文件，点击导入，不到 10 秒钟，一个思维导图就生成了（见图 4-3-9）。

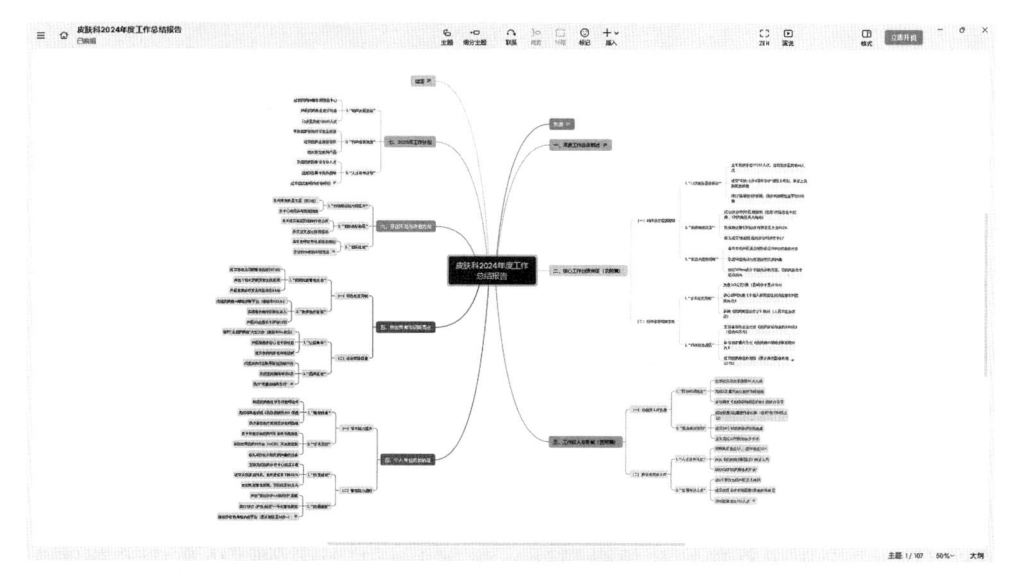

图 4-3-9　生成思维导图

把生成的思维导图保存下来，方便之后做成 PPT，后文会有相关演示。Xmind 配合 DeepSeek 生成思维导图的效率是非常高的，完全可以代替过去的传统方法。

接下来我补充一个文档直接转成思维导图的方法：先把这个文档作为附件传给 DeepSeek，然后给 DeepSeek 输入提示词，让它把这个文档用 Markdown 的格式展现出来，之后再将内容复制粘贴，按照刚才演示的操作步骤生成即可。两种方法背后的思路其实是一样的，重要的是活学活用。

（四）智能 PPT 制作：事半功倍的幻灯片拯救者

在这个信息呈现方式日新月异的时代，如何将复杂数据与创意灵感快速转化为直观的展示内容，已成为职场人的核心需求。本节主要讲解 DeepSeek 跨模态技术的第三个应用——如何制作 PPT，这项创新彻底改变了制作 PPT 的方式。它运用语义理解和美学算法，将过去人工生成幻灯片变成了智能生成。现在不管是谁，都能在短时间内做出专业水平的演示文稿。这让大家把更多的精力放在内容构思和战略思考上，充分发挥创造力。

1. 企业端场景

使用 DeepSeek 去制作 PPT，首先要了解 PPT 的应用场景。日常的工作总结、工作汇报、培训授课、演讲比赛、PPT 外包、内容素材的搜集都是常见的一些工作场景。

假如领导突然让你做一个工作总结，形式是 PPT，还要求做到图文并茂，只给一个小时，你肯定觉得太难了，要么没有思路，要么时间太紧张，但使用 DeepSeek 去制作 PPT 就可以轻松完成。

再比如领导要求你马上用一个大纲做成 PPT，稍后开会给大领导做工作汇报时用。但这个大纲甚至可能只是个 word 版本，领导要的却是一个图文并茂的 PPT，给你的时间只有半个小时，你能不能做出来？

传统做 PPT 的难点是非常烦琐，把一个 word 文档变成 PPT，先要把内容复制粘贴，然后提炼美化，这一般要花很长时间。但是现在 AI 很快就能帮你解决，我给大家分享三个步骤。

2. 用AI生成PPT的三步骤

第一步叫选择模型，第二步叫输入提示词，第三步叫生成 PPT。提示词步骤要根据实际情况来分析，有的时候有提示词，有的时候可能没有提示词。

（1）选择模型。

有很多模型可以选择，但是大家会发现有各种各样的问题。

我曾经有一次辛辛苦苦用大模型做了半天，却找不到下载按钮，终于找到后又发现它只能导出为 PDF。这意味着我要先导出 PDF，再用 WPS 把它转码成 PPT，这反而增加我的工作量，很明显不是我想要的。

还有时候用大模型辛辛苦苦做出来了，也可以下载成 PPT 格式，但需要收费。

再或者前面的操作都可以，也免费下载了，但 PPT 颜值不太够，没有做到图文并茂，里边有大段文字的堆砌。这些都是我们在用 AI 做 PPT 时会遇到的问题，到底选哪个模型才能避免这些问题呢？

一般我推荐大家使用 Kimi 或 WPS AI。Kimi 做 PPT 是免费的，并且速度非常快。WPS AI 虽然收费，但用它制作的 PPT 图文并茂并且各种美化做得非常好。

除此之外还有很多大模型，比如通义千问、讯飞智文。我相信随着 AI 的发展，还会出现更多免费好用的大模型，也希望大家能够积极探索和应用。

（2）输入提示词。

当我们选择好大模型之后，比如 Kimi 或 WPS AI，接下来把提示词"喂"给 DeepSeek。

在此要做一个说明，我们每个人做PPT的起点是不一样的。有人的起点只有一个标题，从一个标题直接做PPT可不可以？可以。

有人已经有大纲了，把大纲变成PPT也没问题，有人想把逐字稿变成PPT也可以，不管起点是什么，最终都可以生成PPT。但它们之间是有区别的，如果只有一个标题，生成的PPT内容不一定是你想要的。

所以我们在做PPT的时候，建议最佳的选择是从大纲到PPT。因为大纲相较于标题而言，内容更有针对性，相较于逐字稿而言，美化程度会更好。用大纲生成PPT之后，再做一些美化升级就可以了。

我先在DeepSeek输入下面提示词。"作为一个课程开发专家，请你围绕主题'如何克服培训紧张'制作一个PPT。要求如下。开场：包含课程标题（对应主题）、课程导入（自行编写）、课程目录（包含但不限于紧张的表现、导致紧张的原因、克服紧张的方法）。正文：按照课程目录展开，每个模块都要匹配案例或举例说明。结尾：请围绕内容进行重点总结，并设计一个单选题。"如图4-4-1所示。

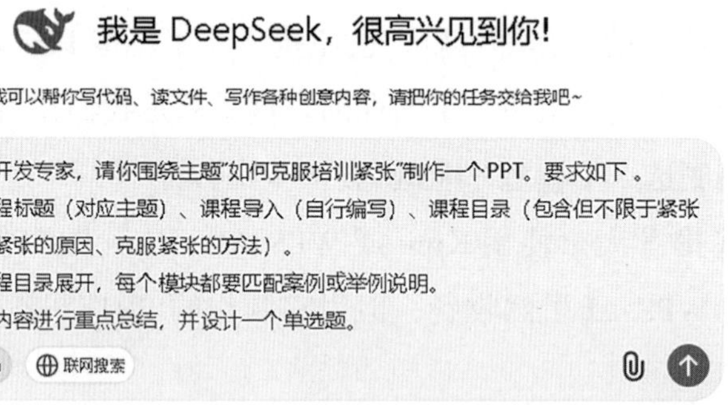

图4-4-1 在DeepSeek输入提示词

我们知道DeepSeek和其他大模型最本质的区别在于，DeepSeek生成的文字内容效果更好，所以建议先用DeepSeek生成文字性内容，再用其他大模型做形式上的加工。

第四章　DeepSeek 跨界创作——与其他大模型的梦幻联动

DeepSeek 按照提示词生成了"培训紧张克服 PPT 设计指南",包含封面页、目录页、模块一、模块二、模块三、封底页等,如图 4-4-2 至图 4-4-5 所示。

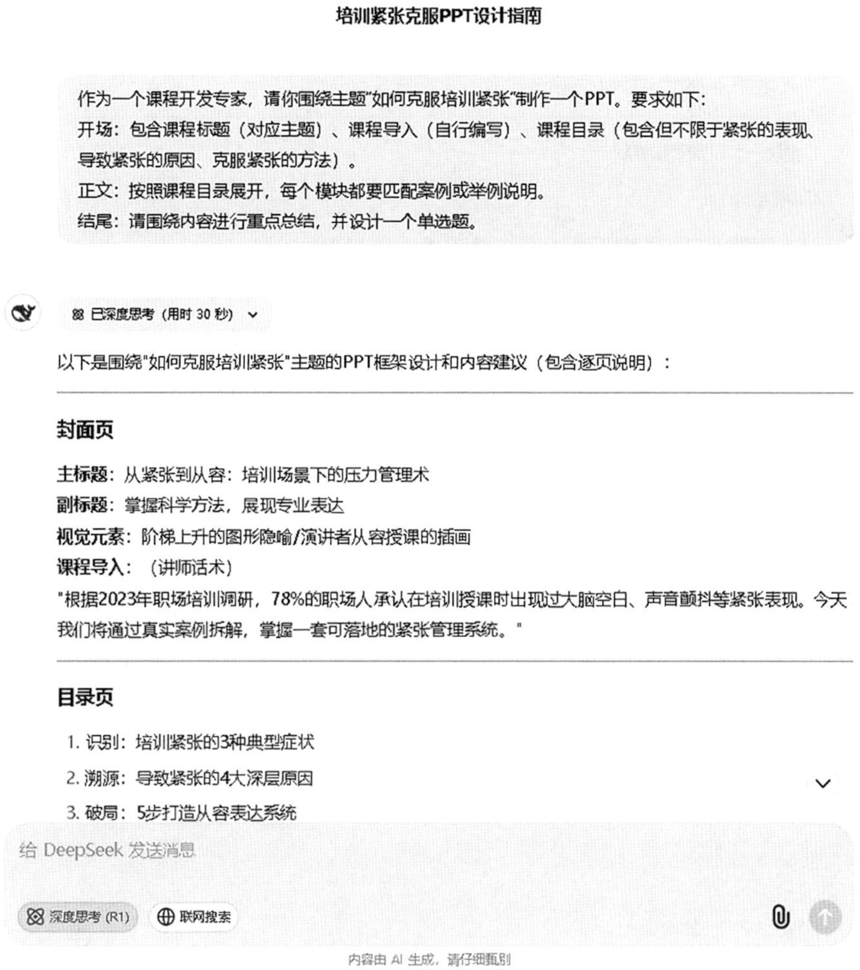

培训紧张克服PPT设计指南

作为一个课程开发专家,请你围绕主题"如何克服培训紧张"制作一个PPT。要求如下:
开场:包含课程标题(对应主题)、课程导入(自行编写)、课程目录(包含但不限于紧张的表现、导致紧张的原因、克服紧张的方法)。
正文:按照课程目录展开,每个模块都要匹配案例或举例说明。
结尾:请围绕内容进行重点总结,并设计一个单选题。

❀ 已深度思考(用时30秒)⌄

以下是围绕"如何克服培训紧张"主题的PPT框架设计和内容建议(包含逐页说明):

封面页

主标题:从紧张到从容:培训场景下的压力管理术
副标题:掌握科学方法,展现专业表达
视觉元素:阶梯上升的图形隐喻/演讲者从容授课的插画
课程导入:(讲师话术)
"根据2023年职场培训调研,78%的职场人承认在培训授课时出现过大脑空白、声音颤抖等紧张表现。今天我们将通过真实案例拆解,掌握一套可落地的紧张管理系统。"

目录页

1. 识别:培训紧张的3种典型症状
2. 溯源:导致紧张的4大深层原因
3. 破局:5步打造从容表达系统

图 4-4-2　封面页、目录页

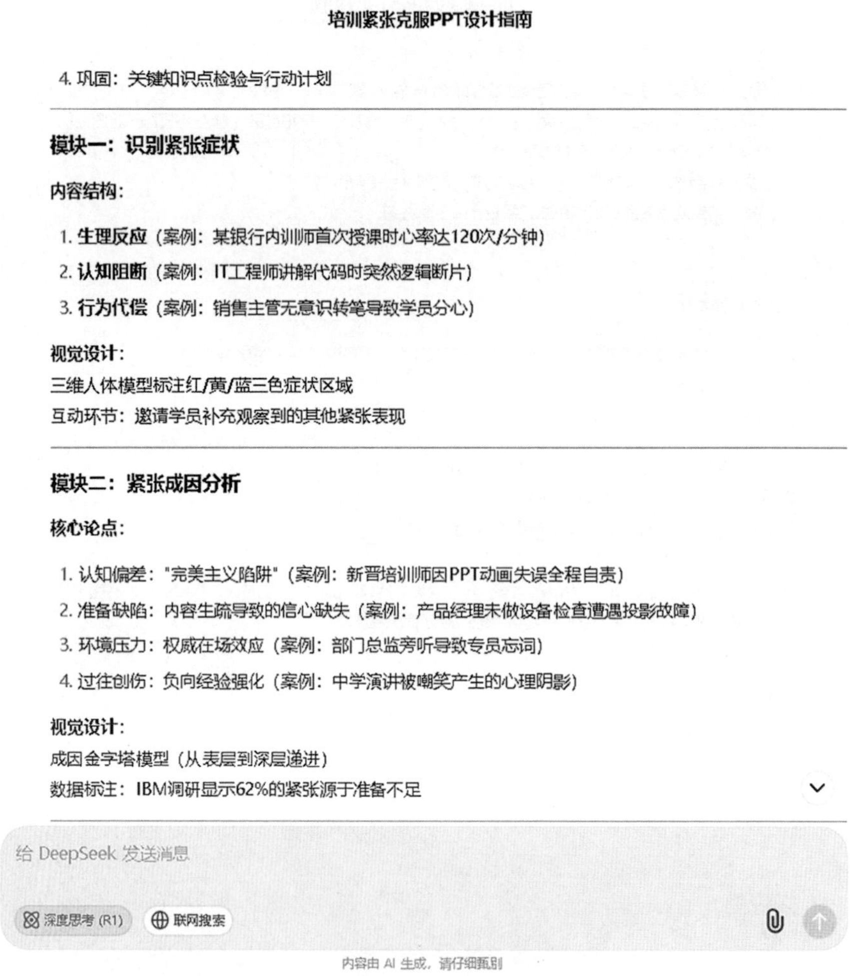

培训紧张克服PPT设计指南

4. 巩固：关键知识点检验与行动计划

模块一：识别紧张症状

内容结构：

1. **生理反应**（案例：某银行内训师首次授课时心率达120次/分钟）
2. **认知阻断**（案例：IT工程师讲解代码时突然逻辑断片）
3. **行为代偿**（案例：销售主管无意识转笔导致学员分心）

视觉设计：

三维人体模型标注红/黄/蓝三色症状区域
互动环节：邀请学员补充观察到的其他紧张表现

模块二：紧张成因分析

核心论点：

1. **认知偏差**："完美主义陷阱"（案例：新晋培训师因PPT动画失误全程自责）
2. **准备缺陷**：内容生疏导致的信心缺失（案例：产品经理未做设备检查遭遇投影故障）
3. **环境压力**：权威在场效应（案例：部门总监旁听导致专员忘词）
4. **过往创伤**：负向经验强化（案例：中学演讲被嘲笑产生的心理阴影）

视觉设计：

成因金字塔模型（从表层到深层递进）
数据标注：IBM调研显示62%的紧张源于准备不足

图 4-4-3　模块一、模块二

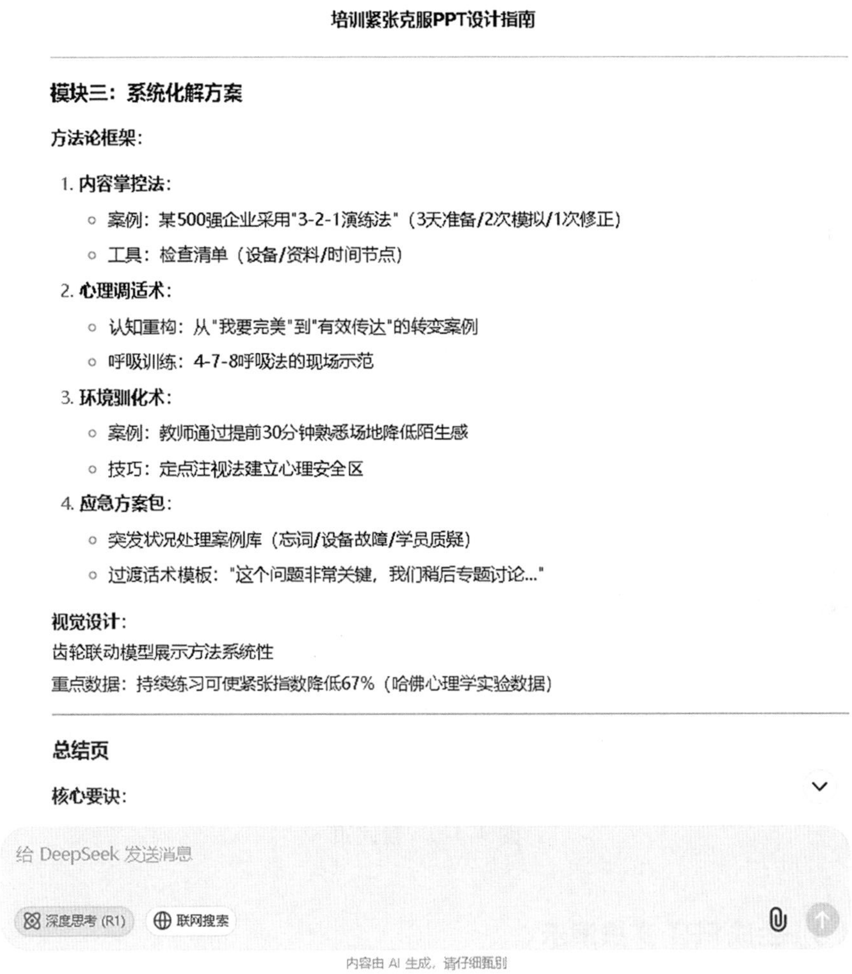

第四章　DeepSeek 跨界创作——与其他大模型的梦幻联动

培训紧张克服PPT设计指南

模块三：系统化解决方案

方法论框架：

1. **内容掌控法：**
   - 案例：某500强企业采用"3-2-1演练法"（3天准备/2次模拟/1次修正）
   - 工具：检查清单（设备/资料/时间节点）

2. **心理调适术：**
   - 认知重构：从"我要完美"到"有效传达"的转变案例
   - 呼吸训练：4-7-8呼吸法的现场示范

3. **环境驯化术：**
   - 案例：教师通过提前30分钟熟悉场地降低陌生感
   - 技巧：定点注视法建立心理安全区

4. **应急方案包：**
   - 突发状况处理案例库（忘词/设备故障/学员质疑）
   - 过渡话术模板："这个问题非常关键，我们稍后专题讨论…"

视觉设计：
齿轮联动模型展示方法系统性
重点数据：持续练习可使紧张指数降低67%（哈佛心理学实验数据）

总结页

核心要诀：

给 DeepSeek 发送消息

深度思考 (R1)　　联网搜索

内容由 AI 生成，请仔细甄别

图 4-4-4　模块三

217

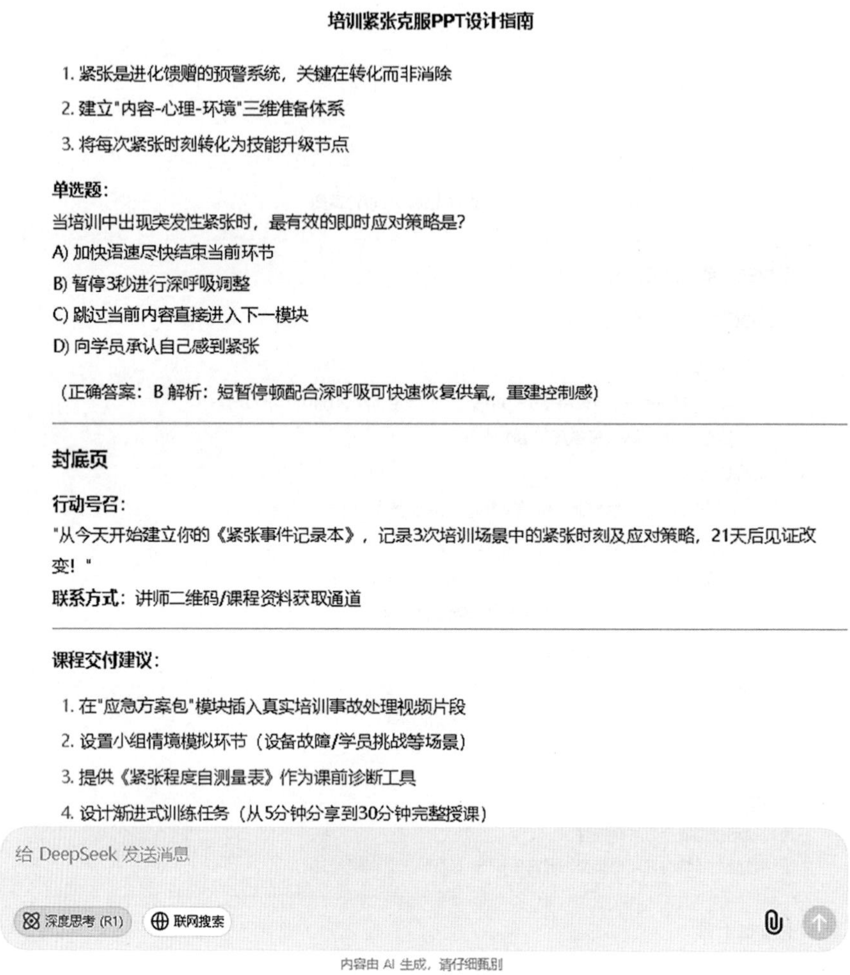
培训紧张克服PPT设计指南

1. 紧张是进化馈赠的预警系统，关键在转化而非消除
2. 建立"内容-心理-环境"三维准备体系
3. 将每次紧张时刻转化为技能升级节点

单选题：
当培训中出现突发性紧张时，最有效的即时应对策略是？
A) 加快语速尽快结束当前环节
B) 暂停3秒进行深呼吸调整
C) 跳过当前内容直接进入下一模块
D) 向学员承认自己感到紧张

（正确答案：B 解析：短暂停顿配合深呼吸可快速恢复供氧，重建控制感）

封底页

行动号召：
"从今天开始建立你的《紧张事件记录本》，记录3次培训场景中的紧张时刻及应对策略，21天后见证改变！"
联系方式：讲师二维码/课程资料获取通道

课程交付建议：

1. 在"应急方案包"模块插入真实培训事故处理视频片段
2. 设置小组情境模拟环节（设备故障/学员挑战等场景）
3. 提供《紧张程度自测量表》作为课前诊断工具
4. 设计渐进式训练任务（从5分钟分享到30分钟完整授课）

图 4-4-5　封底页

（3）生成 PPT 实操演示。

以下我用 Kimi 和 WPS AI 分别演示如何用 DeepSeek 生成的提示词做 PPT。

1）Kimi 生成 PPT。

用 Kimi 制作 PPT 需要先用微信或手机号登录，打开 Kimi 的界面，如图 4-4-6 所示。

图 4-4-6　Kimi 的界面

进入 Kimi 界面后，需要调用 AI PPT 的插件来生成 PPT，所以先选中插件，再选择 PPT 助手，如图 4-4-7 所示。

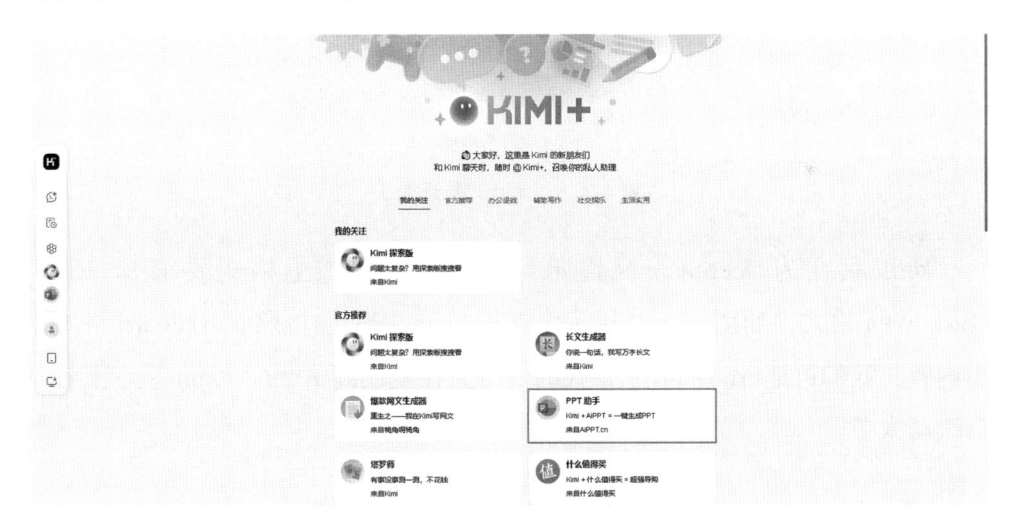

图 4-4-7　选择 PPT 助手

把刚刚 DeepSeek 生成的内容粘贴进去并点击发送，之后 Kimi 会把内容进行重新加工。我用 DeepSeek 生成的内容本来 100% 是我想要的，输入 Kimi 之后，Kimi 还要再进行加工。如果原来 DeepSeek 做的是 100 分，可能 Kimi 一加工变成 60 分了，Kimi 重新加工如图 4-4-8 所示。

图 4-4-8　Kimi 重新加工

所以我在为 DeepSeek 写提示词的时候，会加上格式要求——生成 Markdown 格式，如图 4-4-9 所示。这样 DeepSeek 会按照 Markdown 格式产出内容，我们再把 Markdown 格式的内容直接复制到 Kimi，Kimi 基本上就不会改动太多。

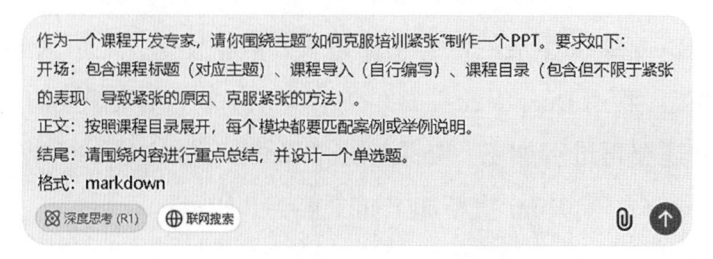

图 4-4-9　增加 Markdown 格式要求

第四章　DeepSeek 跨界创作——与其他大模型的梦幻联动

原来没有 Markdown 格式要求的时候，DeepSeek 会更改主题。但是加了 Markdown 格式要求之后，DeepSeek 生成的主题"如何克服培训紧张"，以及课程导入、课程目录都没有变动，生成 Markdown 格式如图 4-4-10 所示。但是这时候有一个小问题，它没有把这些内容统一放到 Markdown 里边，所以我再给它新加一个要求：把以上所有内容全部放到一个 Markdown 里面，不要拆分，我等下要用 Kimi 制作 PPT，新加提示词如图 4-4-11 所示。

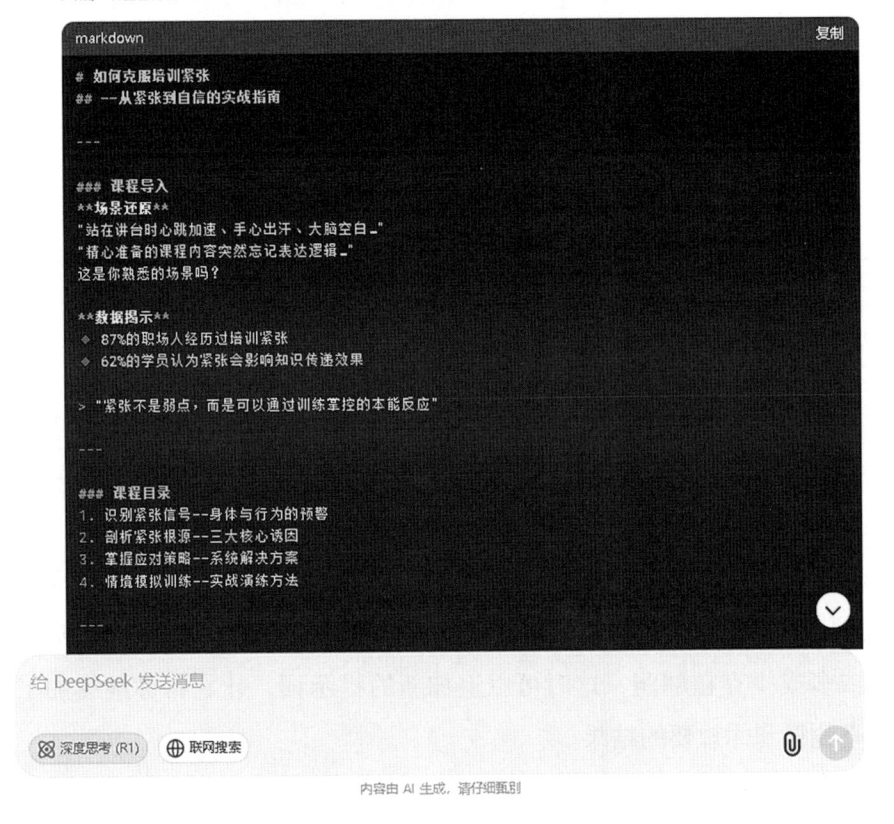

图 4-4-10　生成 Markdown 格式

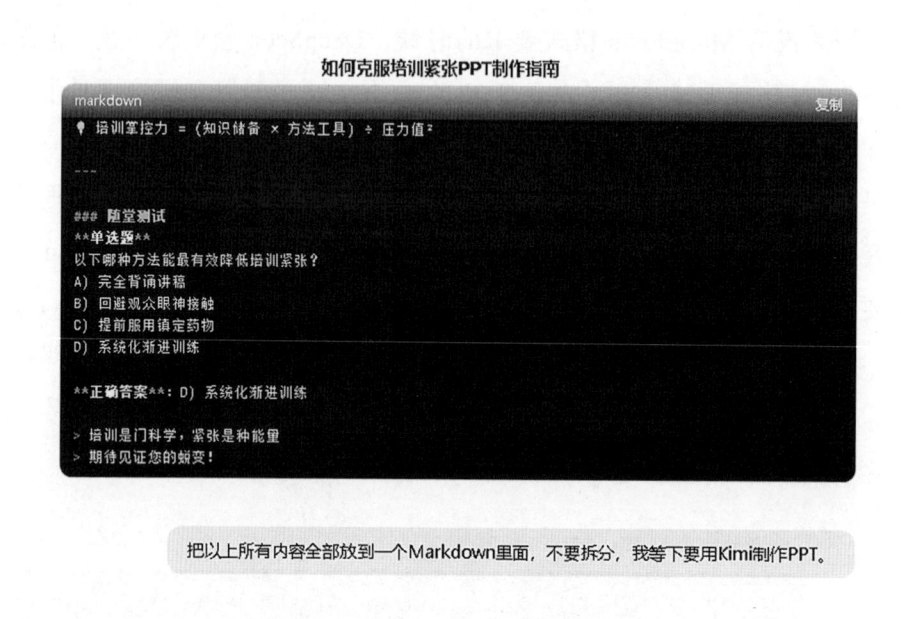

图 4-4-11　新加提示词

即便前边编辑好的提示词，发到 DeepSeek 的时候也会有问题，所以使用 AI 时要有耐心。当你给 DeepSeek 发了一个编辑好的 BRTRE 模型之后，会发现它或多或少存在漏洞，这时可以追加新的提示词，让它帮你继续加工和生成，直到得到你想要的结果。

如果生成的结果符合我的需求，我会把它直接复制粘贴到 Kimi；如果跟我的要求还有一些距离，那么我可以继续追加新的提示词。

我们重新打开一个 Kimi 对话框，同样的操作，点一下 PPT 助手，如果你担心它会拆解或修改你的内容，你可以继续追加一段提示词：请把以下内容 100% 地制作成 PPT，不要有任何的修改，保持原文不要变动，如图 4-4-12 所示。

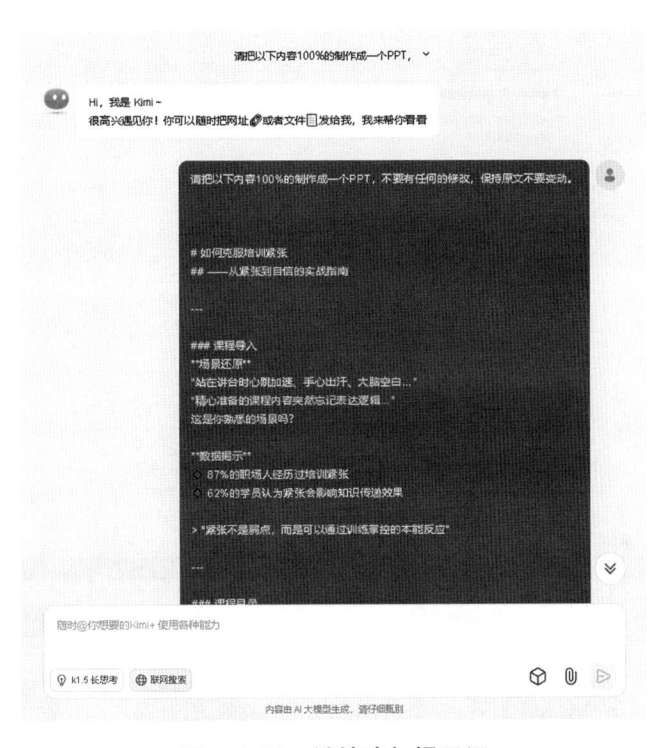

图 4-4-12　继续追加提示词

接下来我们把 Markdown 格式的内容直接复制给 Kimi，点一下发送。这时可以看到，主题是"如何克服培训紧张"，课程导入没有变，下面的场景还原和数据揭示也是 100% 没有变的，说明所有的 AI 在使用的时候都有技巧。

当我把大纲复制粘贴进来后，这时就可以点击"一键生成 PPT"，如图 4-4-13 所示。

接着需要选择模板，一般有两种方式：第一种是看眼缘盲选；第二种是结合企业的场景、风格、颜色进行个性化选择，如图 4-4-14 所示。

图 4-4-13　点击"一键生成 PPT"

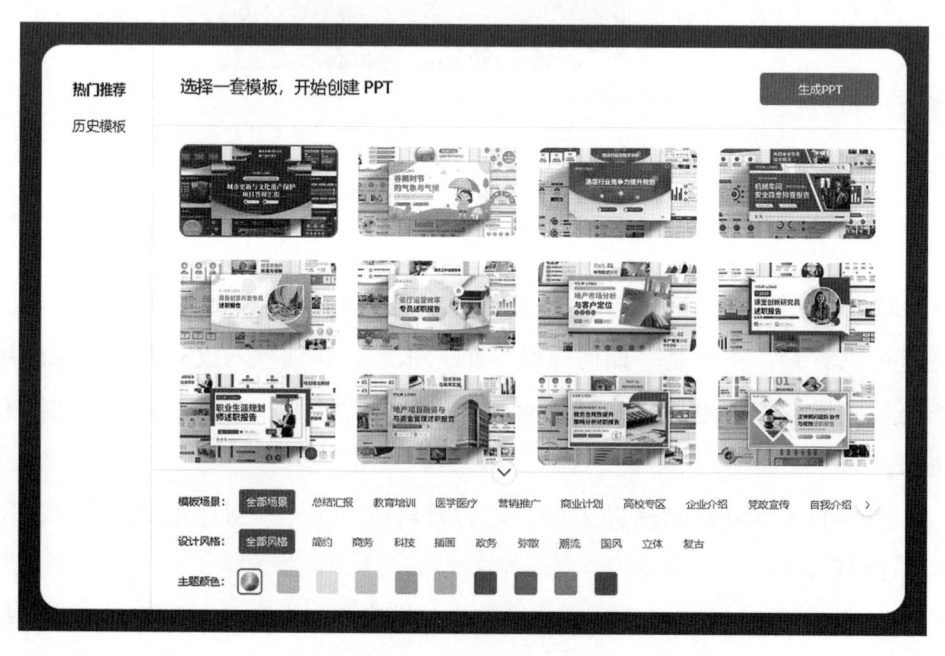

图 4-4-14　选择 PPT 模板

第四章　DeepSeek 跨界创作——与其他大模型的梦幻联动

如果我给医疗行业做培训，可能会选蓝色调；我要做一个微党课，那么可能会选红色调。我要做一个"如何克服紧张"的培训课题，可以尝试选择红色调，然后再选择教育培训模板场景，如图 4-4-15 所示。

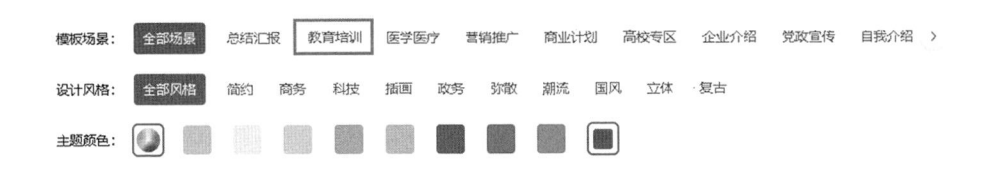

图 4-4-15　选择模板场景和主题颜色

之后我只要选中模板并点击"生成 PPT"就可以了，如图 4-4-16 所示。

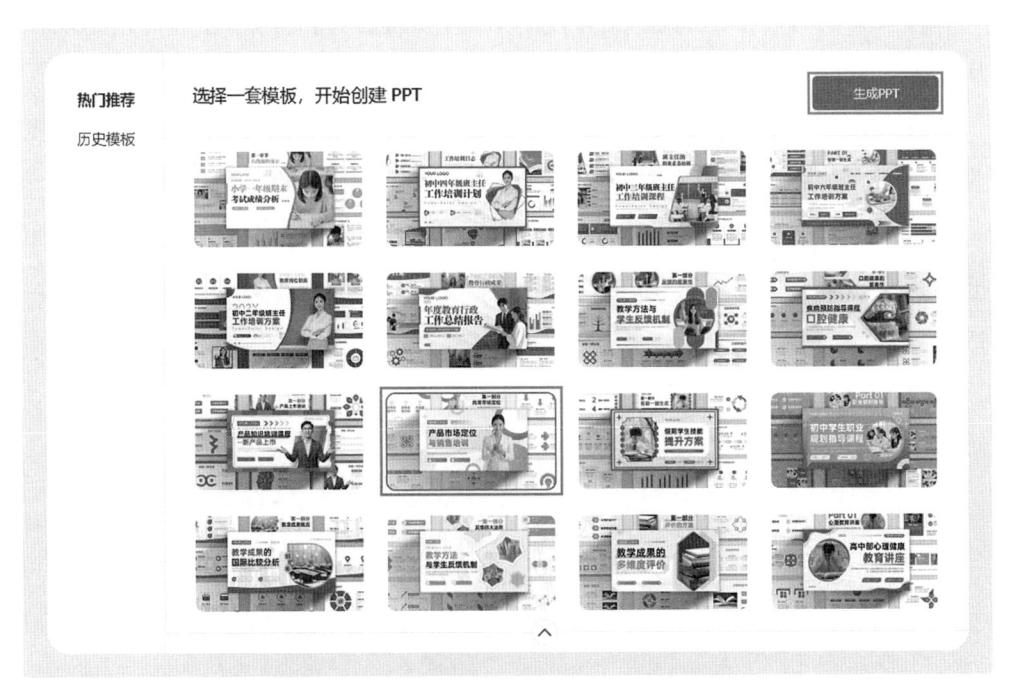

图 4-4-16　选中模板并点击"生成 PPT"

接下来 Kimi 会非常快地帮助我们把这个 PPT 做出来，至于做成多少页，取决于刚刚的课程目录分成了多少个层级。最终，Kimi 大概用不到一分钟的时间帮我们生成了 16 页 PPT（见图 4-4-17）。

225

图 4-4-17　Kimi 生成 PPT

以前我们做一个 16 页图文并茂的 PPT，最起码需要两个小时。但是现在从纯操作的角度来讲，可能不到三分钟就做出来了。

进入这个界面后，在右下角有两个选择，第一是可以直接下载，但是我并不建议这样做，我建议点击"去编辑"。关于如何编辑有以下几个要点。

第一，大纲编辑，如图 4-4-18 所示。点击之后，你可以修改文本，比如把标题"如何克服培训紧张"改成"克服培训紧张的三个妙招"，如图 4-4-19 所示。

图 4-4-18　大纲编辑

第四章 DeepSeek 跨界创作——与其他大模型的梦幻联动

图 4-4-19 修改标题

第二，模板替换。假设 PPT 生成之后，你觉得不是你想要的模板，这时候可以重新选择模板，在 PPT 没有下载之前，你可以不断更换模板，如图 4-4-20 所示。

图 4-4-20 模板替换

227

第三，插入元素。我们可以添加文本、形状、图片、素材、表格和图表类型元素，这些元素都是可以直接免费添加的，如图4-4-21、4-4-22所示。

图 4-4-21　插入元素

图 4-4-22　插入元素类型

以下还有几个小技巧。举个例子，我们选中某一页PPT，比如第7页。如果我对这一页的排版不满意，点击这一页会马上弹出来三个新的排版样式可供更换，如图 4-4-23 所示。我们可以重新选择，选择好之后，如果依旧不满意，再点一下，又会有新的样式出来，直到满意为止。

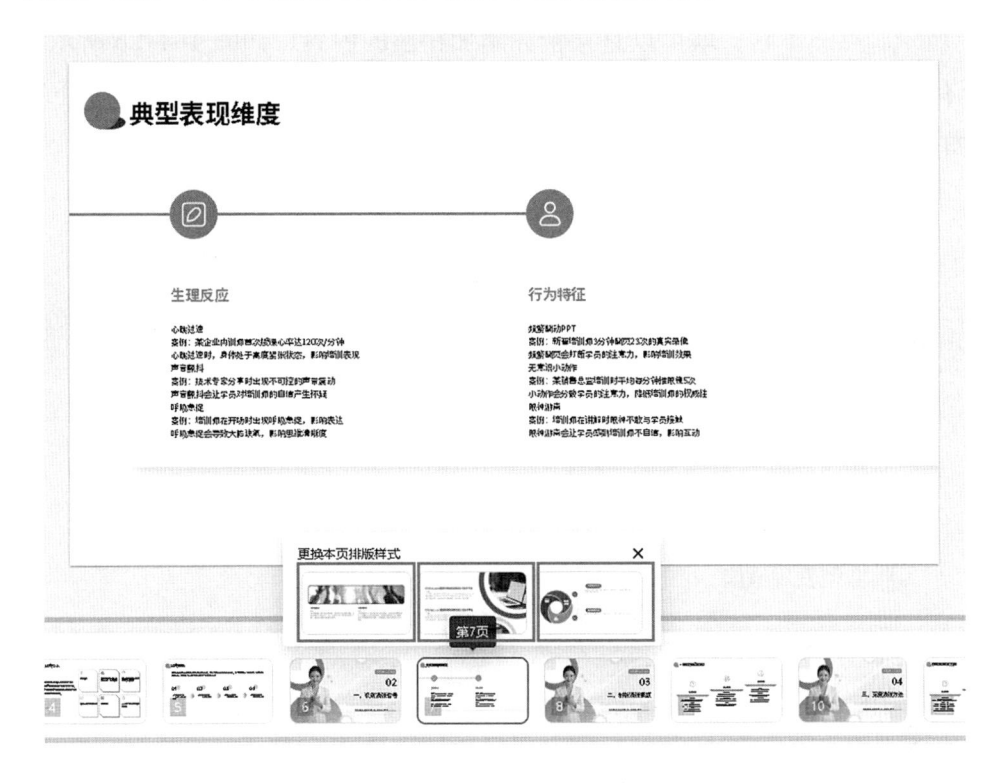

图 4-4-23　更换本页排版样式

如果我不想要这一页，可以右键点击此页，直接删除幻灯片，如图 4-4-24 所示。

图 4-4-24　删除此页幻灯片

如果我想要添加内容，比如要在第 4 页和第 5 页之间添加一页，那么可以把鼠标放在两页的中间位置，这时候会出现一个"+"符号，如图 4-4-25 所示。点一下它，就可以直接帮你添加相应的内容，如图 4-4-26 所示。所有的这些设置完毕之后，如果你觉得没有问题了，这个时候可以点击下载 PPT。

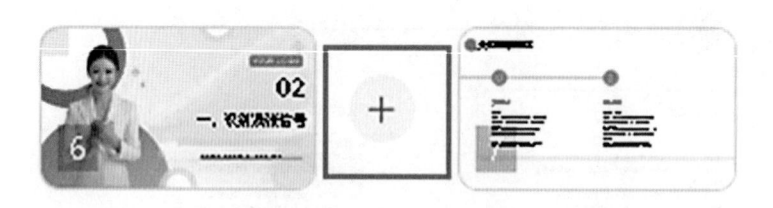

图 4-4-25 "+"符号

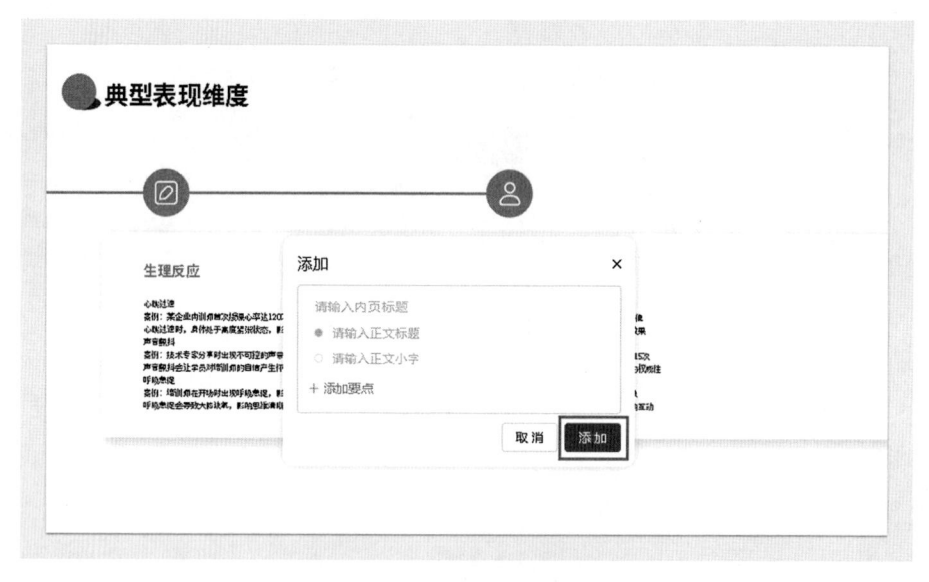

图 4-4-26 输入添加内容

在点击下载的时候，文件类型里"PPT"一栏中，建议选择"PPT 格式"，不要选"图片"或"PDF 文件"，如图 4-4-27 所示。"文字可编辑"一栏中，建议选择"文字可编辑"，方便后期对内容进行微调和编辑，如图 4-4-28 所示。

第四章　DeepSeek 跨界创作——与其他大模型的梦幻联动

图 4-4-27　选择 PPT 格式　　　　　图 4-4-28　选择文字可编辑

接下来点击"下载",等合成下载结束之后,我们打开文件,点击"启用编辑",就可以对封面、目录及内容做修改和调整了。用 Kimi 生成的 PPT 如图 4-4-29 所示。

图 4-4-29　用 Kimi 生成的 PPT

2）WPS AI 生成 PPT。

我们也可以用 WPS 来制作 PPT,操作方法一样,我用刚刚生成的 Markdown 格式的内容直接做演示,主题也是"如何克服培训紧张",如图 4-4-30 所示。

231

图 4-4-30　Markdown 格式生成的内容

我先创建一个文本文档，把上图生成的 Markdown 格式内容复制到里面，然后修改主题为"如何克服培训紧张"，并把文件后缀名改成"md"，这样它就是一个 Markdown 格式的文件了，如图 4-4-31 所示。

我重新打开 Xmind，新建一个文件，点击文件导入，选 Markdown 格式，如图 4-4-32 所示。

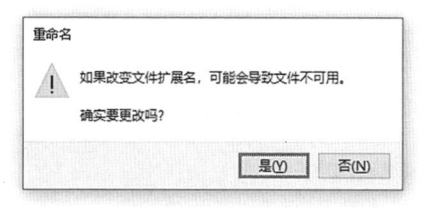

第四章　DeepSeek 跨界创作——与其他大模型的梦幻联动

图 4-4-31　文本文档改为 Markdown 格式

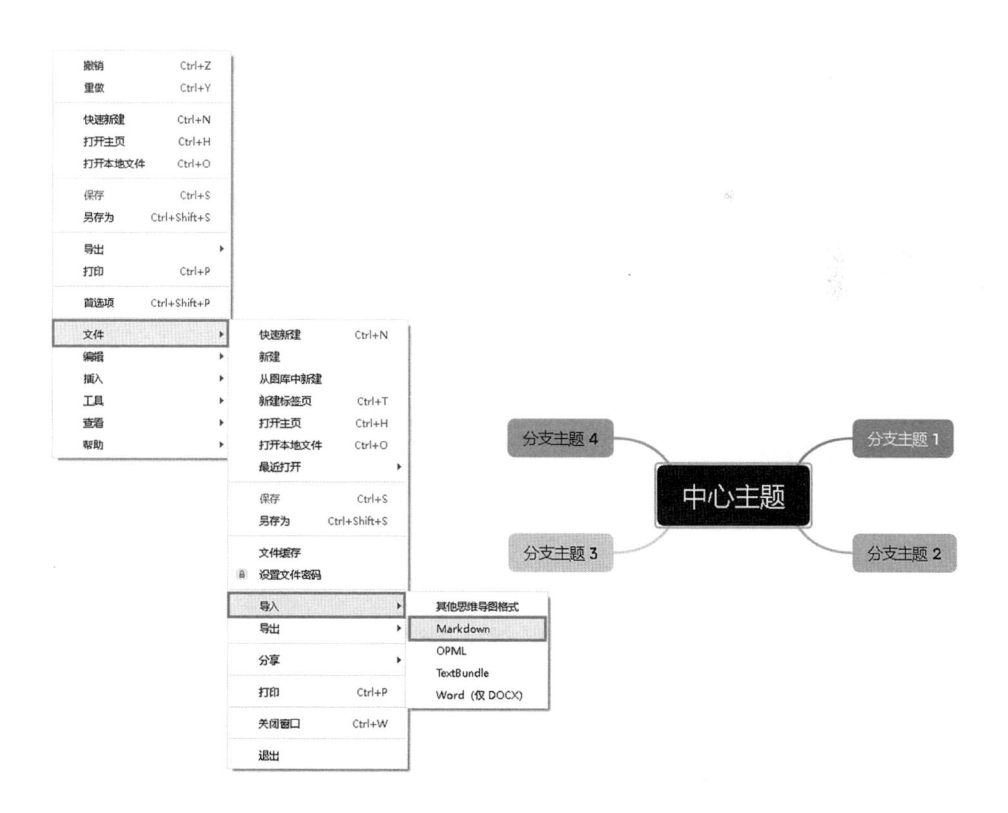

图 4-4-32　Xmind 导入 Markdown 格式文件

233

我把"如何克服培训紧张"这个主题的 Markdown 文件添加进去，思维导图就生成出来了，如图 4-4-33 所示。

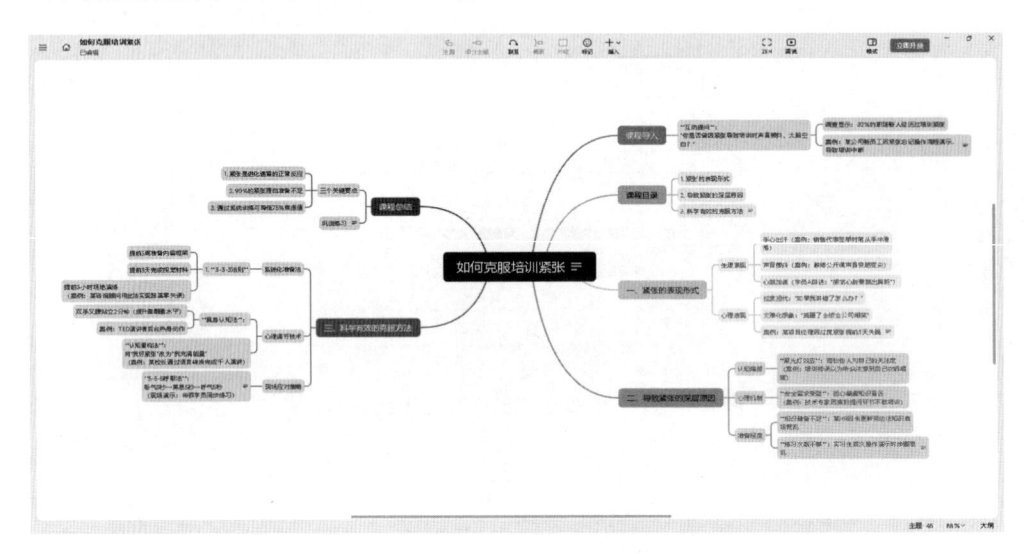

图 4-4-33　生成思维导图

思维导图生成后先保存，然后我们就可以用 WPS 把它做成一个 PPT 了，如图 4-4-34 所示。

图 4-4-34　保存思维导图

鼠标在空白处点击右键，新建一个 PPT 文件，然后右键点击这个文件，在"打开方式"中找到并选择"WPS Office"选项（见图 4-4-35），进入界面后找到并点击菜单栏最右边的"WPS AI"（见图 4-4-36）。

第四章　DeepSeek 跨界创作——与其他大模型的梦幻联动

图 4-4-35　用 WPS Office 打开新建 PPT 文件

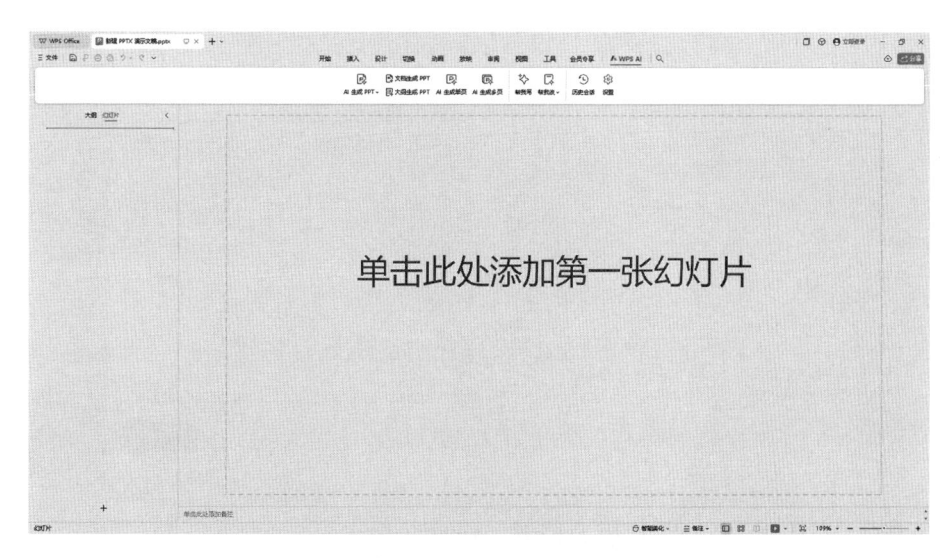

图 4-4-36　选择 WPS AI 打开新建 PPT 文件

235

用 WPS AI 打开之后，点击"文档生成 PPT"选项，然后选择上传文档，它只能上传 Doc 文档或思维导图两种格式，如图 4-4-37 所示。

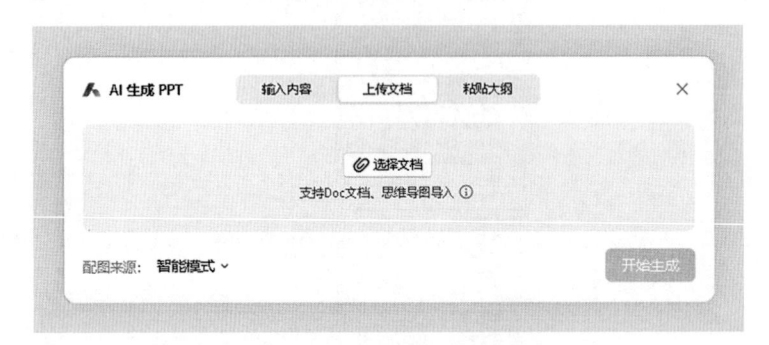

图 4-4-37　选择上传文档

找到刚刚保存的思维导图文件，点击并上传。这里有两个要点，一个叫智能润色，另一个叫保持原文。如果你希望内容 100% 不变，就选保持原文；如果想让 AI 帮你优化一下，则选择智能润色。

这里我不需要改变内容，所以选择保持原文，如图 4-4-38 所示，然后点击下一步，接下来它会 100% 基于刚刚的思维导图生成课程大纲，如图 4-4-39 所示。

图 4-4-38　选择保持原文

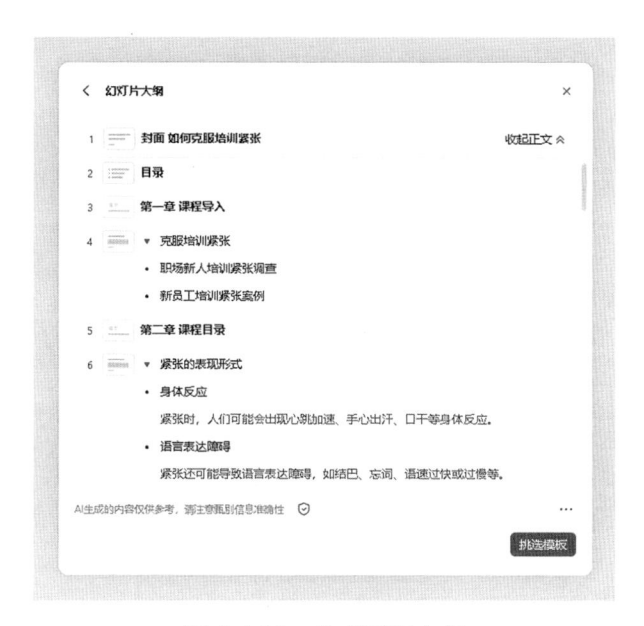

第四章　DeepSeek 跨界创作——与其他大模型的梦幻联动

图 4-4-39　生成课程大纲

在这个环节，如果你觉得它生成的大纲内容有问题的话，可以做修改；如果你觉得没问题的话，就可以直接选择幻灯片模板，如图 4-4-40 所示。选中模板之后，点击创建 PPT，最后生成了 23 页的 PPT，如图 4-4-41 所示。

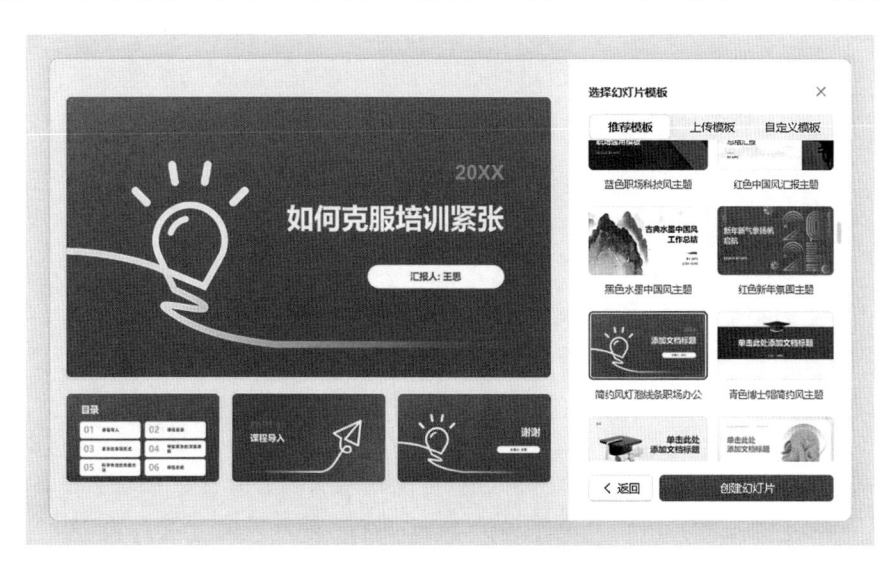

图 4-4-40　选择幻灯片模板

237

图 4-4-41　生成 PPT

我再用另外一个主题做一个演示。

还是和之前一样,我们打开 WPS,然后打开 WPS AI,这次我们选择的主题是"皮肤科 2024 年度工作总结报告",选择保持原文,点击下一步,如图 4-4-42 所示。

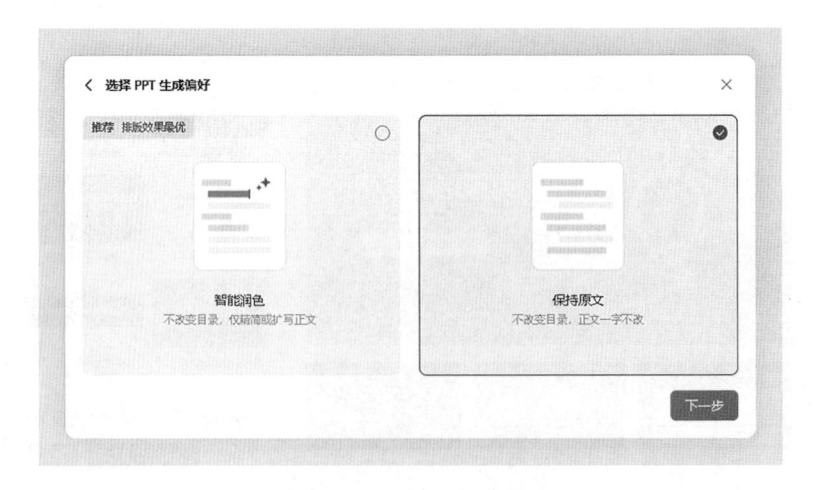

图 4-4-42　选择保持原文

238

第四章　DeepSeek 跨界创作——与其他大模型的梦幻联动

在这个环节，生成的大纲越丰富，生成 PPT 的页数就会越多，所以在思维导图的环节一定要做好内容的把控，生成大纲如图 4-4-43 所示。

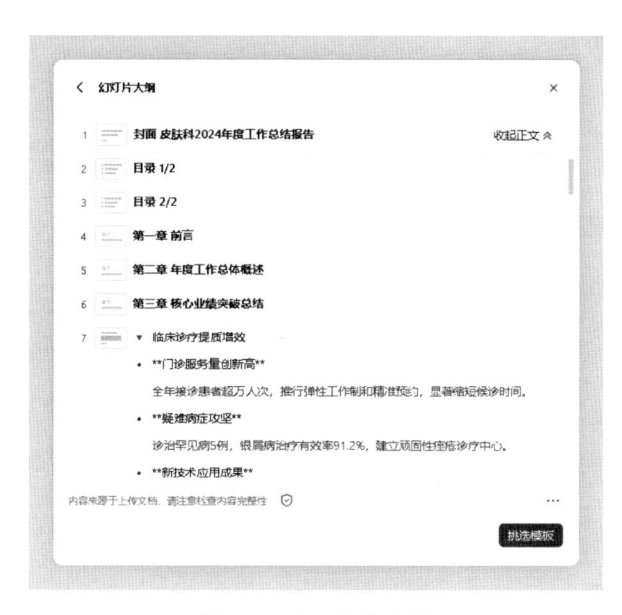

图 4-4-43　生成大纲

接下来我们要根据企业的特色选择模板，一般医院选蓝色或绿色，这里我们选择绿色，如图 4-4-44 所示。

图 4-4-44　选择绿色模板

239

选好模板之后，它可以上传封面、目录、章节、正文和结束页，只要把这几页上传后，WPS 会自动套用到上传的模板里。当然也可以自定义模板，如图 4-4-45 所示。

图 4-4-45　上传页面

然后我们选择推荐模板，点击"创建幻灯片"，如图 4-4-46 所示。

图 4-4-46　创建幻灯片

第四章　DeepSeek 跨界创作——与其他大模型的梦幻联动

WPS AI 很快就生成了一份 27 页的 PPT，因为它是一个医疗 PPT，所以配图基本上都是医疗的场景，如图 4-4-47 所示。

图 4-4-47　生成 PPT

至此我们学习了借助 DeepSeek 跨模态制作 PPT。不管你用哪个大模型制作 PPT，它的起点有三个，要么是从标题开始，要么是从大纲开始，要么是从逐字稿开始，最终的结果都是制作完成 PPT。实际使用的时候，一般我建议大家从大纲开始。

先用 DeepSeek 把大纲写出来，再做一些调整，没问题之后一定选择 Markdown 格式，然后把 Markdown 的内容输入 Kimi，让 Kimi 直接制作 PPT。也可以把它变成一个思维导图，再把思维导图输入 WPS AI 让它帮你做 PPT。当然除了 Kimi 和 WPS AI 之外，还有很多大模型可以制作 PPT，我相信所有的大模型都是在不断地精进和迭代，未来大家能够更好地去使用它们。

借助 DeepSeek 快速生成优质的提示词，再导入其他大模型生成 PPT，这一过程既节省时间，又能精准实现视觉表达，让我们可以更专注于内容创作，不被烦琐的操作工具裹挟。

241

（五）视频一键生成：文案自动转视频，自己就能做电影

文字能"生长"为画面，声音可"编织"成场景，DeepSeek 的跨模态视频制作正将科幻变为现实。这项技术不仅打通了文本、图像、音频之间的界限，还成为将各种创意转换成视频的万能工具。无论是抽象的诗意描述、粗略的设计草图，还是蕴含情绪的音轨，都能被精准解码并重构为连贯的视频。

下面我们来分享一下如何用 DeepSeek 跨模态制作视频，这项技术非常神奇。首先我们来看视频在工作和生活中有哪些应用场景。

1. 企业端场景

我们用 AI 做的视频通常有以下几个场景。第一是可以帮助我们记录生活，把照片做成视频，回忆过去的生活；第二是能够帮助公司做产品或企业文化的宣传片；第三是能够帮助企业制作广告；第四是可以做一些微电影或动漫，比如我之前用 AI 做了一个三分钟的"AI 发展"微电影。如果我不使用 AI 的话，是完全做不出来的。

有了 AI 之后，从写提示词到画面的构思，到最后每一段视频的制作，基本上可以全部由 AI 来完成。AI 还能够用来制作视频片段作为培训课程或微课的素材。就个人而言，在日常生活及工作场景中，以上都是应用最多的情形。当然实际应用时还要跟企业或员工的具体场景做一些结合。

2. AI文生视频

到底如何用 AI 帮助我们制作视频呢？一般分成 4 个步骤，跟 AI 作图类似：第一步是设计提示词，第二步是选择大模型，第三步是设置参数，第四步是点击生成。

我们来看第一步设计提示词。我先输入一个提示词"一只熊猫"，可以看到生成的图片是一只熊猫在啃竹子，如图 4-5-1 所示。但是我希望它在弹吉他。

我修改了提示词"一只熊猫弹吉他"，生成后果然变成了一只熊猫在弹吉他，画面呈现得也挺不错的，如图 4-5-2 所示。

图 4-5-1　一只熊猫在啃竹子 　　　　图 4-5-2　一只熊猫弹吉他

但生成图片的背景不是我想要的，熊猫没有坐在凳子上，所以我又修改了提示词：一只熊猫坐在凳子上弹吉他。再次生成后确实已经变成了一只坐在凳子上弹吉他的熊猫，如图 4-5-3 所示。

我觉得图片中还缺少蓝天、白云和大海，于是又加了一段提示词：一只熊猫坐在海边的凳子上弹吉他。这时候 AI 做出来的内容已经是我想要的结果了，如图 4-5-4 所示。

图 4-5-3　一只坐在凳子上弹吉他的熊猫 　　　图 4-5-4　一只熊猫坐在海边的
　　　　　　　　　　　　　　　　　　　　　　　　　凳子上弹吉他

243

在我们使用 AI 做视频的时候，写提示词是非常难的，比写 AI 生图的提示词更难，因为涉及更多的物理效果和环境效果。

到底怎样设计提示词才能得到我们想要的视频呢？

可以借助 DeepSeek。一般文生视频的提示词由 6 大类内容组成，如图 4-5-5 所示。

主体（描述）＋ 主体运动 ＋ 场景（描述）＋ 镜头语言 ＋ 光影 ＋ 氛围 ＝ 文生视频提示词

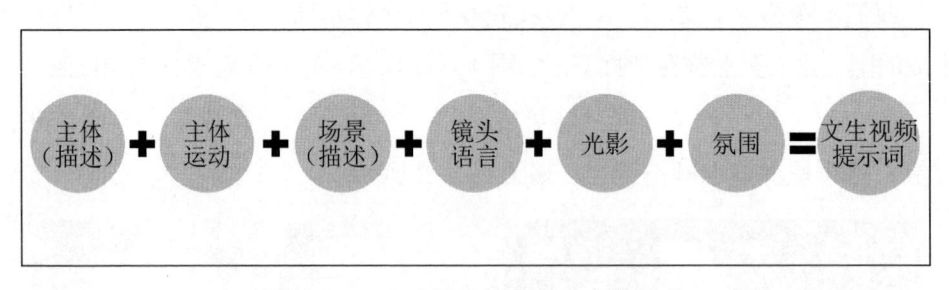

图 4-5-5　文生视频提示词 6 大类内容

第一是主体描述，以上面的图片为例，主体是一只大熊猫；第二是主体运动，大熊猫坐在凳子上弹吉他；第三是场景描述，大熊猫在大海旁；第四是镜头语言，比如中近景、全景；第五是光影效果；第六是氛围。

前 3 个是必写的，后 3 个可以根据实际情况进行适当选择，我们把这 6 个部分构建完成之后，才算写完 AI 文生视频的提示词。

我用 BRTRE 模型在 DeepSeek 中设计提示词，如图 4-5-6 所示。

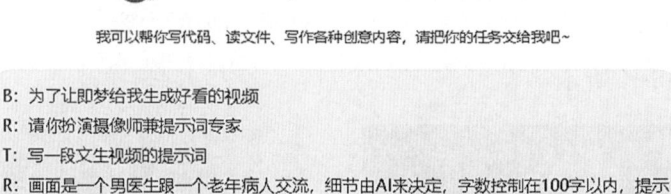

我是 DeepSeek，很高兴见到你！
我可以帮你写代码、读文件、写作各种创意内容，请把你的任务交给我吧~

B：为了让即梦给我生成好看的视频
R：请你扮演摄像师兼提示词专家
T：写一段文生视频的提示词
R：画面是一个男医生跟一个老年病人交流，细节由AI来决定，字数控制在100字以内，提示词包含了刚刚我们讲的6个部分，主体、运动、场景、镜头语言、光影和氛围等关键词。

深度思考 (R1)　联网搜索

图 4-5-6　用 BRTRE 模型设计提示词

第一个是"B"，背景是为了让即梦给我生成好看的视频，请注意我在这里写的是即梦，实际操作时可以用即梦，也可以用智谱清言，或者可灵等其他大模型，只要写清楚大模型生成视频即可。

第二个是"R"，请 AI 扮演的角色是摄像师兼提示词专家。摄像师会考虑画面感等摄像元素，提示词专家可以更好地帮助你写提示词。

第三个是"T"，任务是写一段文生视频的提示词，注意这里有一个关键词叫"文生视频"。为什么要特意提到它？因为我们用 AI 做常规视频通常有两种生成方法，一种叫文生视频，一种叫图生视频，需要在 DeepSeek 中写清楚。

第四个是"R"，具体要求为画面是一个男医生跟一个老年病人交流，细节由 AI 来决定，字数控制在 100 字以内，提示词包含了刚刚我们讲的 6 个部分，主体、运动、场景、镜头语言、光影和氛围等关键词。

把写好的提示词输入 DeepSeek 后，选择深度思考（R1 模式），下面就是它为我生成的提示词，如图 4-5-7 所示。

接下来，我们打开即梦界面，如图 4-5-8 所示。

在"AI 视频"选项框中点击"视频生成"，这时候页面左上角出现两个选项，"图片生视频"和"文本生视频"，我们点击"文本生视频"，如图 4-5-9 所示。

此时出现一个对话框，我将刚刚用 DeepSeek 生成的提示词复制粘贴进去，当然也可以直接在对话框内编写提示词，不过用 DeepSeek 生成的提示词效果更好。我输入的提示词是：一个中年男医生微微俯身专注地和坐在轮椅上的老年人交谈，背景是明亮的医院，走廊阳光透过窗户洒在地板上，形成柔和的光影，镜头采用中景，捕捉医生的微笑和病人的点头回应，氛围温暖而宁静，传递出关怀和信任。

对话框下方有视频模型选项，可以选择不同的视频模型，每种模型特点各不相同。比如视频 S2.0 较老版本生成速度更快，同时兼顾高品质的效果，满足普通用户需求（见图 4-5-10）。视频 P2.0Pro 有强大的提示词遵循能力，支持实现多镜头且保持视频内主体形象、风格、氛围的一致性。

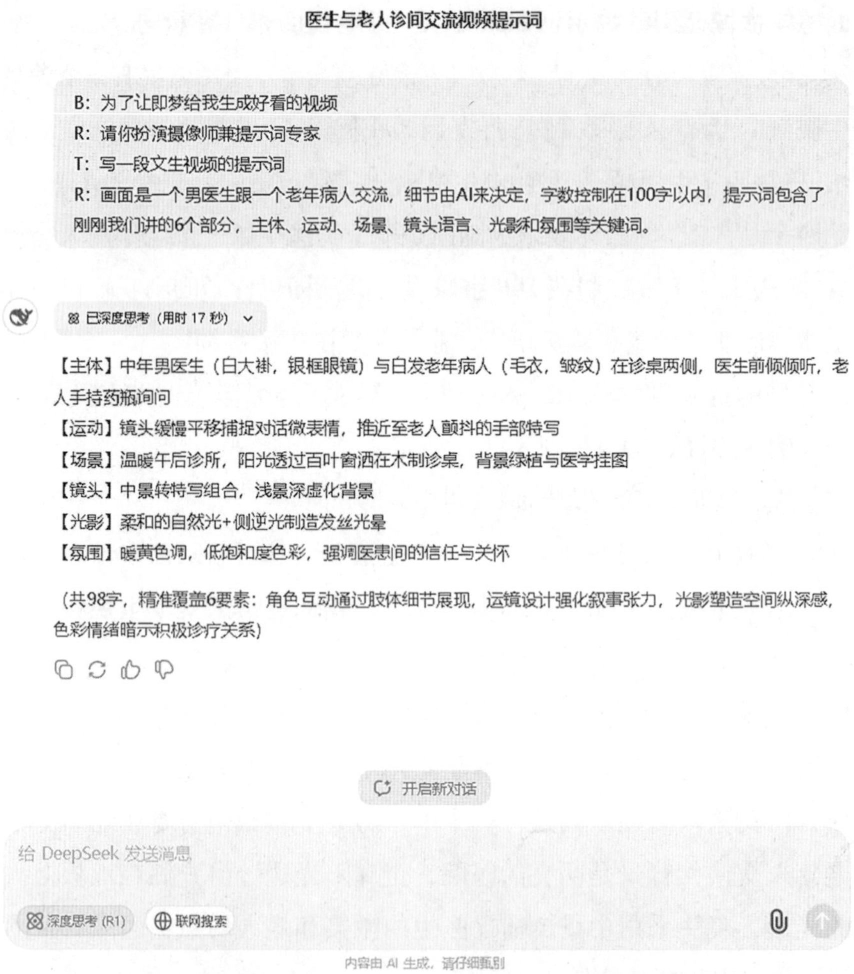
医生与老人诊间交流视频提示词
B：为了让即梦给我生成好看的视频
R：请你扮演摄像师兼提示词专家
T：写一段文生视频的提示词
R：画面是一个男医生跟一个老年病人交流，细节由AI来决定，字数控制在100字以内，提示词包含了刚刚我们讲的6个部分，主体、运动、场景、镜头语言、光影和氛围等关键词。
已深度思考（用时 17 秒）
【主体】中年男医生（白大褂，银框眼镜）与白发老年病人（毛衣，皱纹）在诊桌两侧，医生前倾倾听，老人手持药瓶询问
【运动】镜头缓慢平移捕捉对话微表情，推近至老人颤抖的手部特写
【场景】温暖午后诊所，阳光透过百叶窗洒在木制诊桌，背景绿植与医学挂图
【镜头】中景转特写组合，浅景深虚化背景
【光影】柔和的自然光+侧逆光制造发丝光晕
【氛围】暖黄色调，低饱和度色彩，强调医患间的信任与关怀
（共98字，精准覆盖6要素：角色互动通过肢体细节展现，运镜设计强化叙事张力，光影塑造空间纵深感，色彩情绪暗示积极诊疗关系）
开启新对话
给 DeepSeek 发送消息
深度思考 (R1)
联网搜索
内容由 AI 生成，请仔细甄别

图 4-5-7　DeepSeek 生成的提示词

第四章　DeepSeek 跨界创作——与其他大模型的梦幻联动

图 4-5-8　即梦界面

图 4-5-9　点击"文本生视频"　　　　图 4-5-10　选择视频模型

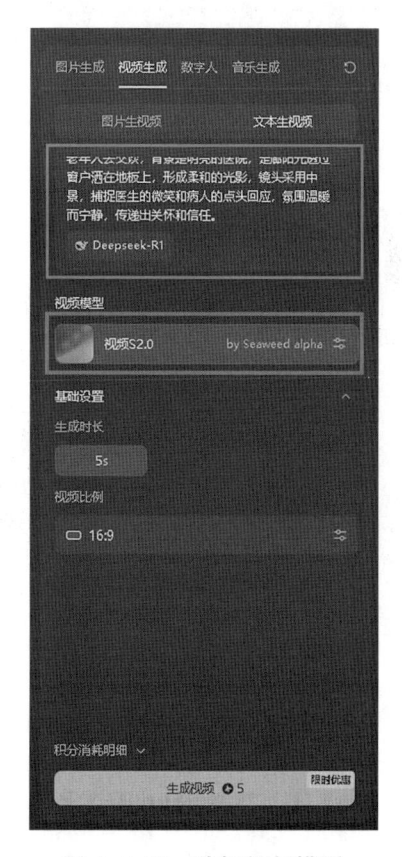

247

我们可以根据自己的实际情况进行选择，比如我希望它能够精准响应提示词，我就选择视频 P2.0Pro，下面出现不同时长，可以选择 5 秒，也可以选择 10 秒，如图 4-5-11 所示。

如果想做系列视频的话，我建议选择生成 10 秒的视频。这样后面放到剪映里加工的时候，10 秒视频是可以倍速的，但 5 秒视频倍速效果会很差。

接下来我们再选视频的比例，有 21∶9、16∶9、4∶3、1∶1、3∶4、9∶16 几个选项，根据实际情况来决定。通常企业里横屏播放可以选 16∶9，竖屏可以选择 9∶16。选好之后点击"生成视频"，即梦会扣除相应积分并生成视频，如图 4-5-12 所示。

图 4-5-11　选择时长　　　　图 4-5-12　选择视频比例并点击"生成视频"

第四章　DeepSeek 跨界创作——与其他大模型的梦幻联动

接下来会有"视频生成中"的进度显示，如图 4-5-13 所示。当进度达到 100%，这个视频就做出来了。

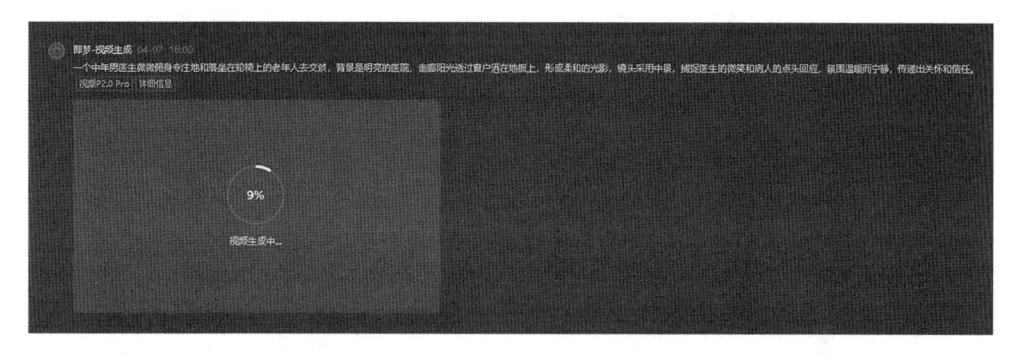

图 4-5-13　"视频生成中"的进度显示

用 AI 生成视频的过程中，不同大模型在生成速度、费用、效果等方面各有差异，这意味着等待时长、投入成本以及所需耐心也因模型而异。与生成图片一样，我们需要综合以上多维度因素，思考选用哪个大模型结合 DeepSeek 的提示词来生成视频。

使用即梦生成视频相比智谱清言、可灵等工具，即梦在视频生成速度上具有显著的优势，是目前最快的。现在我们来看即梦生成的视频效果，可以看到视频中的人物有细微动作呈现，如图 4-5-14 所示。

图 4-5-14　即梦生成视频效果

再以战场视频为例，画面中包含枪支、坦克等元素，如图 4-5-15 所示。其提示词较为简洁，只有"荒芜的战场、战车的残骸、废弃的武器"。在借助 DeepSeek 与即梦协作生成视频时，提示词并非越多越好，适量即可。关键是通过 DeepSeek 生成合适的提示词，再利用即梦生成所需要的视频。

图 4-5-15　战场视频

我们可以把生成后的视频发布到即梦让别人看到，也可以下载。如果不喜欢生成的视频，可以点击视频右上角"…"菜单中的删除键直接删除，如图 4-5-16 所示。

图 4-5-16　删除视频

即梦还可以为视频配音效、对口型、添加背景音乐等，这些都需要我们在实操中去探索。

3. AI图生视频

除了上面演示的文生视频之外，还可以图生视频。图生视频的提示词比文生视频要简单一些，只有两种形式，第一种是主体加运动，第二种是背景加运动，如图4-5-17所示。也就是说在图片里，要么是主体在动，要么是背景在动，当然也可以选择主体和背景都动起来。

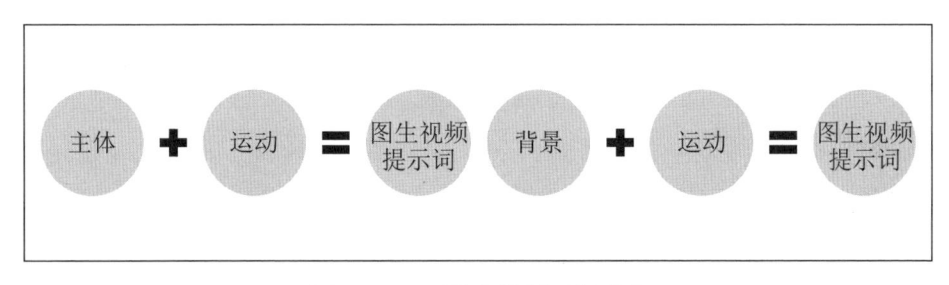

图 4-5-17　图生视频两种形式

因为是图生视频，所以我们需要事先准备好一张与视频内容契合的图片，比如我想生成男医生与老年病人的视频，就需要准备一张男医生与老年病人的图片。如果我准备的是一张小女孩的图片，就无法生成我想要的视频。然后还是和之前一样，用DeepSeek写提示词，输入以下内容：为了让即梦给我生成好看的视频，请你扮演摄像师兼提示词专家，写一段图生视频的提示词，画面是一个男医生在跟一个老年病人交流，细节你来决定，字数控制在100字以内，提示词包含主体、主体运动、场景、镜头语言、光影和氛围等关键词。我们用深度思考（R1）模式来生成，很快DeepSeek就生成了提示词，如图4-5-18所示。

回到即梦的视频生成界面，这次选择"图片生视频"按钮，点击"上传图片"，如图4-5-19所示，上传前文提到的契合视频内容的图片。

然后再将DeepSeek写好的提示词复制到文字框，接着选择相应的视频模型，我选择视频S2.0，完成以上操作后点击"生成视频"（见图4-5-20）。

原本是一张静态的图片，增加提示词后就变成了视频，这就是图生视频，如图4-5-21所示。

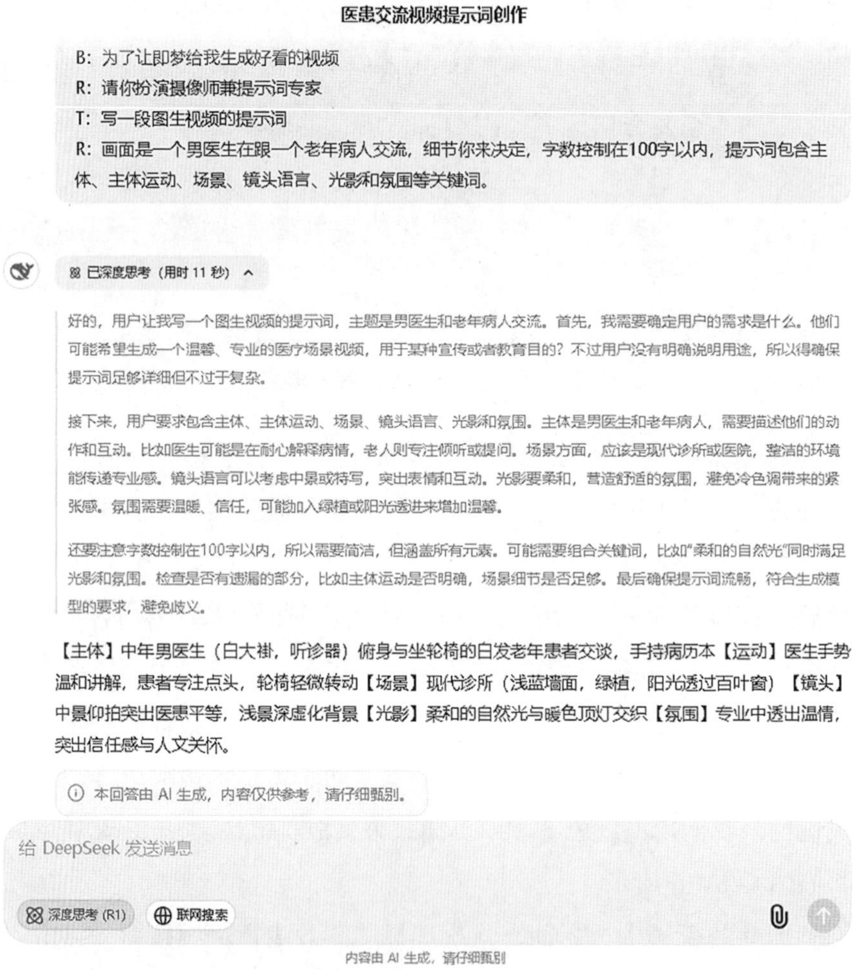

DeepSeek 企业应用指南
——每一个职场人的 AI 必修课

医患交流视频提示词创作

B: 为了让即梦给我生成好看的视频
R: 请你扮演摄像师兼提示词专家
T: 写一段图生视频的提示词
R: 画面是一个男医生在跟一个老年病人交流,细节你来定,字数控制在100字以内,提示词包含主体、主体运动、场景、镜头语言、光影和氛围等关键词。

已深度思考（用时 11 秒）

好的,用户让我写一个图生视频的提示词,主题是男医生和老年病人交流。首先,我需要确定用户的需求是什么。他们可能希望生成一个温馨、专业的医疗场景视频,用于某种宣传或者教育目的？不过用户没有明确说明用途,所以得确保提示词足够详细但不过于复杂。

接下来,用户要求包含主体、主体运动、场景、镜头语言、光影和氛围。主体是男医生和老年病人,需要描述他们的动作和互动。比如医生可能是在耐心解释病情,老人则专注倾听或提问。场景方面,应该是现代诊所或医院,整洁的环境能传递专业感。镜头语言可以考虑中景或特写,突出表情和互动。光影要柔和,营造舒适的氛围,避免冷色调带来的紧张感。氛围需要温暖、信任,可能加入绿植或阳光透进来增加温馨。

还要注意字数控制在100字以内,所以需要简洁,但涵盖所有元素。可能需要组合关键词,比如"柔和的自然光"同时满足光影和氛围。检查是否有遗漏的部分,比如主体运动是否明确,场景细节是否足够。最后确保提示词流畅,符合生成模型的要求,避免歧义。

【主体】中年男医生（白大褂、听诊器）俯身与坐轮椅的白发老年患者交谈,手持病历本【运动】医生手势温和讲解,患者专注点头,轮椅轻微转动【场景】现代诊所（浅蓝墙面,绿植,阳光透过百叶窗）【镜头】中景仰拍突出医患平等,浅景深虚化背景【光影】柔和的自然光与暖色顶灯交织【氛围】专业中透出温情,突出信任感与人文关怀。

ⓘ 本回答由 AI 生成,内容仅供参考,请仔细甄别。

给 DeepSeek 发送消息

深度思考 (R1)　　联网搜索

内容由 AI 生成,请仔细甄别

图 4-5-18　DeepSeek 生成提示词

第四章　DeepSeek 跨界创作——与其他大模型的梦幻联动

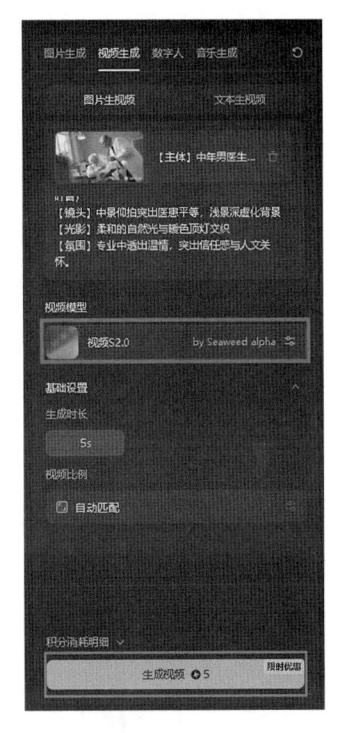

图 4-5-19　点击"上传图片"　　图 4-5-20　选择视频模型后点击"生成视频"

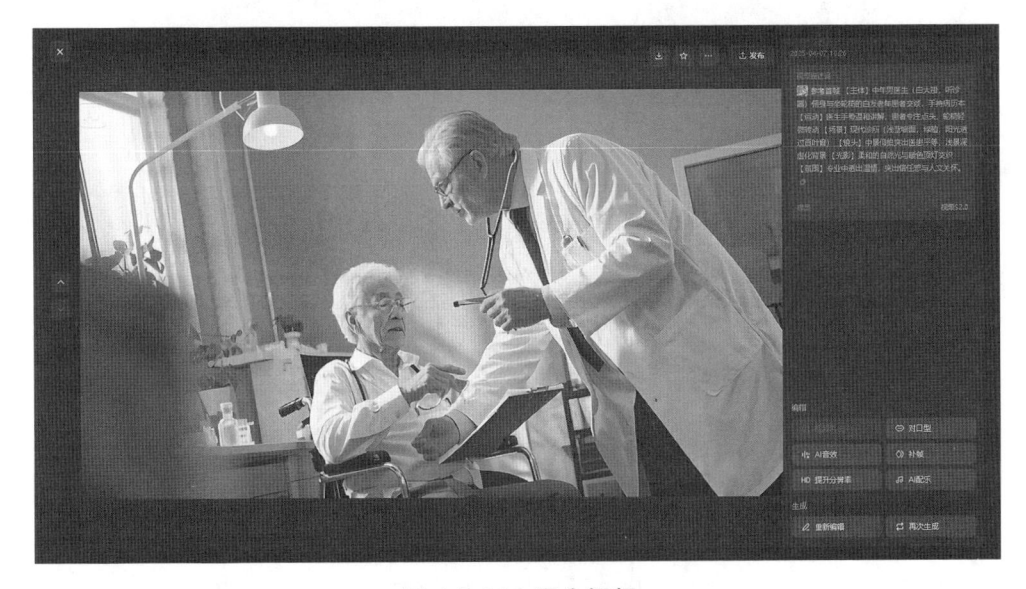

图 4-5-21　图生视频

253

总结一下，使用即梦生成视频的方法主要有文生视频与图生视频两种。我们只需要准备好提示词与相应素材，AI 就可以为我们生成视频，其中利用 DeepSeek 编写提示词是关键的一步。

实际操作中，提示词不需要太复杂，可以精炼一些，20 字的提示词可能比 100 字的效果更好。当然，还需要依据实际场景进行定制化设计。

最后我讲一下大模型的选择问题。完成 DeepSeek 编写提示词后，到底应该选择哪种大模型呢？有以下几点考虑。

第一，生成效果。

同一段提示词输入不同大模型，生成的效果是不一样的。比如有这样一段提示词：宇宙的摇篮，地球在星辰当中缓缓旋转，象征着人类文明的摇篮和未来无限的可能。将这段提示词分别输入即梦、智谱清言、可灵大模型、万相 AI，生成的效果各不相同，如图 4-5-22 所示。

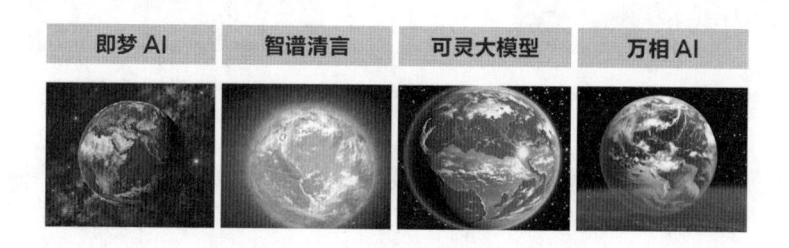

图 4-5-22　4 款大模型生成效果

上面四个图中我认为即梦的效果最好，所以我一定会选择即梦吗？也不一定，还要考虑费用问题。

第二，费用成本。

以即梦为例，每生成一次视频需要扣掉一定的积分，可灵大模型生成时也按积分扣除。与之不同，万相 AI 和智谱清言目前生成视频是免费的。所以选择免费的大模型吗？也不确定。模型的生成速度同样影响我们的选择。

第三，生成速度。

输入同一提示词，即梦生成的速度最快，不到一分钟即可完成；可灵大模型大约需要 5～6 分钟；智谱清言则需要 7～8 分钟；万相 AI 耗时最长，大约 15 分钟。

因此，我们需要综合以上多方面因素来选择适合自己的大模型。

在我们学会用 AI 做视频之后，还要把生成的视频放到剪映里做整体剪辑，剪辑并不难，难的是前期提示词的撰写和大模型的使用，这需要我们勤加练习才能熟练掌握。

（六）自由数字人：用 AI 克隆虚拟主播

接下来为大家分享如何借助 DeepSeek 跨模态制作数字人，主要可以通过以下四个步骤完成（见图 4-6-1）。

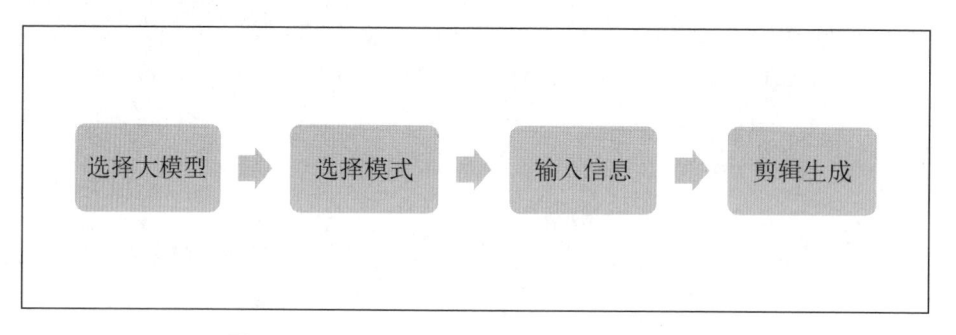

图 4-6-1　DeepSeek 跨模态制作数字人步骤

1. 如何制作数字人

（1）选择大模型。

在整个制作流程中，大模型的选择非常关键，就像搭建房屋的基石，决定了后续各项操作的基础与方向。可以做数字人的大模型有很多，不同的大模型在功能、性能及适用场景上存在差异，正确选择大模型是迈向成功制作数字人的重要开端。

第四章　DeepSeek跨界创作——与其他大模型的梦幻联动

在众多大模型中，从通用性与实用性角度考量，我推荐两款，分别是剪映和即梦。剪映和即梦数字人界面如图4-6-2所示。

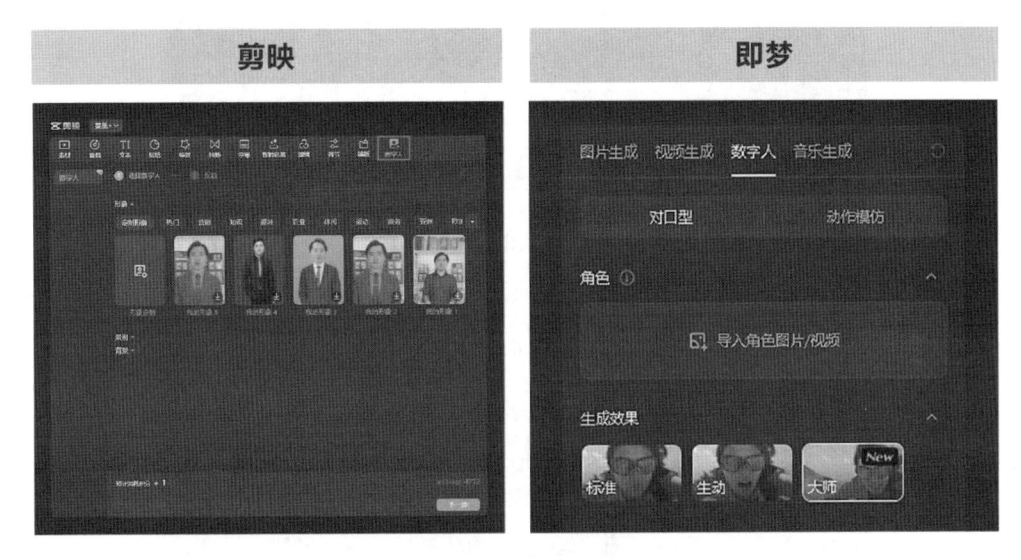

图4-6-2　剪映和即梦数字人界面

（2）**选择模式**。

根据制作数字人的具体需求和预期效果，从AI提供的多种模式中选定适当的模式。

比如剪映就有两种模式，一种叫通用数字人，一种叫克隆数字人。通用数字人就是平台自带的数字人，克隆数字人是把用户自己或其他人的视频和照片上传到剪映，剪映做出特有的数字人。这两种数字人在剪映中的效果和费用是完全不一样的。

剪映两种数字人模式如图4-6-3所示。

（3）**输入信息**。

依据所选定的大模型与模式，准确地输入与数字人相关的各类信息，包括但不限于人物特征、动作指令、场景设定等关键要素。除了内容以外，还需要在文本驱动与音频驱动两种方式中做出选择。

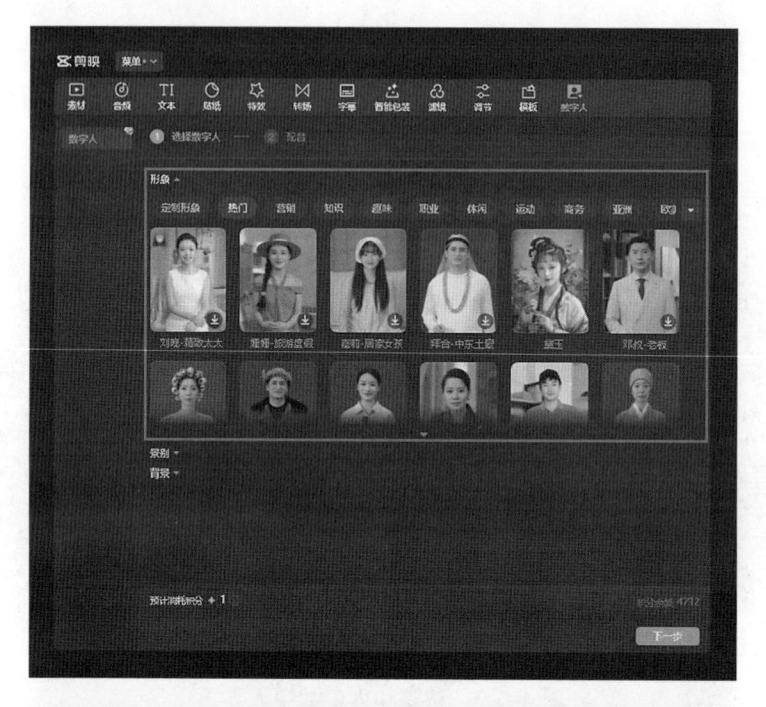

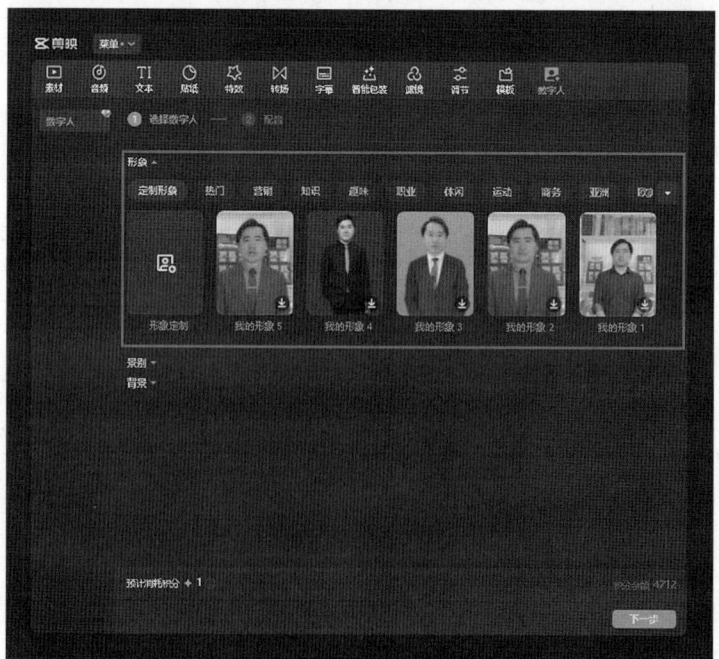

图 4-6-3　剪映两种数字人模式

文本驱动的优势在于，使用者仅需要完成脚本撰写，然后将内容提供给AI，AI就能直接生成对应的音频；缺点是生成音频的情感与情绪表现不够饱满，听起来往往带有较强的机械感，即便有所改善，也仍与真人发声存在差距。

音频驱动则要求使用者自行录音，以自身声音作为驱动源来操控数字人，优点是贴近真人发声，让听众感觉就是真人在录制，声音的真实感和情感传递更为出色。

（4）剪辑生成。

一般可以使用剪映或其他工具完成整体的剪辑与制作流程。

为帮助大家更好地掌握这一技巧，接下来我进行具体的实操演示。本次实操主要围绕上面两款工具展开。

1）即梦制作数字人。

即梦经过注册后可以直接使用网页版，打开页面后，右上角是我们要使用的数字人功能，如图4-6-4所示。

图4-6-4 即梦数字人功能

数字人功能有两个选项，分别是对口型与动作模仿。动作模仿是指用户上传照片后，即梦能够直接模仿照片中的动作。对口型是指用户上传音频后，即梦可以根据音频的内容，精准模仿相应的口型变化。我将针对这两个功能为大家进行简要介绍。

首先选择对口型功能。点击"对口型"后进入相应页面，选择左上角"角色"设置区域，这里可导入用于生成数字人的素材，支持导入角色图片或视频。导入角色素材界面如图4-6-5所示。

图 4-6-5　导入角色素材界面

在选择素材时，也有两种途径。一是从本地进行上传，可以上传自己电脑里的图片或视频。二是从资产中选取，也就是从用户之前在即梦中生成的 AI 素材中选取。现在我选择"从资产选取"，如图所示，这些便是我前期通过即梦生成的图片，我从中选定一张人物图片，点击它，待其被选中后，再点击确认即可完成素材选择，资产素材选取如图 4-6-6。

图 4-6-6　资产素材选取

选取后会进行角色检测，角色检测过程如图 4-6-7 所示。如果角色检测有问题,系统会告知并要求重新上传素材,角色检测失败如图 4-6-8 所示。如果角色检测成功,则进行下一步——选择生成效果,如图 4-6-9 所示。这里可以选择标准、生动或大师级,选择大师级或生动都可以。

图 4-6-7　角色检测过程　　　　　　图 4-6-8　角色检验失败

图 4-6-9　选择生成效果

完成"生成效果"选择后,可以看到对口型设置区域有两个选项:文本朗读和上传本地音频。我选择文本朗读,不过在实际使用中,上传本地音频往往效果更好。在下面的文字输入框中输入"大家好,我是肖兴"。由于使用的是文本朗读功能,接下来需要选择角色声音。这里有多种声音可供挑选,也可以设置说话速度,一倍速即正常语速,文本朗读设置如图 4-6-10 所示。以上都设置完成后,点击"生成视频"。

稍做等待之后,即梦就会生成视频成品,如图 4-6-11 所示。

图 4-6-10　文本朗读设置

图 4-6-11　视频成品

以上展示的是即梦制作数字人中的对口型模式操作,这仅是一个简要的讲解示例，即梦实际上还有很多参数需要实操体验，只有这样才能深入了解其功能与效果。此外，即梦还有动作模仿模式，接下来我们一同了解一下。

进行动作模仿操作时，首先要导入人物图片。与之前类似，有两种方式可选——从本地上传和从资产选择。这次我选择本地上传方式。在本地文件中选择合适的图片，系统随即会对上传的图片进行检测。待检测流程结束且没有问题后，界面上会呈现出多个动作模板。

选择其中一个动作模版（见图 4-6-12），然后点击生成视频，就完成了一次数字人的制作。

图 4-6-12　选择动作模板

目前动作模仿功能界面上仅展示了 4 个预设模板，实际上我们还可以上传本地文件进行操作，操作方法是：先上传用户自己的照片，接着将包含目标动作的视频上传至系统，这样用户照片中的形象便能够按照视频中人物动作进行模仿，无论是跳舞、演讲或其他动作，都能够实现。在使用即梦软件时，灵活运用这些功能，以达成多样化的创作需求。

通过即梦生成的各类视频，无论是文生视频、图生视频，还是数字人视频，呈现的往往只是几秒时长的效果。如果希望获得更长时长、更完整的视频内容，就需要依据自身的创意设计，构思多个提示词。每个提示词生成一段对应的视频片段，随后将这些片段整合到剪映软件中进行后期加工，用这种方式能够取得较为理想的效果。

因此，我们在实际操作时，不要局限于当下所学习的操作技巧，而是要在脑海中构建一个整体的创作思路，从构思、提示词编写、即梦生成片段，到最终利用剪映完成整合与优化，每个环节都紧密相连，最终完成优质视频作品。

2）剪映制作数字人。

接下来，我介绍第二种制作数字人的方法，用剪映进行创作。相较于其他工具，剪映具有较强的实操性与综合性，能够满足多样化的制作需求，但它在生成数字人的过程中需要付费，这点需要注意。

前文说过，我们既可以利用剪映制作通用数字人，也能够创建克隆数字人。这里我们将聚焦于更具挑战性的操作——如何制作克隆数字人，我会详细分享其操作方法、步骤、技巧以及可能遇到的难点。

首先我们需要下载剪映软件，注册登录之后，点击一下"开始创作"，进入以下界面，如图 4-6-13 所示。

点击数字人选项后，稍做等待并向下滑动页面，就可以看到众多数字人形象。当前展示的这些数字人均属于通用数字人，可以随意选择，我重点为大家介绍定制形象的操作。

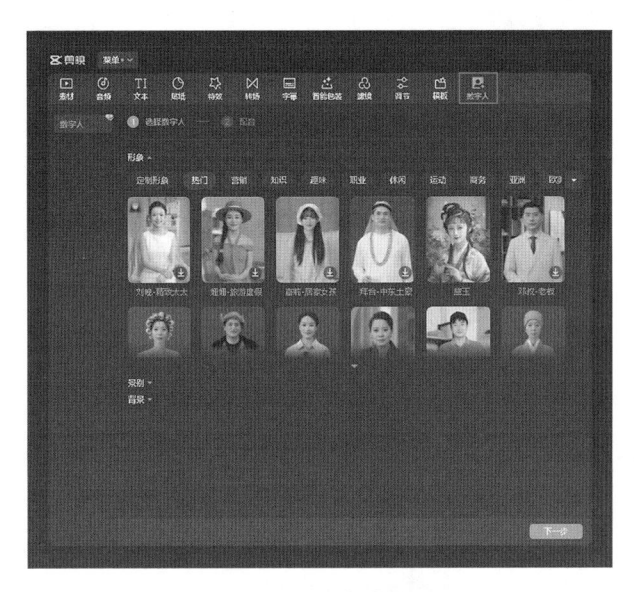

第四章　DeepSeek 跨界创作——与其他大模型的梦幻联动

图 4-6-13　剪映界面

第一步，点击"定制形象"，如图 4-6-14 所示。之后这里会显示克隆视频形象和上传相册照片两个选项，即选择克隆照片或克隆视频。建议大家优先选择视频作为克隆素材，因为相较于照片，视频能够呈现更为生动、丰富的信息（见图 4-6-15）。

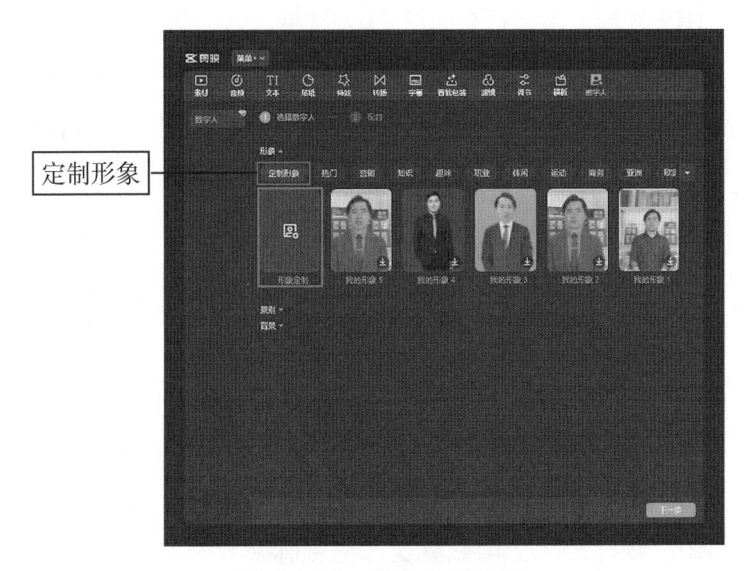

图 4-6-14　选择定制形象

265

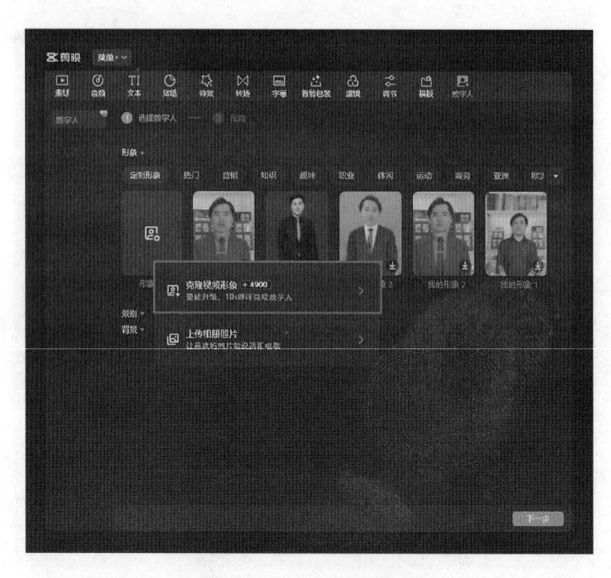

图 4-6-15　克隆选项

选择克隆视频形象后依次经历三个步骤：第一步，上传用于克隆的视频素材；第二步，完成真人验证流程，确保操作主体的真实性；第三步，点击提交，等待系统处理。

A. 上传视频。

点击"上传视频"，选择想上传的视频即可。一般上传一个 10 秒钟的视频就能够制作克隆数字人。如果想达到更理想的克隆效果，建议上传时长 10 秒～5 分钟的个人口播视频。系统将依据该视频，对用户的声音及形象同步进行克隆。

拍摄视频需要看清系统中所列出的拍摄要求（见图 4-6-16），其实拍摄要求并不复杂：拍摄背景既可以是真实场景，也可以采用绿布；拍摄时用户选择坐着或站着进行口播均可。

特别需要注意的是，在录制用于克隆的视频时，尽量减少自身动作，过多的动作会对后期数字人的生成效果产生不利影响，因此做一些较为简单的动作或正常面对镜头讲述即可。横屏或竖屏录制均可，没有特别要求。另外还要确保克隆效果的清晰度与精准度，在录制视频时优先选择高清模式。我在克隆自己的形象时，专门使用单反相机进行视频录制。

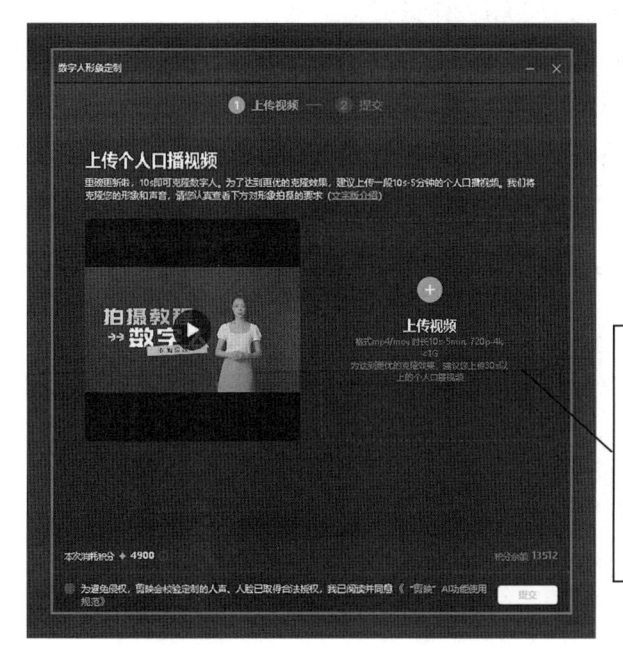

格式 mp4/mov
时长 10s-5min 720p-4k，
< 1G
为达到更优的克隆效果，
建议您上传 30s 以上的个
人口播视频

图 4-6-16　拍摄要求

点击选中需要上传的视频，再点击"打开"选项，如图 4-6-17 所示。此时，页面会显示"视频校验中"，如图 4-6-18 所示。视频校验所需时间与视频本身的时长相关，视频越长，校验所需时间越久。

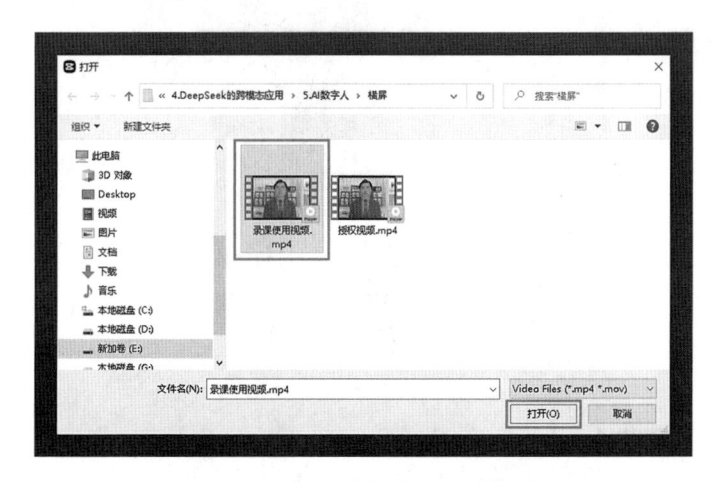

图 4-6-17　选择并打开视频

图 4-6-18　视频校验中

视频校验成功后,我们要在页面最下面勾选授权选项(见图 4-6-19),同时这里也是一个同意付费的操作。剪映是用积分作为付费手段的,具体收费标准和规则可以在剪映软件上查询,这里不做赘述。

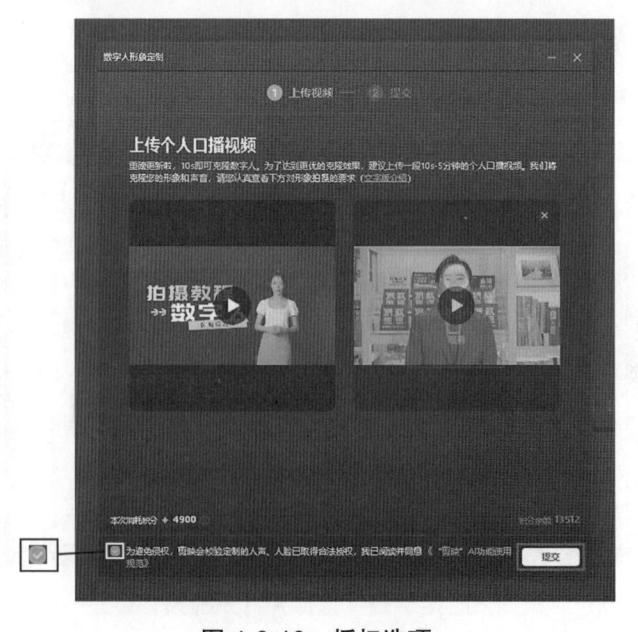

图 4-6-19　授权选项

第四章　DeepSeek 跨界创作——与其他大模型的梦幻联动

B. 真人验证。

提交之后便进入真人验证界面（见图 4-6-20），设置此环节，是为了保障用户个人形象的相关权利，确保数字人技术不被滥用。所以每位用户均需要上传一段用于真人验证的视频（见图 4-6-21、图 4-6-22），系统会提供一段文字，用户需要面对镜头朗读这段文字，之后系统会将朗读过程录制为视频并上传，以此证明其对所克隆形象拥有相应授权。

图 4-6-20　真人验证界面

C. 提交。

如果确认此前步骤都没有问题，就可以点击"提交"按钮，如图 4-6-23 所示。之后系统即刻启动审核与克隆流程。克隆过程耗时较长，一般情况下需 1～2 小时。如果上传的视频时长很长，所需要的时间会更多。

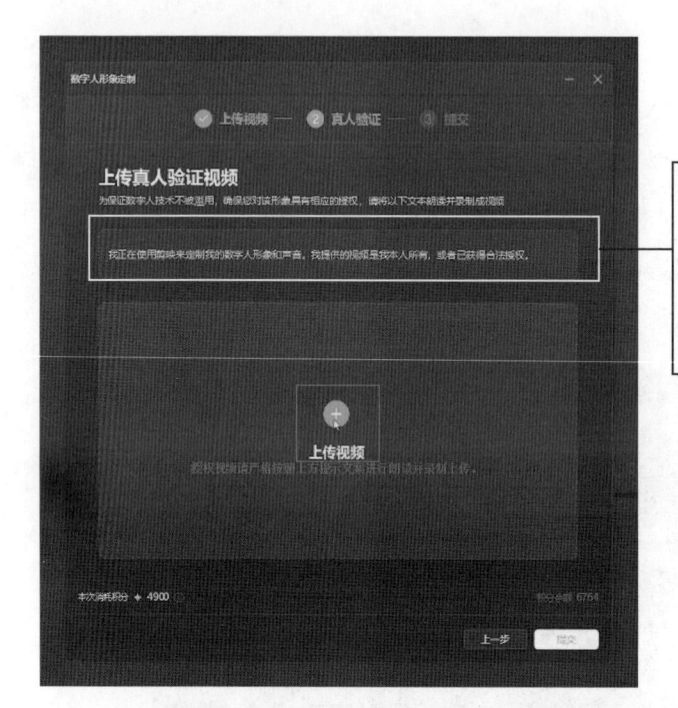

图 4-6-21　上传视频 1

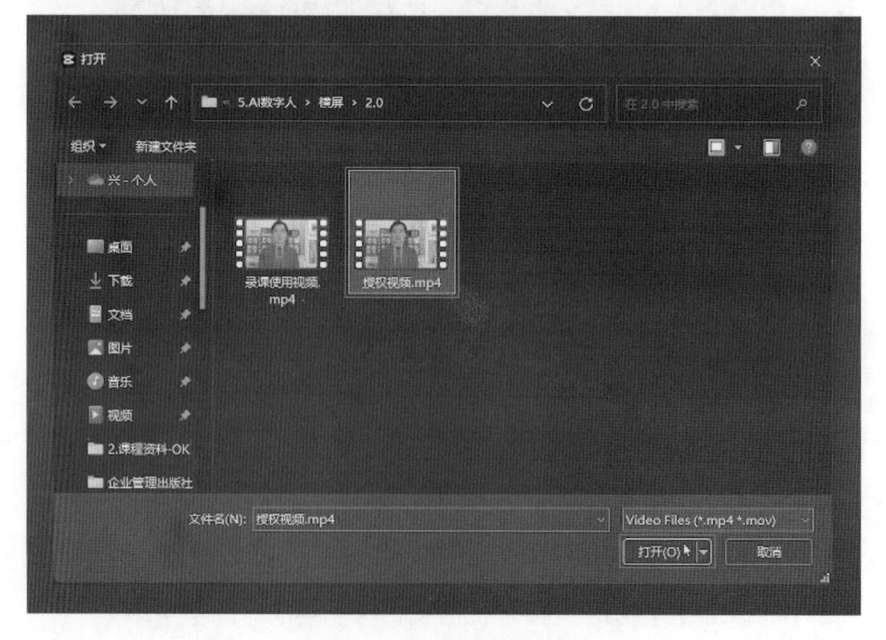

图 4-6-22　上传视频 2

第四章　DeepSeek 跨界创作——与其他大模型的梦幻联动

图 4-6-23　选择提交

下图展示的是我通过克隆得到的不同类型的数字形象（见图 4-6-24）。从左数第五个形象主要用于录制短视频；第四个形象则通常在录制课程时使用；第三个绿布背景的形象，是我在录制课程时希望画面左边呈现人物、右边展示 PPT 用的。相较于其他以视频为素材克隆出的形象，由照片克隆出的形象在生动性上稍显逊色，因此采用视频作为克隆素材效果更好。

2. 如何使用数字人

讲完如何制作数字人，我再来分享如何使用数字人，讲解两种工作中常应用的场景。

（1）横屏录课。

横屏录课的数字人操作十分简便，首先选择左边数第五个数字人形象，点击"下一步",如图 4-6-25 所示。

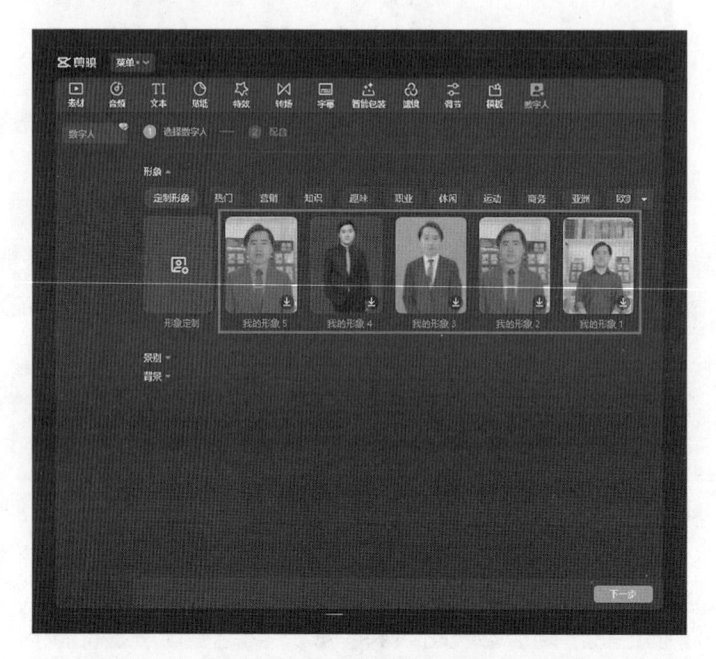

图 4-6-24　克隆数字形象

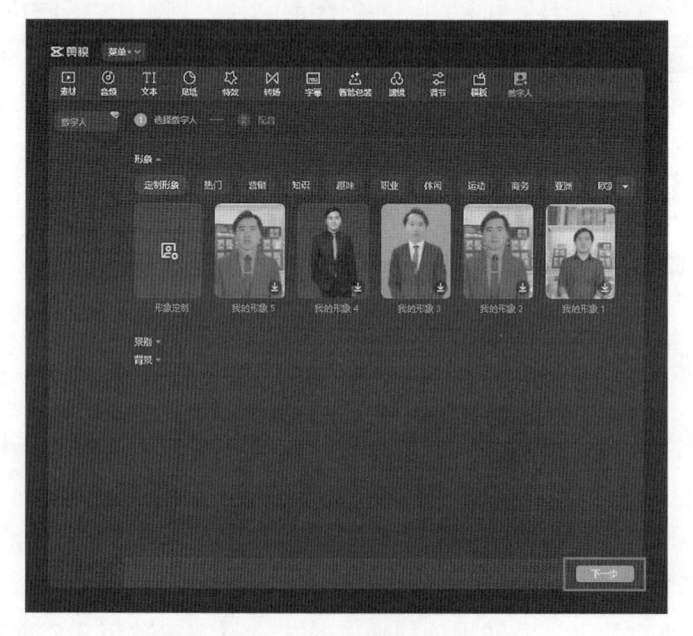

图 4-6-25　选择数字人形象

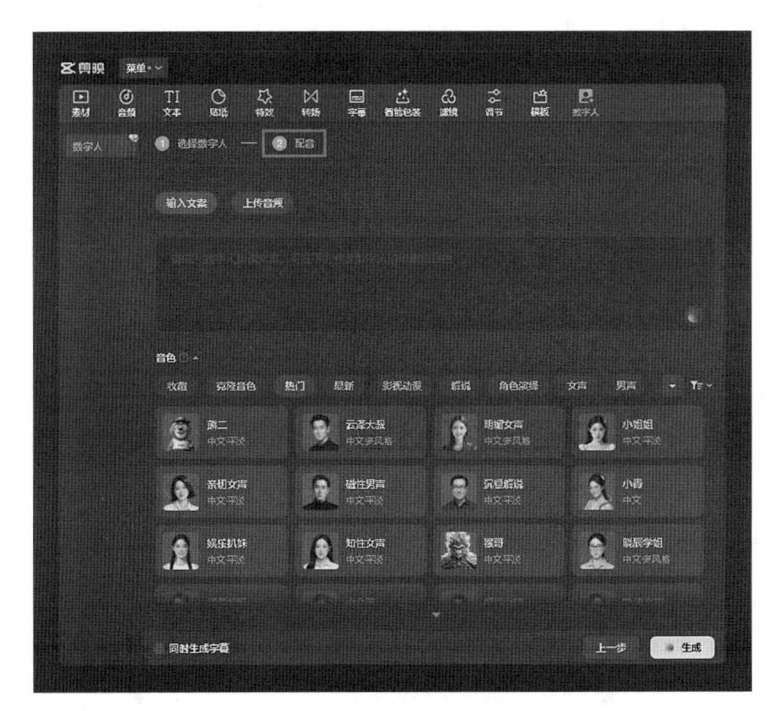

点击之后，即可进入后续的配音操作界面，如图 4-6-26 所示。

图 4-6-26　配音操作界面

进入配音环节，需要选择通过输入文案还是上传音频来完成配音。我为大家演示输入文案配音的方式，在文字框中输入"大家好，我是肖兴，很高兴认识大家"，如图 4-6-27 所示。

完成文案输入后，可以选择音色。剪映自身提供的音色有很多种，这些都是通用声音，当然也可以使用自己的声音。在之前上传我的视频进行克隆时，系统同时也克隆了我的声音，使用自己的声音会更贴合自身语音的特色。

选定某一音色后，直接勾选该音色选项，然后点击界面右下角的"生成"按钮（见图 4-6-28），会弹出一个确认窗口，点击"确认合成"即可，如图 4-6-29 所示。这样数字人录课的视频就制作好了。

在此特别提醒，如果选择文本配音方式，可能会出现系统念错字的问题，特别是多音字、生僻字，系统可能会错误地念成其他读音，如果对配音质量要求较高，我个人建议选择音频驱动方式。

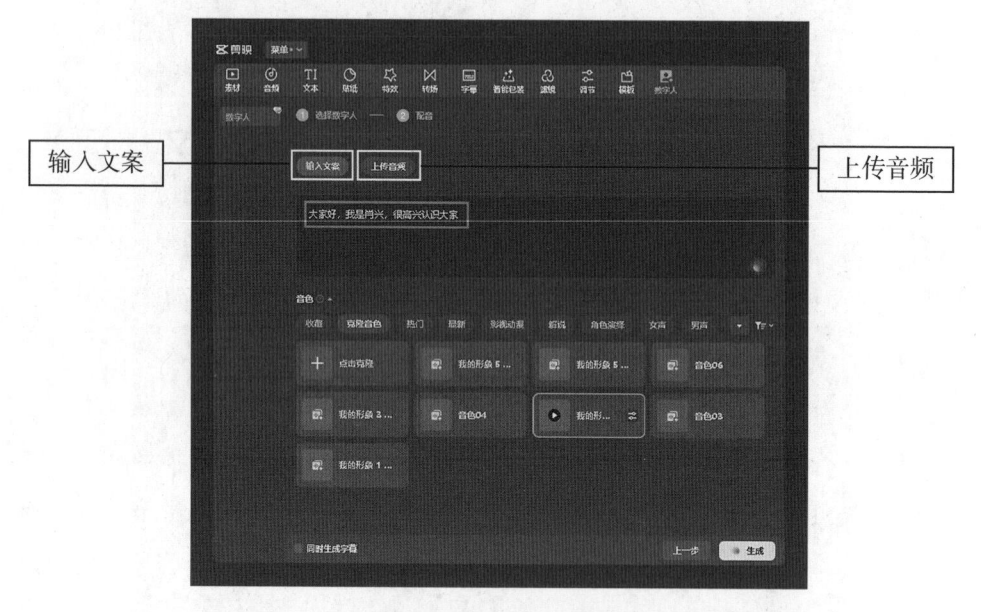

图 4-6-27　输入文案

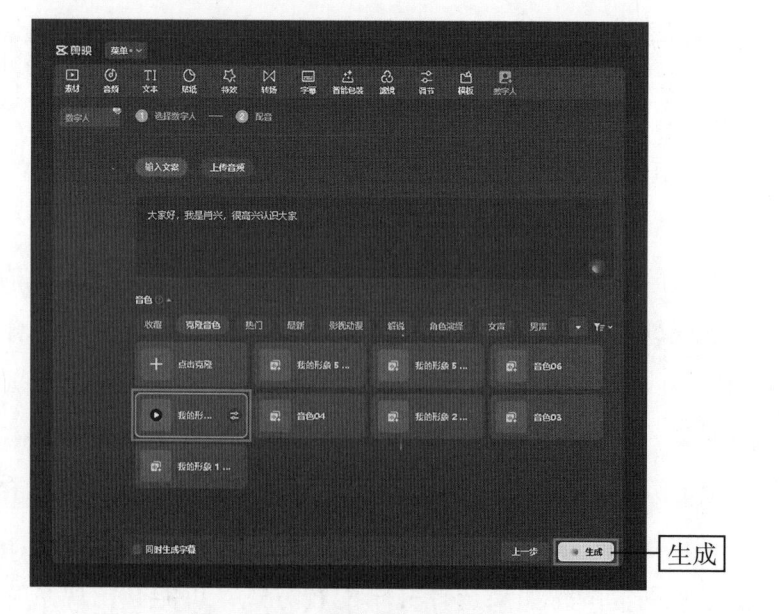

图 4-6-28　勾选音色选项

图 4-6-29　确认合成

（2）PPT 与数字人结合。

先选择数字人形象，这里选择第三个绿屏效果，如图 4-6-30 所示。然后点击下方"下一步"按钮进入配音环节，这次选择"上传音频"，点击"添加音频"，如图 4-6-31 所示。

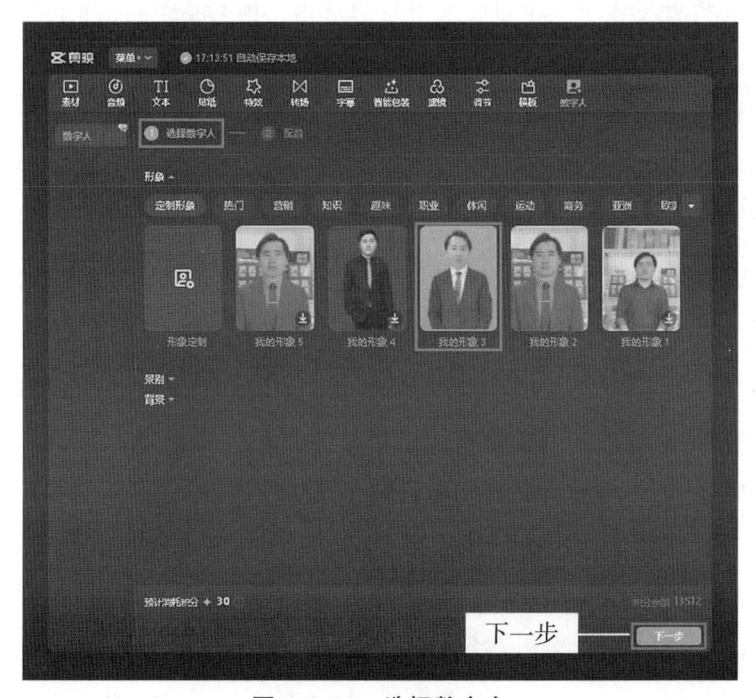

图 4-6-30　选择数字人

275

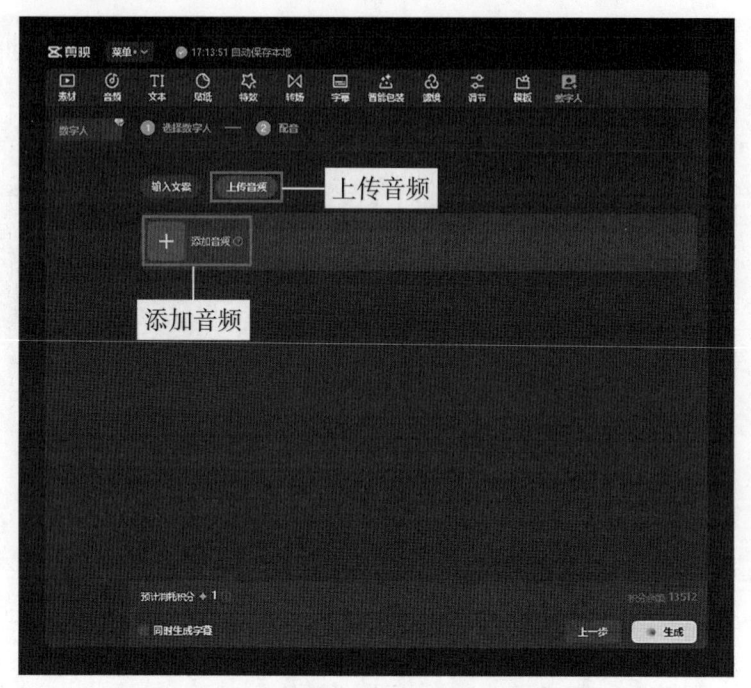

图 4-6-31　选择上传音频并点击添加音频

在演示添加音频前，我要插入一段讲解——用 DeepSeek 将 PPT 转化为逐字稿的方法。因为我们选择添加音频的方式来配音，所以需要准备音频所用的文稿，文稿的生成方式多样，既可以自行编写，也可借助工具生成。演示最终呈现的效果是画面一侧展示人物，另一侧展示 PPT，且人物所讲述的内容与 PPT 一致。这种情况下，文稿内容不需要手动编写，可以借助 DeepSeek 来直接生成。

首先，将 PPT 另存为 PDF 格式，如图 4-6-32 所示。然后打开 DeepSeek 界面，选择"上传附件"，将刚刚保存的 PDF 文件上传。之后需要在 DeepSeek 中输入提示词：为了将附件（PDF）页面中的内容录制成视频，请你将每一页 PPT 的逐字稿写出来，按照页码（类似 P1）、逐字稿内容（按照 PPT 页面内容书写，口语化表达，便于录音），不限篇幅，不要省略，把 18 页的逐字稿全部写出来，不需要添加括号里的任何内容，我只是用来配音，不用来剪辑画面（见图 4-6-33）。输入完成后，点击"发送"。随后 DeepSeek 会

第四章　DeepSeek 跨界创作——与其他大模型的梦幻联动

按照 P1、P2、P3 的顺序，自动生成对应的逐字稿，如图 4-6-34 至图 4-6-37 所示。

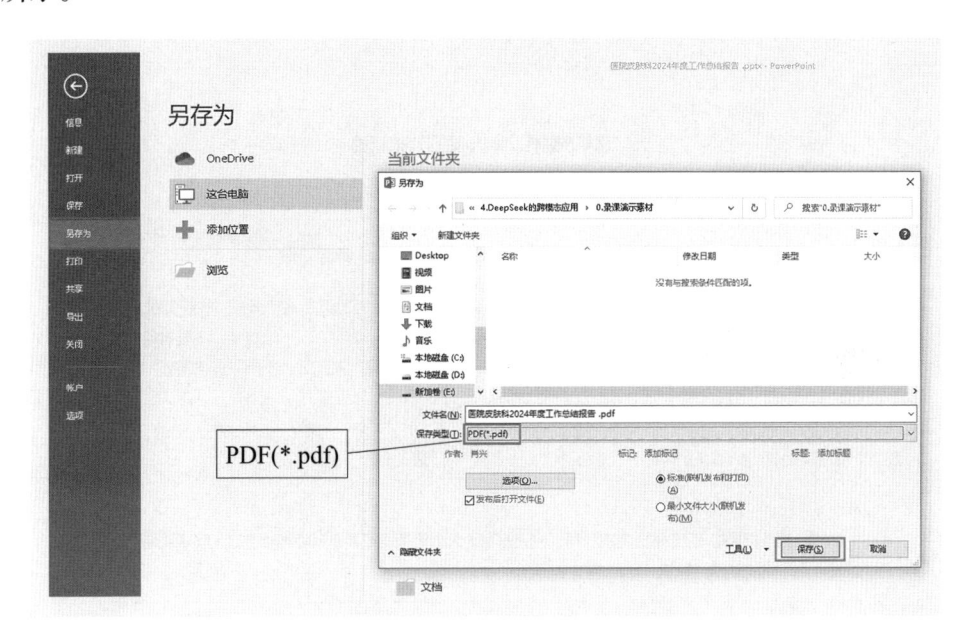

图 4-6-32　将 PPT 另存为 PDF 格式

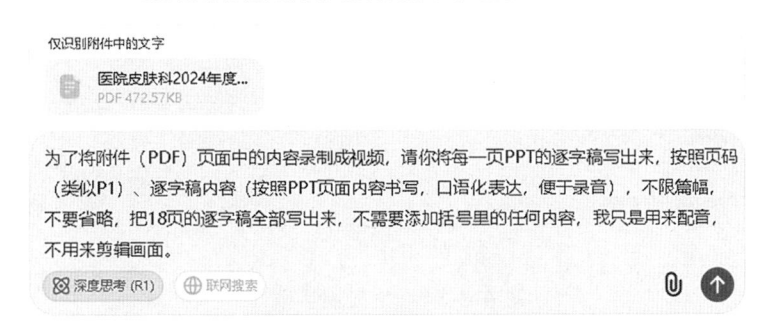

图 4-6-33　输入提示词

DeepSeek 企业应用指南
—— 每一个职场人的 AI 必修课

医院皮肤科2024年度工作总结报告

> 📎 医院皮肤科2024年度工作总...
> PDF 472.57KB

> 为了将附件（PDF）页面中的内容录制成视频，请你将每一页PPT的逐字稿写出来，按照页码（类似P1）、逐字稿内容（按照PPT页面内容书写，口语化表达，便于录音），不限篇幅，不要省略，把18页的逐字稿全部写出来，不需要添加括号里的任何内容，我只是用来配音，不用来剪辑画面。

🐋 已深度思考（用时 34 秒）∨

P1
大家好，我是WPS，来自XX医院皮肤科。今天由我为大家汇报我们科室2024年度的工作总结报告。接下来我将从多个维度详细回顾这一年的成果与经验。

P2
首先来看目录部分。本次报告共分为六个主要板块：
第一部分是2024年度工作综述，涵盖技术创新、临床科研、团队建设、公益实践和个人发展；
后续的第二至第六部分将分别深入探讨病例数据分析、患者满意度提升、设备升级进展、跨科室合作成果以及未来一年的规划目标。
现在让我们从第一部分开始。

P3
（此页为空白或仅含致谢，根据实际内容补充）
感谢大家的关注与支持！接下来我们将逐一展开详细汇报。

给 DeepSeek 发送消息

🐋 深度思考 (R1) 🌐 联网搜索

内容由 AI 生成，请仔细甄别

图 4-6-34　生成逐字稿 1

278

第四章　DeepSeek 跨界创作——与其他大模型的梦幻联动

医院皮肤科2024年度工作总结报告

P4
PART 01：2024年度工作综述
2024年，皮肤科在诊疗技术、科研转化、团队协作等方面取得显著进步。全年接诊患者超5万人次，疑难病例治愈率提升12%，同时完成了3项省级科研课题的结题工作。下面从五个关键领域具体说明。

P5
技术创新提升诊疗质量
今年我们引入了AI皮肤影像诊断系统，将常见皮肤病的确诊时间缩短了40%。激光治疗技术升级后，疤痕修复患者满意度达到98%。此外，科室还开展了5场新技术培训，确保每位医生熟练掌握操作流程。

P6
临床科研转化闭环
我们建立了"临床问题-科研立项-成果应用"的一体化机制。例如，针对湿疹复发难题的专项研究，已形成标准化治疗方案，并在全院推广，使患者复发率下降25%。相关成果发表SCI论文4篇。

P7
打造高效医疗团队
通过每月病例讨论会、跨院专家会诊制度，团队协作效率提升30%。今年新增2名副主任医师和5名护理骨干，并实施了"导师制"培养计划，年轻医生考核合格率100%。

P8
医者仁心践行公益
科室全年组织6次社区义诊，覆盖3000余人次，免费为留守儿童筛查皮肤病。联合慈善基金会，为50名贫困患者提供全额治疗援助。公益活动获市级媒体报道3次。

给 DeepSeek 发送消息

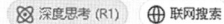

深度思考 (R1)　　联网搜索

内容由 AI 生成，请仔细甄别

图 4-6-35　生成逐字稿 2

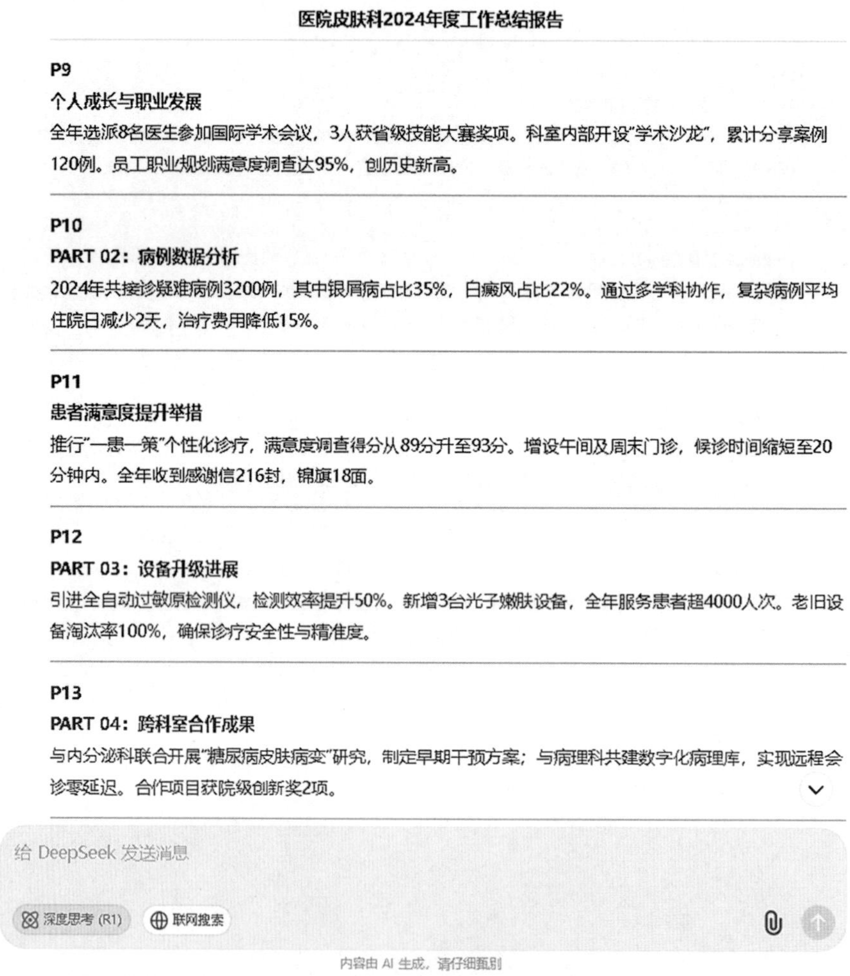

DeepSeek 企业应用指南
——每一个职场人的 AI 必修课

医院皮肤科2024年度工作总结报告

P9
个人成长与职业发展
全年选派8名医生参加国际学术会议，3人获省级技能大赛奖项。科室内部开设"学术沙龙"，累计分享案例120例。员工职业规划满意度调查达95%，创历史新高。

P10
PART 02：病例数据分析
2024年共接诊疑难病例3200例，其中银屑病占比35%，白癜风占比22%。通过多学科协作，复杂病例平均住院日减少2天，治疗费用降低15%。

P11
患者满意度提升举措
推行"一患一策"个性化诊疗，满意度调查得分从89分升至93分。增设午间及周末门诊，候诊时间缩短至20分钟内。全年收到感谢信216封，锦旗18面。

P12
PART 03：设备升级进展
引进全自动过敏原检测仪，检测效率提升50%。新增3台光子嫩肤设备，全年服务患者超4000人次。老旧设备淘汰率100%，确保诊疗安全性与精准度。

P13
PART 04：跨科室合作成果
与内分泌科联合开展"糖尿病皮肤病变"研究，制定早期干预方案；与病理科共建数字化病理库，实现远程会诊零延迟。合作项目获院级创新奖2项。

图 4-6-36　生成逐字稿 3

第四章　DeepSeek 跨界创作——与其他大模型的梦幻联动

医院皮肤科2024年度工作总结报告

P14
PART 05：挑战与改进方向
当前存在门诊空间不足、部分新技术推广速度较慢等问题。2025年计划扩建诊室3间，并建立"技术应用反馈机制"，定期优化流程。

P15
PART 06：2025年度目标
新一年，我们将聚焦三大方向：

1. 开展"皮肤病人工智能大数据中心"建设；
2. 推动2项国家级科研项目立项；
3. 患者满意度目标提升至95分以上。

P16
致谢与展望
感谢院领导的支持、同事的协作以及患者的信任！2025年，皮肤科将继续以患者为中心，追求卓越医疗品质，为健康事业贡献力量。

P17
（补充页，根据实际内容）
再次强调，我们的每一步成长都离不开团队的努力。未来，我们将保持初心，用专业与温度守护每一寸皮肤的健康。

P18
结束页
以上就是XX医院皮肤科2024年度工作总结的全部内容。感谢您的聆听！如有任何疑问，欢迎随时交流。我是WPS，我们下次再见！

ⓘ 本回答由 AI 生成，内容仅供参考，请仔细甄别。

给 DeepSeek 发送消息

深度思考 (R1)　联网搜索

内容由 AI 生成，请仔细甄别

图 4-6-37　生成逐字稿 4

在获取逐字稿后，下一步便是生成音频。具体操作如下：在配音界面中找到并点击右下方的"录音"按钮，如图 4-6-38 所示。

打开录音功能后，建议勾选"回声消除"与"草稿静音"选项，以优化

281

录音效果（见图 4-6-39）。之后点击"开始"按钮。待倒计时"3、2、1"结束，即可根据逐字稿内容进行朗读。朗读结束后，点击关闭录音功能，查看是否成功录入系统。

图 4-6-38　点击"录音"按钮

图 4-6-39　录音功能界面

当看到音频波形呈现出波峰和波谷，就表明已成功录入（见图 4-6-40）。此时选中该音频，点击鼠标右键，在弹出的菜单中选择"打开文件所在位置"选项（见图 4-6-41），即可查看该音频文件在系统中的存储位置。

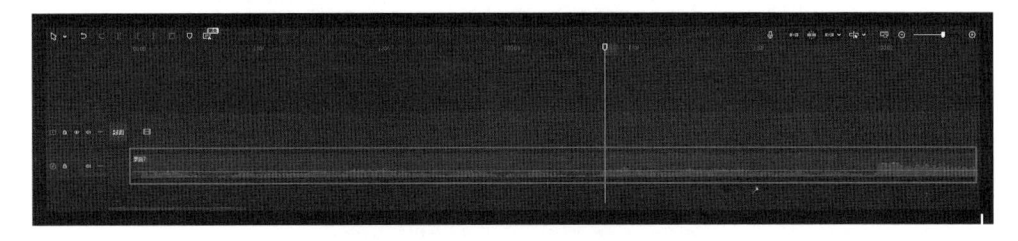

图 4-6-40 成功录入

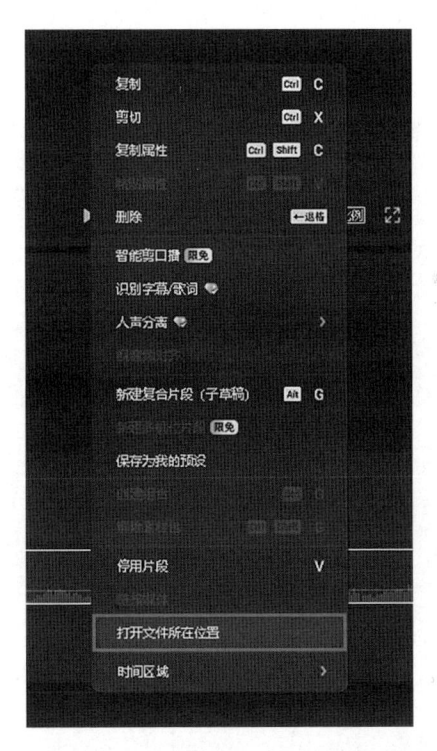

图 4-6-41 "打开文件所在位置"选项

接下来选中并复制音频文件的路径（见图 4-6-42），随后在剪映数字人界面左上角点击"添加音频"按键，将刚刚复制的音频文件路径粘贴到指定位置，选中对应的音频文件，点击"打开"，至此音频上传操作完成。

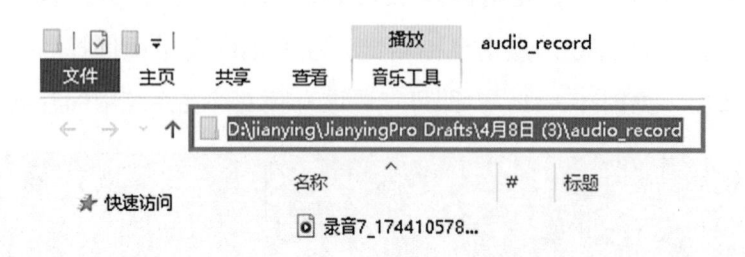

图 4-6-42　选中并复制音频文件路径

然后可以对音频进行简单剪辑，去除多余的开头和结尾部分，剪辑完成后点击"保存"（见图 4-6-43），再点击"生成"按钮（见图 4-6-44），配音部分就完成了。

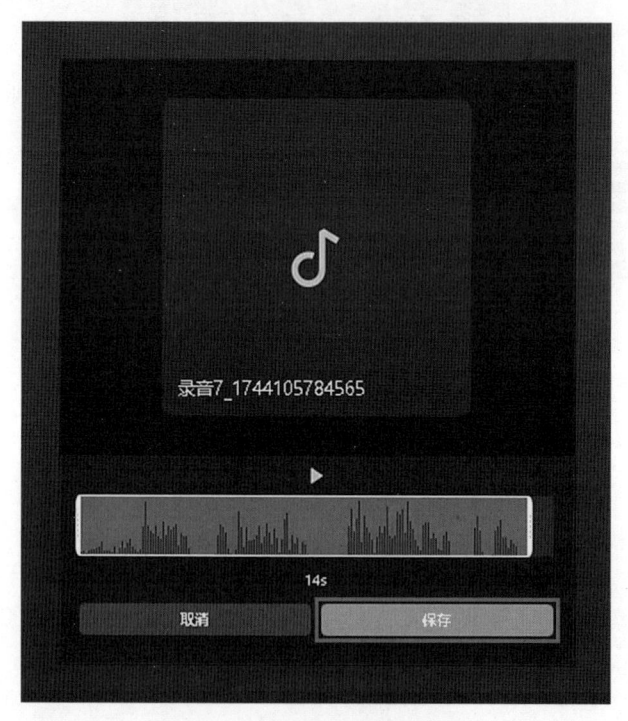

图 4-6-43　剪辑后保存音频

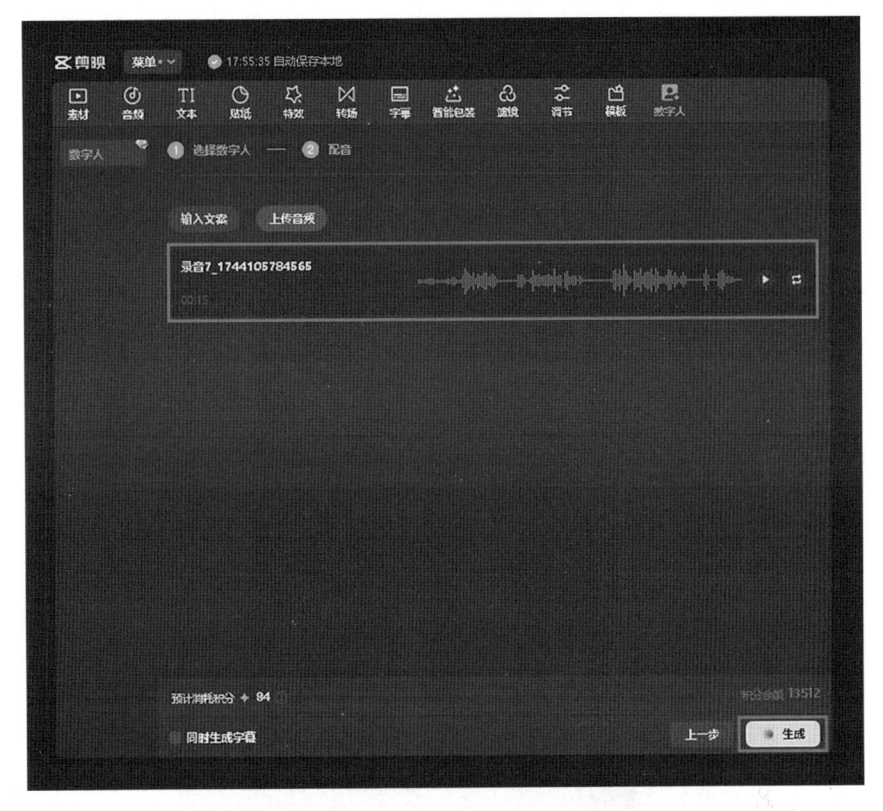

图 4-6-44　点击"生成"按钮

完成配音环节后,我们还需回到上一步,选择第三个我的数字人形象(绿屏效果的我)(见图 4-6-45),选择好再点击"下一步"返回(可以看到刚才做好的音频依旧是存在的)。

这时候单击"生成"按键,弹出对话框提示"是否合成数字人?",我们点击"确认合成"即可(见图 4-6-46),接下来就是耐心等待合成结果了。

根据我个人的使用经验,合成过程并非总是一帆风顺,有时能够成功,有时则会失败。合成失败可能是由于音频存在问题,需要重新上传,之后再次尝试合成。如果尝试两次后仍不通过审核,可以将该音频文件删除,然后重新录制。如果还有问题的话,我们可以换一个数字人形象后再次尝试合成,直到最终完成。

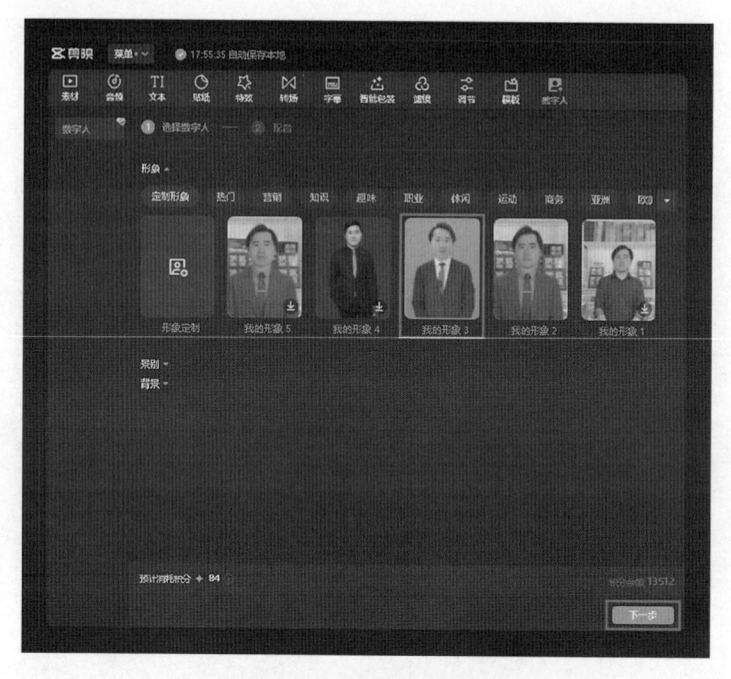

图 4-6-45　选择数字人形象

图 4-6-46　点击"确认生成"

数字人合成成功后，后续操作较为简单，只有两个步骤。

第一步，将合成的数字人图像或视频素材拖至画面左侧合适位置，如图 4-6-47 所示。

第二步，将此前用于生成逐字稿的 PPT 文件通过"文件导出（见图 4-6-48）"或"另存为"的方式转成图片格式备用。然后在剪映的"素材"选项中选择"导入"功能，找到该图片并点击"打开"，成功导入。

第四章 DeepSeek 跨界创作——与其他大模型的梦幻联动

图 4-6-47 移动数字人素材

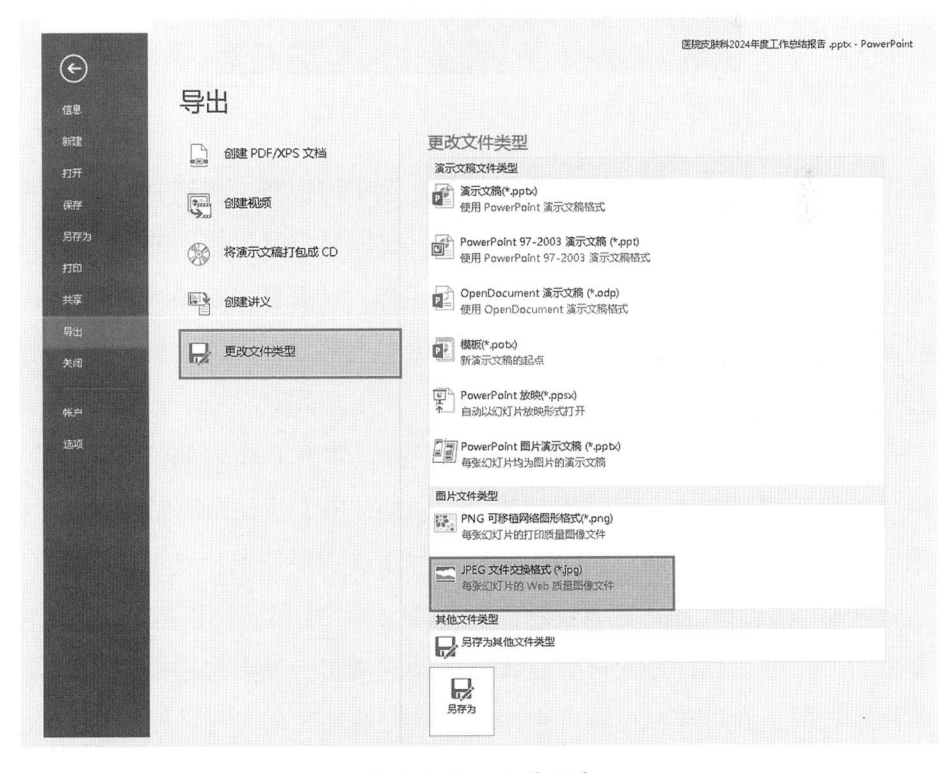

图 4-6-48 文件导出

287

图片成功导入后，需对其与数字人素材的位置关系进行调整，适当移动，使二者在画面中实现对齐（见图 4-6-49），后续各页的操作方式基本一致。

图 4-6-49　图片与数字人素材对齐

接下来要对数字人所在视频进行处理。选中该视频，找到并点击界面中的"抠像"选项。剪映提供多种抠像方式，我以自定义抠像中的色度抠图为例说明，点击"色度抠图"，再点击"取色器"（见图 4-6-50），视频中人物的绿屏背景便会被去除。现在我成功将数字人放置在画面一侧，另一侧放置 PPT，数字人的视频初步制作完成。

在操作时我们可能会遇到一些问题。例如，本页 PPT 右侧恰好存在空白区域，方便放置数字人，但很多通过 AI 生成的 PPT 往往布满整个页面，没有预留放置数字人的空间，怎么办？解决方法其实很简单：点击"素材"选项，在素材类别中选择"官方素材"，如图 4-6-51 所示，以当前 PPT 背景是蓝色为例，可先在官方素材中查找蓝色调的素材，如果想选择图片则点击"图片"选项，如果选择视频则点击"视频"选项，同时筛选横屏素材以适配 PPT 画面。

第四章　DeepSeek 跨界创作——与其他大模型的梦幻联动

图 4-6-50　点击"色度抠图"和"取色器"

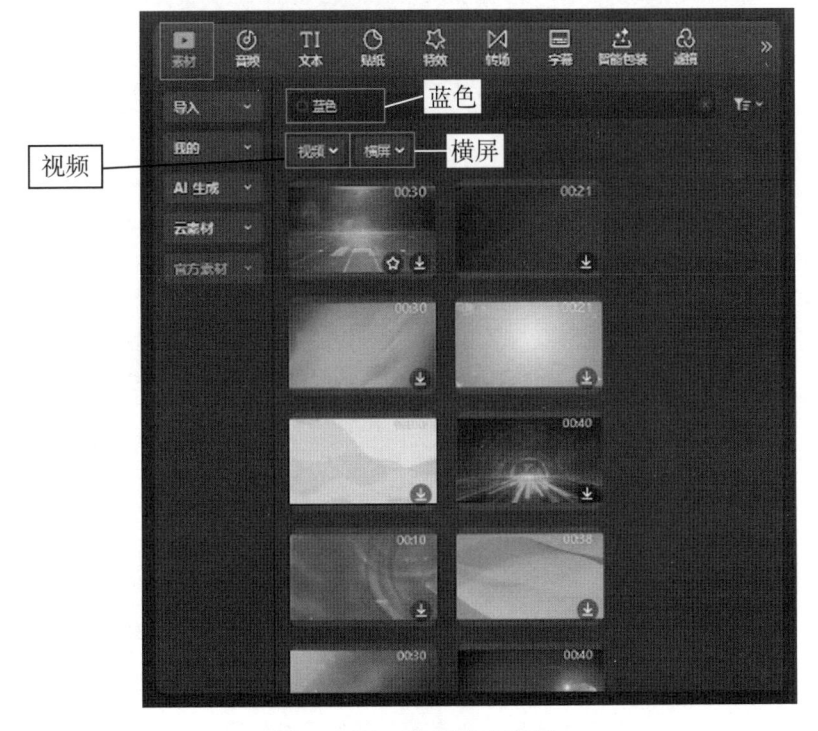

图 4-6-51　选择官方素材

289

我选择图片作为视频背景，找到风格近似的图片素材后，将其直接拖入编辑界面（见图 4-6-52）。接下来对素材的图层与位置进行调整（见图 4-6-53）。通常情况下，将作为背景的视频或图片放置在最底层，这是固定不变的，中间层为 PPT 图片，数字人素材位于最上层，对后两者的位置关系可以进行微调。

图 4-6-52　将图片素材拖入编辑界面

图 4-6-53　调整素材的图层与位置

PPT 图片的位置设置较为灵活，既可以调整至数字人的左侧，也可调整至其右侧，也可以调整大小，数字人的大小和位置也是可以调整的。最终呈现的效果如图 4-6-54 所示。

图 4-6-54　最终呈现的效果

以上就是利用 AI 制作数字人的完整步骤与实用技巧，希望能给大家提供帮助。掌握 AI 数字人制作流程后，在很多工作场景都能发挥作用。

（七）AI 作曲大师：出场自带 BGM 不是梦

接下来我们将探索 DeepSeek 跨模态技术的另一应用——制作音乐，从图像、文本等不同模态数据转化为动人旋律，为音乐创作开辟新路径。

它打破了传统音乐创作的诸多限制，让创作者无论是否具备深厚的音乐理论或演奏技巧，都能借助其强大的功能，将脑海中的创意高效转化为动人的旋律。

如何借助 DeepSeek 跨模态帮助我们制作音乐呢？具体分为以下三个步骤。

（1）选择大模型。

我们可以使用哪些大模型去制作音乐呢？我推荐四款：豆包、即梦、Suno 和天工 AI，它们的操作界面如图 4-7-1 至图 4-7-4 所示。

（2）输入信息。

在输入信息的时候，最重要的内容是歌词。写歌词对于我们来讲并不简单，但是没关系，我们可以让 DeepSeek 帮我们写歌词，写完之后，我们再把这些歌词输入大模型，直接生成音乐。

第四章　DeepSeek 跨界创作——与其他大模型的梦幻联动

歌词曲风自由选，人声演绎即刻呈现

图 4-7-1　豆包操作界面

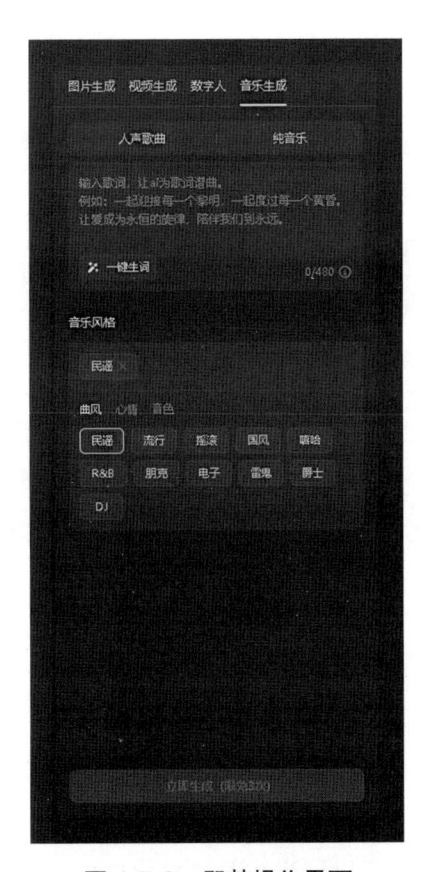

图 4-7-2　即梦操作界面

293

图 4-7-3　Suno 操作界面

图 4-7-4　天工 AI 操作界面

我们让 DeepSeek 写歌词时，依旧用 BRTRE 模型输入提示词：为了成功举办公司 10 周年庆典，请你扮演音乐大师兼提示词专家，编写一段风格轻快愉悦的歌词，歌名自定。我们公司的人员包含了老板、销售、产品和人力，希望歌词凸显团队的协作和力量，让大家听完之后士气高涨，字数控制在 200 字以内。写好歌词之后，可以同步推荐这首歌曲的适配风格（见图 4-7-5）。

第四章　DeepSeek 跨界创作——与其他大模型的梦幻联动

图 4-7-5　输入提示词

请注意，不同大模型对于自创歌词的字数是有不同要求的。把提示词输入 DeepSeek 生成歌词，如图 4-7-6、图 4-7-7 所示。

公司十周年庆歌词创作与风格推荐

为了成功举办公司10周年庆典，请你扮演音乐大师兼提示词专家，编写一首风格轻快愉悦的歌词，歌名自定。我们公司的人员包含了老板、销售、产品和人力，希望歌词凸显团队的协作和力量，让大家听完之后士气高涨，字数控制在200字以内。写好歌词之后，可以同步推荐这首歌曲的适配风格。

已深度思考（用时 17 秒）

《同心圆》（主歌1）
晨光敲响十年钟声
老板挥旗智囊中
键盘敲出星河璀璨
产品蓝图映苍穹
销售铁骑拓疆场
人力织网心相通
咖啡杯里泡着理想
会议室亮着不夜灯

（副歌）
同心圆转啊转
十指紧扣破巨浪
订单是跳动的音符
报表谱成交响乐章
未来版图手绘上
每个名字都闪光
十年只是新起跑线

图 4-7-6　DeepSeek 生成歌词 1

295

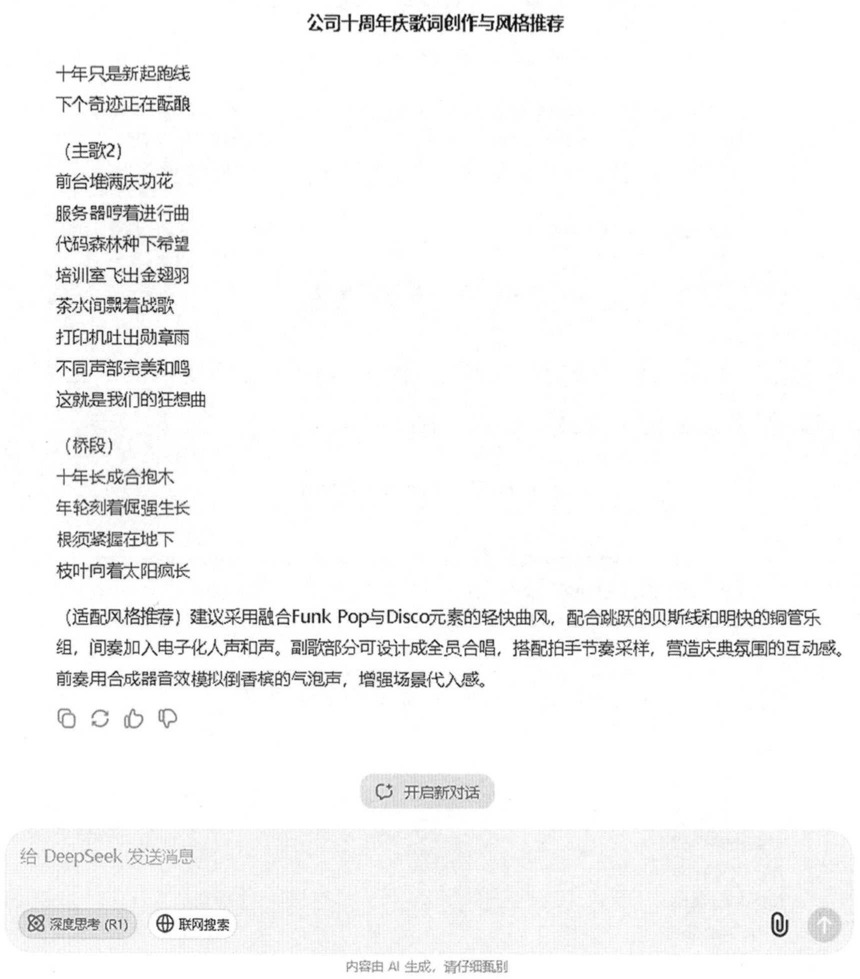
公司十周年庆歌词创作与风格推荐
十年只是新起跑线
下个奇迹正在酝酿
（主歌2）
前台堆满庆功花
服务器哼着进行曲
代码森林种下希望
培训室飞出金翅羽
茶水间飘着战歌
打印机吐出勋章雨
不同声部完美和鸣
这就是我们的狂想曲
（桥段）
十年长成合抱木
年轮刻着倔强生长
根须紧握在地下
枝叶向着太阳疯长
（适配风格推荐）建议采用融合Funk Pop与Disco元素的轻快曲风，配合跳跃的贝斯线和明快的铜管乐组，间奏加入电子化人声和声。副歌部分可设计成全员合唱，搭配拍手节奏采样，营造庆典氛围的互动感。前奏用合成器音效模拟倒香槟的气泡声，增强场景代入感。
开启新对话
给 DeepSeek 发送消息
深度思考 (R1)
联网搜索
内容由 AI 生成，请仔细甄别

图 4-7-7　DeepSeek 生成歌词 2

（3）生成音频。

写好歌词并进行复制，之后打开另一个大模型，例如我打开豆包，选择“音乐生成”（见图 4-7-8）。

豆包本身也可以写歌词，但我使用 DeepSeek 写好的歌词，点击“AI 帮我写歌词”，选择“自定义歌词”，如图 4–7–9 所示。

第四章　DeepSeek 跨界创作——与其他大模型的梦幻联动

图 4-7-8　选择"音乐生成"

图 4-7-9　选择豆包自定义歌词

把之前 DeepSeek 生成的歌词直接粘贴到对话框，注意豆包要求最多 200 字，之后点击确认，如图 4-7-10 所示。

图 4-7-10　点击确认

然后选择音乐风格，我选择"流行"，传达的是"快乐"情绪，使用"女声"音色。选好这些细节之后，只要点击发送（见图 4-7-11），等待一下，豆包就能够帮我们把音乐做出来。

图 4-7-11　点击发送

豆包帮我们生成的音乐可以直接下载，以后用在需要的场合。下面就是豆包生成的音乐，点击播放键可以在当前页面试听，如图 4-7-12 所示。

图 4-7-12　豆包播放音乐

第四章　DeepSeek 跨界创作——与其他大模型的梦幻联动

即梦也可以制作音乐。打开即梦首页，选择"音乐生成"选项，再选择"人声歌曲"，把上面 DeepSeek 生成的歌词直接粘贴进来，然后再选择音乐风格和曲风，最后点击"立即生成"，如图 4-7-13 所示。

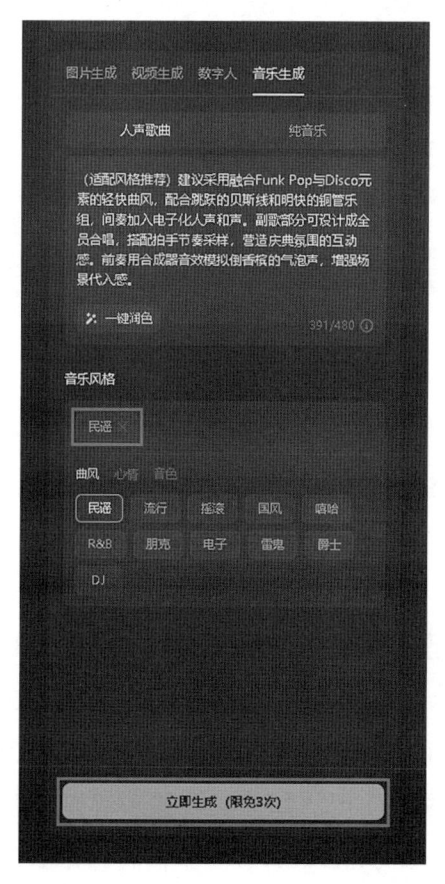

图 4-7-13　点击"立即生成"

以上是即梦帮我们制作音乐的操作步骤，点击播放键可以播放试听，同样也能下载，如图 4-7-14 所示。

除了豆包和即梦之外，我们也可以用 Suno、天工 AI 或其他大模型。先用 DeepSeek 把歌词写出来，再用不同的大模型生成音乐，最后选一选哪个音乐最符合需求，直接下载使用即可。

图 4-7-14 即梦播放音乐

如何选择大模型，也需要综合考量。豆包和天工 AI 做音乐是免费的；即梦是要扣积分的；Suno 如果没充值，每个人只能做两次，每次可以生成两首。如果你想使用免费的大模型，我建议用豆包或天空 AI；如果你愿意付费，我建议首选 Suno。在对比几款大模型后，我认为 Suno 生成的歌曲效果是最好的，音乐风格是最多的，而且可以进行多种风格的叠加。

总之，DeepSeek 跨模态技术的应用，实实在在地改变了我们的生活与工作。在职场办公场景里，它让文档处理、会议协作变得轻松高效，并且能快速理解我们的需求，给出实用的建议。在艺术创作领域，无论是绘画、影视制作，还是音乐创作，DeepSeek 都为创作者们打开了新思路，提供了前所未有的灵感。在很多领域，DeepSeek 跨模态技术的应用都发挥着重要作用。随着技术的不断成熟与普及，我们有理由相信，DeepSeek 跨模态技术会渗透到更多领域，带来更多意想不到的创新与变革。让我们一起期待，在它的助力下，未来企业和个人的方方面面将变得更加智能、便捷、美好。

DeepSeek 企业应用指南
——每一个职场人的 AI 必修课

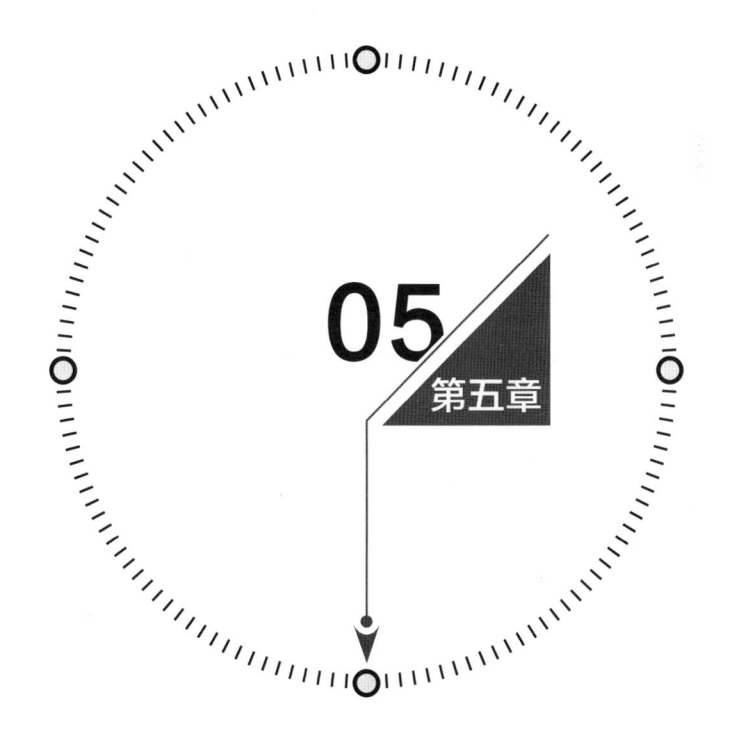

05
第五章

AI落地实战模拟
——重塑千行百业

正式进入这一部分之前，我们再次回忆一下前文中我分享的公式。

场景 × 结果 = 功能 × 模型 × 提示词

公式左边是场景和结果，右边是功能、模型和提示词。前文中很多内容都属于等式右边，我个人觉得用好 AI 最重要的还是回归等式左边，即一定要想象你的工作场景和工作角色究竟是什么，以及你想要得到什么样的结果。下面我们来看 AI 在各个行业以及各类职业中的场景化应用。

（一）AI 技术如何重塑传统产业格局

1. 证券行业

AI 在证券行业的场景化应用围绕以下 6 个维度展开。

（1）智能投资顾问。

根据用户的风险承受能力、资产规模、投资目标自动推荐股票、基金组合。AI 还会根据市场变化调整投资比例。

（2）智能客服和投资知识普及。

AI 客服可以解答开户流程、交易规则或费用计算等问题，通过短视频、问答等方式讲解投资知识，减少人工咨询压力。

（3）算法交易和策略优化。

分析市场走势、新闻消息和历史交易数据，制定出适合的高频交易策略。制定好策略后，AI 会自动下单交易，让流程变高效。

（4）市场情绪分析和趋势预测。

收集新闻报道、社交媒体评论以及上市公司财报数据，分析当前市场上投资者的情绪，预测股票短期走势，辅助决定投资方向。

（5）**风险管理和异常交易监测**。

实时监控交易行为，如果发现可疑操作，马上能识别其中的违法活动，防范投资风险。

（6）**自动化报告生成和合规监管**。

自动生成上市公司财报要点、行业研究报告，还能检查券商的业务是否合规，大大节省精力和时间。

2. 银行业

AI在银行业的场景化应用围绕以下6个维度展开。

（1）**24小时智能客服**。

AI聊天机器人及语音助手构建起全天候不间断的客户咨询处理机制，有效应对账户查询、转账操作、信用卡还款指引等常见业务咨询，大大缓解了人工客服压力。

（2）**个性化推荐与财富管理**。

基于对用户资产规模、消费行为习惯以及风险偏好等精准分析，为用户量身定制理财产品推荐方案、适配保险产品建议以及信用卡权益优化策略，有效提升用户黏性。

（3）**生物识别身份核验机制**。

运用人脸识别、声纹识别、指纹识别等技术，对用户身份进行精准验证，大幅提升身份核验的安全性与便捷性，保障用户资金交易安全。

（4）**文档自动化处理**。

依托OCR技术，实现对票据、合同、身份证件等各类文件的精准识别与智能分类，自动完成数据录入并展开智能审核，极大缩短了人工时间成本。

（5）信用评估与贷款审批。

通过对用户征信报告、消费记录明细、社交关系数据等方面综合分析，快速、精准地评估用户信用风险水平，实现小额贷款申请与信用卡申请的自动化高效审批流程。

（6）欺诈检测与风险防控。

对用户交易行为进行实时监测与深度分析，精准识别盗刷、洗钱等异常交易行为，并在第一时间自动拦截高风险操作，全方位保障用户资金安全。

3. 保险行业

AI 在保险行业的场景化应用围绕以下 6 个维度展开。

（1）健康管理与风险预警。

与可穿戴设备协同作业，对用户的心率、运动量等健康数据展开持续性监测，精准提供预警信息以及个性化健康建议，减少出险概率，降低保险赔付成本。

（2）欺诈行为检测。

精准识别重复就医、伪造事故现场等异常模式，以此甄别骗保行为，极大地降低了保险欺诈风险，同时显著减少人工调查成本。

（3）智能核保与快速投保。

借助用户填写的问卷、可穿戴设备采集的健康数据以及用户历史信息，对投保人风险进行全面且精准的自动评估，实时反馈核保结果，极大提升投保效率与用户体验。

（4）智能客服与售后支持。

AI 客服系统能够高效解答用户关于保单查询、续保提醒、理赔进度等常见问题，支持语音与文字两种交互模式，实现全天候不间断在线服务，有效减轻人工客服的工作负担。

（5）自动化理赔处理。

通过对用户提交的医疗单据、事故照片等理赔材料进行智能识别，并结合预设的规则引擎对理赔请求展开自动审核，对于车辆剐蹭等小额案件实现快速赔付。

（6）个性化产品推荐。

基于对用户年龄、职业、健康状态等多维度数据的深度挖掘与分析，推荐适配的保险产品，有效提升销售转化率。

4. 制造行业

AI在制造行业的场景化应用围绕以下6个维度展开。

（1）机器人协同作业。

机械臂等自动化设备实现精准控制，高效完成搬运、焊接、喷涂等高风险作业任务，与人类劳动者紧密协作，显著提升精度与质量，有效保障安全。

（2）智能质检。

借助先进的图像识别技术，构建智能化的产品质量检测体系，对产品表面的细微缺陷以及尺寸误差、装配错误等质量问题进行自动化检测，极大提高检测效率，大幅降低漏检率。

（3）预测性设备维护。

深度分析设备传感器所采集的温度、振动、电流等关键数据，精准预测机器设备的故障风险，并发出预警信息，避免因突发停机而导致的生产中断，有效降低设备维修成本。

（4）生产流程优化。

对设备利用率、物料消耗等生产线数据进行全面分析，并自动调整生产参数，同时对生产资源进行合理调度，实现生产效率最大化，有效缩短产品生产周期。

（5）能源消耗优化。

对工厂的能源消耗状况进行实时监控，深入分析各设备的耗能规律，进而自动调节设备的运行模式，有效降低工厂的能源消耗与碳排放。

（6）供应链智能管理。

利用大数据分析与预测模型，对市场需求、原材料价格波动以及物流延迟风险等因素进行精准预测，动态调整采购计划与库存水平，避免因市场波动导致的库存积压。

5. 能源行业

AI在能源行业的场景化应用围绕以下6个维度展开。

（1）碳排放监测与管理。

对企业生产流程及城市区域的碳排放数据展开精准追踪，量身定制科学合理的减排方案，涵盖工厂能耗优化、碳交易策略等方面，助力达成节能减排目标。

（2）智能电网管理与负荷预测。

对历史用电数据、气象信息等多源数据进行深度分析，预测区域用电需求，动态调控电网发电量，合理分配电力资源，有效减少电力浪费，降低停电风险。

（3）能源勘探与资源识别。

分析地质勘探数据，精准识别油气田和矿产资源的潜在分布区域，大幅降低勘探成本，显著提升开采效率。

（4）可再生能源发电优化。

基于气象数据对太阳能、风能发电量进行预测，并据此优化储能电池的充放电策略，提高清洁能源的利用率，减少弃风弃光现象。

（5）家庭与企业能耗优化。

通过智能电表分析用户的用电习惯，自动调节空调、照明等设备的运行模式，为用户推荐个性化的节能方案，降低用电成本，实现节能减排。

（6）设备故障预测与维护。

通过传感器实时监测风力发电机、输油管道、核电站设备等关键设备的运行状态，预测设备故障，合理安排检修计划，减少突发停机带来的经济损失。

6. 农业和食品行业

AI 在农业与食品行业的场景化应用围绕以下 6 个维度展开。

（1）作物健康监测与病虫害预警。

通过无人机、卫星获取农田图像，可精准识别作物的生长状态，以及病虫害早期迹象，系统生成针对性的防治建议，有助于避免农药的过度使用。

（2）智能灌溉与精准施肥。

结合土壤湿度传感器与气象数据，自动调控灌溉系统的供水量。同时依据土壤养分分析结果动态调整施肥方案，实现水资源的高效利用。

（3）农产品分级与质量检测。

对水果、蔬菜进行扫描，基于大小、颜色及表面缺陷，实现农产品的自动分级，如特级、一级等不同等级，代替人工，极大地提高了分拣效率。

（4）个性化营养与食品安全。

根据用户的健康数据，如血糖、过敏源等信息，推荐定制化食谱，此外通过图像识别技术，识别肉类腐败、牛奶过期等食品变质情况，为消费者的饮食安全提供保障。

(5) **食品供应链优化**。

对市场需求进行精准预测，通过优化食品仓储、运输路线有效减少生鲜食品的损耗，降低运营成本，提高食品供应链的整体效率。

(6) **养殖业健康监测**。

通过摄像头或穿戴设备实时监测牲畜的行为，以及体温等生理数据，及时预警牲畜疾病和判断发情期，降低牲畜死亡率，提高产奶量，推动养殖业的高效、健康发展。

7. 交通运输行业

AI在交通运输行业的场景化应用围绕以下6个维度展开。

(1) **交通信号灯智能优化**。

通过对路口车流量及拥堵时段数据的深入分析，实现对红绿灯时长的动态调控，有效减少车辆排队等待时间，显著提升道路通行效率。

(2) **公共交通智能调度**。

对地铁、公交在早晚通勤、节假日等时段的客流高峰进行精准预测，灵活调整发车频率或及时增派车辆，优化公共交通资源配置。

(3) **交通事故预警与应急响应**。

借助道路摄像头对交通事故进行实时识别，系统自动报警，并联动救援力量。同时，精确定位事故地点，为周边车辆推送绕行路线，降低交通影响。

（4）预测性车辆维护。

对车辆传感器采集的发动机温度、刹车磨损等数据进行分析，预测车辆的故障风险，及时提醒车主进行保养，确保车辆运行安全。

（5）自动驾驶与辅助驾驶。

通过摄像头、雷达和传感器等设备精确识别车辆、行人、交通标志等信息，实现对车辆自动转向、加速和刹车的精确控制，显著提升驾驶安全性。

（6）物流路径规划与货车调度。

综合考虑实时路况、天气状况和订单需求等因素，为货车规划最优行驶路线，通过合理调度降低货车燃油消耗，有效节省物流运输成本。

8. 房地产行业

AI在房地产行业的场景化应用围绕以下6个维度展开。

（1）虚拟看房与3D建模。

AI融合VR/AR手段构建房屋的3D数字化模型，用户异地也能沉浸式全方位查看房屋户型，直观感受装修效果，并模拟家具的摆放布局，大幅降低线下看房成本。

（2）投资决策与市场预测。

通过对城市人口流动趋势、土地拍卖数据以及限购等房地产调控政策的深入挖掘与分析，构建科学的市场预测模型，精准预判不同区域的房产投资潜力。

（3）物业管理自动化。

对小区内电梯、水电表等设施实施实时监控，一旦发现异常便会自动生成维修工单并派发给相应人员，运用人脸识别技术进行门禁管理，对安防监控画面展开智能分析。

（4）智能客服与房源推荐。

AI 客服快速、准确地解答客户有关购房政策、贷款流程等方面的疑问，基于客户的个性化需求，筛选出匹配度高的房源并精准推送，有效提升房源的曝光率与点击率。

（5）合同审查与风险预警。

对购房合同进行全面审查，自动识别风险条款以及产权纠纷记录，并生成针对性的修改建议，显著提高合同审核的效率与准确性。

（6）智能房产估价与市场分析。

整合房产历史交易数据、周边配套设施以及房型特征等多维度信息，实时估算房产价值，预测房价走势，帮助客户迅速、准确地做出购房决策，大幅缩短决策周期。

9. 教育行业

AI 在教育行业的场景化应用围绕以下 6 个维度展开。

（1）智能答疑与辅导机器人。

智能机器人支持语音和文字两种交互模式，能够针对学生提出的各类学习问题提供全天候即时学习支持服务，有效弥补师资不足。

（2）个性化学习路径推荐。

通过深度分析学生的测试成绩、学习时长、错题记录等学习数据，系统动态推荐适配学生的学习内容，实现"因材施教"，显著提升学习效率。

（3）学生行为分析与风险预警。

通过收集和分析学生课堂表现、作业完成度等多源数据，预测学生风险或感知其心理状态变化，及时向教师发送预警信息，便于后者进行干预，防范教育问题的发生。

（4）智能课程内容生成。

依据教学大纲要求，自动生成涵盖练习题、课件、知识点在内的教学资料，借助生成技术创作教学视频，极大地减轻教师的备课负担。

（5）自动化作业与考试评分。

具备强大的自动批改功能，快速准确地批改选择题、填空题，对作文等主观性题目进行智能分析与评分，减少教师重复劳动，学生也能及时获得学习成果反馈。

（6）教育管理与资源调度。

赋能学校教育管理，实现学校排课、教室分配的智能规划，并运用人脸识别技术进行考勤管理，有效降低行政人力成本，大幅提升管理效率。

10. 司法行业

AI在司法行业的场景化应用围绕以下6个维度展开。

（1）合同智能审查与起草。

对合同条款进行自动化分析，全面审查违约责任、保密条款等关键内容，精准识别条款中存在的歧义表述、法律漏洞等风险点，生成标准化合同模板，大幅节省审核时间。

（2）合规审查与风险预警。

对企业广告宣传、数据使用等业务环节进行实时监控，及时发现潜在的虚假宣传、隐私泄露等违反法律法规的风险，为企业提供全方位的合规风险预警。

（3）案件结果预测与策略建议。

基于海量历史判例、法官裁判倾向以及详细的案情数据，对案件胜诉概率、量刑范围作出精准预测，为律师制定诉讼策略提供科学依据，提升案件办理效率。

（4）司法流程自动化。

实现法院立案材料预审、卷宗分类归档、庭审语音转写等司法工作的自动化处理，缩短案件处理周期，提升司法工作的整体效率。

（5）法律咨询与问答机器人。

运用 NLP 技术搭建法律咨询与问答系统，快速解答离婚流程、劳动纠纷等常见法律问题，并给出初步法律建议，降低法律咨询门槛，满足公众对法律知识的获取需求。

（6）法律文书自动化生成。

用户只需输入当事人信息、金额等关键数据，便能自动生成起诉书、律师函、遗嘱等各类法律文书，极大提高了制作效率。

11. 政务行业

AI 在政务行业的场景化应用围绕以下 6 个维度展开。

（1）智慧城市资源动态调度。

运用大数据分析和智能算法，提前识别拥堵路段，并动态调控红绿灯时长；基于医疗数据，智能规划急救车的通行路线；依据环境光照和时段变化，智能调节公共设施用电。

（2）政策精准匹配与推送。

深度挖掘企业和个人数据，根据企业的行业类型、经营规模，以及个人的年龄、职业等特征，将其与现行的优惠政策进行精准匹配，主动向符合条件的对象推送相关政策信息。

(3) 民意分析与舆情管理。

通过对社交媒体、市民热线等多渠道数据的抓取，收集市民的各类诉求，如噪音扰民投诉、道路破损反馈等，生成热点问题报告。

(4) 行政审批自动化。

实现材料的自动审核，自动核验完整性，及时发现表格漏填、盖章缺失等问题，有效提升行政审批的效率，加速审批进程。

(5) 公共安全智能监控与预警。

对摄像头画面进行实时监测，自动识别各类交通违规行为以及人群聚集引发的安全风险，一旦发现异常，系统将立即发出警报，并推送相关信息。

(6) 智能政务咨询服务体系。

聊天机器人、语音助手等 AI 客服平台为市民提供 24 小时不间断的政务咨询服务，能快速解答市民关于社保查询、户籍办理流程等高频问题，分流线下窗口业务压力。

（二）新兴及高增长行业的 AI 赋能

1. 医疗健康行业

AI 在医疗健康行业的场景化应用围绕以下 6 个维度展开。

（1）**诊疗服务**。

①AI 辅助诊断：借助 AI 技术，帮助医生更快、更准确地判断病情。

②智能手术：通过先进的智能设备，辅助医生开展手术，提升手术的精准性。

③智慧门诊：简化门诊流程，让预约、看病、缴费等环节更便捷地在线上办理。

（2）**医药服务**。

①药物研发：运用新技术加速研发新药物，给患者提供更多治疗选择。

②智能制造：用自动化、智能化的方式生产药品，提高生产效率和质量。

③智慧供应链：保障药品从生产到销售的各个环节高效、稳定运转，让患者能及时买到药。

（3）**医保服务**。

①智能核保：利用 AI 快速审核医保报销申请，让报销流程更便捷。

②反欺诈系统：防止有人骗保，保障医保基金安全。

③个性化服务：根据不同人的需求，提供更贴心的医保服务。

（4）**医院管理**。

①资源调度：合理分配医院的设备、床位、人员等资源，避免浪费，提升使用效率。

②质量管控：严格监督医疗服务质量，确保患者能得到优质、安全的治疗。

③后勤管理：做好医院的物资供应、清洁卫生等后勤工作，让整体正常运转。

（5）**健康管理**。

①智能监测：借助智能设备，实时监测个人健康数据，及时发现健康问题。

②慢性病管理：为慢性病患者制定专属管理方案，帮助他们控制病情。

③健康干预：根据不同人的健康状况给出改善建议，帮助预防疾病。

（6）**养老托育服务**。

①智慧养老：运用科技手段，为老年人提供安全、便捷的养老服务，让他们的生活更舒适。

②智能托育：利用智能设备为孩子打造安全、有趣的成长环境，让家长更放心。

③社区服务：组织社区开展养老托育服务，让人们足不出户享受相关优质服务。

在医疗场景当中，其实不同的科室也可以做到场景化的应用，只要把场景、提示词发给 AI，它就可以快速生成相应的诊疗方案。

2. 环保行业

AI 在环保行业的场景化应用围绕以下 6 个维度展开。

（1）环境执法与违规行为识别。

对卫星遥感图像进行深度分析，精准识别非法砍伐、违章建筑、偷排废水等环境违规行为，系统自动生成完整的证据链，并及时向监管部门发出预警。

（2）空气质量实时监测与污染源追踪。

对 PM2.5、臭氧等大气污染物的浓度进行实时监测，准确追溯污染源并生成污染扩散模拟图，为政府部门制定精准的大气污染治理策略提供科学的决策依据。

（3）水质监测与污水治理优化。

通过摄像头与传感器对河流、湖泊水体中的化学污染物进行识别与监测，动态调整污水处理厂的运行参数，降低水污染风险。

（4）野生动植物保护与生态监测。

对红外相机、无人机拍摄的影像资料进行分析，自动识别雪豹、穿山甲等濒危物种，并实时监测其栖息地的变化情况，及时发现并打击盗猎行为。

（5）碳足迹计算与绿色生活引导。

依据个人交通出行、用电消耗等消费数据，精确计算个人碳足迹，提供个性化的低碳生活建议，助力实现碳减排目标。

（6）智能垃圾分类与回收。

利用 AI 摄像头识别垃圾桶内的垃圾类别，实现自动分类。同时，系统还会提示用户正确投放垃圾，并通过优化运输路线提高垃圾回收率。

3. 零售电商行业

AI 在零售电商行业的场景化应用围绕以下 6 个维度展开。

（1）动态定价优化。

依托大数据分析，实时捕捉市场需求波动、竞争对手定价策略以及企业自身的库存状况，自动对商品售价进行精准调整，实现企业利润最大化。

（2）智能商品推荐。

深度挖掘用户浏览记录、历史购买行为，构建精准的用户画像。系统基于画像向用户实时推送高度关联的商品，有效激发消费者的购买欲望，实现客单价和转化率的双重提升。

（3）库存预测与自动补货。

通过整合销售趋势数据、季节因素以及供应链信息，对商品的未来需求量做出准确预测并自动触发补货订单，减少断货或积压现象，显著降低库存管理成本。

（4）智能客服与售后支持。

AI客服提供全天候不间断服务，快速响应并解答消费者关于商品信息、退换货流程等方面的咨询，极大地减轻了人工客服的工作压力，提升客户满意度。

（5）顾客分析与门店优化。

通过摄像头采集数据，结合热力图技术，对顾客在店内的行动路线、停留区域进行深入分析，优化货架布局，制定更具针对性的促销策略，提升门店的坪效。

（6）无人商店与自助结算。

运用摄像头和传感器技术，实时识别顾客行为。顾客无须排队结账，系统自动完成商品计价和支付，大幅降低人力成本，显著提升结账效率。

4. 物流行业

AI在物流行业的场景化应用围绕以下6个维度展开。

（1）需求预测与智能补货。

精准把握季节波动规律，对不同区域的商品需求进行精准预测，提前将库存调配，有效降低缺货率，保障商品供应的及时性与稳定性。

（2）客服自动化与异常处理。

借助自然语言处理技术，高效响应物流信息查询，妥善处理客户投诉建议，通过对数据的智能分析迅速识别异常订单，自动触发理赔流程，实现客服服务的智能化与高效化。

（3）货物状态实时监控预警。

借助物联网传感器对货物位置、运输环境温湿度以及震动情况进行实时追踪，一旦监测数据出现异常，系统将立即自动报警，方便物流人员及时响应与处理。

（4）运输路径规划动态调度。

通过整合实时交通路况、天气信息、订单密度等多元数据，规划最优运输路线的同时动态调整配送顺序，降低运输成本，提升配送效率。

（5）智能分拣与库存优化。

在仓储环节，通过调度仓储机器人完成货物搬运与包裹自动分拣工作，结合计算机视觉技术快速识别商品条码和形状，合理优化库位分配，极大提升分拣效率。

（6）无人配送。

赋能无人机、无人车，通过搭载多种传感器，实现自主避障与精准路径导航，突破传统人力配送的限制，提高配送服务的覆盖范围和效率。

5. 航空航天

AI 在航空航天的场景化应用围绕以下 6 个维度展开。

（1）飞行器智能设计与优化。

对飞机或航天器的气动性能、材料强度等关键参数开展模拟分析，据此生成更为轻量化且省油的结构设计方案，不仅大幅缩短飞行器设计周期，还能有效降低燃料消耗。

（2）智能空中交通管理。

对航班的起降时间、飞行高度及航线进行科学优化，缓解空中交通拥堵，减少燃油浪费。针对恶劣天气动态调整备降方案，降低航班延误率。

（3）预测性维护与故障诊断。

对飞机发动机、起落架等关键部件的传感器数据进行实时监测与分析，预测故障风险并及时发出预警，减少航班延误，保障飞行安全与航班正常运行。

（4）卫星数据自动化处理。

快速对卫星拍摄的地球图像进行分析，实现对地表变化、气象云图等目标的有效识别，为资源监测、气象预报等提供有力数据支持。

（5）自主飞行与无人机控制。

赋能无人机或航天器，实现自主避障与航线规划功能，可对无人机编队进行统一管理，使其能够高效执行物流配送、农业喷洒等任务。

（6）太空探索任务自主决策。

在通信受限的情况下帮助深空探测器自主选择行进路线、分析岩石成分，并及时对突发故障做出应对，推动太空探索任务顺利开展。

6. 企业培训行业

AI在企业培训行业的场景化应用围绕以下6个维度展开。

（1）个性化学习路径推荐。

对员工的岗位能力模型、知识薄弱环节以及学习行为数据等进行综合分析，基于分析结果为员工量身定制学习内容推荐方案。

（2）虚拟助手与实时答疑。

搭载自然语言处理技术，快速响应并解答员工在学习过程中遇到的产品知识、操作流程等问题，结合 AR/VR 技术模拟设备维修等实操场景，增强培训的沉浸式体验。

（3）自动化课程内容生成。

对企业内部的产品手册、政策文件等文档进行智能解析，将其自动转化为 PPT、视频等多种形式的培训课件，并生成配套的考试题库，显著提升效率与质量。

（4）学习效果智能分析。

通过实时追踪员工的学习数据，设计学习效果预测模型，精准标记出可能无法达到培训目标的高风险学员，为培训干预提供决策依据。

（5）智能陪练与模拟考试。

模拟客户、同事或上级角色，开展销售话术、冲突处理等场景的对话训练，实时分析员工表现，给出针对性的反馈和改进建议。

（6）合规培训自动化监控。

自动核查员工培训的完成情况，识别考试过程中的作弊行为，同时将数据同步至人力资源管理系统，实现合规培训管理的数字化与自动化。

7. 旅游行业

AI 在旅游行业的场景化应用围绕以下 6 个维度展开。

（1）智能行程规划与个性化推荐。

深度剖析用户的预算、兴趣偏好、出行时间等个性化需求，自动生成定制化旅行路线，推荐契合的景点、餐厅及酒店，大幅节省用户行程规划时间。

（2）实时语言翻译跨文化沟通。

实现对话的实时语种转换，如中英文即时互译。通过OCR技术对菜单、路牌等文字进行识别翻译，并且支持离线翻译功能，保障无网络环境下的跨文化交流。

（3）动态价格预测与最优预订。

基于对机票、酒店历史价格数据的分析，结合节假日、季节等因素，预测价格波动趋势，为用户推荐最佳预订时机，降低旅行成本。

（4）景区人流预测与错峰建议。

通过对热门景点历史客流数据、天气状况及节假日安排的综合分析，为用户推荐错峰游览时间，或提供替代景点建议。

（5）虚拟导游与AR导览。

手机摄像头识别景点，系统自动触发实时语音讲解，同时运用AR技术叠加特效，生动还原古迹的历史风貌，打造沉浸式游览体验。

（6）智能客服与行程应急处理。

AI客服依托自然语言处理技术，提供 7×24 小时不间断服务，处理订单修改、签证咨询、航班延误赔偿等问题，面对突发状况自动启动应急处理机制，快速响应。

8. 广告行业

AI在广告行业的场景化应用围绕以下6个维度展开。

（1）个性化广告内容生成。

深度挖掘用户数据，自动生成高度定制化的广告文案、图片及视频，AI还能创作多个版本的广告素材，进行 A/B 测试，极大节省广告创意的制作时间。

（2）广告效果预测与预算分配。

通过构建精准的预测模型，对微信、抖音等不同广告投放渠道的潜在点击量、转化率进行预判，将广告预算分配到投资回报率较高的平台。

（3）语音与互动式广告。

运用语音合成技术生成语音广告，拓宽广告传播渠道，设计对话式游戏等交互广告，增强广告的趣味性与用户参与度，提升广告传播效果。

（4）无效流量识别。

精准甄别虚假点击、机器人刷量以及广告被隐藏等异常曝光行为，帮助广告主过滤无效流量，协助追回相应损失，维护广告市场的公平与健康。

（5）动态创意优化。

实时捕捉用户行为数据，如购物车商品、地理位置等信息，并依据这些信息动态调整广告内容，如修改价格、设置促销倒计时等。

（6）程序化广告投放。

自动分析用户画像，包括年龄、兴趣爱好、搜索记录等多维度信息，实时竞拍网页横幅、短视频前贴片等广告位，精准匹配广告主与目标受众，显著提升广告点击率。

9. 新闻传媒行业

AI 在新闻传媒行业的场景化应用围绕以下 6 个维度展开。

(1) **自动化新闻写作**。

针对财报数据、体育赛事比分、天气预报等结构化信息，自动生成短新闻稿件，快速完成内容创作与发布，极大提升新闻生产的时效性与工作效率。

(2) **版权保护与内容溯源**。

精准识别未经授权的新闻转载、洗稿以及视频盗用等侵权行为。一旦发现侵权，系统将自动发起维权行动，包括发送下架通知、协助进行索赔等。

(3) **视频新闻自动化生产**。

将文字新闻转化为适配短视频平台传播的视频新闻。系统自动生成虚拟主播播报画面，实现视频新闻的一键式生产。

(4) **虚假新闻与敏感内容检测**。

对新闻文本中的虚假信息和敏感词汇进行有效识别，验证图片和视频是否经过 PS 伪造，从源头保障新闻内容的真实性和合法性。

(5) **智能采访助手**。

实时转录采访录音，提取关键信息，生成采访摘要，模拟受访者进行预演问答，为记者的采访工作提供有力支持。

(6) **个性化内容推荐**。

通过对用户浏览历史、页面停留时长、点赞评论等行为数据的深度分析，构建用户兴趣画像，精准推荐符合其偏好的新闻、视频以及专栏文章。

10. 娱乐行业

AI 在娱乐行业的场景化应用围绕以下 6 个维度展开。

（1）AI 生成内容。

凭借自然语言处理、音频生成等前沿技术，自动创作新闻稿件、短视频脚本、直播脚本、音乐旋律。此外，还能驱动虚拟主播完成播报工作。

（2）智能剪辑与自动化制作。

借助图像识别与视频分析技术，精准识别视频素材中的高光片段，如体育赛事中的进球瞬间，还可以自动拼接视频，降低视频剪辑的技术门槛，提升视频制作效率。

（3）沉浸式体验。

融合 VR 与 AR 技术，打造互动游戏、虚拟演唱会等沉浸式娱乐场景，通过开发智能滤镜，实现人脸特效处理、背景替换等功能，为用户带来新奇、独特的互动娱乐体验。

（4）个性化内容推荐。

深度剖析用户的观看、收听历史，结合页面停留时长、点赞评论等行为数据，推荐契合个人喜好的电影、音乐、短视频等内容，显著提升用户黏性。

（5）虚拟偶像与互动娱乐。

为虚拟偶像提供强大的技术支撑，驱动虚拟偶像进行表演、直播活动。通过 NLP 技术实现虚拟偶像与用户的实时对话。

（6）版权保护与内容审核。

精准识别盗版影视、音乐作品，打击侵权行为，自动过滤视频中的暴力、敏感画面，确保内容符合规范，营造健康的网络娱乐环境。

11. 电竞行业

AI 在电竞行业的场景化应用围绕以下 6 个维度展开。

（1）**自动化游戏测试**。

能够模拟海量玩家的操作行为，针对游戏漏洞开展全面检测，如快速识别模型穿透、数值失衡等问题，同时进行服务器压力测试，大幅提升游戏测试的效率与准确性。

（2）**电竞比赛实时数据分析**。

对电竞比赛的直播画面及后台数据进行深入解析，生成一系列具有参考价值的分析图表与数据报告，为战术制定、选手能力评估提供数据支撑。

（3）**反外挂与作弊监测**。

通过对玩家操作数据的持续分析，精准识别外挂作弊行为。一旦检测到违规操作，系统将立即采取封禁措施，维护游戏的公平竞技环境。

（4）**游戏内容自动生成**。

借助算法和模型快速生成游戏地图、剧情任务等内容，自动填充地形、植被、建筑等元素，根据玩家的选择动态生成个性化故事线，丰富游戏内容的多样性与趣味性。

（5）**个性化游戏体验推荐**。

基于对玩家操作习惯、付费能力、游戏时长等多维度数据的分析，推荐适配的游戏内容，有效提升玩家的游戏体验。

（6）**智能 NPC 行为优化**。

通过深度学习和强化学习技术，赋予 NPC 更真实的行为反应能力，显著增强游戏的沉浸感和挑战性。

（三）效能革命：企业内部人员 AI 落地实战

1. CEO（总经理）

AI 在 CEO（总经理）的场景化应用围绕以下 6 个维度展开。

（1）战略决策支持。

AI 能够深入分析行业发展趋势、竞争对手动态以及企业内部的经营数据，通过对这些海量信息的综合处理，生成具有针对性的战略建议报告（如市场扩张优先级、潜在收购标的）。

（2）实时财务健康监控。

AI 将 ERP、CRM 等系统数据整合，通过对这些数据的实时监测和分析，及时预警财务风险（如现金流缺口、异常支出），还能对季度营收进行预测，确保财务状况稳定。

（3）高管级舆情监控。

AI 能扫描全网舆情，识别影响企业声誉的事件（如产品投诉、高管言论争议），并迅速生成公关应对建议（包括策略、发布声明的时机等），帮助维护企业形象。

（4）投资者关系管理。

AI 对财报电话会议录音或文字进行详细分析，提炼投资者的关注焦点（如 ESG 进展、利润率压力），基于分析结果来解答投资者关心的问题，增强投资者对企业的信心。

（5）组织人才洞察。

AI 通过分析全员绩效表现、离职倾向及员工技能图谱等，为企业提供关键人才保留策略或高管继任者名单，确保企业管理层的平稳过渡和持续发展。

（6）高效日程与信息过滤。

AI 可充当"超级助理"的角色，智能安排日程、过滤低优先级会议及邮件，并整理每日必读摘要，让总经理快速获取关键信息的同时，集中精力处理重要事务。

2. 运营总监

AI 在运营总监的场景化应用围绕以下 6 个维度展开。

（1）智能流程优化与瓶颈识别。

AI 能够对企业的核心业务深入分析（如订单处理、供应链流转），自动识别效率瓶颈（如审批延迟、库存积压节点），并推荐具体优化方案，帮助企业提升业务流程的整体效率。

（2）动态需求预测与库存管理。

AI 会综合考量历史销售数据、市场趋势等，再参考既定促销计划，结合多方面因素预测未来产品需求，并生成精准采购量建议，避免断货或库存积压。

（3）客户体验实时监控与优化。

AI 通过分析客服录音、评价数据及社交媒体上的企业产品和服务舆情，识别客户不满的核心原因（如物流慢、产品缺陷），自动生成改进策略，提升客户体验。

（4）团队效率智能诊断。

AI通过追踪员工在企业系统中的操作数据（如工单处理时长、跨部门协作频率），能够定位工作中低效环节并推荐改进措施，优化排班，提升人均工作效能，使整体运作更加高效。

（5）风险预警与应急决策。

AI能够时刻监控企业运营中的多个关键领域，如供应链（台风等灾害影响港口）、市场（原材料价格暴涨）、合规（如数据泄露风险或违法），发出预警并依据预设的策略和模型生成相应的应急方案，降低风险对企业运营的影响。

（6）自动化运营报告与洞察。

AI可以整合多系统数据（销售、客服、物流等），自动生成每日或每月的运营报告，并提炼核心结论，帮助运营总监快速了解企业运营状况，把握关键问题。

3. 销售总监

AI在销售总监的场景化应用围绕以下6个维度展开。

（1）销售预测与业绩洞察。

AI通过分析历史销售数据、市场趋势、客户行为，预测季度乃至年度的销售额，并能精准定位具有高潜力的客户群体，同时识别销售额可能出现下滑趋势的销售区域，以便销售总监提前制定针对性策略，进行资源倾斜或调整销售方案。

（2）客户画像与精准推荐。

AI可将CRM中的客户基本信息、交易记录、官网浏览数据及社交媒体中客户对产品或品牌的讨论等进行整合，构建360°客户画像，推荐最佳产品组合和沟通策略。

（3）销售流程自动化。

AI能够自动处理重复性工作，如识别合同关键条款，能够依据客户需求和产品信息自动生成报价单，实现7×24小时在线接待客户咨询，筛选出高意向线索，提高销售转化率。

（4）销售团队能力诊断。

AI通过分析销售沟通录音和文字记录，评估话术有效性（如需求挖掘、异议处理），还能标记出需要改进的销售人员，提供有针对性的培训建议和指导方向。

（5）动态定价与折扣策略。

AI根据客户预算、竞品报价、库存压力等数据，可以实时生成最优报价（如大客户阶梯折扣、限时促销）。

（6）实时战报与决策驾驶舱。

AI整合来自各渠道数据（包括销售系统、客户反馈、市场推广等），并将这些数据汇总后生成实时仪表盘（销售额/转化率/客单价等），在出现异常时发出预警。

4. 管理人员

AI在管理人员的场景化应用围绕以下6个维度展开。

（1）智能会议管理。

AI能自动将会议内容转为文字稿、提炼关键决策和待办事项，甚至能通过分析参会者的语音语调、用词来判断参会者情绪（如反对、支持倾向）。

（2）数据驱动的决策支持。

AI 能整合销售、运营、财务等多源数据，自动生成可视化报告并标注出数据中出现的关键异常值，辅助管理人员做决策。

（3）员工绩效与潜力分析。

AI 通过分析员工工作成果、协作数据（如跨部门好评率）、学习记录，标记出高潜力员工和存在离职风险的员工。

（4）自动化流程审批与合规检查。

AI 可以自动审核报销单，查验发票真伪、金额是否合规，还能检查合同条款有无法律风险等，当遇到异常情况时将相关事项转交人工处理。

（5）智能招聘与面试辅助。

AI 能依据岗位说明书中的关键词筛选简历，在模拟面试环节提问时，评估候选人的沟通能力、抗压性等软技能。

（6）员工培训个性化推荐。

AI 依据员工当前岗位所需能力与实际能力的差距（如新晋主管缺乏"冲突管理"经验），再结合员工职业兴趣，为员工推荐合适的培训课程、导师以及实践项目。

5. 项目经理

AI 在项目经理的场景化应用围绕以下 6 个维度展开。

（1）智能进度跟踪与风险预警。

AI 能自动解读任务清单、员工工时记录以及团队反馈信息，据此实时更新甘特图，展示项目进展。还能预测项目延误风险（如开发阶段可能延迟 5 天）。

（2）自动化会议与任务分配。

AI自动记录会议内容，梳理出待办事项，并依据任务性质和人员职责自动分配给责任人，如安排A负责接口开发，B跟进测试环境部署。

（3）资源冲突智能调解。

AI能分析跨项目资源使用状况，当出现资源竞争时，比如同一位设计师被3个项目同时需要，AI会自动给出资源调配建议，平衡各项目资源需求。

（4）智能文档生成与版本管理。

AI根据客户历史订单、行业折扣政策、库存压力等因素，自动生成个性化报价单；能识别合同关键条款（如账期、违约责任），提示风险。

（5）项目成本实时监控预测。

AI抓取工时系统、采购订单以及外包费用等数据，实时计算预算消耗率，提前预测项目是否存在超支风险，以便及时调整资源分配或预算计划。

（6）团队协作健康度分析。

AI可以深入分析团队成员沟通记录、任务评论语气倾向，来评估团队士气（如近期3次站会中有4人发言量下降50%），判断团队协作中是否存在潜在问题。

6. 理财顾问

AI在理财顾问的场景化应用围绕以下6个维度展开。

（1）自动化财务规划与预算建议。

AI分析客户收入、支出、负债等数据，以此为每位客户量身定制个性化财务规划，并模拟不同决策的长期影响（如客户每月多存2000元，退休金能多领50万）。

（2）个性化投资组合推荐。

AI根据客户风险偏好（如保守型/激进型）、财务目标（如教育、养老），来合理推荐股票、基金、债券等资产配置比例，根据市场变化动态调整配置方案。

（3）实时市场动态风险预警。

AI关注新闻、财报、政策变化，解读这些因素对客户持仓的影响，如某重仓股财报不及预期，建议减持并推送避险建议。

（4）客户行为与风险预测。

AI通过分析客户过往的交易记录，结合客户生活中可能影响财务状况的事件，比如失业、遭遇疾病等，预测客户可能面临的潜在风险并预警，以便提前制定应对预案。

（5）智能客服与报告生成。

AI可以解答客户常见问题（如基金赎回到账时间），自动生成客户账户报告（如季度收益对比、税务优化建议）。

（6）合规审查与文档自动化。

AI自动检查投资建议是否符合监管要求（如适当性匹配），还能生成各类合规文件，像风险告知书、投资协议等。

7. 产品经理

AI在产品经理的场景化应用围绕以下6个维度展开。

（1）用户需求自动化分析。

AI会抓取用户在产品评论区、客服沟通记录以及社交媒体上对产品的反馈，提炼高频痛点（如APP闪退、功能入口难找），并生成需求优先级排序。

（2）竞品功能智能追踪。

AI监控竞品版本更新情况（如App新功能上线、UI改版），自动生成对比报告（如竞品新增语音搜索）。

（3）原型图自动生成与优化。

AI根据产品经理的文字描述（如购物车页面需展示优惠券入口）生成原型草稿，并能优化现有设计（如按钮布局、色彩对比度等）。

（4）数据驱动的需求优先级排序。

AI会综合用户反馈声量、开发成本估算、商业价值预测等因素，对需求池里的众多需求进行量化评估和排序（如智能排序功能ROI是客服工单系统的3倍）。

（5）用户测试自动化洞察。

AI通过分析用户测试视频（如眼神轨迹、操作卡点），识别用户体验的问题（如大多数的用户找不到设置入口），进而生成针对性的优化建议。

（6）智能PRD文档生成。

AI根据产品需求描述、交互原型设计、数据指标，自动生成产品需求文档（PRD），并填充技术参数（如API字段设置、埋点定义）。

8. 市场人员

AI在市场人员的场景化应用围绕以下6个维度展开。

（1）广告投放智能优化。

AI会自动对广告投放策略进行调整（如关键词、目标人群、出价高低），通过实时分析数据，不断优化广告投放效果，提升转化率。

（2）内容自动化生成与分发。

AI 批量生成营销文案（如朋友圈海报、短视频脚本），并跨平台自动发布，小红书、抖音、视频号、快手等平台同步推送。

（3）客户画像与精准触达。

AI 整合 CRM、电商、社交数据，构建 360° 客户画像，推荐最佳触达客户的渠道（如短信、邮件、信息流广告），确定最佳触发时间。

（4）社交媒体舆情监控。

AI 实时抓取全网涉及品牌的相关内容，微博、知乎、贴吧等平台信息。分析这些内容所表达的情感倾向，判断是好评还是差评，及时预警可能出现的公关危机，例如某产品过敏投诉数量急剧增加。

（5）营销活动效果预测。

AI 通过模拟不同活动方案（如满减、裂变红包），预测参与人数、销售额和成本，推荐最优策略（如满 200 减 50 比全场 8 折更吸客）。

（6）智能客服与私域引流。

AI 客服 7×24 小时解答产品咨询，自动引导用户添加微信或进入社群，同时标记出高意向线索，例如将询问报价的用户信息转交给销售部门跟进。

9. 人力资源主管

AI 在人力资源主管的场景化应用围绕以下 7 个维度展开。

（1）智能人才需求预测。

AI 根据企业战略目标，结合业务增长数据，参考行业趋势等维度，预测未来 1～3 年企业的人才缺口，以便提前规划招聘工作。

（2）自动化简历筛选与匹配。

AI 能自动解析海量简历，通过匹配岗位说明书关键词，淘汰明显不符合的简历并标注高匹配候选人。

（3）智能背调与风险预警。

AI 自动验证候选人学历、工作经历真伪，扫描公开数据（如法律纠纷、媒体不当言论）标记雇佣风险。

（4）员工离职风险预警。

AI 通过分析员工绩效表现、企业调薪频率、员工请假记录、内部社交数据，预测 6 个月内可能离职的员工。

（5）个性化职业发展路径规划。

AI 根据员工技能评估结果、参考绩效数据，判断其工作表现优劣，并结合员工职业兴趣，为员工推荐内部晋升方向，同时推荐适配的培训课程。

（6）薪酬公平性分析与优化。

AI 对薪酬体系进行检测，查找是否存在因性别、年龄等因素导致的薪酬偏差，并模拟不同的调薪方案，帮助主管优化薪酬体系，确保公平性。

（7）组织架构动态模拟。

AI 可以模拟不同调整方案对工作效率、运营成本、团队协作等方面的影响。通过量化分析，推荐出最优的组织架构调整方案，助力企业提升整体运营效能。

10. 行政人员

AI 在行政人员的场景化应用围绕以下 6 个维度展开。

(1) **智能会议室管理**。

AI 依参会人数与设备需求自动分配会议室，实时监控使用状态，对超时或临时取消情况进行提醒。

(2) **访客接待自动化**。

借助 AI 访客系统，自动登记身份信息或识别人脸，发送访问二维码，引导机器人依据预设路线，将访客带领至指定的访问区域。

(3) **智能物资库存管理**。

AI 摄像头监控办公用品库存，当库存达到预设的最低阈值时，AI 可以自动生成采购订单，还能在多个供应商之间进行价格比对，选择性价比高的供应商，实现智能采购，节省企业成本。

(4) **文档自动化处理**。

AI 自动识别合同和发票关键信息（如金额、日期），按照预设规则对文档进行分类归档，并提取数据生成统计报表。

(5) **设备维护预测性管理**。

AI 对办公设备，如空调、打印机等运行数据进行持续收集和分析，预测故障时间并提前安排检修。

(6) **差旅智能规划与报销**。

AI 根据差旅政策（酒店星级）、员工偏好（靠窗座位），自动预订机票酒店，并能够关联差旅过程中产生的发票，实现一键报销，简化报销流程。

11. 文案专员

AI 在文案人员的场景化应用围绕以下 6 个维度展开。

（1）智能文案生成与灵感激发。

AI 根据给出的关键词、产品特性或目标受众，自动生成广告语、社交媒体文案、产品描述等初稿，同时还能提供创意方向建议。

（2）内容优化与 SEO 建议。

AI 能够分析文案的 SEO 表现，提出优化建议（如增加平价护肤品关键词，提醒缩短段落长度），提升文案在搜索引擎中的排名。

（3）多语言翻译本地化适配。

AI 可以将文案翻译为目标语言（如英语、西班牙语），并自动调整文化敏感词，确保翻译后的文案符合该地区的文化习惯，实现翻译后直接就能适配当地使用。

（4）语法校对与风格统一。

AI 能够检查文案中的拼写错误和语法问题，避免出现语病。还能根据设定的要求，保证文案的语言风格前后一致（保持口语化风格，还是采用正式商务风格）。

（5）热点追踪与选题推荐。

AI 可以实时关注社交媒体、新闻平台上的热点话题，结合热点推荐相关的选题，并生成内容大纲，为文案创作提供选题思路和基本框架。

（6）用户反馈分析文案迭代。

AI 通过分析用户评论、点击率、转化率等数据，找出文案的问题，如是否难以吸引用户、是否影响了用户购买决策等，并推荐优化后的文案版本。

12. 策划人员

AI 在策划人员的场景化应用围绕以下 6 个维度展开。

（1）市场分析与趋势预测。

AI抓取全网数据，涵盖社交媒体消费者讨论、电商平台销售数据以及行业权威报告等，并通过对其分析，洞察消费者行为模式、竞品最新动态，进而预测未来消费热点。

（2）创意生成与方案优化。

AI根据活动目标，如品牌曝光、实现用户数量增长，生成创意主题并提供具体执行建议，如采用KOL种草+直播带货的方式来开展活动。

（3）活动预算智能分配。

AI参考历史活动ROI，结合当下资源价格波动（KOL报价、广告位竞价），自动分配预算到高回报渠道（如短视频投放占比提升至50%），以实现预算利用最大化。

（4）用户画像与精准营销。

AI整合用户消费记录、浏览行为、社交数据，生成细分人群画像，如描绘出Z世代二次元爱好者的特征。据此推荐针对性的定向触达策略，如通过与B站UP主合作，并结合盲盒抽奖活动来吸引目标人群。

（5）竞品监控与策略调整。

AI可以实时关注竞品动态，包括新品发布、促销活动以及广告文案变化等，分析竞品的优势与不足后，为策划人员推荐有效的应对策略，例如建议提前一周降价截流，在竞争中抢占先机。

（6）活动效果实时跟踪迭代。

活动进行期间AI实时监控各项关键数据，如点击率、转化率、用户停留时长等。根据这些数据即时生成效果报告，并针对发现的问题提出优化建议。

13. 财务人员

AI 在财务人员的场景化应用围绕以下 6 个维度展开。

（1）自动化发票处理与报销审核。

AI 运用 OCR 技术自动提取发票上的金额、税号、日期等关键信息，同时校验发票真伪，并将提取信息与企业报销政策进行比对。

（2）智能预算分析与预测。

AI 分析企业历史收支数据，结合业务增长趋势，自动生成未来季度或年度的预算建议，辅助财务人员制定合理预算。

（3）交易异常与欺诈检测。

AI 实时监控银行流水以及往来账目，识别如大额转账至陌生账户、重复付款等异常交易行为。对潜在风险进行标记，有效拦截内部人员舞弊行为，保障企业资金安全。

（4）智能税务申报与合规管理。

AI 能够自动计算企业应缴纳的各类税额，像增值税、所得税等，并生成税务申报表。同时校验企业申报是否符合税收政策规定，如研发费用加计扣除比例是否准确，大幅缩短企业税务申报时间。

（5）现金流智能预测与管理。

AI 整合销售回款、应付账款以及投资计划等多方面数据，预测未来 3～6 个月企业可能出现的现金流缺口，为财务人员提供融资建议或制定付款优先级方案。

（6）财务报告自动生成。

AI 从 ERP 系统抓取相关数据，自动生成利润表、资产负债表、现金流量表，并标注关键结论（如毛利率同比下降 5% 是因原材料涨价）。

（四）AI 时代热门职业的核心竞争力重构

1. 程序员

AI 在程序员的场景化应用围绕以下 6 个维度展开。

（1）智能代码补全与生成。

AI 能依据当前代码所处的上下文环境，如已定义的函数名、变量类型等信息，预测接下来可能需要编写的代码内容。还可以自动补全整行代码，甚至能直接生成整个函数，帮助程序员减少大量重复性的代码输入工作。

（2）自动代码审查与优化。

AI 可以扫描整个代码库，识别潜在程序错误（如空指针异常的代码片段），发现程序性能瓶颈，并提供优化方案（如修复内存泄漏问题）。

（3）智能错误排查与调试。

AI 能通过分析程序崩溃日志，快速定位错误根源（如空对象引用导致的程序崩溃），还可以直接给出修复代码，大大缩短程序员排查和解决问题的时间。

（4）自动化测试与用例生成。

基于代码的逻辑结构，AI 能够自动生成各种测试用例，如边界条件以及可能出现的异常场景，还能识别未覆盖的分支路径，如遗漏的 if-else 条件判断分支。

（5）代码文档自动生成。

AI 解析代码逻辑，理解函数的参数含义、返回值类型等关键信息。并据此自动生成 API 文档，如果代码中有详细注释，AI 还能依据注释内容生成用户手册，降低代码的理解门槛。

（6）智能运维与部署优化。

AI 能监控服务器负载情况（如 CPU、内存使用率），预测扩容需求并自动调整云资源配置，避免资源浪费，实现高效的运维管理。

2. 设计师

AI 在设计师的场景化应用围绕以下 6 个维度展开。

（1）智能生成设计初稿与素材。

设计师给出文字描述，比如赛博朋克风格海报，AI 便能自动生成多种风格的设计草稿，同时提供相关插画或 3D 模型，为设计师提供灵感源泉。

（2）适配多尺寸设计模板。

当设计师完成主视觉设计后，AI 可以将其快速适配到不同尺寸和平台，无论是手机竖屏海报，还是电脑横屏 Banner，抑或是社交媒体九宫格。

（3）智能配色与字体推荐。

AI 依据设计主题的特点，推荐与之相符的配色方案，如适合儿童主题的明亮活泼色调，同时搭配适宜的字体组合，并检测色彩对比度，确保设计视觉效果良好。

（4）素材智能处理与优化。

AI 能够自动完成图片去背景、提升分辨率、修复瑕疵等操作，甚至还能根据需求生成缺失元素，比如为模特更换服装，提高设计效率。

（5）用户行为模拟设计验证。

AI 可以模拟用户在浏览设计页面时的操作路径，像点击按钮、滑动页面等行为，提前预测设计稿可能存在的执行性问题，例如提示按钮太小易误触，帮助设计师优化设计。

（6）设计规范与自动生成维护。

AI 扫描设计文件，自动提取其中颜色、字体、间距等参数，生成标准化设计文档，还能同步更新设计文档，保证团队保持设计风格的一致性。

3. 自媒体博主

AI 在自媒体博主的场景化应用围绕以下 6 个维度展开。

（1）选题灵感与爆款预测。

AI 通过分析全网热点（如抖音热榜、微博热搜），预测出具有潜力的话题（如露营拍照技巧，职场干货），为自媒体博主推荐具体的选题思路。

（2）智能文案创作与优化。

AI 可根据选题自动生成口播文案、视频脚本或图文笔记等内容，针对不同平台和受众特点，对文案的语言风格进行优化，增强文案的"情绪感染力"。

（3）视频剪辑自动化。

AI 能完成粗剪工作，自动删除视频中的空白片段，提升视频节奏。同时通过语音转文字技术添加精准字幕，还能根据视频所传达的情绪，智能匹配合适的背景音乐，提高视频制作效率。

（4）封面与标题优化。

AI会对众多爆款封面的设计元素进行分析，包括高点击率的配色方案、字体排版技巧等，以此生成具有吸引力的封面图，同时测试多个标题并推荐最优选项。

（5）评论区智能互动。

AI可以自动回复粉丝提出的高频问题，并识别负面评论，像谩骂、恶意广告等不良信息，及时进行折叠或举报处理。

（6）数据复盘与策略调整。

AI对作品进行深入分析，如完播率等关键指标，进而诊断作品存在的问题，例如发现视频前3秒内容不够吸引人，并据此推荐针对性的优化方向，如建议采用增加冲突感的开头，助力博主持续提升作品质量。

4. 科研人员

AI在科研人员的场景化应用围绕以下6个维度展开。

（1）文献智能检索与综述生成。

AI根据关键词自动抓取数据库中海量文献，提炼出核心结论，整合生成该领域研究进展报告，标记出存在争议的要点以及尚未深入研究的空白方向，帮助科研人员快速把握研究动态。

（2）实验设计与参数优化。

AI能够模拟各类实验场景，比如不同材料配比、化学反应条件组合等。通过计算分析，为科研人员推荐最优参数设置，减少实验试错成本。

（3）数据清洗与模式识别。

AI能自动去除实验数据中的噪声、填补缺失值，同时识别隐藏在数据中的规律（如基因序列突变关联性、天体信号周期性），帮助科研人员发现新线索。

（4）科研论文写作与润色。

AI 可以协助科研人员完成初稿，如实验方法描述、图表注释等，还可以检查语法错误，并优化整体表达逻辑，让论文更加通顺、专业。

（5）跨学科研究模拟与预测。

对于涉及多学科的复杂研究，例如气候变化、蛋白质折叠等复杂系统，AI 可以通过构建数学模型进行模拟，预测实验可能出现的结果或自然现象变化趋势，为跨学科研究提供参考依据。

（6）科研项目管理与协作。

AI 能够全程跟踪科研项目进度，包括经费使用情况、论文发表计划节点等，智能分配科研资源，比如合理安排实验设备使用时段，并及时提醒重要事项截止日期。

5. 学校教师

AI 在学校教师的场景化应用围绕以下 6 个维度展开。

（1）智能备课与课件生成。

AI 依据教学大纲与学情数据，自动生成教案框架、PPT 课件（含音视频素材）等教学方案，同步推荐差异化资源，大幅提升备课效率，互动性课件使学生注意力时长有所增加。

（2）作业自动批改与错因分析。

AI 支持选择题、作文等多题型自动批改，统计错误率并标记高频错题（如 80% 学生混淆"的""地"）。系统采用语义分析技术，主观题批改准确率高，减少教师批改时间，大幅提升错题归类效率。

（3）学情分析与个性化推荐。

AI通过课堂表现、作业数据生成可视化报告，精准推荐个性化练习（如张同学需强化方程、李同学需拓展几何）。

（4）课堂互动与实时反馈。

AI利用平板/答题器实时采集学生课堂反馈，分析参与度并动态调整教学节奏（如60%的学生未理解则重新讲解），提升课堂互动频次，提高学生知识留存率。

（5）学生行为管理与预警。

AI通过分析考勤、作业提交、课堂专注度等数据预警潜在风险（如王同学连续3天迟交作业）。

（6）家校沟通自动化。

AI自动生成含课堂表现、作业完成情况的周报，通过微信/邮件推送家长，并智能回复常见咨询（如校服购买流程）。家校沟通效率大幅提升。

6. 律师

AI在律师的场景化应用围绕以下6个维度展开。

（1）法律文书自动生成。

AI基于案件类型与客户需求，自动生成合同、起诉状等文书初稿。律师仅需对其中关键条款进行修改，便能极大地压缩合同起草所需时间，同时有效降低文书的错误率。

（2）合同审查与风险预警。

AI通过扫描合同条款，精准识别违约金比例超限、管辖约定模糊等风险点。AI会根据相关法律法规给出风险提示，并针对每个风险点提供切实可行的修改建议，降低合同风险。

（3）法律案例智能检索。

AI 根据"劳动仲裁""竞业限制"等案情关键词，迅速检索相似判例，梳理整合并总结出法官在此类案件中的裁判倾向，同时清晰列出关键法律依据。帮助律师快速掌握同类案件审判思路。

（4）法律咨询自动化问答。

AI 客服 7×24 小时解答离婚财产分割、工伤赔偿等常见法律问题，提供初步解决方案。若问题复杂，AI 能引导用户转接人工律师，提升有效咨询率。

（5）合规审查与监管预警。

AI 实时监控企业业务运作情况，如广告文案、数据收集与使用流程等，并依据相关法律识别违规风险（违反广告法绝对化用语、违反数据跨境传输 GDPR 规定等）。

（6）案件结果预测策略优化。

AI 通过分析历史判决数据，结合案件类型、证据情况、法律条文等多方面因素，预测案件的胜诉概率并估算出合理的赔偿金额区间。同时还能综合考虑司法实践、地域差异、法官裁判倾向等信息，为律师推荐最优诉讼策略，如建议"选择仲裁而非诉讼"。

7. 医生

AI 在医生的场景化应用围绕以下 6 个维度展开。

（1）医学影像智能诊断。

AI 可快速解析 X 光片、CT 及 MRI 影像，快速识别肺部结节、脑出血等病灶，通过智能标注异常区域提供初步诊断建议，这样可以压缩阅片时间，降低漏诊率。

（2）电子病历智能管理。

AI基于语音识别技术自动生成结构化病历（主诉/病史/查体），同步提取过敏史、用药记录等关键信息，通过语义分析发现数据矛盾点并预警。

（3）治疗方案个性化推荐。

AI整合患者基因数据、病史及最新临床指南，推荐精准用药方案（如肿瘤靶向治疗药物选择）并预警药物相互作用风险，使治疗效果大幅提升。

（4）急诊分诊与重症预警。

AI通过实时监测心率、血氧等生命体征，评估病情危急程度，自动触发分级系统并优先调配抢救资源，降低死亡率。

（5）慢性病智能管理。

AI依托可穿戴设备（智能手环/血糖仪）实时采集血糖、血压数据，动态调整胰岛素剂量、饮食运动建议等管理方案。

（6）手术规划与导航辅助。

AI基于患者3D影像重建器官模型模拟肿瘤切除等复杂手术路径，术中实时导航避免损伤神经、血管。支持多模态影像融合定位，手术精准度高，关键结构损伤率大幅降低。

8. 护士

AI在护士的场景化应用围绕以下6个维度展开。

（1）生命体征实时监测与预警。

AI借助手环、床旁监护仪等智能设备，实时采集患者的心率、血压、血氧等关键生理数据。一旦监测到如心率骤升、血氧含量低于阈值等异常情况，便会自动触发警报，提醒医护人员及时关注患者状况。

（2）智能用药管理与核对。

AI能自动核对医嘱与药品剂量、过敏史等信息，通过扫码确认患者身份，减少发药错误，降低用药错误率，提高护士工作效率。

（3）电子病历语音录入整理。

AI语音识别护士口述记录（如"患者主诉腹痛，体温38.5℃"），自动生成结构化电子病历并智能归档。

（4）压疮与感染风险预测。

AI整合患者卧床时长、营养指标、皮肤湿度等数据，运用专业算法预测压疮或感染风险等级，为医护人员推荐合理的翻身频率与个性化护理方案，帮助降低患者并发症风险。

（5）患者健康教育定制推送。

AI根据患者的疾病类型及所处康复阶段，自动推送定制化健康指导内容，比如针对糖尿病患者推送饮食视频，为术后患者提供运动动画，帮助患者尽快康复。

（6）护理任务智能排班提醒。

AI根据患者护理等级与护士工作负荷，动态分配换药、巡视等任务，并实时推送提醒，显著优化护理流程。

9. 警察

AI在警察的场景化应用围绕以下6个维度展开。

（1）犯罪预测与热点分析。

AI深入分析历史犯罪数据，包括犯罪发生的时间、地点以及类型等，预测犯罪的高发区域，如某商圈周末盗窃风险上升。警方可以依据这些预测结果，对警力巡逻路线进行优化，提高治安防控的效率。

（2）面部识别与嫌疑人追踪。

AI对监控视频以及公共场所摄像头画面进行持续扫描，实时与逃犯数据库中的信息进行比对。一旦识别出嫌疑人，AI会即刻推送信息，比如"某在逃人员在A地铁站出现"，协助警方及时开展抓捕行动。

（3）交通违法智能识别处理。

AI交通违法识别系统通过道路摄像头实时抓拍闯红灯、压线等违章行为，自动生成罚单并推送至车主。采用智能识别算法，抓拍准确率高，使违法处理效率大幅提升，相关路口事故率有所下降，显著提升交通管理智能化水平。

（4）案件证据智能分析与串并。

AI分析案件与串并系统基于案件卷宗、通话记录等多维度数据，运用机器学习算法识别关联案件（如系列盗窃案），生成侦查方向建议。

（5）网络犯罪与舆情监控。

AI网络犯罪监测系统通过实时扫描社交平台等渠道，自动识别毒品交易、网络诈骗等违法信息，标记高风险账号并进行溯源分析。

（6）智能接警与应急调度。

AI接警调度系统运用语音识别技术解析报警内容，结合实时定位功能智能调度最近警力资源。如遇持刀伤人警情，接警调度可自动匹配附近巡逻车，确保以最快速度到达现场。

10. 作家

AI在作家的场景化应用围绕以下6个维度展开。

（1）创意灵感激发故事框架生成。

AI故事框架生成工具通过输入关键词（如科幻悬疑、蒸汽朋克），能快速生成包含核心情节、角色设定、世界观架构的完整故事大纲，同步提供多维度情节转折建议。该技术帮助创作者突破灵感瓶颈，实现从构思到完稿的全流程加速，使优质作品从创作到签约的周期大大缩减。

（2）初稿撰写与段落扩展。

AI初稿生成工具支持智能续写与场景扩展，通过输入核心情节（如"主角进入古堡后，发现……"），可自动补全300～500字的连贯段落；针对简练描述（如将一句话扩展为300字的环境描写），能深度扩展为多维度环境刻画，包含感官细节与氛围渲染。该功能有效解决创作卡壳问题，使初稿完成效率大幅提升，尤其适合需要快速构建故事脉络的创作者。

（3）语法纠错与风格优化。

AI语法优化工具支持多维度文本质量提升，可实时检测拼写、标点、语法错误，错误识别准确率大幅提升，同时通过语义分析优化语言流畅度。其核心特色在于风格适配功能，可精准模仿海明威式简洁、村上春树式隐喻等多种作家风格，适用于学术论文、商业文案、文学创作等场景，提升了写作效率，文本专业度显著增强。

（4）读者偏好分析与市场适配。

AI市场适配基于百万级畅销书数据库，通过语义分析与趋势建模，实时追踪题材热度（如职场逆袭类网文需求大增）、章节节奏规律及关键词分布。AI提供可视化创作指南，帮助作者精准把握读者偏好，提升作品市场匹配度。该功能尤其适用于网文创作与出版选题规划，使内容开发周期大幅缩短，有效降低市场风险。

（5）多语言翻译与文化适配。

AI多语言翻译支持英、西、法等20余种语言转换，通过语义分析与文化数据库实现精准适配。AI自动检测成语、俚语等文化敏感内容，采用等效表达策略进行本地化处理，确保译文在保留原意基础上符合目标读者阅读习惯。经测试，文化适配准确率大幅提升，跨文化传播效率有所增强，适用于文学作品、商业文案、影视剧本等多场景翻译需求。

（6）版权保护与抄袭检测。

AI版权保护能对全网内容进行7×24小时扫描，借助NLP技术分析文本，检测出相似度高的内容，识别潜在抄袭段落的准确率大幅提升。AI还会自动生成维权指引，包括存证时间戳、法律追责流程等，为作者提供全链条版权保护，有效降低维权成本。

（五）AI 实战指南：用对方法才能赢在未来

1. 应用AI常见的问题

AI 在各行各业的场景化应用时常会遇到一些问题，不管是政府、企业，还是组织、个人，或多或少都会出现以下 4 个问题。

（1）**数据孤岛和幻觉**。

当我们使用 AI 的时候，发现 AI 生成的内容可能会因为数据源或模型的问题产生一些缺陷，给我们一些它自己加工的虚假信息，这些信息并不完全是真实可靠的，是需要人工复核和验证的。

（2）**决策责任的模糊化**。

如果有一天 AI 帮你做了一个决策，当你决定实施决策的时候，请问决策的责任人是谁呢？这是我们需要思考的。现阶段而言，我个人认为不管 AI 帮你生成多少内容，决策的责任人还是我们人类自己。

（3）**隐私泄露的隐患**。

当企业使用 AI 处理客户的隐私敏感信息的时候，有可能会导致数据的泄露，所以企业即便是做好了本地化部署，也依旧要注意这个问题。

（4）算法歧视。

很多银行都有风控模型，可能因为训练数据的偏差会对一些特定人群产生一些不公平的评估，这就是歧视风险。

我前面讲过一个企业有100名员工，99名男性，1名女性。企业想用招聘AI做一个面试分析，把100个人的数据输入AI，AI在分析的时候，会自动把女性去掉。因为输入给AI的原始数据暗示企业倾向于招男性而不是女性，所以这些数据都会影响算法，产生歧视。这其实是不应该的，所以我们的数据来源是非常重要的。

以上就是企业使用AI时常遇到的一些问题。

2. 应用AI遵循的原则

在企业落地AI的时候，我觉得要遵循4个原则，具体如下。

（1）做好数据的隐私保护。

企业使用AI的时候，要做好数据的脱敏处理，防止信息泄密，这个是非常重要的。

（2）做好权限的管理。

企业使用AI的时候，要区分好公开数据和内部数据，还要规定不同角色的相应使用权限。

（3）要支持监管和回溯。

假设所有企业完成了本地化部署，那么企业内部的人在使用AI的时候，要有一个价值链可以回溯，这样的话企业能够找到它的源头，去处理相应的问题，从而更好地使用AI。

（4）场景的精准适配。

企业要优先选择业务的痛点问题，以及思考如何在 ROI（投资回报率）可以量化的场景中去更好地使用 AI。

3. 应用AI的趋势

对于未来的各行各业而言，使用 AI 使企业降本增效或提高个人工作效率是大势所趋。在应用 AI 的时候大概会出现三个趋势，具体如下。

（1）多模态 AI。

多模态技术融合已进入产业化应用阶段，像我讲到的文本、图像、语音、视频等，它最终会有一个多模态的融合，现在这种现象已经慢慢出现了。例如某股份制银行通过整合语音识别、意图理解和图像分析技术，缩短智能客服响应时间，提升问题解决效率，成功构建起"听得懂、看得明、答得准"的智能交互体系。

（2）边缘计算 + AI。

边缘计算与 AI 的深度融合正重构产业格局，企业可以通过本地化部署降低 AI 使用的延迟，如工厂实时质检。例如某汽车制造商通过部署边缘计算节点，降低生产线质检延迟，明显提升检测准确率，节省年度运维成本，实现了工业级实时决策闭环。

（3）AI 伦理和透明性。

AI 伦理建设进入合规化新阶段，企业要避免算法偏见，增强用户信任。比如某金融机构通过部署因果推理框架，信贷审批模型偏见率有所降低，客户信任度大幅提升，实现了算法决策的透明化监管与商业价值的平衡发展。

在数字化转型浪潮下，人工智能技术正成为企业构建核心竞争力的关键工具。在人工智能技术全面渗透产业的现在，企业数字化转型已进入价值深耕阶段。未来所有企业都可以通过 AI 技术实现降本增效、创新业务模式、提升客户体验这三大核心价值。但是我们在应用 AI 技术时一定要以企业自身正确的数据为基础，结合业务需求，选择合适的场景，避免盲目跟风。更重要的是企业在使用 AI 技术降本增效的同时，也要注意 AI 的伦理和透明性。企业的数据源可以调整，但是它的伦理性是需要人为去掌控的，因为只有做好了伦理建设，企业再用 AI 的时候才可以避免歧视，真正公平地为企业提供相应的服务。

DeepSeek 企业应用指南
——每一个职场人的 AI 必修课

06
第六章

企业AI经验萃取与课程制作精解

在企业发展的进程中，传统培训模式的局限性日益凸显。过往依赖集中授课、纸质资料的培训方式，不仅难以跟上知识更新的步伐，还无法满足员工个性化的学习需求。以新员工入职培训为例，统一的课程内容和进度，使得学习能力强的员工觉得进度拖沓，而基础薄弱的员工又难以消化吸收。业务专家的宝贵经验往往停留在个人层面，未能有效转化为企业的知识资产，导致知识传承出现断层。

AI 技术的兴起，为企业培训带来了新的转机。它能精准分析员工的学习数据，实现个性化学习路径规划；通过智能访谈、文本挖掘等手段，高效萃取业务经验；还能利用自然语言生成技术，快速生成丰富的课程内容。某大型互联网企业借助 AI 经验萃取技术，将优秀产品经理的项目经验转化为标准化课程，新员工在学习后，项目上手时间缩短了 30%。

经验萃取与课程制作都是一项专业化的技术，无论是采用传统方法还是使用 AI 技术辅助，都需要对企业的业务、技术、管理等多领域有深入的理解，并具备数据挖掘、信息整理、课程设计、教学方法应用等多方面的能力，才能精准把握培训需求，将复杂的经验知识转化为通俗易懂的课程内容，并确保培训效果的有效评估与反馈。

绚星智慧科技（原云学堂）作为数字化企业学习领域的领军企业，在经验萃取与课程制作方面具有丰富的产品、服务及实践经验。鉴于此，本章节内容由绚星智慧科技的专家共同撰写。

（一）洞察核心：企业 AI 经验萃取与课程制作价值剖析

1. 提升培训效率与质量

在当今竞争激烈的商业环境中，时间就是金钱，效率决定成败。对于企业培训而言，如何在有限的时间内让员工获取更多有价值的知识和技能，是企业内训师和业务专家一直关注的焦点。AI 经验萃取技术的出现，为解决这一问题提供了有力的支持。

以搭建对话智能体业务流的实际案例来说，在以往的模式下，当遇到提示词编写难题时，往往需要耗费大量的时间和人力去摸索解决方案。而借助 AI 技术，通过将复杂的提示词进行拆解与聚合，成功地解决了重复追问和死循环问题，大幅提高了智能体的对话效率。这一宝贵经验经过 AI 的快速萃取和整理，能够迅速转化为相关培训课程的内容。以往可能需要数周时间才能让新员工初步掌握的技能，现在借助这些基于 AI 经验萃取的培训课程，短短几天就能让新员工上手，极大地减少了培训的时间成本。

在课程制作环节，AI 的优势同样明显。AI 能够根据预设的教学目标和知识体系，快速辅助生成结构清晰、内容丰富的课件。而且它还能通过对大量学习数据的分析，为不同的培训课程规划出最适合的学习路径。例如某大型企业在新员工入职培训中，利用 AI 技术分析新员工的专业背景、知识基础以及过往学习习惯等数据，为每一位新员工量身定制个性化的学习路径。新员工按照专属路径进行学习，不仅学习效率大幅提高，对岗位知识和技能的掌握也更加扎实，岗位适应时间相比以往缩短了近一半，培训效果得到了显著提升。这充分体现了 AI 在提升培训效率与质量方面的巨大价值，为企业节省了大量的培训资源，同时也为员工快速适应工作岗位、创造价值提供了有力保障。

2. 促进知识传承与共享

企业的发展离不开知识的积累和传承，业务专家们在长期实践中积累的宝贵经验是企业珍贵的财富之一。然而，在传统模式下，这些经验往往被局限于专家个人的脑海中，难以有效地传递给更多的员工，形成了知识传承的壁垒。

AI 经验萃取技术的出现，打破了这一壁垒。它就像一位不知疲倦的知识收集者，能够深入业务的各个环节，通过智能访谈、文本挖掘等先进手段，将业务专家们头脑中的隐性知识精准地挖掘出来，并转化为清晰、易懂的显性知识。这些显性知识经过系统的整理和归纳，形成了可复制、可传播的知识资产。

以销售技能提升培训课程为例，AI 可以对大量的销售数据进行深度分析，同时结合客户反馈信息，精准地萃取出那些能够促成交易、提升客户满意度的成功销售经验。这些经验被融入培训课程中，无论是新入职的销售人员，还是经验丰富的老员工，都可以从中学习到不同的销售技巧和策略。通过这种方式，原本只属于少数业务精英的经验，得以在整个销售团队中广泛传播和共享。新员工可以更快地成长，老员工也能从中获取新的灵感和思路，进而提升整个团队的业务水平，为企业创造更多的业绩。这种知识的传承与共享，不仅增强了企业的整体实力，还为企业的持续发展奠定了坚实的基础。

例如，绚星智慧科技（原云学堂）推出的"绚星销售助手"，就可以通过实时销售对话音频转录、智能客户档案、会话分析与销售辅导等核心功能，帮助销售人员提升工作效率，量化销售能力，优化销售管理，并提供针对性的销售培训与提升建议。通过基于 AI 技术的培训和辅导建议，销售人员可以在实际销售过程中根据实时反馈不断改进技巧，实现快速学习与成长。

此外，基于销售与客户对话和客户档案等数据，"绚星销售助手"通过 AI 进行数据分析，为销售人员提供客户的情感趋势、态度变化、潜在需求等关键指标，从而更有效地进行复盘，帮助销售进行后续沟通与销售转化。绚星智慧科技销售团队应用后的实测数据显示：销售成交周期缩短 28%，新销售开单周期压缩 30%，主管辅导学员效率提升 62%。

3. 满足个性化学习需求

在企业培训中，每个员工都是独一无二的个体，他们在知识基础、学习能力、兴趣爱好等方面存在着显著的差异。传统的"一刀切"式培训模式往往无法满足员工的个性化学习需求，导致部分员工学习效果不佳，浪费培训资源。

AI 技术的融入，为解决这一问题带来了转机。在课程开发和制作过程中，AI 凭借其强大的数据处理和分析能力，能够根据学员的个体差异提供个性化的服务。通过收集和分析学员在学习过程中的各种数据，如学习进度、答题准确率、学习时长、学习偏好等，AI 可以精准地了解每个学员的学习状况和需求。

以企业管理培训课程为例，针对不同层级的管理者，AI 可以依据布鲁姆 – 安德森教育目标分类法，结合他们现有的管理水平和岗位要求，设定不同层次的教学目标。对于基层管理者，侧重于基础管理知识的掌握和基本管理技能的培养，如团队沟通技巧、任务分配方法等；对于中层管理者，则更注重管理策略的分析和决策能力的提升，如项目管理、资源调配等；而对于高层管理者，着重培养战略规划和领导力方面的能力，如市场趋势分析、企业战略制定等。同时，AI还能根据这些不同的教学目标，为每个层级的管理者推荐适合他们的学习内容和学习方式，定制专属的学习路径。

未来随着 AI 技术的进一步成熟，AI 还能根据企业中不同岗位的员工情况，推荐适合他们的学习内容和学习方式，为他们定制专属的学习路径，实现真正的技术平权和知识平权。目前绚星智慧科技（原云学堂）正在积极引领企业人才管理向智能化和个性化转型，体现在对员工个体差异和潜力的重视、数据驱动的决策制定、支持员工灵活角色和跨领域发展，以及通过预测分析提前规划人才战略。

比如通过数据驱动的能力差距分析，利用 AI 工具分析员工的技能数据和绩效数据，识别能力差距，并生成与企业目标一致的个性化学习建议，并且还能考虑员工的能力和兴趣来推荐定制化的学习内容，实现从"标准化学习"到"个性化学习"的转变。这种个性化学习推荐系统已成为一种创新的培训方式，通过 AI 的帮助，企业能够为每位员工量身定制培训方案，从而最大化其职业发展潜力。

这种个性化的学习体验，极大地提高了学员学习的积极性和参与度。员工们不再觉得培训内容枯燥乏味或不切实际，而是能够根据自己的需求和节奏进行学习，更好地理解和掌握知识。这不仅提升了培训的效果，也让员工感受到企业对他们的关注和尊重，增强了其对企业的归属感和忠诚度。

4. 增强培训的互动性和吸引力

在当今数字化时代，人们对于学习体验的要求越来越高。传统的培训方式往往以单向的知识灌输为主，缺乏互动性和趣味性，容易让学员感到枯燥和疲惫，难以吸引学员的注意力，导致学习效果大打折扣。

AI 在课件制作方面的应用，为提升培训的互动性和吸引力带来了全新的解决方案。AI 可以在课件中添加丰富多样的互动元素，如生动有趣的动画效果、灵活多变的触发器、便捷实用的超链接，以及实现语音交互和手势交互等功能。

以安全培训课件为例，通过AI设置动画演示安全操作流程，让原本晦涩难懂的安全知识变得直观形象。学员可以通过触发器自主控制知识点的显示和隐藏，根据自己的进度和需求进行学习。而且，借助语音交互功能，学员只需要说出心中的疑问，就能快速得到相关的安全知识解答，就像身边随时有一位专属的安全顾问。这种充满互动性的培训方式，让学员从被动的知识接受者转变为主动的参与者，极大地吸引了学员的注意力，提升了学习体验。

学员们在这种互动式的学习过程中，能够更加深入地理解和掌握知识，记忆也更加深刻。同时，互动性的增强也促进了学员之间的交流和合作，营造了良好的学习氛围。这种充满吸引力的培训方式，让培训不再是一种负担，而是成了一种有趣的学习体验，有效地提高了培训的效果和质量。

5. 助力企业战略发展

在快速变化的市场环境中，企业要想保持竞争力，实现可持续发展，必须拥有一支能够适应不断变化的业务需求的高素质人才队伍。企业AI经验萃取与课程制作在这一过程中发挥着至关重要的作用，从宏观层面为企业战略发展提供了强有力的支持。

AI经验萃取能够紧密结合企业的战略目标和业务需求，快速萃取出关键的知识和技能。当企业决定拓展新的业务领域时，AI可以迅速收集和整理相关领域的成功经验和最佳实践，将其转化为培训课程内容。通过这些课程，员工能够快速了解新业务的运作模式、关键要点和潜在风险，为企业顺利进军新领域提供人才保障。

AI经验萃取如同企业的知识宝库挖掘器，它能深入业务流程，将业务专家头脑中的隐性知识转化为显性知识，形成可复制、可传播的经验体系。这些经验经过整理和提炼，成为课程开发的优质素材，提升课程的实用性和针对性。在课程制作环节，AI 的助力使得课件更具吸引力和互动性，如通过智能模板推荐、互动元素生成等功能，增强员工的学习体验，提高培训质量。

课程制作方面，AI 可以根据企业战略规划和员工发展需求，开发出具有前瞻性和针对性的培训课程。在企业推行数字化转型战略时，AI 可以助力开发一系列关于数字化技术应用、数据分析、人工智能等方面的培训课程，提升员工的数字化素养和技能，使员工能够更好地适应数字化时代的工作要求，推动企业数字化转型的顺利进行。

通过持续的 AI 经验萃取与课程制作，企业能够不断培养出符合自身发展需求的人才，提升员工的综合能力。这些具备专业知识和创新能力的员工，成为企业在市场竞争中的核心竞争力。当企业面临市场变化和挑战时，他们能够迅速响应，运用所学知识和技能为企业提供解决方案，推动企业朝着战略目标稳步前进。可以说，AI 经验萃取与课程制作是企业实现战略发展的重要引擎，为企业的长远发展注入了源源不断的动力。

（二）AI 经验萃取方法及对话智能体实战解析

1. AI经验萃取的概念与优势

（1）**核心概念与技术基石。**

AI 经验萃取是利用人工智能技术，从大量业务实践数据中提取有价值经验的过程。自然语言处理技术在其中发挥着关键作用，它能理解和分析文本信息，从业务文档、对话记录中提取关键经验。机器学习算法则用于对经验数据进行分类、聚类和预测，挖掘潜在的经验模式。以客户服务部门为例，通过分析客服与客户的对话记录，利用自然语言处理技术提取解决常见问题的有效话术和策略，再借助机器学习算法对这些经验进行分类，方便后续查询和应用。

（2）**系统流程与实用方法。**

经验萃取的流程涵盖多个关键环节。首先是精准选题，要结合企业业务需求和发展战略，选择具有代表性和价值的经验主题。接着是经验收集，可以通过智能访谈、在线问卷、数据分析等方式获取丰富的经验素材。然后是分析环节，运用 AI 工具对收集到的信息进行深度挖掘，提炼核心经验。最后是总结阶段，将经验整理成清晰、易懂的知识体系。智能访谈工具能根据预设问题和被访谈者的回答，自动生成访谈记录，并提取关键信息；文本挖掘技术可以从大量的业务报告中快速筛选出有价值的经验片段。

例如，绚星智慧科技（原云学堂）推出的绚星 AI 制课助手，支持用 AI 设计内容，通过 AI 辅助访谈式萃取和问答模板萃取，帮助开发人员快速生成课程大纲和内容。绚星 AI 制课助手提供访谈式萃取工具和回答模板萃取工具，如图 6-2-1、图 6-2-2 所示。

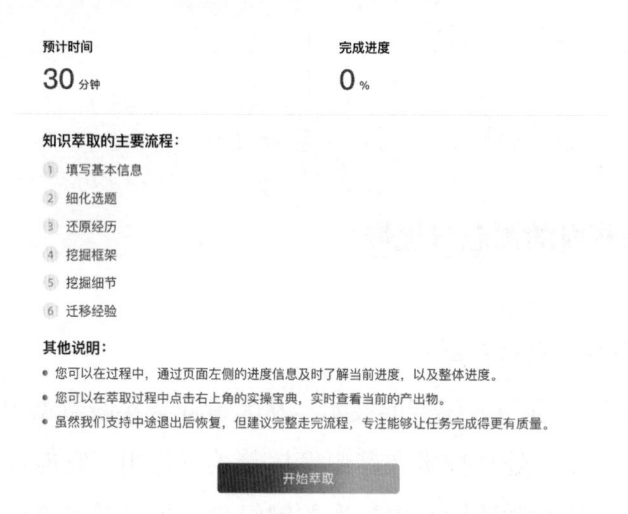

图 6-2-1　绚星 AI 制课助手提供访谈式萃取工具

图 6-2-2　绚星 AI 制课助手提供问答模板萃取工具

（3）优势突显与挑战应对。

与传统经验萃取相比，AI 具有显著优势。它能在短时间内处理海量数据，提高萃取效率；分析结果更加客观、准确，避免了人为因素的干扰。然而，AI 经验萃取也面临一些挑战。数据质量问题可能影响萃取结果的准确性，模型的可解释性也需要进一步探索。为应对这些挑战，企业需要建立严格的数据管理机制，确保数据的真实性和完整性；同时，加强对 AI 技术的研究和应用，提高模型的可解释性和可靠性。

2. 智能体业务流的经验萃取实战

（1）搭建困境与问题剖析。

在对话智能体业务流搭建过程中，提示词编写问题给开发工作带来了诸多困扰。当提示词过长时，智能体容易出现重复追问和死循环现象，导致对话无法有效进行。这不仅影响了用户体验，还降低了业务流的工作效率。例如在案例萃取智能体的搭建中，由于初始提示词过于复杂，智能体频繁重复询问相同问题，使得信息收集工作陷入僵局。

（2）深度萃取与经验沉淀。

通过与业务专家的深入交流，我们确定了"对话智能体业务流搭建时，针对重复描述问题场景的提示词编写技巧"这一选题。业务专家分享了实际项目经验，即在面对重复追问和死循环问题时，采用"拆解任务流程再聚合"的方法。具体来说，将原来的大模型 Prompt 拆解成用户意图识别、信息提取、决策、生成追问问题、总结共五部分，为每个部分编写相应提示词，并分别放到不同大模型节点处理，最后汇总输出。这一方法有效解决了问题，提高了智能体的对话效率和准确性。

（3）经验拓展与广泛应用。

这些萃取的经验不仅适用于当前的对话智能体项目，还可以拓展到其他类似场景。企业可以将这些经验整理成操作指南，供开发团队参考；组织经验分享会，让业务专家与开发人员进行交流，促进知识的传播和应用。在新的对话智能体项目中应用这些经验后，开发周期缩短了20%，对话准确率提高了15%。

（4）企业在利用AI进行经验萃取时，如何避免数据偏差。

企业利用AI进行经验萃取时，数据偏差会严重影响萃取结果的准确性与可靠性。为有效避免数据偏差，企业可从数据收集、处理、验证等多个关键环节入手，构建全方位的保障机制。

1）优化数据收集策略。

A. 确保样本多样性。

收集数据时，要涵盖企业内不同部门、不同岗位、不同业务场景的信息。如在萃取销售经验时，不能仅关注业绩突出的团队，还应纳入业绩中等和较差团队的数据。通过广泛采集，全面反映业务实际情况，避免因样本局限导致经验萃取片面。

B. 多渠道采集数据。

采用多种数据采集方式，如内部业务系统记录、员工访谈、问卷调查、客户反馈等。不同渠道数据相互补充验证，降低单一渠道数据偏差风险。如通过访谈获取员工主观经验，结合业务系统客观数据，更准确地把握业务全貌。

2）严格把握数据清洗与预处理。

A. 去除噪声与异常值。

运用数据清洗技术，识别并剔除错误、重复、不完整或异常的数据。如在客户反馈数据中，删除明显不符合逻辑的信息，像购买时间早于产品发布时间的数据记录，保证数据质量。

B. 统一数据格式。

规范数据格式，解决不同数据源数据格式不一致问题。对日期、数字、文本等数据类型进行标准化处理，使AI能正确识别和分析数据，避免格式差异造成的分析错误。

3）强化数据标注管理。

A. 制定明确标注规则。

清晰定义数据标注的类别、标准和流程，让标注人员准确理解标注要求。标注客户反馈情感倾向时，明确积极、消极、中性的界定标准，减少标注人员主观判断差异。

B. 标注质量审核。

建立标注质量审核机制，定期抽检标注数据，对标注不准确的及时纠正。可采用多人标注同一数据，对比结果并讨论差异，确保标注的一致性和准确性。

4）合理选择与调整 AI 算法。

A. 适配算法模型。

根据数据特点和萃取任务选择合适的 AI 算法。处理文本数据时，对于短文本分类可选用朴素贝叶斯算法；处理长文本语义理解，深度学习（Transformer）模型效果更佳。避免因算法选择不当放大数据偏差。

B. 算法优化与调参。

对选定算法进行优化和调参，提高对数据的适应性。通过交叉验证、网格搜索等方法寻找最优参数组合，使算法能更准确地处理数据，减少偏差影响。

5）引入人工验证与监督。

A. 经验专家审核。

在 AI 萃取经验后，邀请业务经验丰富的专家审核结果。专家凭借专业知识判断经验的合理性和准确性，发现并纠正 AI 因数据偏差产生的错误结论。

B. 持续监测与反馈。

建立监测机制，跟踪 AI 经验萃取过程和结果。收集用户反馈，若发现经验应用效果不佳，分析是否存在数据偏差问题，及时调整数据处理策略和 AI 模型。

（三）AI 赋能课程开发与课件制作全流程

1. 课程开发的关键路径——从规划到落地

（1）ADDIE 模型的深度解读。

ADDIE 模型作为课程开发的经典框架，包含分析、设计、开发、实施、评估五个紧密相连的阶段。分析阶段要深入了解学员的需求、学习能力和知识基础，以及企业的培训目标。设计阶段则需确定教学目标、规划课程结构、选择教学策略。开发阶段专注于教学材料的制作，如课件、讲义等。实施阶段将课程推向学员，进行实际教学。评估阶段对课程效果进行全面评估，为后续改进提供依据。在某企业的销售培训课程开发中，通过分析销售人员的业绩数据和技能短板，确定了以提升客户沟通技巧和销售策略应用能力为教学目标，采用案例分析和角色扮演的教学策略，取得了良好的培训效果。

（2）教学目标的精准设计。

教学目标设计是课程开发的核心环节。布鲁姆-安德森教育目标分类法为教学目标设计提供了科学的框架，它将认知领域目标分为记忆、理解、应用、分析、评价、创造六个层次。在企业培训中，这种分类法能够满足不同层次员工的学习需求。对于新员工，可以先设定记忆层次的目标，帮助他们熟悉企业产品和业务流程；对于有经验的员工，则可以设定分析、评价和创造层次的目标，提升他们的综合能力。以项目管理培训课程为例，设定"能够分析项目风险并提出有效的应对策略"这一应用层次的目标，明确了学员需要掌握的技能和行为。

（3）**课程结构的精心规划**。

课程结构设计要遵循逻辑清晰、层次分明的原则。常见的课程结构形式有金字塔式、递进式、并列式等。金字塔式结构先呈现结论，再逐步展开论据，适合讲解复杂的概念和原理；递进式结构按照知识的难易程度或工作流程的先后顺序进行安排，有助于学员逐步深入学习；并列式结构将课程内容分为几个并列的模块，每个模块相对独立，适用于内容较为分散的课程。在设计企业管理培训课程时，采用递进式结构，依次讲解基础管理知识、团队管理技巧、战略管理理念，使学员能够系统地提升管理能力。

2. AI赋能课程开发——创新与突破

（1）**内容生成的智能助力**。

AI在课程内容生成方面展现出强大的能力。自然语言生成技术可以根据设定的主题和教学目标，快速生成课程大纲、知识点讲解、案例分析等内容。这不仅节省了课程开发时间，还能提供多样化的创作思路。在某企业的技术培训课程开发中，利用AI生成的课程大纲涵盖了全面的知识点，为开发团队提供了良好的基础。开发人员可以在此基础上进行修改和完善，提高了开发效率。

例如，绚星智慧科技（原云学堂）推出的绚星AI制课助手，能够借助AI技术快速优化选题与教学目标（见图6-3-1）。在上述的企业技术培训课程开发中，开发人员在撰写选题和教学目标时，AI可以基于企业的岗位能力要求提供智能优化建议，如图 6-3-2 所示，从而确保选题贴近岗位任务，保证课程能够解决受众在实际工作中遇到的痛点和挑战。

图 6-3-1　AI 技术快速优化选题与教学目标

图 6-3-2　AI 提供智能优化建议

如果开发人员要开发一门全新课程，绚星 AI 制课助手支持零素材和已有素材生成课程，开发人员可以根据自身需求选择不同的内容生成方式。对于零素材制课，AI 可以通过访谈式萃取和问答模板萃取，帮助开发人员快速生成课程大纲和内容。对于已有素材制课，开发人员可以上传 PPT 等资料，AI 将协助进行内容优化和调整，使其更加规范和实用。

（2）课程设计的智能优化。

AI 能够根据学员的学习数据和特点，实现个性化学习路径规划。通过分析学员的学习进度、答题情况、学习习惯等信息，为每个学员推荐适合他们的学习内容和学习顺序。同时，AI 还能设计智能互动环节，如智能问答、虚拟角色互动等，增强课程的趣味性和吸引力。某在线学习平台上，AI 根据学员的学习数据为他们推送个性化的学习任务，学员的学习完成率提高了 25%。

（3）评估反馈的智能升级。

传统的学习效果评估方式往往依赖人工评分和主观判断，存在效率低、准确性差的问题。AI 评估利用机器学习算法对学员的作业、测试成绩、课堂表现等数据进行分析，能够快速、准确地评估学员的学习成果。AI 还能根据评估结果为教师提供教学改进的反馈建议，帮助教师优化课程设计和教学方法。某企业的培训课程中，通过 AI 评估发现学员在某个知识点上的理解存在困难，教师及时调整教学策略，加强了对该知识点的讲解，学员的学习效果得到了明显提升。

3. 课件制作的艺术——打造视觉与学习盛宴

（1）基本原则的坚守。

课件制作要遵循简洁明了、突出重点、图文并茂、色彩搭配协调的原则。简洁的页面布局能避免因信息过多导致学员分心。突出重点的内容有助于学员快速抓住关键知识点。图文并茂可以增强信息传达效果，使抽象的知识更加直观易懂。色彩搭配协调能够营造良好的视觉氛围，提高学员的学习兴趣。在制作课件时，文字应简洁精炼，避免冗长的段落；图片要与教学内容相关，并且质量要高；色彩选择要符合企业的品牌形象和学员的视觉感受。

（2）设计要素的雕琢。

页面布局要合理安排标题栏、内容区、导航栏的位置和大小，确保元素排版整齐、美观。文字要选择合适的字体、字号和颜色，保证清晰易读。图表的运用要根据数据特点和教学目的选择合适的类型，如柱状图适合比较数据大小，折线图适合展示数据变化趋势。多媒体素材的整合要自然流畅，如插入的视频要与教学内容紧密结合，使用的音频要注意音量适中。在制作关于市场数据分析的课件时，运用柱状图展示不同产品的市场占有率，使数据对比一目了然；插入相关的市场调研视频，增强课件的说服力。

4. AI助力课件制作——提升视觉与互动体验

（1）设计辅助的智能升级。

AI能够根据课程主题和教学目标推荐合适的课件模板，这些模板经过精心设计，符合视觉美学和教学要求。AI还能实现内容自动排版，调整文字格式、图片大小和位置，使课件更加规范、美观。在制作课件时，只需输入课程内容，AI就能快速生成排版整齐的页面，大大节省了制作时间。

例如，绚星智慧科技（原云学堂）的AI制课专家，提供了只需要完成课程大纲撰写，系统即可以按照大纲内容自动生成PPT，如图6-3-3所示，适用于不同场景、各类设计风格的共数百套PPT模板可供选择，如图6-3-4所示。

第六章 企业 AI 经验萃取与课程制作精解

图 6-3-3 AI 制课专家按照大纲自动生成 PPT

图 6-3-4 AI 制课专家数百套 PPT 模板

375

此外，AI制课专家还具备一键生成逐字稿的功能，并支持多语言导入，方便企业制作面向不同语言背景学员的课程。在视频制作方面，产品支持数字人录制及真人出镜，满足企业多样化的教学需求。

（2）互动性的智能增强。

AI可以生成丰富的互动元素，如动画效果、触发器、超链接等，使课件更加生动有趣。智能交互设计实现了课件与学员的语音交互、手势交互，提高了学员的参与感。某企业的安全培训课件中，设置了动画演示的安全操作流程，通过触发器实现知识点的隐藏和显示，学员还可以通过语音与课件进行互动，查询相关安全知识，增强了培训效果。

（3）视觉效果的智能优化。

AI根据色彩心理学原理和美学原则，为课件提供色彩搭配建议，使页面色彩更加协调、舒适。图像识别与处理功能可以自动识别图片内容，优化质量，去除水印，提升课件的视觉效果。在制作课件时，利用AI的色彩优化功能，选择适合培训主题的色彩方案，使课件更加吸引人；通过图像识别与处理功能，对图片进行裁剪和优化，使其更加清晰、美观。

（四）深度解析：成功案例的实践智慧结晶

1. 新员工培训课程的创新实践

某大型企业在新员工培训课程制作中，利用 AI 经验萃取技术收集老员工的工作经验，开发了一套全面、实用的培训课程。课程采用个性化学习路径规划，根据新员工的专业背景和岗位需求，为他们推荐不同的学习内容。课件制作运用 AI 辅助设计，模板简洁美观，互动元素丰富。新员工在学习后，对企业的了解更加深入，岗位适应时间缩短了 40%，培训满意度达到了 90%。

2. 销售技能提升课程的成效显著

某企业针对销售人员的技能提升培训课程，借助 AI 技术进行课程开发和课件制作。通过分析销售数据和客户反馈，确定了课程的重点内容。课程中运用 AI 实现智能互动，如模拟销售场景，让销售人员进行实战演练，并及时给予反馈和指导。培训后，销售人员的销售业绩平均提高了 20%，客户满意度提高了 15%。

3. 内部管理培训课程的探索成果

某企业的内部管理培训课程利用 AI 经验萃取技术，将优秀管理者的经验转化为课程内容。课程设计采用布鲁姆-安德森教育目标分类法，根据不同层级管理者的需求设定教学目标。课件制作运用AI优化视觉效果和互动性，使培训更加生动有趣。通过培训，管理者的管理能力得到了显著提升，团队协作效率提高了18%。

4. 绚星智慧科技（原云学堂）助力某大型综合集团

企业背景与挑战：该集团规模庞大，员工数万名，业务涉及制造业、教育、生态农业等多领域，在全国多地设有产业基地。数智化转型加速时期，集团将AI应用列为战略核心，期望借助技术降本增效。但此前课程开发过度依赖人工，内训师资源短缺，课件制作周期长达数周，难以满足企业快速发展的培训需求。

解决方案：采用绚星智慧科技（原云学堂）AI制课专家方案。首先通过AI智能萃取，利用科学的萃取方法论赋能AI，以对话形式挖掘业务专家经验，并辅助生成结构合理的课程框架；接着全自动制课，10秒生成精美PPT，自动排版且提供各类专业模板，一键生成逐字稿，讲师还能借助AI数字人自选虚拟形象和配音录制视频；最后智能上传，课件自动发布到绚星云学习平台，无缝衔接到员工学习端。

成果价值：实现效率突破，快速上线200多门课程，单人单日可完成多门课程开发，标准化课程在全国多个基地100%覆盖。成本优化显著，部分课程跨部门共享，新业务线课程开发周期缩短60%，减少外部采购及重复开发成本180万元。推动集团从"知识沉淀"迈向"智慧资产化"，助力企业留存核心竞争力，支撑人才战略落地。

5. 某银行借助AI进行理财经理经验萃取与课程开发

企业背景与挑战：银行理财业务不断发展，客户需求日益复杂，理财经理需要具备更专业的知识和沟通技巧。但传统的经验传承方式效率低，新员工成长慢，难以满足客户多样化的理财需求，且在处理复杂金融产品推荐和应对客户突发状况时，缺乏统一有效的方法。

解决方案：运用 AI 技术进行经验萃取，输入"理财经理""客诉"等关键词，自动生成包含应急场景的任务地图，挖掘出如"客户突发心梗时的财富传承话术"等关键经验。通过 AI 实时标记理财经理与客户沟通录音中的"情绪转折点""异常处理路径"，提炼出决策逻辑，生成带决策树的知识晶体。基于萃取的经验开发课程，利用 AI 辅助制作课件，设置模拟理财场景的互动环节，让学员在实践中学习。

成果价值：理财经理的专业能力和服务水平得到显著提升，新员工能够快速掌握关键技能，缩短成长周期。客户投诉率降低，理财业务成交量增加，提升了银行的市场竞争力和客户满意度。同时，形成了一套标准化、可复制的理财业务培训课程体系，便于在全行范围内推广应用。

6. 某连锁餐企利用AI进行服务经验萃取与培训课程制作

企业背景与挑战：连锁餐企门店众多，服务质量参差不齐，难以保证各门店服务水平一致。随着市场竞争加剧，客户对服务体验要求越来越高，传统的服务培训方式难以满足企业快速扩张和提升服务质量的需求，急需一套高效、标准化的服务培训体系。

解决方案：借助 AI 分析顾客与服务员的对话录音，运用声纹分析和 NLP 技术抓取服务员处理顾客异议时的关键技巧，如特定的话术、语气变化等。通过 AI 对服务员日常工作视频进行分析，挖掘出高效服务流程和细节动作，如菜品上桌的最佳时机、与顾客互动的恰当距离等。将这些经验整理成课程内容，利用 AI 制作生动有趣的课件，融入动画演示、案例视频等元素，并通过在线学习平台推送给员工，员工可随时随地学习。

成果价值：各门店服务质量实现标准化提升，顾客满意度大幅提高，品牌口碑得到改善。提升员工培训效率，降低培训成本。新员工能够更快适应工作岗位，减少因服务不专业导致的顾客流失，为企业带来了更多的经济效益和品牌价值。

（五）挑战与展望：企业 AI 经验萃取及课程制作之路

1. 企业在AI经验萃取及课程制作时，可能面临的问题

企业在实施 AI 经验萃取与课程制作时，可能会遇到技术、数据、人员和管理等方面的问题。这些问题若得不到妥善解决，会影响 AI 经验萃取与课程制作的效果和质量。

（1）技术难题。

AI 技术本身复杂且处于不断发展中，企业可能面临技术选型困难。在经验萃取环节，若选择的自然语言处理模型不合适，可能无法准确理解业务文本内容，导致经验提取不精准。在课程制作阶段，与现有教学系统的集成也可能出现问题。如 AI 生成的课件格式与企业常用的学习管理系统不兼容，影响课程的正常发布与学习，增加了技术成本和实施周期。

（2）数据困境。

数据是 AI 的"燃料"，但企业数据常存在质量问题。数据可能存在缺失值、错误值，如业务记录中关键信息未填写或记录错误，会误导 AI 分析。数据的一致性也难以保证，不同部门对同一业务概念的记录方式不同。数据隐私与安全更是关键，企业的业务数据包含敏感信息，在 AI 处理过程中，若安全措施不到位，可能导致数据泄露，引发法律风险和声誉损失。

（3）人员障碍。

企业内部员工对 AI 技术的接受程度参差不齐。业务专家可能对新技术存在抵触情绪，不愿意配合经验萃取工作，认为会增加额外负担。内训师可能因技术能力不足难以有效运用 AI 工具进行课程制作，不知如何操作 AI 辅助教学软件。而且，企业可能缺乏既懂 AI 技术又熟悉教育业务的复合型人才，导致在项目实施过程中沟通不畅，无法充分发挥 AI 的优势。

（4）内容质量把控。

AI 生成的内容可能缺乏深度和逻辑性。在课程内容生成时，AI 可能只是简单拼凑信息，无法深入剖析知识点之间的内在联系。课程的个性化定制也面临挑战，虽然 AI 可根据数据提供个性化学习路径，但难以精准把握每个学员的特殊需求和学习风格，导致个性化效果不佳，影响学员的学习体验和学习效果。

（5）成本考量。

实施 AI 经验萃取与课程制作需要投入大量资金。购买 AI 软件和硬件设备成本高昂，后续的维护、升级费用也持续产生。企业还需对员工进行技术培训，增加人力成本。若项目规划不合理，可能出现资源浪费，投入产出比不理想，影响企业对 AI 应用的持续投入和推广。

（6）管理协调问题。

AI 经验萃取与课程制作涉及多个部门，如业务部门、培训部门、技术部门等，部门之间可能存在沟通不畅、协作困难的情况。业务部门可能更关注经验的实用性，培训部门注重课程的教学性，技术部门则聚焦技术实现，各方目标不一致，导致项目推进缓慢。项目实施过程中的监督与评估机制若不完善，无法及时发现和解决问题，则难以保证项目的顺利进行和预期效果的达成。

2. 企业应用AI过程中的数据隐私与安全

在企业利用AI进行经验萃取与课程制作的过程中，数据隐私与安全至关重要。一旦出现数据泄露等问题，不仅会损害企业的声誉和利益，还可能引发法律风险。企业可以从制度、技术、人员等多个维度着手，构建全方位的数据隐私与安全保障体系。

（1）建立健全数据安全管理制度。

企业应制定明确的数据分类分级标准，对敏感数据进行严格界定。将客户信息、员工薪资数据、企业核心商业机密等列为高度敏感数据，对其存储、使用和传输设置更严格的权限。建立数据访问权限管理机制，依据员工的工作职能和业务需求分配数据访问权限。例如，仅允许负责AI经验萃取的特定人员访问相关业务数据，且只能在特定的安全环境下进行操作，从源头上防止数据泄露。

（2）运用先进的数据加密技术。

在数据存储环节，采用强大的加密算法对数据进行加密处理。如使用AES（高级加密标准）算法对存储在数据库中的数据进行加密，确保即使数据存储介质被窃取，攻击者也难以获取其中的敏感信息。在数据传输过程中，利用SSL/TLS等加密协议，保障数据在网络传输过程中的安全性，防止数据被窃取或篡改。

（3）加强数据安全监测与审计。

部署实时的数据安全监测系统，对数据的访问、使用和传输进行全方位监控。一旦发现异常的访问行为，如大量数据被异常下载、非授权访问等，系统立即发出警报，并采取相应的阻断措施。定期开展数据审计工作，检查数据操作记录，确保数据使用符合企业规定和法律法规要求，及时发现潜在的安全隐患并加以整改。

（4）开展员工数据安全培训。

组织定期的数据安全培训课程，提高员工对数据隐私与安全重要性的认识。培训内容包括数据安全法规、企业数据安全政策、安全操作规范等，让员工了解如何正确处理和保护数据。通过案例分析，让员工直观地认识到数据泄露的严重后果，增强员工的安全意识和防范能力。

（5）选择可靠的AI技术供应商。

在引入AI技术时，对供应商进行严格的安全评估。考察供应商的数据安全管理体系、技术实力和安全漏洞修复能力等方面。要求供应商提供详细的安全报告和合规证明，确保其产品和服务符合行业安全标准。与供应商签订严格的数据安全协议，明确双方的数据安全责任和义务，一旦出现数据安全问题，能够依据协议追究供应商的责任。

（6）建立应急响应机制。

制定完善的数据安全应急响应预案，明确在发生数据泄露等安全事件时的应对流程和责任分工。一旦发生安全事件，能够迅速启动应急预案，采取有效的措施进行处理，如及时通知受影响的用户、配合监管部门调查等，最大限度地降低损失和影响。定期对应急预案进行演练和评估，确保其有效性和可行性。

3. 未来趋势展望——拥抱变革，引领创新

（1）AI技术演进的深远影响。

随着深度学习、强化学习、多模态融合等AI技术的不断发展，企业AI经验萃取和课程制作将迎来更多创新。未来，AI将能够更精准地理解复杂的业务场景，萃取更深入、更有价值的经验。在课程开发和课件制作方面，AI将实现更加个性化、智能化的服务，如根据学员的情绪和学习状态实时调整教学内容和互动方式。

（2）企业培训变革的全景展望。

未来企业培训将呈现多元化、个性化、智能化的发展趋势。培训模式将从传统的集中授课向线上线下融合、个性化学习转变；学习方式将更加注重实践和体验，如通过虚拟现实、增强现实技术进行模拟培训；培训内容将更加贴近业务实际，注重培养员工的创新能力和解决复杂问题的能力。AI 技术将在这些变革中发挥核心驱动作用。

（3）持续学习的重要性与路径。

面对快速发展的 AI 技术和不断变化的企业培训需求，企业内训师和业务专家需要持续学习，提升自身的技术应用能力和专业素养。他们可以通过参加在线课程、阅读专业书籍、参与行业论坛等方式，不断更新知识和技能。企业也应提供相应的支持和资源，鼓励员工学习和创新，共同推动企业培训的发展。

（4）行动指南与建议。

对于企业内训师和业务专家，建议在实际工作中积极应用 AI 技术，不断尝试新的方法和工具。在经验萃取过程中，要注重数据质量和模型优化；课程开发要以学员为中心，设计合理的教学目标和课程结构；课件制作要注重视觉效果和互动性。同时，要加强团队协作，促进知识共享和经验交流。

随着 AI 技术的不断发展和应用，企业培训将迎来更加美好的未来。相信在企业内训师和业务专家的共同努力下，AI 经验萃取与课程制作将为企业人才培养和发展提供强大的支持，助力企业在激烈的市场竞争中取得优势。

附 录

人工智能领域常见名词解析

一、基础概念篇

人工智能（AI）

比喻：像人类的"智能影子"，能模仿人类思考、学习和决策。

例子：手机语音助手（如 Siri）、扫地机器人自动规划路线。

模型（Model）

比喻：数学版"菜谱"。通过分析数据总结规律，像根据食材特性写出的烹饪步骤。

例子：天气预报模型通过分析历史气温、湿度数据，预测明天是否下雨。

注意：模型不是万能的，就像同一份菜谱在不同厨师手中可能做出不同味道。

机器学习（Machine Learning）

比喻：教小孩认动物。给大量动物图片，孩子自己总结规律（如猫有尖耳朵）。

例子：邮箱自动分类垃圾邮件，系统通过大量邮件学习识别垃圾内容。

深度学习（Deep Learning）

比喻：多层流水线工厂。原料（数据）经过多道工序（神经网络层）加工成产品（结果）。

例子：人脸识别解锁手机，系统逐层分析眼睛、鼻子等特征。

监督学习（SL）vs 无监督学习（UL）

监督学习：老师批改作业。输入数据带答案，例如给模型看10万张猫狗标注图片（带答案的习题集），让它学会区分猫狗。

无监督学习：小孩自己整理玩具。数据无标签，系统自行发现规律。比如，给模型1000篇新闻，它能自动分成"体育""财经"等类别，就像人会按颜色把衣服分类。

数据挖掘（Data Mining）

比喻：考古学家挖宝藏。从数据沙漠中挖掘隐藏的"金矿"（规律或趋势）。

经典案例：沃尔玛发现"啤酒与尿布"关联——年轻爸爸买尿布时常顺手买啤酒。

工具：像用金属探测器（聚类算法）或刷子（分类算法）清理土层（噪声数据）。

二、技术工具篇

神经网络（Neural Network）

比喻：团队协作。每个成员（神经元）处理一部分信息，层层传递达成共识。

例子：预测房价时，网络综合面积、地段等因素输出结果。

过拟合 vs 欠拟合

过拟合：死记硬背的学生，考试题和练习题一字不差才能答对。学生把数学题答案全背下来，但遇到新题型就不会了，就像模型在训练数据上完美，实际应用却失败。

欠拟合：不听课的学生，连简单问题都答错。刚学三天钢琴就上台表演，结果错误百出，说明模型连训练数据都没学好。

解决方法：增加数据量（多给练习题）或简化模型（让学习更灵活）。

自然语言处理（NLP）

比喻：语言翻译官。让计算机理解网络新兴词汇。

例子：智能客服理解用户问题并自动回复。

三、应用场景篇

计算机视觉（Computer Vision）

比喻：给机器装上"眼睛"。不仅能"看到"图像，还能理解内容。

例子：医学影像分析肿瘤、超市自动结账识别商品。

强化学习（Reinforcement Learning）

比喻：训狗师教学。做对动作给奖励（狗粮），错误则无奖励。

例子：AlphaGo 通过数百万次自我对弈学习围棋策略。

生成对抗网络（GAN）

比喻：画家与鉴宝师对决。画家（生成器）仿制名画，鉴宝师（判别器）辨别真伪，两者对抗提升，最终生成以假乱真的艺术品。

例子：生成逼真的虚拟人脸图片。

生物特征识别（Biometric Recognition）

比喻：人体密码锁。

例子：

（1）手机指纹支付、机场人脸闸机。

（2）双胞胎可能迷惑人脸识别系统（需活体检测技术弥补）。

AI 优化芯片（AI Accelerator）

比喻：AI 专属跑车引擎。普通芯片像家用轿车，而优化芯片（如 GPU/TPU）专为高速计算设计。

突破性应用：英伟达 A100 芯片让 ChatGPT 训练速度提升 10 倍。

对比：用菜刀切菜（CPU）vs 料理机高速切片（AI 芯片）。

四、进阶概念（可选）

迁移学习（Transfer Learning）

比喻：借书给别人。学会英语后，法语学得更快。

例子：用识别猫的模型，快速训练出识别老虎的模型。

边缘计算（Edge Computing）

比喻：现场解决问题 vs 事事请示总部。

例子：自动驾驶汽车本地快速判断刹车，无须等待云端响应。

算法（Algorithm）

比喻：烹饪食谱。明确步骤（加盐→翻炒→焖煮）将原料（数据）变成菜品（结果）。

例子：导航软件用路径规划算法，根据路况计算最快路线。

大数据（Big Data）

比喻：巨型超市仓库。关键在于如何高效整理货架（数据清洗）并找到有用商品（价值挖掘）。

例子：电商分析用户浏览记录，推荐其可能喜欢的商品。

卷积神经网络（CNN）

比喻：放大镜层层扫描。先看局部细节（如猫耳朵纹理），再组合成整体判断（这是猫）。

例子：医学影像识别癌细胞微小的形态变化。

循环神经网络（RNN）

比喻：接力赛传纸条。每传递一次都带着之前的信息，适合处理有顺序的数据。

例子：预测句子下一个单词（输入"今天天气真"，输出"好"）。

机器学习平台（ML Platform）

比喻：智能厨房套装。提供现成灶具（算力）、调料（算法库）和食谱模板（模型框架）。

代表产品：

（1）亚马逊 SageMaker（一键训练模型）。

（2）百度飞桨（中文 NLP 模型快速部署）。

知识图谱（Knowledge Graph）

比喻：超级大脑的笔记。用网络连接知识点（如李白→唐朝→写诗→《静夜思》）。

应用场景：

（1）谷歌搜索显示人物关系图谱。

（2）医疗 AI 快速关联症状—疾病—治疗方案。

自然语言生成（NLG）

比喻：AI 作家。将数据转化成人类语言，像把 Excel 表格变成述职报告。

案例对比：

（1）输入：气温 25℃、湿度 60%、风速 3 级。

（2）输出：

① 传统系统："今日天气数据：25,60,3"。

② NLG 系统："今天体感舒适，微风拂面，适合户外散步"。

虚拟现实（VR）

比喻：数字盗梦空间。用头显＋手柄进入虚拟世界。

与 AI 结合：

（1）AI 生成实时风景（如《荒野大镖客 2》动态天气）。

（2）医疗培训模拟手术室，AI 纠正学生操作错误。

五、应用技术篇

自动驾驶（Autonomous Driving）

比喻：超级驾校毕业生。通过摄像头（眼睛）和雷达（触觉）感知环境，用算法（大脑）决策刹车或转向。

关键技术：计算机视觉＋强化学习＋高精度地图。

推荐系统（Recommendation System）

比喻：贴心导购员。既看你的喜好（常买咖啡），也参考相似人群的选择（买咖啡的人常配甜点）。

例子：抖音根据观看停留时间推荐视频，Netflix 推荐相似题材影片。

语音识别（Speech Recognition）

比喻：声音翻译机。把声波震动转成文字，还要理解方言和口音。

难点：区分"四"和"十"（中文），或"there/their/they're"（英文）。

机器人流程自动化（RPA）

比喻：办公室数字员工。自动完成重复性工作（填表格、发邮件）。

例子：银行自动审核贷款材料，物流系统批量更新快递状态。

决策管理技术（Decision Management）

比喻：企业智慧大脑。像导航系统实时分析路况，选择最优路线。

落地场景：

（1）银行用 AI 评估贷款风险。

输入：月收入、征信记录 → 输出：批准/拒绝 + 理由

（2）超市动态定价：根据库存、天气自动调整冰激凌价格。

业务问题回归（Business Problem Regression）

比喻：侦探破案法。把模糊的业务问题（如销量下降）转化为数据可解的问题（如分析促销活动与销量的相关性）。

步骤拆解：

① 医生问诊：确认核心痛点（是用户流失还是竞品冲击）。

② 开检查单：收集相关数据（销售记录、用户评价）。

③ 化验分析：用回归模型找出影响因素。

六、核心技术扩展

模型（Transformer）

比喻：全局扫描仪。同时处理整个句子（而非逐字分析），捕捉上下文关联。

突破性应用：ChatGPT 能生成连贯长文本，关键就在于 Transformer 架构。

对比传统 RNN：看文章时跳着读重点（Transformer）vs 逐字背诵（RNN）。

数据标注（Data Labeling）

比喻：给照片贴便利贴。告诉 AI "这是猫" "那是狗"，类似教婴儿认物。

案例：自动驾驶公司雇人标注数百万张图片，标出行人、交通灯位置。

成本问题：标注语音数据是 AI 训练的重要成本。

特征工程（Feature Engineering）

比喻：挑选食材做菜。从原始数据中提取有用信息（如把地址转成经纬度）。

例子：预测房价时，把"建造年代"改为"房龄"更有利于模型理解。

自动化趋势：现代 AI 框架能自动提取特征，减少人工干预。

七、模型评估与优化

准确率 vs 召回率

比喻：抓小偷。

准确率：被抓的人中有多少是真小偷（宁可错过，不可错抓）。

召回率：所有小偷中有多少被抓到（宁可错抓，不可放过）。

实际应用：癌症筛查优先保证高召回率（宁可疑似病例复查，不可漏诊）。

超参数调优（Hyperparameter Tuning）

比喻：炒菜调火候。设定学习率（火候大小）、训练轮次（翻炒次数）。

工具：用自动炒菜机（AutoML 工具）尝试不同组合，找到最佳口味。

经典方法：网格搜索（试遍所有火候挡位）vs 随机搜索（随机试几个挡位）。

损失函数（Loss Function）

比喻：考试成绩单。量化 AI 犯了多少错（如错一题扣 10 分），驱动它改进。

常见类型：

（1）均方误差（MSE）：预测房价误差的平方和（重视大误差）。

（2）交叉熵损失：判断图片是猫还是狗的惩罚值（分类任务常用）。

八、新兴应用场景

数字孪生（Digital Twin）

比喻：虚拟克隆体。给物理对象（如飞机引擎）创建实时同步的数字模型。

应用：在虚拟引擎上模拟故障，避免真实世界损失。

案例：新加坡用数字孪生技术优化整个城市的交通流量。

元宇宙（Metaverse）

比喻：3D版互联网。AI驱动虚拟形象、实时环境渲染和物理规则模拟。

技术依赖：计算机视觉生成场景，NLP实现自然交互，区块链确权虚拟资产。

现状：游戏领域先行（如《堡垒之夜》演唱会），全面落地仍需技术突破。

AI生成内容（AIGC）

比喻：创意打印机。输入文字描述，输出图片/视频/音乐。

代表工具：

（1）文字：ChatGPT（写故事）。

（2）图像：Midjourney（生成插画）。

（3）代码：GitHub Copilot（自动补全程序）。

争议：版权归属、AI生成虚假信息等问题。

九、伦理与社会影响篇

算法偏见（Algorithmic Bias）

比喻：戴有色眼镜看人。AI因为训练数据不平衡，产生不公平判断。

例子：招聘AI系统更倾向选择男性简历（历史数据中男性从业者更多）。

解决方法：清洗数据（去除敏感特征，如性别）+公平性检测（如考试后检查错题）。

可解释 AI（Explainable AI, XAI）

比喻：透明厨房。顾客不仅看到菜品，还能观察烹饪过程。

例子：银行拒绝贷款时，AI 说明"因信用卡逾期 6 次"而非直接给出结果。

意义：提升信任度，满足医疗、金融等领域的合规要求。

通用人工智能（AGI）

比喻：人类级全能学霸。能像人类一样跨领域学习，而非只会单一任务。

现状：目前 AI 都是"狭义 AI"（如只会下棋的 AlphaGo），AGI 尚未实现。

争议点：马斯克警告 AGI 可能威胁人类，反对者认为这是过度担忧。

十、常见问题解析

为什么 AI 会犯错

核心原因：训练数据偏见。就像只看过白猫的人会认为"所有猫都是白色的"。

经典案例：人脸识别系统面对深肤色人群准确率较低（训练数据中浅肤色样本过多）。

AI 和人类智能的本质区别

人类：能举一反三（看过自行车就能想象三轮车）。

AI：依赖数据规律（没见过的异常情况容易出错，如自动驾驶遭遇袋鼠跳跃）。

什么是"黑箱问题"

比喻：魔术师帽子。知道输入的内容（放兔子）和输出的结果（变出鸽子），但不知道中间过程。

现实影响：医生难以信任 AI 诊断结果，因为无法解释判断依据。

人工智能领域的核心术语

机器学习、深度学习、神经网络、监督学习、无监督学习、强化学习、
自然语言处理（NLP）、计算机视觉、算法、数据集、过拟合、欠拟合、
训练与测试、准确率与召回率、卷积神经网络（CNN）、
循环神经网络（RNN）、生成对抗网络（GAN）、迁移学习、大数据、
云计算、物联网（IoT）、边缘计算、自动驾驶、聊天机器人、推荐系统、
区块链、量子计算、增强现实（AR）、虚拟现实（VR）、元宇宙、
Transformer、注意力机制、预训练模型、微调、损失函数、优化器、
批量归一化、激活函数、嵌入（Embedding）、超参数、标签、
特征工程、数据增强、混淆矩阵、A/B 测试、贝叶斯定理、聚类、分类、
回归、降维、异常检测、强化学习中的奖励函数、策略梯度、
蒙特卡洛方法、时间差分学习、Q 学习、深度 Q 网络（DQN）、策略网络、
价值网络、模型压缩、知识蒸馏、联邦学习、可解释 AI（XAI）、
对抗样本、鲁棒性、伦理 AI、偏见与公平性、AI 安全、
通用人工智能（AGI）、狭义人工智能（ANI）、自主系统、
人机交互（HCI）、多模态学习、元学习、自监督学习、零样本学习、
少样本学习、终身学习、神经架构搜索（NAS）、超参数优化、
自动机器学习（AutoML）、图神经网络（GNN）、胶囊网络、
自注意力机制、长短期记忆网络（LSTM）、门控循环单元（GRU）、
残差网络（ResNet）、反向传播、梯度下降、随机梯度下降（SGD）、
动量、自适应学习率方法（如 Adam）、学习率调度、早停法、正则化、

Dropout、池化层、全连接层、softmax 函数、交叉熵损失、
均方误差（MSE）、生成模型、判别模型、马尔可夫决策过程（MDP）、
贝尔曼方程、探索与利用、多臂老虎机、模仿学习、逆强化学习、
课程学习、集成学习、Bagging、Boosting、随机森林、梯度提升机（GBM）、
XGBoost、LightGBM、CatBoost、支持向量机（SVM）、核方法、
主成分分析（PCA）、t-SNE、K 均值聚类、层次聚类、DBSCAN、
关联规则学习、协同过滤、内容过滤、混合推荐系统、
评估指标（如 F1 分数、AUC-ROC）、特征选择、特征提取、
特征缩放、归一化、标准化、独热编码、词袋模型、TF-IDF、
词嵌入（如 Word2Vec、GloVe）、序列到序列模型（Seq2Seq）、
注意力机制、Transformer 架构、BERT、GPT、自回归模型、
变分自编码器（VAE）、扩散模型、对比学习、多任务学习、
领域适应、数据不平衡、重采样技术、代价敏感学习、集成方法、
模型部署、模型监控、模型版本控制、持续集成/持续部署（CI/CD）、
模型可扩展性、延迟、吞吐量、计算图、张量、GPU 加速、分布式训练、
参数服务器、数据并行、模型并行、混合精度训练、梯度累积、检查点、
容错、弹性训练、服务化（如 REST API）、容器化（Docker）、
编排（Kubernetes）、无服务器计算、边缘 AI、模型量化、剪枝、
知识图谱、语义网络、本体论、推理引擎、规则系统、专家系统、
模糊逻辑、遗传算法、粒子群优化、蚁群算法、模拟退火、进化策略、
神经进化、多目标优化、帕累托最优、贝叶斯优化、超参数调优、
网格搜索、随机搜索、自动化超参数调整、黑盒优化、白盒优化、
模型可解释性技术（如 LIME、SHAP）、特征重要性、部分依赖图、
个体条件期望（ICE）、对抗性攻击、防御方法、模型窃取、数据投毒、
成员推理攻击、差分隐私、同态加密、安全多方计算、联邦学习、
模型水印、AI 伦理、公平性指标（如统计奇偶性、机会均等）、
算法偏见、可追溯性、问责制、透明性、AI 治理、AI 法规（如 GDPR）、

附录　人工智能领域的核心术语

AI for Good、可持续 AI、绿色 AI、能源效率、碳足迹、AI 医疗、AI 金融、
AI 教育、AI 农业、智慧城市、数字孪生、工业 4.0、预测性维护、
质量控制、供应链优化、风险管理、欺诈检测、客户分群、个性化营销、
动态定价、库存管理、需求预测、自然语言生成（NLG）、文本摘要、
机器翻译、情感分析、命名实体识别（NER）、语义角色标注、共指消解、
依存句法分析、文本分类、主题建模、文本聚类、问答系统（QA）、
对话系统、意图识别、槽填充、多轮对话管理、语音识别、语音合成、
声纹识别、语音情感分析、说话人分离、语音增强、计算机视觉中的图像分类、
目标检测、图像分割、实例分割、语义分割、关键点检测、图像生成、
图像修复、风格迁移、超分辨率、视频分析、动作识别、视频摘要、
多目标跟踪、光流估计、三维重建、立体视觉、点云处理、
SLAM（同步定位与地图构建）、机器人学、运动规划、逆运动学、
力控制、传感器融合、多机器人系统、无人机（UAV）、自动驾驶、
感知、定位、路径规划、控制、V2X 通信、高精地图、模拟环境、
车载系统、ADAS（高级驾驶辅助系统）、车联网、智能交通系统、
AI 芯片（如 TPU、NPU）、神经形态计算、存内计算、量子机器学习、
量子神经网络、量子优化、量子退火、光子计算、生物启发计算、
DNA 计算、群体智能、脑机接口、神经解码、认知计算、情感计算、
具身智能、社会机器人、AI 艺术、AI 作曲、AI 写作、AI 辅助设计、
AI 在游戏中的应用（如 NPC 行为、关卡生成、玩家建模）、
游戏 AI（如 AlphaGo）、强化学习在游戏中的应用、模拟器、
虚拟现实中的 AI 应用、增强现实中的 AI 应用、混合现实（MR）、
元宇宙中的 AI 技术、数字人、虚拟助手、智能家居、智能音箱、
AIoT（人工智能物联网）、智能穿戴设备、健康监测、远程医疗、
AI 在疫情预测中的应用、AI 在气候建模中的应用、环境监测、
野生动物保护、AI 在能源管理中的应用、智能电网、可再生能源预测、
AI 在教育中的个性化学习、智能辅导系统、自动化评分、

AI 在法律中的应用（如合同分析、法律研究）、

AI 在招聘中的应用（如简历筛选、面试评估）、

AI 在客服中的应用（如智能路由、情感分析）、

AI 在创意产业中的应用（如广告生成、内容创作）、

AI 在体育中的应用（如表现分析、战术优化）、

AI 在军事中的应用（如态势感知、自主武器）、

AI 伦理挑战、AI 与就业、AI 与隐私、AI 安全挑战、AI 与人类增强、

AI 与超级智能、奇点理论、AI 的未来趋势、

AI 与其他技术的融合（如区块链、IoT、5G）、

AI 开源框架（如 TensorFlow、PyTorch）、

AI 开发工具（如 Jupyter、Colab）、AI 社区（如 Kaggle、arXiv）、

AI 竞赛（如 ImageNet 挑战赛）、

AI 教育资源（如在线课程、书籍、博客）、

AI 职业路径（如数据科学家、机器学习工程师、AI 研究员）、

AI 项目生命周期（从问题定义到部署维护）、

AI 团队角色（如产品经理、数据工程师、算法工程师）、

AI 项目管理方法、AI 伦理委员会、AI 政策制定、

全球 AI 发展现状（如中美欧的 AI 战略）、AI 初创企业、

科技巨头的 AI 布局（如 Google、Microsoft、Amazon）、AI 投资趋势、

AI 专利分析、AI 标准化工作、AI 与开源运动、AI 与数据隐私法规、

AI 在发展中国家的应用、AI 数字鸿沟、AI 教育普及、AI 公众认知、

AI 媒体报道、AI 在电影与文学中的描绘、AI 的社会影响、AI 与人类未来。

肖兴老师主讲系列课程

AI应用
1. 用好AI,效率倍增、工作轻松
2. DeepSeek场景化应用与办公提效
3. AI+课程开发
4. AI+微课开发
5. AI+经验萃取
6. AI+PPT制作

经验萃取
1. 6S经验萃取
2. 六步成案——案例开发与传递
3. 六步成课——精品课程敏捷开发

经验传播
1. 六步成师——精彩课堂呈现
2. 玩转PPT——从入门到精通

线上课程
1. 四步成课——精品微课敏捷开发
2. 直播培训——手把手教你做好企业线上学习
3. 六步成师——精彩直播互动技巧
4. 五步成课——数字化课程开发与呈现
5. 从线下到线上——数字化课程开发与呈现

课程咨询电话及微信
王老师
010-68487630
13466691261(同微信)